EDUCATIONAL Psychology

교육심리학

| 김이영 · 백경숙 · 전재선 · 최윤희 · 한용기 · 홍성훈 공저 |

양 성 원

머리말

교육심리학은 교육 장면에서 발생하는 다양한 문제를 해결하기 위해 교육학과 인간 행동을 과학적으로 이해하려는 심리학의 이론을 접목시킴으로써 형성된 학문 영역이다. 즉, 교육심리학은 교육학의 영역 중 인간의 행동과 관련된 측면을 심리학적인 방법론을 사용하여 이해하려는 학문적 성격을 갖고 있으며 최근 교육학의 핵심적 학문분야로 인정받고 있다. 그 이유로는 첫째, 학교 장면에서 발생되는 다양한 문제, 즉 학교폭력, 학교부적응 및 학업동기 저하 등의 문제가 심각해지면서 그동안 교육학에서 다루어 온 다양한 주제(인지발달, 성격발달, 도덕성 발달, 지능, 창의성, 발달, 상담 및 특수한 학습자 등)에 관심을 가지기 시작하였기 때문이다. 둘째는 교수중심에서 학습자중심으로 패러다임이 변화되었기 때문인데 이러한 변화는 무엇을 가르치는가보다는 어떻게 가르치는가에 초점을 두게 하였으며, 이를 위해 자기조절 학습, 행동주의, 인지주의 및 구성주의의 학습법에 관심을 가지는 계기가 되었다.

따라서 본 책은 이런 시대적 변화와 요구에 맞게 교육현장에서 심리학적 이론의 적용과 응용에 초점을 두고 집필하고자 하였다. 또한 심리학의 기초가 없는 학생들, 일반인 및 교사들도 쉽게 이해할 수 있도록 기초개념부터 소개하고 가능한 다양한 이론들을 포함시키려고 노력하였다. 즉, 학생에 대한 이해와 교수법에 적용할 수 있는 다양한 이론들로 구성된 총 13장으로 구성하였다.

구성된 내용을 구체적으로 살펴보면 1장 교육심리학의 본질에서는 교육심리학의 개념, 교육심리학의 탐구 영역, 교육심리학과 교사의 역할에 대해 소개하였고, 2장 인지발달에서는 Piaget의 인지발달이론과 Vygotsky의 사회문화적 이론을 제시하여 교육적 적용을 모색해 보았다. 3장 성격발달에서는 성격의 개념과 정의, Freud의 심리성적 발달이론, Erikson의 심리사회적 발달이론, Adler의 개인심리이론, 행동주의 관점에서 성격이 어떻게 형성되는지를 소개하였고, 4장 도덕성 발달에서는 도덕성의 개념, Piaget의 도덕발달이론, Kohlberg의 도덕발달이론, Rest의 도덕성 이론을 제시하였다. 5장 지능에서는 지능의 정의, 지능의 구조, 지능검사, 지능의 발달 및 최근의 지능이론들을 제시하였으며, 6장 창의성에서는 창의성의 개념, 창의성의 측정과 판별 및 창의성을 촉진하는 다양한 기법들을 소개하였다. 7장 자기조절학습에서는 자기조절학습의 개념, 자기조절학습의 구성요인, 자기조절학습과 학업성취 및 자기조절학습의 교육적 의미에 대해 소개하였고, 8장 특수한 학습자에서는 영재아, 학습부진, 지능발달장애, 정서발달장애 및 통합교육을 다루었다. 9장 행동주의에서는 고전적 조건형성, 도구적 조건형성 및 행동주의이론의 교육적 의미에 대해 소개하였고, 10장 인지주의에서는 행동주의에 대한 비판, 형태주의 심리학, 정보처리이론, 관찰학습 및 인지주의 학습이론의 교육적 적용에 대해 소개하였다. 11장 구성주의에서는 구성주의의 의미와 특성, 구성주의적 학습환경의 설계 및 구성주의 학습설계의 실제에 대해 소개하였고, 12장 심리평가에서 심리평가의 목적, 심리평가를 위한 정보수집 방법 및 현장에서 사용할 수 있는 아동 · 청소년병리 검사도구들을 제시하였다. 마지막 13장 생활지도와 상담에서는 생활지도, 상담자의 태도 및 학교현장에서 학생들을 상담할 수 있는 다양한 상담이론을 제시하였다.

본 책은 교육학에 관심이 있는 예비교사와 일반인 및 현재 학교현장에서 근무하고 있는 교사들이 학생들을 이해하고, 효율적인 학습이 될 수 있도록 학습방법에 적용할 수 있는 다양한 기법을 소개하려고 시작되었으며, 이 책을 통해 조금이라도 도움이 되었으면 하는 바람이 간절하다. 끝으로 본 책의 출판을 맡아 주신 양성원 강철원 사장님을 비롯해 모든 직원 여러분에게 감사의 마음을 전한다.

2016년 8월

저자 일동

차 례

Chapter 05 지능

Chapter 06 창의성

Chapter 07 자기조절학습

Chapter 08 특수한 학습자

Chapter 09 행동주의

Chapter 10 인지주의

Chapter 11 구성주의

Chapter 12 심리평가

Chapter 13 생활지도와 상담

Chapter 1

교육심리학의 본질

배울 내용

1. 교육심리학의 개념
2. 교육심리학의 탐구 영역
3. 교육심리학과 교사의 역할

학습 목표

1. 교육, 심리학, 교육심리학의 개념을 비교 · 설명할 수 있다.
2. 교육심리학의 탐구 영역을 설명할 수 있다.
3. 교육심리학적 지식이 교사에게 어떠한 역할을 하는지 설명할 수 있다.

개요

교육심리학의 본질과 관련한 질문으로 교육심리학은 어떤 학문인가?, 교육심리학의 성격은 무엇인가?, 교육심리학의 지식의 원천은 무엇인가?, 교육심리학의 고유한 연구 영역과 탐구방법은 무엇인가? 등을 들 수 있다. 이 장에서 우리는 이러한 질문에 대한 대답을 탐색해 볼 것이다.

먼저 교육이란 무엇인지 대표적인 정의를 알아보고, 교육학과 심리학의 공통점과 차이점이 무엇인지 알아보고 나서 교육심리학의 개념을 살펴볼 것이다. 다음으로 교육심리학의 탐구 영역에 대해 구체적으로 살펴봄으로써 교육심리학에 대한 전체적인 이해에 도움이 되고자 한다. 마지막으로 교육심리학이 교사의 역할에 어떠한 영향을 미치는지 탐색해 보고자 한다.

1. 교육심리학의 개념

교육은 배우는 사람과 가르치는 사람 사이의 상호 작용을 통해 지식, 태도, 기능 등을 체계적으로 전달하고 변화시키려는 인간의 계획적 활동이다. 따라서 교육의 주된 관심사는 배우는 사람, 가르치는 사람, 이들 간의 상호 작용 그리고 전달 · 변화시키려는 내용들이다.

심리학(psychology)은 인간의 행동을 기술 · 예언 · 설명 · 통제하려는 학문으로서 인간 행동의 원인과 표출 양식에 대한 근본적인 이해에 도움을 주고자 하는 것이며(Sprinthall & Sprinthall, 1990), 교육심리학은 교육현상을 대상으로 하는 교육학과 인간 행동을 과학적으로 이해하려는 심리학의 이론을 접목시킴으로써 형성된 학문영역이다. 따라서 교육심리학은 교육학의 영역 중 인간의 행동과 관련된 측면을 심리학적인 방법론을 사용하여 이해하려는 학문적 성격을 갖는다. 그러나 교육심리학은 교육과 관련된 인간 행동의 원인을 단순히 이해하고 설명하는 것에만 관심을 갖지는 않는다. 왜냐하면 교육이란 인간 행동의 계획적인 변화를 의도하는 활동이기 때문이다. 즉, 교육에는 인간 행동을 바람직한 방향으로 변화시키고자 하는 의도와 목적이 내재되어 있다.

교육과 심리학은 공통적으로 인간 행동을 연구대상으로 한다. 또한 학문의 목적 면에서도 상당한 공통점이 있다. 즉, 인간 행동의 특성을 기술하고, 인간 행동의 특성이 어떻게 형성되었는지를 설명하는 이론과 법칙을 찾아내고자 하며, 궁극적으로 그 이론과 법칙에 근거하여 인간 행동을 예측하고 통제하고자 한다. 그러나 교육과 심리학은 연구맥락에 있어서 상당한 차이가 있다. 교육은 주로 인간의 학습이 공식적으로 일어나는 학교학습 장면을 대상으로 연구하지만, 심리학은 인간의 학습뿐만 아니라 동물의 학습도 포함하면서 엄격한 통제가 가해지는 실험실 장면을 대상으로 학습이론과 법칙을 찾고자 노력하기 때문이다.

교육심리학의 성격에 관한 대표적인 논쟁은 교육심리학이 심리학의 원리와 법칙을 교육의 실제에 적용하는 응용학문인지, 아니면 그 자체의 개념구조를 가진 독립적인 기초학문인지 하는 것이다.

일반심리학은 교육의 실제에 내재하는 심리적 현상을 체계적으로 탐구하기보다는 일반심리학적 연구에 초점을 맞추고 있기 때문에 심리학적 지식을 교육에 직접 응용하는 데는 상당한 무리가 있다. 이러한 무리가 교육의 개선에 궁극적 목적을 가지고 있는 교육심리학과 일반심리학의 학문적 목적과 관심의 차이에 기인한다. 이에 대하여 이성진(1996)은 교육과 심리학의 학문적 목적과 관점의 차이를 다음과 같이 지적하고 있다.

첫째, 일반심리학은 인간 행동에 관한 보편적 원리와 법칙을 확립하는 데 주목적이 있는 반면, 교육은 개별 학습자의 특성을 변화시키는 데 목적이 있다. 이처럼 심리학과 교육은 그 목적이 다르기 때문에 심리적 연구가 제공하는 원리와 법칙을 교육현장에 적용하기 위해서는 단순한 수식 이상의 상당한 정도의 수정이 요구되며, 때로는 차원이 다른 변형이 요구된다.

둘째, 보편적 법칙을 확립하고자 하는 심리학은 방법론적으로 정밀성과 경제성(parsimony)을 중요시하면서 일관성만 있다면 행동의 작은 변화와 차이도 중요한 고려 대상으로 하고 있다. 이와는 반대로 교육은 다소의 정밀성과 경제성의 희생을 무릅쓰고라도 학습자의 행동에 상당히 큰, 그리고 의미 있는 변화를 일으키는 변인에 관심을 갖지 않을 수 없다. 즉, 교육은 생태적 타당성에 관심이 있다.

셋째, 심리학은 특수한 영역을 제외하면 가치중립적이며 기술적인 반면, 교육은 가치지향적이며 처방적이라는 점에서 심리학적 지식을 교육에 적용하는 데 무리가 있다. 심리학은 교육학에 비해서는 그 출발부터 가치중립적인 실증과학이라고 할 수 있다. 그러나 교육은 어떤 가치를 실현하려는 과정이기 때문에, 가치중립적인 심리학과 상당히 다른 결정을 해야 한다.

넷째, 과거에 심리학의 원리나 법칙들이 주로 통제된 실험실에서 확립된 반면, 교육은 이에 비하면 상당히 자연 상태에 가까운 교실에서 일어나는 과정이기 때문에 심리학의 지식을 교육의 장에 적용하는 데는 무리가 있다. 어떤 특수한 변인의 효과를 검증하는 것이 심리학의 실험이었기 때문에, 외래적 변인을 가급적 엄밀히 통제할 수밖에 없다. 이것은 실험절차의 본질이다. 그러나 교육의 현장은 실험실에 비하면 통제되어 있지 않고 학습자에게 모든 변인이 각각 또는 전체적으로 동시에 작용하여 학습자의 행동에 영향을 미친다.

이러한 이유 때문에, 교육에 일반심리학의 지식체계와 원리를 단순히 적용하는 것은 한계를 지니게 되었다. 따라서 목적과 가치가 개입된 교육활동을 통한 인간 행동의 변화를 이해하고 적용하기 위하여 독립된 학문으로서 교육심리학이 대두되기 시작하였다.

또한 장상호(1983)도 심리학적 지식을 교육현상의 문제를 해결하는 데 응용한다는 입장에는 적어도 두 가지의 문제가 제기된다고 하였다. 첫 번째 문제는 심리학적 지식이 교육에 관한 타당한 지식을 확보하고 있지 못하다는 것이다. 즉, 심리학적 지식은 교육 장면을 대상으로 구성하고 그 안에서 입증한 지식이 아니라는 지적이다. 두 번째 문제는 응용은 가치판단을 전제로 하는데 이를 정당화할 수 있는 객관적 방법이 없다는 것이다. 즉, 가치판단의 경우 무엇이 옳고 그른지, 좋고 나쁜지 등을 구분해야 하는데 이를 구분하는 객관적 방법을 찾기가 어렵다는 것이다. 따라서 최근에 이르러 교육심리학은 교육에 특유한 심리학적 현상을 근거로 해서 연구 영역과 개념을 규정하고 독자적인 방법으로 탐구해 나가려는 경향이 뚜렷해졌다.

교육현상을 이해하는 데 있어서 심리학의 역할은 매우 중요하다. 구체적으로 학습자 개개인의 다양한 특성은 개인차 심리학을 통해서, 학습자의 시간에 따른 변화는 발달심리학을 통해서 잘 이해할 수 있다. 따라서 서로 다르고 변화하는 학습자에 대한 심리학적인 연구는 인간을 대상으로 하는 교육학의 기본이 된다. 그 외에도 인간이 어떻게 생각하고, 학습하고, 의사를 전달하고, 행동하고, 상호작용하는지에 대한 심리학의 연구들은 학교교육을 효율적으로 하기 위해서 반드시 이해해야 하는 내용들이다. 그러나 실험실에서 연구되는 학습의 원리와 예상하지 못한 문제들이 언제나 일어날 수 있는 교실 상황에서 학생들이 학습을 잘 하는 것은 전혀 다른 문제일 수 있다. 즉, 학습에 관한 일반심리학의 법칙은 학습과 교수과정이 상호작용하는 교육의 현장에서는 전혀 다르게 나타날 수 있다. 따라서 교수와 학습이 하나의 집단행동으로 이해되고 연구되어야 하며 이것이 바로 교육심리학이 관심을 가지는 부분이다.

역사적으로 볼 때 학습, 측정, 개인차, 발달, 인지 등 수많은 분야에서 교육심리학의 연구는 일반심리학의 발전에 엄청난 공헌을 하였다고 할 수 있다. 예를 들어, Thorndike의 교육심리학 연구는 학습이론의 구축에 지대한 공헌을 하였고, Ausubel(1968)의 유의미학습이나 Bruner(1959)의 발견학습에 대한 교육심리학 연구는 초기 인지모형의 성립에 중요한 역할을 하였다. 오히려 일반심리학의 기초지식의 구축에 교육심리학이 많은 공헌을 하였기 때문에 교육심리학은 단지 심리학의 응용이 아니라 교육현장에 내재하는 모든 심리적인 과정을 과학적으로 연구하는 독립적인 학문이라는 것을 인정하게 된다(신명희 외, 2009).

심리학이 인간의 생각과 행동을 연구하는 과학이라면 교육학은 가르치고 배우는 과정을 통하여 인간을 만들어 가는 작업이다. 이러한 관계를 통해서 볼 때 교육심리학은 가르치고 배우는 과정과 관계된 인간의 생각과 행동을 과학적으로 연구하는 학문이라고 할 수 있다. 즉, 교수·학습 과정(teaching and learning process)에 대한 과학적인 이해를 통해 인간을 만들어 가는 교육에 대한 연구를 하는 것이 교육심리학이다.

교육에 대한 이해와 개선을 근본목적으로 하고, 교수자에게 효율적인 도구를 마련해 주는 역할을 하는 교육심리학은 단순히 교수·학습에 적용하기 위해 심리학에서 가져온 지식이거나 혹은 학교와 학습생활을 연구하기 위해 심리학적 방법을 적용한 심리학의 응용분야가 아니다. 교육심리학은 그 자체의 연구대상과 연구주제 그리고 연구방법을 가진 독자적인 과학이며 심리학과는 구별되는 고유한 연구 영역을 가지고 있다.

실제로 오늘날의 교육심리학자들은 실험실에서, 유치원에서 대학까지의 각급 학교에서, 산업체, 군대 등에서 일어나는 교수와 학습에 대한 연구를 하고 있다. 연구하는 주제가 무엇이고 어디에서 연구하든 간에, 교육심리학자들의 주된 관심은 교수와 학습과정을 개선하는 데 있다. 교육심리학은 심리학의 방법과 이론을 응용하지만 그 자체의 이론과 방법을 가진 교수·학습 과정을 연구하는 학문이라 정의할 수 있다.

따라서 교육심리학은 심리학의 원리를 교육현장에 적용하는 데서 출발하였지만 심리학의 단순한 응용분야가 아니라 독자적인 탐구 영역에 대한 고유한 이론과 방법을 가진 독자적인 학문으로 간주하는 것이 합당하다고 생각된다(권대훈, 2009).

2. 교육심리학의 탐구 영역

교육심리학의 이론과 연구는 단순히 인간 행동에 대한 이해에 머물지 않고, 그 이해를 바탕으로 교육의 효과성과 목적 달성을 위한 다양한 연구에 기여하고 있다. 따라서 교육심리학 분야는 다양한 학문적 범위와 영역에서 학생들의 학습 활동이나 바람직한 행동발달에 도움을 주고자 노력한다.

이러한 교육심리학은 교사들이 학교에서 당면하는 문제들에 대한 이해를 돕고 의사결정 과정을 촉진하는 역할을 한다. 올바른 의사결정을 하기 위하여 교사는 교수·학습 과정에 영향을 미치는 다양한 요인에 대해 알아야 한다. 교수·학습 과정에 영향을 미치는 교육심리학의 탐구 영역을 정리하면 다음과 같다(구광현 외, 2006; 신명희 외, 2010; 조수환, 2009).

1) 발달에 대한 이해

효과적인 교육이 이루어지기 위해서는 학습자에 대한 이해가 필수적이다. 따라서 한편으로는 학습자의 연령이나 발달단계에 따른 보편적인 발달특징을 이해할 필요가 있으며, 다른 한편으로는 학습자 고유의 특성에 따른 개인차의 특수성을 이해할 필요가 있다. 교육이란 교육자가 피교육자로 하여금 인간으로서의 바람직한 성장과 발달을 완성시키는 것이라는 점에서 발달은 인간형성의 과정이라고도 할 수 있다. 그러므로 교육심리학은 유아기, 아동기, 청소년기는 물론 대상에 따라서는 성인기, 노인기에 이르는 인간의 발달과정에 대한 이론과 실제 및 단계 등을 다루는 영역이 필요하다.

2) 학습자에 대한 이해

학습자의 특성에 대한 올바른 이해가 없이는 효과적인 교육을 할 수 없다. 교육과 관련된 학습자의 특성은 지능, 창의력과 같은 인지적인 요인과 성격, 사회성, 도덕성과 같은 정의적인 요인이 있다. 학습자의 이해는 이러한 요인이 시기에 따른 발달적인 변화와 그 수준을 이해하는 측면과 더불어, 각자의 학습자가 지닌 개인차를 이해하는 측면으로 다루어진다.

교수자는 학습자가 무엇을 생각하고 어떻게 생각하는지 그 인지발달의 수준을 알아야 적합한 수업을 설계하고 교수방법을 선정할 수 있다. 또한 학습자에게 어떤 도움이 필요한지를 결정하기 위하여 학습자의 성격, 사회성, 도덕성의 발달에 관한 지식도 필요하다. 뿐만 아니라 교수자는 교실에서 아주 다양한 학습자를 만나게 된다. 지능과 창의력의 개인차는 학업성취에 주요한 영향을 주는 변수다. 학습자의 학습 유형과 문화적 배경은 교수자와의 상호작용에 영향을 준다. 특히 특수아동의 존재는 초임교사에게 큰 도전이 된다. 최근 통합교육의 경향으로 모든 교사에게 특수교육이 필요한 아동에 대한 이해와 지도방법의 습득이 필요하게 되었다.

3) 학습에 대한 이해

학습이 어떻게 일어나는지에 대한 설명은 행동주의 이론과 인지주의 이론으로 나누어진다. 학생들의 행동을 다루는 교사는 행동주의 학습원리를 이해해야 한다. 이것은 학습자의 바람직한 행동을 증진시키고 바람직하지 못한 행동을 감소시키는 데 매우 유용하다. 인지주의 학습이론은 사고의 변화에 초점을 둔다. 학습하는 동안 정보를 처리하고 표상하는 것의 바탕이 되는 정신기제를 강조한다. 학습의 기제를 이해함으로써 학습과정에 영향을 주는 여러 가지 요인을 식별하고 효과적인 학습을 조정할 수 있는 통찰력을 갖게 된다.

효과적인 교실수업을 위한 수업모형과 다양한 교수방법에 대한 이해도 교육심리학의 주요 내용이다. 유능한 교사는 이러한 수업모형과 교수방법을 학습자의 개인차를 고려한 교실수업으로 어떻게 효율적으로 전개할 수 있는지를 알고 있다. 그러나 무엇보다도 학습자의 학습동기 유발은 교사에게 매우 중요한 과제다. 교사가 아무리 훌륭한 교재와 수업을 준비하여도 학습자가 교사의 수업을 들을 마음이 전혀 없다면 학업성취는 이루어지지 않는다. 여러 유형과 다양한 연령의 학습자를 어떻게 동기화시켜 성공적인 학업성취로 이끌 수 있는지를 교사는 알아야 한다.

4) 교수에 대한 이해

교육심리학의 핵심은 교수·학습 과정인데, 교수과정은 학습에 대한 이해와 밀접한 관계를 가지고 있는 분야이다. 효과적이고 체계적인 교수모형과 강의나 질문, 협동학습 등의 여러 가지 교수방법에 대한 연구는 교육심리학에서 핵심적인 내용으로 다루어지며 그러한 모형이나 방법을 학습자들의 개인차를 고려한 교실수업으로 어떻게 전개할 수 있는지에 대한 내용을 제시한다. 또한 교사의 성격과 학습유형은 학생의 태도, 동기, 비행, 성취에 직접적인 영향을 줄 수 있고 심지어 교사의 기대가 학생의 성취에 미치는 영향은 매우 중요하다.

5) 생활지도와 상담에 대한 이해

현대 학교교육에 있어서 생활지도가 지니고 있는 교육적 의의는 대단히 크다. 종래의 학교교육이 지나치게 지식의 편중에만 중점을 두었으나 오늘날 교육관의 변천에 따라 교육의 기능이 지식 전달이 아니라, 정의적 측면인 생활지도의 중요성이 부각되고 있다.

생활지도는 모든 학습자의 건전한 성장 발달을 도모하고 바람직한 전인적인 인격 형성을 이룩하여 자기 문제를 스스로 해결할 수 있도록 돕는 활동이다. 생활지도의 영역으로 교육지도, 직업지도, 성격지도, 건강지도, 사회성 지도, 여가선용 지도 등으로 나누고, 생활지도 활동 중에는 조사활동, 정보활동, 상담활동, 정치 및 추수활동, 집단활동 등으로 나눌 수 있다. 특히 이 중에서 상담은 생활지도에 있어서 가장 중요한 활동이며, 이 분야에 많은 연구가 이루어지고 있다.

상담은 생활지도에 있어서 가장 핵심적인 활동이다. 따라서 교사는 생활지도의 필요성과 중요성을 인식한 토대 위에 상담과 심리기법의 사용방법과 적용의 범위를 이해 · 생활하는 데 필요한 방법을 제시하고, 현대사회에 적응력 있는 인간을 육성하기 위해 노력하여야 한다. 교사는 끊임없이 학생과의 대화를 통하여 학생들이 올바르고 행복한 삶을 추구해 나갈 수 있도록 애정과 각별한 관심을 가져야 한다.

6) 평가에 대한 이해

평가는 학습목표의 달성을 측정할 뿐 아니라 앞으로의 학습목표를 설정하는 기반이 된다. 평가는 학습자의 동기와 학습을 증진시키며, 교수자가 자신의 수업을 개선하는 데 도움을 준다. 교수자는 평가를 통해 수업목표의 달성을 확인하고, 교수 · 학습 과정을 설계하는 데 피드백을 받을 수 있다. 학습자는 자신이 얼마나 배웠는지를 확인하고, 이는 학습자의 동기유발에 영향을 준다.

학습자의 학업성취를 제대로 공정하게 측정하기 위하여 어떤 검사 유형을 사용하고, 문항을 어떻게 구성할 것인지, 좋은 검사란 어떤 검사인지, 표준화 검사는 어떤 것이며 어떤 종류가 있는지, 표준화 검사의 점수는 어떻게 해석하고 그 결과는 어떻게 활용할 수 있는지를 교사는 알아야 한다.

이상과 같이 교육심리학은 발달, 학습자, 학습, 교수, 생활지도와 상담, 평가 등 교육에 관련된 광범위한 영역을 이해하고 이론체계를 확립하며, 이를 효과적으로 적용하기 위하여 다양한 노력을 기울이고 있다.

3. 교육심리학과 교사의 역할

학생이 배우도록 도와주는 것이 교사로서 해야 할 일이다. 배우는 것을 도와주기 위해 교사는 여러 가지 역할을 해야 한다. 교사가 수행해야 할 역할로는 교수전문가로서의 역할, 동기촉진자로서의 역할, 관리자로서의 역할, 지도자로서의 역할, 상담가로서의 역할, 모델로서의 역할 등이 있다. 교사의 역할에 대하여 구체적으로 살펴보면 다음과 같다(임규, 임웅, 2010).

첫째, 교수전문가로서의 역할이다. 교사는 수업 교재와 교수방법에 대해 끊임없이 의사결정을 해야만 한다. 이러한 결정에는 교과의 내용과 학생의 능력 및 요구, 습득해야 할 학습목표 등 다양한 요인이 고려된다.

둘째, 동기촉진자로서의 역할이다. 교사가 수행해야 한다고 가정되는 가장 중요한 역할 중 하나는 동기촉진자로서의 역할이다. 학습 내용을 아무리 재미있게 시작한다고 하더라도 학생들의 관심과 주의를 계속해서 유지시키기란 쉽지 않다. 따라서 교사들의 의사결정은 학생들의 동기에 효과적이어야 한다.

셋째, 관리자로서의 역할이다. 교사들은 자신의 일과 중 많은 시간을 관리자로서의 역할을 수행한다. 학생 행동의 감독, 시험 준비, 성적 평가, 동료 교사들과의 회의, 학부모와의 면담, 일지 작성 등 교사가 관리해야 하는 업무는 매우 다양하다. 그러나 관리자로서 교사가 수행하는 가장 중요한 업무는 학급의 질서 유지와 관련된 학급관리이다(Doyle, 1985).

넷째, 지도자로서의 역할이다. 교사는 학생 각각의 요구에 관심을 두고 학생들을 개인적으로 지도해야 하지만, 현실적으로 학급의 다수 학생을 개별적으로 지도하는 데에는 어려움이 많아 전체적으로 지도하게 된다. 이때 교사에게 요구되는 것은 집단을 대상으로 하는 교사의 지도력이 개개인의 성장을 신장시킬 수 있는 방법으로 나타나는 것이다.

다섯째, 상담가로서의 역할이다. 교사는 전문적인 생활지도 상담가는 아니지만 학생들의 정서적 행동에 민감하게 반응해야만 한다. 또한 교사는 학생들의 정서적 측면뿐만 아니라 학업 성적이나 진로 등에 대해 학생뿐만 아니라 학부모와도 상담해야 한다.

여섯째, 모델로서의 역할이다. 교사 스스로가 원하든 원하지 않든 교사는 언제나 학생들의 모델이 된다. 때때로 교사는 학습과 관련하여 문제를 해결하는 방법을 보여주는 모델이 되고 있다. 따라서 교사는 하나의 문제를 해결하는 데도 가능한 다양한 접근을 보여줌으로써 학생들이 다양한 상황에 접하였을 때 현명하게 문제를 해결할 수 있는 힘을 길러주어야 한다.

심리학적 지식과 그 지식을 교육에 활용하는 것은 좋은 교사가 되는 데 유용한 잠재력이 된다. 그 잠재력을 성취할 수 있는가는 교사가 개방적이고 긍정적인 태도를 어떻게 유지하느냐에 달려 있다. 어떤 교사는 교육심리학적 지식이 실제 교실에서의 학습을 거의 다루지 않기 때문에 쓸모없다고 말한다. 그러나 교수(teaching)는 복합적인 활동이고, 교육심리학적 지식은 교사에게 유용한 정보를 주며, 전문적인 과정을 통해 능력을 길러주는 데 공헌한다고 보면 교육심리학이 결코 쓸모없는 것은 아니다(유승구, 2011).

어떤 이론이든지 간에 이론은 수많은 연구에 근거한 원리들을 통합하는 포괄적인 지식체(body of knowledge)라고 할 수 있다. 이론은 연구결과를 조직화하는 데 도움을 주며, 교사들에게 가치 있는 지침을 제공할 수 있다(Gall et al., 2003). 예를 들어, 교육심리학의 원리 가운데 하나는 보상받은 행동은 출현 빈도가 증가한다는 것이다. 이와 같은 원리들은 교실 수업 상황에 적용할 수 있다. 교사의 질문에 학생들이 답을 하는 경우, 이에 대하여 교사가 칭찬을 하게 되면 질문에 대답하는 학생들의 행동을 증가시킬 수 있다. 이때 칭찬을 매번 주는 것보다 간헐적으로 주는 것이 학생들의 대답하는 행동을 보다 오랫동안 유지시킬 수 있다. 또한 칭찬을 지나치게 과장하여 하는 경우 오히려 학생들의 대답하는 행동은 감소할 수 있다. 이러한 이론은 최소한 다음 두 가지 측면에서 유용하다(신종호 외, 2007).

첫째, 이론은 행동과 사건에 대한 체계적 설명을 가능하게 한다. 예를 들어, 왜 사람들이 카지노에서 슬롯머신에 매달려 도박을 하는지에 대한 이유를 행동주의 이론을 통해 설명할 수 있다. 그 이유는 카지노에 있는 사람들이 간헐적 강화를 받고 있기 때문이다.

둘째, 이론이 갖는 가치는 이론이 행동과 사건의 예측을 가능하게 해 준다는 점이다. 예를 들어, 학습동기이론의 하나인 귀인이론에 근거하여 볼 때 우리는 자신의 성적을 자신이 통제할 수 있다고 믿는 학생들이 자신의 성적이 운이나 교사의 마음에 의해 주로 결정된다고 믿는 학생보다 더 열심히 노력할 것으로 예측할 수 있다.

이와 같이 행동주의이론, 귀인이론을 포함해 교육심리학 이론들은 교사와 학생의 행동을 설명하고 예측하는 데 활용될 수 있으며, 이론을 통해 우리는 학습과 교수에 대해 보다 분명하게 이해할 수 있다. 그렇다면 교육심리학은 교사에게 무엇을 제공할 수 있는가?

Goetz, Alexander와 Ash(1992) 등은 교육심리학의 이론이 해당 분야에 대한 연구의 안내자, 사실에 대한 이해의 증진, 사실의 예측과 통제, 사실에 대한 설명을 가능하게 한다고 주장한다. 따라서 교육심리학이 제공하는 이론은 교사가 가르치는 과정에서 부딪히는 여러 가지 문제를 설명하고, 이해하게 하고, 현상의 과정이나 결과를 예측하게 하며, 주요 변인이나 과정을 통제할 수 있게 함으로써 교사에게 교육현상에 대한 의미 있는 통찰력을 제공할 수 있다는 것이다. 그러나 모든 이론이 그렇듯이 교육심리학의 이론을 완전히 습득한다는 것이 모든 문제를 해결할 수 있나는 것을 의미하지 않는다.

또한 교육심리학은 교사에게 유용한 지식과 이론을 제공할 수 있다. 그러나 교사가 자신의 역할에 대해 확신과 끈기가 없다면 교사의 효과성은 기대할 수 없을 것이다. 효과적인 의사결정자로서 기능하기 위해서 교사는 반드시 학생들의 변화 가능성을 믿어야 하며 스스로가 학급에서 효과적일 수 있다고 확신해야 한다. 교수기술과 전문지식도 중요하지만 교사가 기술과 지식을 사용하는 데 흥미와 끈기가 없다면 성취할 수 있는 일은 아무것도 없을 것이다.

가르치는 일에는 예술적인 측면과 과학적인 측면이 내재되어 있다. 감정과 가치가 개입되어 있으며 적절한 융통성이 필요하다는 점에서 가르치는 일에는 분명 예술적인 측면이 있다(Flinder, 1989; Hansgen, 1991; Rubin, 1985). 하지만 이러한 행위에는 과학적인 이론과 연구가 기초되어야 한다(Berliner, 1986; Gage, 1984; Shulman 1986b). 교육과 관련하여 이와 같은 예술적인 측면과 과학적인 기초가 조화될 때만이 그 효과성은 극대화될 수 있다. 따라서 우리에게 필요한 것은 가르치는 일에 대한 전문성뿐만 아니라 교육현상에 대한 끊임없는 연구, 그리고 교수 실제와 신념의 타당성에 대하여 능동적이고 지속적으로 탐구하는 자세다(임규혁, 임웅, 2010; Biehler & Snowman, 1993).

여러분이 학생들의 삶을 변화시킬 수 있다고 믿어라. 자기효능감이란 어떤 행동의 수행과 목표에 도달할 수 있다고 믿는 정도를 말한다. 만약 학생들이 배울 수 있다고 믿는다면 더 많이 배우려고 한다는 것이다. 다시 말해, 높은 수준의 자아효능감을 가진 학생들은 무언가를 더 배우려는 경향이 있다. 여러분도 반드시 높은 자기효능감을 가져야 한다. 여러분이 스스로를 좋은 교사라고 믿는다면 가끔 부딪치는 좌절에도 불구하고 궁극적으로 교실에서 유능해질 것이다(Ashton, 1985). 높은 수준의 자기효능감을 성취하는 학생들에게는 학생들을 위해 무언가 할 수 있다는 자신감을 가지고 있는 그들의 교사가 있다는 것을 명심해야 한다(이명숙 외, 2011; Brophy, 2006; Langer, 2000; Tschannen-Moran, Woolfolk Hoy, & Hoy, 1998).

Chapter 2

인지발달

배울 내용

1. Piaget의 인지발달이론
2. Vygotsky의 사회문화적 이론

학습 목표

1. Piaget의 인지발달단계와 개념들을 이해한다.
2. Vygotsky의 사회문화적 이론을 이해한다.
3. 인지발달이론을 기초하여 교육현장에 적용할 방법들을 모색해 본다.

개요

Piaget와 Vygotsky의 개념 연구를 통해 인간의 지식 구성을 탐색하고 지식 구성의 새로운 관점을 이해하거나 창출해 낼 수 있게 되었다. 그는 개념이 영역보편적으로 구성되며, 인지적 갈등의 주체가 학습자 자신임을 밝히고, 그 결과 학습자교육과정이 학습자중심, 실물교육, 통합교육과 사고 유형 중심의 교육과정을 구성하는 데 중요한 역할을 수행하게 되었다. 이처럼 아동관의 정립과 학습자들을 바르게 이해하기 위해서 Piaget와 Vygotsky를 위시한 인지주의에 대한 탐색이 필요하며, 이들을 통해 얻는 자료들을 보다 효과적인 방법으로 교육현장에 적용하는 것이 매우 중요하다. 따라서 이 장에서는 Piaget의 인지발달이론과 Vygotsky의 사회문화적 이론을 통해 어떻게 인지를 획득하게 되는지를 알아보고자 한다.

1. Piaget의 인지발달 이론

인지발달이론에서는 정신구조가 매우 중요한 의미를 가지고 있으며, 특히 합리적인 사고과정을 강조한다. 인지는 인간의 정신적 사고과정을 의미하는 광범위한 개념으로 사고하기, 기억하기, 추론하기, 문제해결하기, 창조적 사고 등 인간의 모든 정신활동을 일컫는다. 인지적 성장은 영아기에 급속도로 성장하는데, 이를 설명하는 이론적 틀은 Piaget(1896~1980)의 인지발달이론이 대표적이다. Piaget 이론은 그동안 미궁에 빠져 있던 유아의 사고, 즉 그들의 정신세계를 규명하는 역할을 수행했다. 다른 연구자들도 인간이 개념(concept) 또는 정신구조(mental structure)를 소유한다고 생각했지만 Piaget처럼 지식의 구조와 변화를 동시에 설명하지는 못했다.

Piaget는 비전통적으로 인지발달 분야에 관여하였다. 그는 생물학자로서 훈련을 받았으나 자신의 세 자녀가 성장하는 과정을 지켜보면서 인간의 적응에 관심을 돌렸으며, 점차 아동의 사고는 성인의 사고와는 매우 다르다는 것을 발견하였다. 즉, Piaget의 이론은 전적으로 자신의 자녀들의 성장과정을 자연관찰에 의해 수립된 연구결과이기 때문에 일반화에는 문제가 있으나 이후 많은 연구를 통해 Piaget의 이론이 상당히 정확한 것으로 나타났으며, 그의 이론은 오늘날까지도 인지발달을 설명하는 대표적인 이론으로 자리 잡고 있다.

1) Piaget 이론의 주요 개념

Piaget의 인지발달이론에서는 도식(schema), 적응(adaptation), 동화(assimilation), 조절(accommodation) 그리고 평형(equilibration)의 개념이 중요한 의미를 갖는다. Piaget 이론의 기본 개념인 도식은 사물이나 사건에 대한 전체적인 윤곽을 말한다. 즉, 도식은 지식의 기본 단위로서 유기체가 외계의 사물을 인지하기 위해 사용하는 '이해의 틀'에 해당한다. 빨기나 잡기와 같은 최초의 도식들은 본질상 반사적이다.

많은 도식을 가지고 태어나며, 생득적으로 적응의 과정을 통해 새로운 도식을 개발하고 기존의 것들을 변화시킨다.

적응은 환경과의 직접적인 상호작용을 통해 도식이 변화하는 과정이다. 적응은 개인의 욕구를 충족시키기 위해 이루어지는 개인 또는 환경의 수정을 포함하는 매우 복잡한 과정이다. 적응은 동화와 조절이라는 두 가지 수단을 통해 진행된다 그림 2-1 .

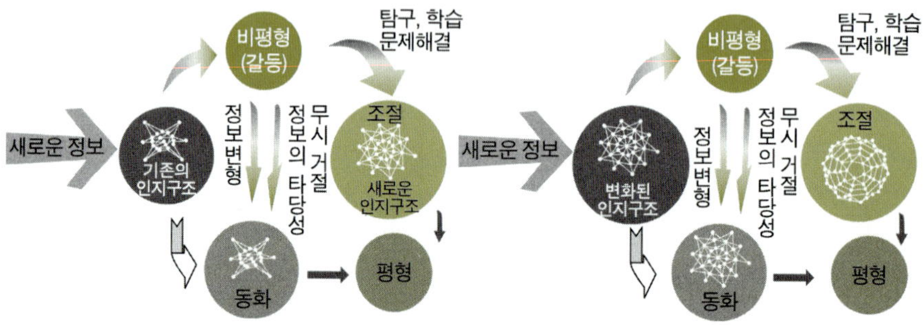

그림 2-1 새로운 지식 창출에 있어 동화-조절-평형

동화는 새로운 환경자극에 반응함으로써 기존의 도식을 사용해 새로운 자극을 이해하는 것을 말하며, 조절은 자신이 기존에 가지고 있는 도식으로 새로운 사물을 이해할 수 없을 때 기존의 도식을 변경하는 것을 말한다. 이러한 조절이 나타날 때 도식의 형태에 질적인 변화가 일어나거나 새로운 도식이 획득된다. 마지막으로 평형은 동화와 조절의 균형을 의미한다. 즉, 새로운 환경을 접했을 때 기존의 도식으로 접근할 수 없을 때 조절과정이 나타난다. 이 과정에서 불평형(disequilibrium)이 나타나게 되고 이 불평형 상태는 기존의 도식이 변형되거나 새로운 도식을 습득함으로써 평형 상태를 이루게 된다.

2) Piaget의 인지발달 단계

Piaget(1954)에 의하면 인지발달은 유기체와 환경과의 상호작용으로 이루어지는 적응과정이다. 여기에는 질적으로 다른 네 개의 단계가 있으며, 질적으로 다른 이 단계들은 정해진 순서대로 진행되고, 단계가 높아질수록 복잡성이 증가한다고 하였다 그림 2-2 .

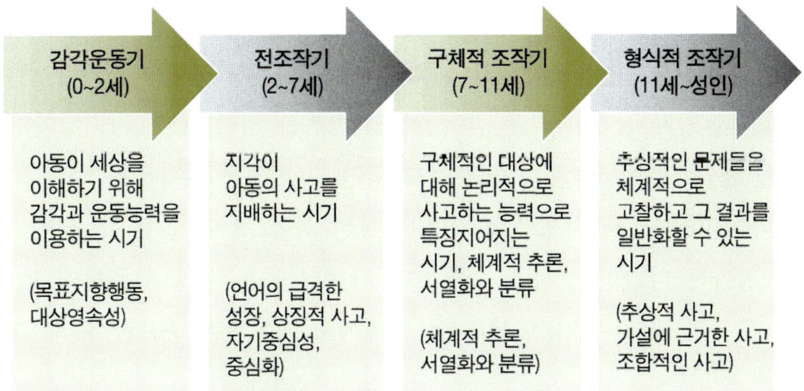

그림 2-2 Piaget의 인지발달 단계

(1) 감각운동기

인지발달의 첫 번째 단계는 감각운동기(sensorimotor stage)로서, 출생 후부터 2세까지이다. 이 시기에 영아들은 출생 시부터 갖고 태어난 기술, 즉 빨기와 잡기를 통해 무엇이든 입 안에 넣는 것을 좋아하며 이를 통해 점차 빨 수 있는 것과 빨 수 없는 것으로 구분한다. 또한 이 시기에 영아는 자신이 갖고 태어난 여러 감각 · 지각 및 반사 기능을 자신의 신체적 활동을 통해 통합하는 능력을 발달시켜 간다. 이러한 방법으로 영아는 그들의 경험을 범주화하고 구조화하기 시작한다. 영아는 자신이 직접 보고, 듣고, 느끼고, 행동하는 것에 의존한다. 즉, 감각기관을 통해 받아들인 정보가 인지발달의 중요한 내용이 된다. Piaget는 이 시기에 단순한 도식들이 결합되어 새로운 도식을 형성하는 독립적이지만 상호 관련된 6개의 하위 단계로 구분하여 설명하고 있다.

① **반사운동기**(Reflex Activity : 출생~1개월)

영아는 선천적인 반사행동(빨기, 잡기, 큰 소리에 반응하기 등)을 도식으로 하여 외부 세계와 접촉하며 이를 통해 반사행동은 적응적 행동으로 전환된다. 이 단계의 중요한 특징은 자신과 외부 세계 간의 구분이 없으며 다양한 반사 도식을 사용함으로써 영아는 환경의 요구에 더 잘 적응할 수 있다는 것이다.

② **일차 순환반응기**(Primary Circular Reactions : 1~4개월)

최초의 순환반응은 영아의 신체에 있기 때문에 '일차' 순환반응이라 한다. 순환반응이란 빨기와 잡기와 같은 감각운동의 반복을 의미하는데, 즉 영아가 우연한 행동을 통해 만족스러운 결과를 얻게 되면 그 행동을 반복해서 하게 되는 것을 말한다. 영아가 습관적으로 손가락을 빠는 것이 그 예가 될 수 있다. 이 단계 동안 영아는 다양한 반사에 숙달하며 이 반사들은 서로 협응하게 된다. 빨기-잡기 도식과 보기-잡기 도식은 이 단계에서 획득되는 중요한 도식 간의 협응이다.

③ **이차 순환반응기**(Secondary Circular Reactions : 4~8개월)

영아가 자신의 외부 세계에 대해 관심을 갖는다. 일차 순환반응과 이차 순환반응 간의 주된 차이점은 행동의 초점이다. 일차 순환반응 때와는 달리 자신의 신체 외부에 있는 대상과 사건에 관심을 가진다. 자신이 아닌 외부에서 흥미로운 사건들을 반복하고, 이를 다시 반복하려고 할 때 순환반응이 일어난다.

우연한 행동이 만족스러운 결과를 가져올 경우 또다시 그 결과를 유발하기 위해 그 행동을 반복하게 된다. 예를 들어, 우연히 딸랑이를 건드렸더니 소리가 나고, 영아는 다시 그 소리를 듣기 위해 딸랑이를 흔드는 행위를 반복하게 된다. 이 단계 동안 영아는 외부 세계에 있는 어떤 사건들이 자신의 행동의 통제하에 있다는 것을, 즉 자신의 행동이 환경에 영향을 줄 수 있다는 것을 발견한다.

④ **이차 순환반응의 협응기**(Coordination of Secondary Circular Reactions : 8~12개월)

영아는 자신의 목표를 달성하기 위해 이전에 획득한 행동을 통합하기 시작한다. 영아의 행동은 의도적이며 목적이 된다. 영아는 원하는 장난감을 얻기 위해 방해물을 치우게 된다. 즉, 방해물 치우기와 장난감 잡기의 두 가지 도식을 통합하게 된다. 이 시기의 영아는 목표가 되는 하나의 도식에 도달하기 위해 수단이 되는 다른 도식을 사용할 수 있게 된다. 영아가 방해물을 치우고 장난감을 찾아내는 행위는 대상영속성(object permanence)의 개념이 발달하기 시작했다는 사실을 보여주는 것이다.

⑤ **삼차 순환반응기**(Tertiary Circular Reactions : 12~18개월)

영아는 사물이 왜, 어떻게 그렇게 되는가 등 실험적 사고에 열중하게 된다. 새로운 원인과 결과 간의 관계를 알아보기 위해 여러 가지 시도를 한다. 이 단계에서 영아는 매우 적극적이고 목적지향적인 행동을 보이며, 시행착오를 통해 문제를 해결하게 된다. 영아는 새로운 대상이 나타났을 때, 지금까지의 방식으로 목표에 도달할 수 없을 때, 새로운 상황에 적합하도록 수단을 변경할 수 있다. 하지만 아직까지 새로운 수단을 찾기 위한 정신적인 노력은 나타나지 않는다.

⑥ **정신적 표상**(Mental Representation : 18~24개월)

영아의 지적 능력이 급격하게 성장하는 시기이다. 영아는 사물이나 사건들을 정신적으로 표상해 내기 시작하고, 행동적 시행착오를 하던 영아는 행동을 하기 전에 먼저 생각을 함으로써 문제를 더 빨리 해결할 수 있는 통찰을 얻는다. 정신적 표상이 가능해지면서 어떤 행동을 목격한 후 시간이 지난 후에 그 행동을 재현해 내는 지연모방(deferred imitation)이 가능하게 된다.

감각운동기 동안에 이루어지는 매우 중요한 인지발달로서 대상영속성 개념을 들 수 있는데, 이는 모든 사물은 자신과는 별개의 실체로서 직접 보거나 만질 수 없는 경우에도 여전히 어딘가에 존재하고 있음을 아는 것이다. 이 개념은 인지발달 단계와 병행하여 발달하는데, Piaget는 다음과 같이 감각운동기의 하위 단계별로 대상영속성 개념의 발달을 설명하고 있다(표 2-1).

표 2-1 감각운동기 하위 단계별 대상영속성 개념의 발달

감각운동기 하위 단계	대상영속성의 개념 발달
반사운동기	대상영속성의 개념이 전혀 없다. 바라보고 있던 물체가 사라져도 아무런 반응을 보이지 않는다.
일차 순환반응기	대상영속성의 개념이 어렴풋이 나타난다. 바라보고 있던 물체가 사라지면, 물체가 있던 자리만 응시한다.
이차 순환반응기	물체가 보이지 않아도 어딘가 존재한다는 것을 어렴풋이 안다. 물체를 반쯤 덮어 놓으면 찾아내지만, 완전히 가려 놓으면 찾지 않는다. 대상영속성 개념이 완전히 발달하지 못한 것으로 해석할 수 있다.
이차 순환반응의 협응기	물체가 완전히 덮여 있어도 찾아낼 수 있다. 그러나 영아가 보는 앞에서 그 물건을 다른 곳으로 옮겨도 여전히 처음 감추었던 장소에서 그 물체를 찾는다.
삼차 순환반응기	영아가 보고 있는 상태에서 물건이 이동되면 찾을 수 있으나, 보고 있지 않은 상태에서 이동을 하면 찾지 못한다. 물건의 이동을 시각적으로 추적하는 것은 가능하나 정신적으로 추적하지는 못한다.
정신적 표상	대상영속성의 개념이 완전하게 발달한다. 영아는 물건이 보이지 않는 곳으로 이동해도 예상되는 장소를 탐색한다. 정신적 추적이 가능해진다.

(2) 전조작기

두 번째 단계는 전조작기(preoperational stage)로서 2세에서 7세까지이다. 이 단계에서는 논리적인 조작이 불가능하기 때문에 전조작기라 부른다. 조작이란 과거에 일어났던 사건들을 내면화시켜 서로 관련지을 수 있는, 즉 논리적인 관계를 지을 수 있는 것을 뜻한다. 이 시기 사고의 특징은 상징놀이, 자기중심적 사고, 물활론, 직관적 사고를 하는 것 등이다. Piaget는 전조작기를 다시 2세부터 4세까지를 전개념적 사고기(preconceptual period), 4세부터 7세까지를 직관적 사고기(intutive period)로 나누었다.

① 전개념적 사고기

개념이란 사물의 특징이나 관계, 속성에 대한 생각으로 정의할 수 있는데, 어떤 대상에 대한 정확한 개념만 가지고 있다면, 그것이 어떻게 변하든 동일한

대상으로 인식할 수 있다. 이 단계에서의 유아는 대상을 내면화시키는 과정에서 성숙한 개념을 발달시키지 못하므로, 전개념적 사고기라고 한다. 전개념적 사고의 특징은 상징적 사고, 자기중심적 사고, 물활론적 사고, 인공론적 사고, 전환적 추론을 하는 것 등이다.

가. 상징적 사고

감각운동기의 말기가 되면 정신적 표상, 지연모방, 상징놀이 등의 정신능력이 나타나기 시작하는데, 이러한 능력은 언어를 습득하고 상상력이 풍부해지는 전조작기에 확대된다.

상징은 어떤 대상을 나타내는 징표를 말한다. 상징의 사용은 문제해결의 속도를 증가시키고, 시행착오를 감소시킨다. 상징적 사고능력은 유아로 하여금 '지금-여기'의 한계를 벗어나 정신적으로 과거와 미래를 넘나들게 해준다. 상징적 사고의 가장 중요한 결과 중 하나는 가상놀이이다. 가상놀이란 가상적인 사물이나 상황을 실제 사물이나 상황으로 상징화하는 놀이로서 전조작기 유아의 표상적 발달을 보여준다. 소꿉놀이, 병원놀이, 기차놀이 등이 가상놀이의 예이다. 유아기 동안 가상놀이는 점점 더 빈번해지고, 연령이 증가함에 따라 점점 더 복잡해진다.

가상놀이는 다음과 같은 중요한 기능을 한다. 첫째, 표상적 도식을 연습하고 유아의 공포와 좌절을 해소시키는 역할을 하며, 둘째, 유아에게 자신과 더 큰 사회 간의 연결성에 대한 통찰을 제공하는 역할을 하며, 마지막으로 아동의 인지적·사회적 기술을 반영할 뿐 아니라 이 기술들의 발달에 기여한다.

나. 자기중심적 사고

유아는 모든 주변 환경에서의 현상을 자기중심적으로 생각한다. 유아는 타인도 자신과 같이 느끼고, 사고하고, 행동한다고 생각한다. 자기중심적 사고는 다른 사람의 관점을 고려하지 못한 데에 기인한다. 이것은 유아가 일부러 타인의 입장을 생각하지 않는 것이 아니라, 타인의 관점을 이해하지 못하는 것을 의미한다.

유아의 자아중심적 사고를 보여주는 실험으로 Piaget와 Inhelder(1956)의 '세 개의 산 실험(three mountains experiment)'이 있다(그림 2-3). 서로 다른 세 개의 산 모형을 탁자 위에 올려놓고, 유아에게 탁자 주위를 돌아보게 한다. 유아를 한쪽 의자에 앉히고, 맞은편이나 옆에 인형을 앉힌다. 몇 장의 사진을 보여준 후 자신이 본 것과 똑같은 사진을 찾아내게 하면 잘 고르지만, 인형이 본 것을 찾으라고 하면 역시 자신이 본 것과 같은 사진을 선택한다.

Piaget와 Inhelder

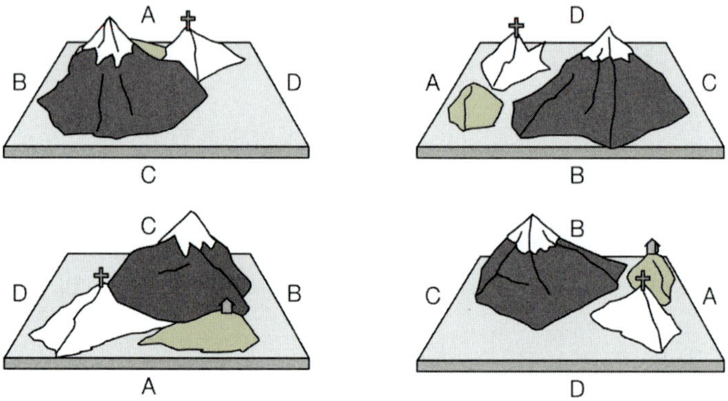

그림 2-3 Piaget의 '세 개의 산' 실험

유아의 자기중심성은 언어에서도 잘 드러난다. 자기중심적 언어는 상대방이 자신의 말을 이해하든 못하든 관계없이 자기 생각만을 전달하는 것을 말한다. 그러나 Piaget의 주장처럼 유아들이 항상 자아중심적인 것은 아니다. 친숙한 그림을 사용하거나 좀 덜 복잡한 과제를 제시하면, 유아는 자기중심성을 덜 보이는 것으로 나타났다(Newcombe & Huttenlocher, 1992). Piaget의 주장과는 달리 유아는 익숙하지 않은 상황에서만 자기중심적 사고를 보이는 것으로 보인다.

유아의 대화에서도 대상이 누구냐에 따라 사용하는 언어의 수준이 달라지는 것을 볼 수 있는데, 4세의 유아가 또래나 성인과 대화할 때보다 2세의 유아에게 이야기를 할 때 더 짧고 간단한 표현을 사용함으로써 청자의 수준에 맞추어 이야기할 수 있다(Gelman & Shatz, 1978).

다. 물활론적 사고

전조작기의 또 다른 특징은 물활론적 사고인데, 이는 무생물이 살아 있다고 생각하는 것이다. 즉, 생명이 없는 대상이 사람처럼 감정이나 의도를 가지고 있다고 생각한다. 예를 들어, 공을 차면 아플 것이라고 생각하고, 눈 덮인 나무는 춥다고 생각하며, 돌에 걸려 넘어진 아이는 돌에게 야단을 치거나 화를 내기도 한다. 또한 가지고 노는 인형에게 음식을 먹이기도 한다. 4~6세의 유아는 모든 대상물이 살아 있다고 여기고, 6~8세의 아동은 움직이는 대상물만 살아 있다고 생각하며, 8세가 지나면 생물과 무생물을 완전히 구별할 수가 있다.

하지만 최근의 연구들(Massey & Gelman, 1988; Poulin-Dubois & Heroux, 1994)은 3~5세의 유아들이 모든 대상물에 물활론적 사고를 하는 것은 아니라는 것을 보여주고 있다. 유아들도 관찰 가능하고 구체적인 사물에 대해서는 무생물과 생물을 구분할 수 있다. 유아들에게 친숙한 로봇, 크레용, 블록 등을 대상으로 질문을 하면, 유아는 그것들이 살아 있다고 생각하지 않는 것으로 나타났다(Richards & Siegler, 1986). 유아가 잘 알지 못하거나 구름, 바람, 태양 등에 대해 물활론적 사고를 한다는 것은 아마도 그것을 관찰할 수 있는 기회를 갖지 못해 그것의 속성을 모르기 때문일 수도 있다.

라. 인공론적 사고

물활론적 사고와 관련이 있는 것이 인공론적 사고이다. 물활론(animism)과 인공론(artificialism)은 자기중심성의 특별한 형태이다. 유아는 세상의 사물이나 자연현상이 사람의 필요에 의해서 만들어진 것이라고 믿는다. 유아는 사람들이 해와 달을 만들었다고 생각하고 바닷물이 파란 이유는 누군가가 파란색 물감을 풀어 놓았기 때문이라고 믿는다.

마. 전환적 추론

인과개념은 어떤 현상의 원인과 결과 간의 관계를 추론하는 능력을 말한다. 유아는 전개념적 사고의 한계 때문에 귀납적 추론이나 연역적 추론을 하지 못하고 대신 전환적 추론(transductive reasoning)을 하게 된다. 전환적 추론의 특징은 한 사건으로부터 다른 특정 사건을 추론하는 것인데, 예를 들어, 아침을 먹지 못한 유아가 오후가 되어서도 자신이 아침을 먹지 않았기 때문에 시간이 아직 아침이라고 말한다. 이는 유아가 '아침 밥'이라는 사건이 '아침'이라는 특정 사건을 결정짓는 원인이 되는 것으로 생각하기 때문이다.

② 직관적 사고기

직관적 사고란 어떤 사물을 볼 때, 그 사물의 두드러진 속성을 바탕으로 사고하는 것을 말한다. 판단이 직관에 의존하기 때문에 전체와 부분의 관계를 정확하게 파악할 수 없으며, 과제에 대한 이해나 처리방식이 그때그때의 직관에 의해 좌우되기 쉽다.

가. 보존개념

보존개념(conservation)이란 사물의 외형이 변한다고 할지라도 그것의 길이, 양, 크기, 무게 등의 속성이 바뀌지 않는다는 것을 이해하는 능력이다. Piaget에 의하면 전조작기에는 보존개념이 획득되지 않는다고 한다. 예를 들어, 전조작기의 유아에게 같은 양의 물을 보여주고, 폭이 좁고 긴 컵과 폭이 넓고 짧은 컵에 각각 부었을 때, 대부분의 경우 폭이 좁고 긴 컵의 물이 더 많다고 대답한다. 이러한 것은 양에 대한 보존개념이 형성되지 않았다는 것을 보여주는 것이다 그림 2-4 .

그림 2-4 보존개념에 관한 실험

수, 길이, 부피 등의 보존개념도 이와 유사한 결과가 나온다. 보존개념이 획득되는 연령은 각각의 과제에 따라 다른 것으로 보이는데, 수의 보존개념은 5~6세, 길이의 보존개념은 6~7세, 무게, 액체, 면적의 보존개념은 7~8세, 부피의 보존개념은 11~12세에 획득되는 것으로 보인다.

Piaget는 전조작기의 유아가 보존개념을 획득하지 못하는 이유를 다음과 같이 설명하고 있다. 첫째, 중심화(centration) 경향 때문이다. 중심화란 두 가지 이상의 차원을 동시에 고려하지 못하고 한 차원이나 하나의 특성에 초점을 맞추는 것을 말한다. 둘째, 지각적 특성에 의해 판단하는 직관적 사고 때문이다. 셋째, 정지된 상태에 주의를 기울여 바뀌는 상태를 고려하지 못하기 때문이다. 즉, 유아는 똑같은 양의 물을 한 잔에서 다른 잔으로 옮겨 놓았다는 전환 상태를 고려하지 못하는 것이다. 넷째, 비논리적 사고의 특징인 비가역성(irreversibility) 때문이다. 가역성(reversibility)은 어떤 변화가 일어났을 때 이것을 먼저 상태로 되돌려 놓는 것을 말하는데, 비가역성은 이러한 능력이 없다는 것을 의미한다.

전조작기 유아의 보존능력도 보다 단순한 과제가 주어지면 Piaget가 예상한 연령보다 더 어린 연령에서 나타난다. 예를 들어, 수 보존과제로 6, 7개 항목 대신 3개 정도의 항목을 사용하면, 3세의 유아도 잘 수행할 수 있다(Gelman, 1972).

나. 유목포함

유목포함(class inclusion)은 상위유목과 하위유목 간의 관계, 즉 전체와 부분의 관계를 이해하는 능력을 말한다. Piaget에 의하면 전조작기의 유아는 상위유목과 하위유목을 동시에 고려할 수 없기 때문에 과제를 위계적으로 분류하지 못한다.

유목포함 과제로 10개의 백합과 5개의 장미를 사용하였을 때 유아들은 백합이 장미보다 더 많다는 것을 알 수 있다. 하지만 백합이 더 많은지 꽃이 더 많은지에 대해 물으면 여전히 백합이 더 많다고 대답하는데, 이는 백합과 장미가 모두 꽃이라는 범주에 속한다는 것, 즉 전체(꽃)와 부분(백합과 장미)이라는 관계를 모르기 때문이다.

다. 서열화

서열(seriation)이란 사물의 특성을 양적 차원에 따라 차례로 배열하는 능력을 말한다 그림 2-5 . 유아에게 길이가 다른 여러 개의 막대기를 주고 짧은 것에서부터 긴 것까지 배열하게 하면, 3~4세의 유아는 차례대로 배열하지 못하고, 5~6세가 되면 일부는 순서대로 나열할 수 있지만, 전체적으로는 하지 못한다. 구체적 조작기에 이르면, 서열화의 개념을 완전히 획득하게 된다.

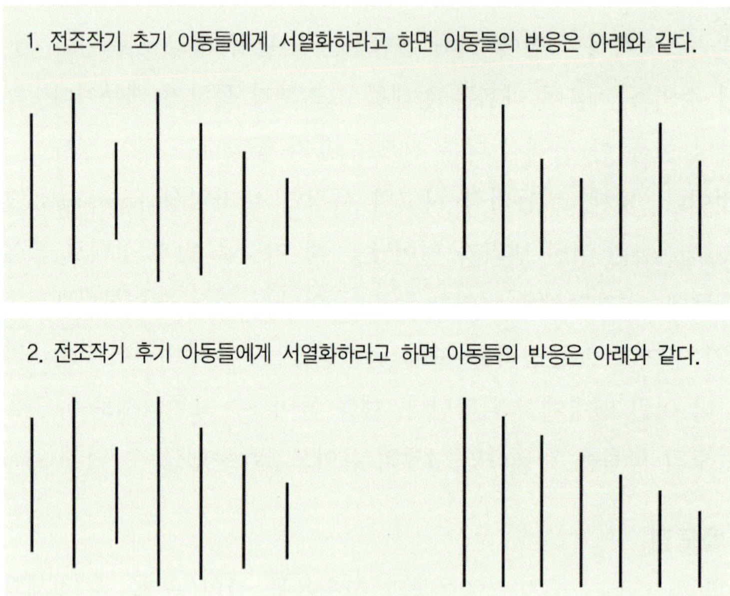

그림 2-5 서열화

(3) 구체적 조작기

Piaget의 인지발달 단계 중 세 번째 단계이며, 7세부터 11세까지 해당된다. 아동들은 전조작적 사고의 제한된 특성에서 벗어나 논리적인 사고가 시작되고, 추리능력도 정확해지며 복잡하고 융통성을 갖게 된다. 이 시기의 아동은 사고가 자신이 직접 경험한 구체적인 세계에 한정되고 추상적이고 가설적인 문제의 해결에는 아직까지 어려움을 보이기 때문에 구체적 조작기(concrete operational stage)라 부른다. 조작이란 주어진 정보를 특정한 목적을 위해 변형시키거나 관련된 사고로 통합하는 정신적 활동을 의미하는 것으로 덧셈이나 뺄셈과 같은 능력이 이에 속한다. 구체적 조작기에서 사고의 특성은 보존개념, 조망수용 능력, 유목화, 서열화 개념 등이다.

① 보존개념

전조작기와 구체적 조작기의 중요한 차이점은 아동이 문제해결과정에서 직관보다는 논리적 조작이나 규칙을 적용하기 시작한다는 것이다. 이러한 사고의 변화를 보여주기 위해 Piaget가 사용한 대표적 과제 중 하나는 보존개념이다(정옥분, 2002).

학령기 아동은 앞에서 제시한 폭과 넓이가 다른 두 잔의 물의 양이 동일하다는 것을 알게 되는데, 이는 유아기에는 높이나 폭의 한 차원밖에 고려할 수 없으나, 아동기에는 두 가지 차원을 모두 고려할 수 있게 되기 때문이다.

보존개념의 획득은 다음과 같은 세 가지 원리의 이해가 전제된다. 첫째, 가역성(reversibility)은 어떠한 상태 변화가 그 변화의 과정을 역으로 밟아 가면 다시 원상복귀될 수 있다는 사실이다. 둘째, 보상성(compensation)은 높이의 감소가 폭이라는 차원으로 보상된다는 것이다. 셋째, 동일성(identity)은 어떤 방법으로든 더하거나 빼지 않았으므로 양은 동일하다는 것이다(정옥분, 2002).

보존개념이 모두 동시에 획득되는 것은 아니다. 일반적으로 수에 대한 보존개념이 가장 먼저 획득되고, 길이, 면적, 양, 무게 그리고 부피의 순서로 획득된다.

② 조망수용

아동기에는 자기중심적인 사고에서 벗어나 타인의 입장, 감정, 인지 등을 추론할 수 있는 조망수용(perspective taking) 능력을 습득하게 된다.

Piaget의 '세 개의 산' 실험에서 이 시기의 아동은 인형이 보는 산 모양, 즉 타인의 위치에서 보는 공간적 시각을 추론할 수 있다. 또한 특정 상황에서 타인의 감정을 추론하는 것이 가능하다(정옥분, 2002).

조성례(2001)는 초등학교 1, 3, 5학년 90명을 대상으로 연구를 실시한 결과 사회적 조망수용능력은 아동의 학년이 높아질수록 더 높게 나타났으며, 남아보다 여아들이 더 높게 나타났다. 그리고 이종화(1993)에 따르면 아동의 감정조망 수용능력은 한 가지 감정이 관련된 단순한 상황에 비해 두 가지 감정이 복합적으로 관련된 복합 상황에서 더 늦게 발달하는 것으로 나타났으며, 전반적으로 여아의 감정조망 수용능력이 남아보다 높게 나타났다.

③ 유목화

유아기에는 사물을 일정한 규칙에 따라 분류하지 못하고, 전체와 부분에 대한 개념도 가지고 있지 않다. 구체적 조작기의 아동은 대상물이 지니고 있는 공통적인 속성에 따라 물체를 분류할 수 있다. 물체를 한 가지 속성에 따라 분류하는 단순 유목화(simple classification), 물체를 두 가지 속성에 따라 분류하는 다중 유목화(multiple classification)의 개념이나 상위유목과 하위유목 간의 관계를 이해하는 유목포함(class inclusion)의 개념을 습득하게 된다(정옥분, 2002). 이처럼 상위유목과 하위유목을 구별할 수 있기 때문에, 구체적 조작기의 아동은 백합꽃과 장미꽃이 모두 꽃이므로 백합꽃보다 꽃이 더 많다는 것을 알 수 있게 된다. 10세 정도가 되면 완전한 분류능력이 획득된다(장휘숙, 2001).

④ 서열화

구체적 조작기의 또 다른 특성은 사물을 영역별로 차례대로 배열할 수 있는 능력을 획득하는 것이다. 아동기에는 특정한 속성에 따라 유목으로 나누면서, 동시에 거의 시행착오 없이 상호관계에 따라 순서대로 배열하는 것이 가능하다. 아동은 한 가지 속성에 따라 대상을 비교하면서 순서대로 배열하는 단순 서열화(simple seriation)뿐만 아니라 두 가지 이상의 속성에 따라 대상을 비교해서 순서대로 배열하는 다중 서열화(multiple seriation)도 가능하다. 서열화의 개념은 수들 간의 관계를 이해하는 데 결정적인 역할을 하므로 수학을 배우는 데는 필수적이다(정옥분, 2002).

(4) 형식적 조작기

Piaget의 인지발달 단계 중 마지막 단계이며, 11세부터 15세까지가 형식적 조작기(formal operational stage)에 해당된다. 이 시기가 되면 논리적 사고뿐 아니라 추상적인 방식으로 개념을 조작하고 이해할 수 있다. 이러한 능력으로 인해 세상에 대한 일반적인 법칙을 형성할 수 있으며, 가능한 일들에 대한 검증이 가능해진다. 사고는 더 이상 직접적인 경험에 의존하지 않으며, 가설적인 견지에서 추론하여 문제를 해결할 수 있다.

형식적 조작기의 특징은 첫째, 새로운 상황에 직면했을 때 현재의 경험뿐만 아니라 과거와 미래를 연결하여 사고한다. 즉, 형식적 조작기의 청소년은 시간을 초월하여 문제를 다룬다. 둘째, 체계적인 과학적 사고가 가능하다는 것이다. 문제해결을 위해 계획을 세우고, 체계적인 해결을 해 나간다. 셋째, 추상적인 사고가 가능하다는 것이다. 구체적 조작기의 아동은 눈에 보이는 구체적인 사실들에 대해서만 사고가 가능하지만, 이 시기의 청소년들은 추상적인 개념도 이해할 수 있다. 넷째, 이상주의적 사고를 한다는 것이다. 청소년들은 이상적인 특성, 즉 자신과 다른 사람들에게 이상적이었으면 하고 바라는 특성들에 대해 사고하기 시작한다. 그들은 이상적인 부모상에 대해 생각하고, 이 이상적인 기준과 자신의 부모를 비교한다(정옥분, 2002).

지금까지 아동의 인지발달을 설명하고 있는 Piaget의 인지발달이론에 대해 살펴보았다. 비록 Piaget의 이론이 아동의 인지발날을 질 설명히고 있기는 하지만 인지발달에는 분명한 단계들이 있다는 것과 인간은 각 단계를 거쳐 그 다음 단계에 도달한다는 Piaget의 주장에 대한 비판도 있다. Bower(1976)는 발달이 언제나 도식적이고 순서적으로 진행되지 않는다고 주장하였는데, 그는 아동들이 11, 12세까지 무게 보존의 개념을 숙달하고 또 잊어버리기도 한다는 것을 발견하였다. Horn(1976)은 발단단계의 개념을 지지하는 증거들 중의 많은 것들이 잘못 이해되었다고 하며, 어떤 아동들이 기지 않고 걸어 다닐 수 있는 것처럼, 이전 단계를 거치지 않고 다음 단계로 나아갈 수 있다고 주장한다. 따라서 인지발달은 단계 간의 단락 구분이 있는 일련의 개개 단계라기보다는 지속적인 과정으로 보는 것이 맞을 것이다.

3) Piaget 이론에 대한 평가와 적용

Piaget 이론에도 교육의 적용 면에서 비판받는 점들이 있다. 가장 주된 내용은 어린 아동이 주로 환경과의 작용을 통해 배운다는 점과 학습과정에서 사용되는 언어적 교수와 교정적 피드백과 같은 다른 중요한 방법은 무시되었다는 점이다(Brainerd, 2003). 그럼에도 불구하고 그의 이론이 각광을 받는 이유는 교육에 끼친 영향력 때문이다. 그는 교사들에게 아동들의 발달을 면밀히 관찰하고 이해하고 강화하는 새로운 방법들을 교수하였으며, 학습에서의 아동중심적 접근을 위한 강력한 이론적 정당성을 제공한 공헌 때문일 것이다(Berk, 2008).

Piaget 이론의 함의점은 첫째, 개념 구성 분야의 동향을 고려할 때, 교사는 인지발달 외에 유아들의 언어 이해력이나 사전 경험 여부를 파악해야 하며, 교육과정 전문가들은 교육기관에서 다루어지는 주제의 특성을 면밀히 검토하여 현장에 제시해야 한다. 둘째, Piaget가 미친 영향을 고려할 때 왜곡되어 소개된 그의 연구를 폭넓게 소개함으로써 유아를 좀 더 분명히 이해할 수 있으며, 유아교육의 방향성을 정립하는 데 활용할 수 있을 것이다. 셋째, 유아발달과 교육이론을 충분히 이해한 교사는 보다 효과적인 교육을 실천할 수 있다는 것이다. 발달과 교육이론에 대한 이해는 매번 결정을 내려야 하는 교사들이 최선의 선택을 하도록 이끌며 교육의 건전한 방향 설정에 도움이 될 것이다. 그러므로 Piaget를 비롯한 다른 이론가와 다양한 교육이론에 대한 탐색이 지금보다 더 활발하게 이루어져야 할 것이다.

2. Vygotsky의 사회문화적 이론

오늘날 많은 연구자들은 발달과 문화적으로 특정한 실제와의 관계에 대해 연구하여 왔다. 러시아 심리학자인 Lev Vygotsky(1896~1934)는 이러한 흐름에서 큰 기여를 한 인물이다. Vygotsky의 관점은 사회문화 이론(sociocultural theory)이라고도 부른다. 그 이유는 가치, 신념, 관습, 사회집단의 기술을 아우르는 문화가 어떤 경로로 다음 세대로 전달되는지에 초점을 맞추고 있기 때문이다. Vygotsky는 아동과 그보다 좀 더 발전된 사회 구성원과의 협력적인 대화를 통해 아동이 그 사회의 문화인 사고방식과 행동을 배우는 것을 사회적 상호작용이라고 한다.

Lev Semenovitch Vygotsky(1896~1934)

아동은 양육자, 형제, 가족 구성원, 이웃, 교사, 또래 등의 많은 사람들과 상호작용하는데 이 상호작용은 인지발달에 영향을 미친다. Piaget는 발달적 변화는 개인 내부에서 일어나는 것이며 개별 아동이 분석 단위인 것에 비해 Vygotsky는 사회적 환경을 아동의 인지와 행동에 통합시켜 볼 수 있다고 주장한다. 즉, 맥락 내에 있는 아동이 분석 단위가 된다. 또한 사회적 상호작용은 발달적 변화의 원천이며 발달의 한 부분이라고 주장한다.

Piaget는 아동 스스로 자신의 지식 세계를 능동적으로 구조화한다고 주장한 반면에 Vygotsky는 아동의 사고가 사회적으로 다른 사회 구성원과의 관계에서 상호작용하면서 형성된다는 사회적인 존재임을 강조한다. 인지 성장의 촉진에 미치는 사회와 문화의 중요성을 강조하기 때문에 그의 이론은 사회문화적 관점(sociocultural perspective)이라고 불린다. 그리고 문화와 더불어 중요한 상호작용의 필수요인이며 인지발달의 절대적인 변수로 언어를 강조하였다.

1) Vygotsky 이론의 주요 개념

(1) 아동의 혼잣말

Vygotsky는 Piaget와 달리 언어와 사고의 발달 간의 관계, 특히 인지발달에서 혼잣말하기(egocentric speech: 자기중심적 언어)의 역할이 중요하다고 주장하였다. 혼잣말하기란 아동들이 자신에게 소리 내어 말하는 것으로 아동들의 사고와 행동을 유도하는 아동들의 자기대화(self-talk)라고도 할 수 있다. 특히 Vygotsky는 아동들이 어려운 과제에 직면한 경우에 더욱 빈번하게 발생한다. 예를 들어, 종이나 연필이 부족한 상황에 직면하는 경우 아동의 혼잣말이 거의 두 배로 증가된 것을 볼 수 있다.

사고와 언어는 서로 독립적으로 발달하지만, 2세경에는 사고와 언어가 서로 영향을 미친다. 아동들이 말을 하면서 자신의 사고를 표현하고, 말을 이용하여 사고하기 시작한다. 아이들의 사적 언어인 혼잣말하기는 5세에서 7세 사이에 절정에 이르며, 9세경에는 일반적으로 사라진다고 한다. 이렇듯 아동들의 사적 언어는 사고와 언어가 융합될 때 사라지는 것이 아니라 점차적으로 들리지 않는 소리로 속삭임과 조용한 입술 움직임으로 변하여(Winsler & Naglieri, 2003), 정신적으로 자신에게 이야기하는 자기대화와 궁극적으로 내적 언어(Inner speech)로 바뀌게 된다는 것이다.

Vygotsky는 자기대화와 내적 말은 그 목적이 유사하며 둘 다 내면화 과정이라고 한다. 자신에게 이야기함으로써 성인들이 이전에 그들을 안내했던 것과 유사한 방법으로 어려운 과제를 수행하는 동안 자신의 행동을 안내하기를 학습한다.

Piaget(1923, 1926)는 이러한 혼잣말을 자아중심적 언어라고 일컬었다. Piaget는 아동들의 혼잣말이 의사소통 능력이 미진하기 때문이며, 타인의 관점을 수용할 능력이 부족하기 때문이라는 인지적 미성숙의 발현으로 보았다. 이러한 이유로 Piaget는 아동의 말을 종종 '자기에 대한 말'이라고 하였다. 이는 듣는 이가 이해하는 것과 관계없이 아동들은 우연히 일어나는 것을 어떻게 구성하든 간에 생각을 밖으로 내보낸다는 뜻으로 그렇게 불렀다. Piaget는 아동들이 동료들과의 의견을 교환하는 과정에서 타인이 자신과 다른 견해를 가질 수 있다는 것을 반복적으로 경험하게 되면서 자아중심적 언어는 감소하고 듣는 타인의 입장에서 사고하고 말할 수 있는 사회적 언어로 대체된다고 한다.

이렇듯 아동들의 혼잣말에 대한 Vygotsky와 Piaget의 의견은 매우 대조적이라고 할 수 있다. Piaget는 자기중심적 사고의 단순한 표현이며, 인지적 미성숙의 발현으로 본 반면에, Vygotsky는 자기지향적인 언어이며 발달하는 정신에 대한 표현수단이라고 하였다. 즉, 자기중심적 언어는 문제의 해결책을 추구하고 계획함에 있어 사고의 도구가 된다는 것이다(Goetz, Alexandor, & Ash, 1992).

(2) 인지발달의 사회적 기원

아동의 인지발달을 촉진시키기 위하여 사회적 상호작용은 어떤 특징을 지녀야 한다. 그 특징으로는 근접발달영역과 비계가 있다.

① 근접발달영역

Vygotsky는 아동들의 학습이 근접발달영역에서 일어난다고 주장했다. 근접발달영역(Zone of Proximal Development: ZPD)은 아동이 혼자서 도달할 수 있는 실제적 발달적 발달수준과 보다 지적 수준이 높은 성인이나 동료의 도움을 받아 도달할 수 있는 잠재적 발달수준 간의 차이를 말한다. 즉, 아동이 혼자서 수행하기 어려운 과제를 성인의 안내나 자신보다 뛰어난 또래들의 도움으로 문제를 해결할 수 있는 영역을 말한다 그림 2-6 .

아동의 근접발달영역에는 아동의 발달하기 시작하고 있는 학습 및 문제해결 능력이 내포되어 있다. 누구나 ZPD는 시간이 지나면 변화한다. 아동들은 이미 독자적으로 수행할 수 있는 과제보다는 더욱 유능한 사람과 협약해야만 성취할 수 있는 과제, 즉 근접발달영역 안의 과제를 시도할 때 발달할 수 있다.

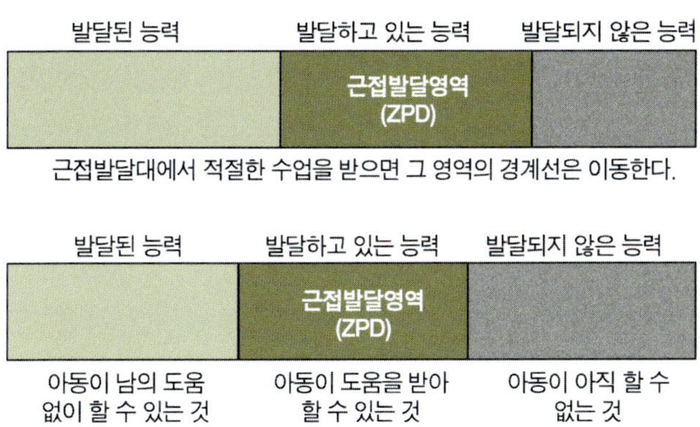

그림 2-6 Vygotsky의 근접발달영역의 개념화

출처: Driscoll, 2000.

인지발달의 촉진을 위한 사회적 상호작용의 첫 번째 특징으로는 어떤 과제를 시작할 때는 서로 다르게 이해하고 있던 두 사람이 공유된 이해에 도달하는 과정인 상호주관성(intersubjectivity)이다. 상호주관성은 의사소통을 위한 공통의 근간을 마련해 주는데, 화자는 타인의 관점에 맞추어 소통한다. 성인은 아동이 이해하는 방식으로 자신의 통찰력을 해석해 주며, 아동의 이해를 증진시키고자 한다. 아동이 잘 이해함에 따라 그 상황을 더 성숙된 접근으로 받아들인다(Rogoff, 1998).

부모나 교사는 아동이 다룰 수 있을 만큼의 난이도 수준에서 질문을 하며 격려하고 전략을 제시함으로써 아동이 자신의 근접발달영역 내에서 발달할 수 있도록 할 수 있다. 상호주관성에 대한 능력은 부모와 영아들이 서로 눈맞춤을 하며 정서적으로 교감하고 모방할 때 생기기 시작한다. 성장해 가면서는 언어가 상호주관성을 촉진시킨다. 아동이 대화의 기술이 발달하면서 스스로 도움이 된다고 생각하는 사람에게 도움을 요청한다. 3~5세 유아들이 또래와의 대화에서 "나는 이 방법이 좋은데 너는 어떻게 생각하니?"라는 물음처럼 자진해서 관점을 공유하여 상호주관성을 지속하려는 것을 볼 수 있다.

근접발달영역의 확장 속도와 범위는 학습자와 교사 또는 그보다 유능한 또래와의 교류의 특성에 따라 달라진다고 할 수 있다. 따라서 교사는 아동이 근접발달영역 내에서 구조화를 형성할 수 있는 단서를 제공해 주며, 세부사항과 단계를 기억하도록 조력해 주며, 지속적으로 시도할 수 있도록 격려해 주는 적극적인 도움을 제공해야 한다(임규혁, 임웅, 2007). 이러한 근접발달영역은 교육과정과 계획을 세우고, 아동의 현재 능력을 진단하며, 적절한 상호작용을 제공함으로써 학습자의 역량을 최대로 끌어낼 수 있는 최대학습가능 영역이므로(임정훈, 2011), 효율적인 인지발달을 위해 이를 유용하게 활용할 필요가 있다.

② 비계

Vygotsky는 교사나 유능한 동료로부터 주어지는 조력 또는 학습과 발달을 촉진시키는 데 필요한 교수적 지원을 발판 또는 비계(scaffolding)라고 정의하였다(임정훈, 2011). 발판이란 어떤 곳을 오르내리거나 건너다닐 때 발을 디디기 위하여 설치해 놓은 장치를 말하며, 비계란 건물을 지을 때 높은 곳에서 공사를 할 수 있도록 임시로 설치한 가설물을 뜻한다. 마치 건물이 완성될 때까지 발판이 일꾼들과 자재들을 지탱하는 것처럼, 인지적으로 학습자보다 숙련된 성인이나 유능한 또래가 아동이 향후 발전시킬 기술들을 지지해 줌으로써 아동의 인지발달을 촉진시킬 수 있음을 함축하는 개념이다.

우리가 어렸을 때 처음 자전거를 배울 때를 생각해 보자. 핸들을 잡고 있기도 버거워 자전거가 자꾸만 비틀거릴 때 뒤에서 옆에서 혹시나 넘어지지 않을까 전전긍긍하며 잡아주던 어머니나 아버지가 생각날 것이다. 부모는 아이가 어떻게 자전거의 핸들이나 브레이크를 조절할 수 있는지, 페달은 어떻게 밟아야 하는지를 상세히 설명해 주며, 아이가 겁먹지 않도록 정서적인 지지까지 지속적인 도움을 제공한다. 여러 번 넘어지고 쓰러지는 시행착오 끝에 비로소 아이는 어른의 도움 없이 혼자서 자전거를 탈 수 있게 된다.

하지만 이 과정에는 성인의 지속적이지만 차츰 도움의 수위를 낮추는 조절이 필요하다. 이와 같이 아동들이 새로운 기술을 습득할 때에는 부모나 교사가 발판의 역할을 해줄 때가 많다.

교실에서는 학습자에게 학습과 문제해결을 위한 지원을 제공해 주는 것이 발판의 역할이다. 교사가 대부분 그 역할을 하는 경우가 많은데, 내용을 아동이 다룰 수 있는 조각으로 나누고, 기능을 모델링하며, 단서가 들어 있는 연습과 예시를 제공하여 학습자에게 발판을 제공할 수 있다.

따라서 교사가 제공하는 발판은 학습자에 따라 그 방법이나 수준이 적절하게 조절·제공되어야 할 것이다. 학습자의 요구에 민감하게 반응하며, 학습자의 능력과 수행 수준에 맞춰 교수활동을 융통성 있게 조정하는 것이 효과적인 발판이다(Eggan & Kauchak, 2001). 교수 시 활용할 수 있는 발판의 다른 유형들은 표 2-2 와 같다.

표 2-2 교수 발판의 유형

발판의 유형	예
모델링	미술교사는 학생들에게 혼자서 새로운 스케치를 시도하도록 요구하기 이전에 두 점 원근법의 스케치 시범을 보인다.
입으로 중얼거리면서 생각하기(think aloud)	물리교사는 칠판에서 운동량 문제를 풀면서 생각을 소리 내어 말한다.
질문	모델링하고 입으로 중얼거리면서 생각하기 한 후, 물리교사는 학생들을 몇 문제들을 쉽게 풀게 하고 중요한 시점에서 질문을 던져 문제를 구체적으로 이해할 수 있게 한다.
수업자료를 조절하기	초등학교 체육교사가 농구 슛 기술을 가르치는 동안 바스켓의 높이를 학생들에게 낮추어 주고 숙달되면 다시 높여 준다.
단서 제공	취학 전 아동들에게 신발 끈 묶는 법을 가르칠 때 토끼가 굴 속에 들어가는, 예를 들어 필요한 힌트를 제공한다.
절차적 촉진자 (procedural facilitator)	묵시적 기능(implicit skill)의 학습을 도울 경우, 예컨대, 교재를 읽은 후 누가, 무엇을, 어디에, 언제, 왜 그리고 어떻게 질문을 하는가와 같은 "신호 단어(signal word)"를 사용하도록 격려한다.
어려운 분야 예상하기	수업의 모델링과 설명 단계에서 교사는 잠정적인 학생들이 범할 수 있는 오류들을 예상하고 토의한다.
난이도 조절하기	묵시적 기능이 포함된 과제를 도입할 경우, 간단한 문제들로 시작하고 각 단계 후에 연습하게 하고, 점차 과제의 복잡성을 증가시킨다.
절반쯤 행해진 예들을 제공하기	학생들에게 절반쯤 행해진 문제의 예들을 제공하고서 결론을 도출하게 하는 것이 궁극적으로 학생 스스로 문제를 해결하는 방법을 가르치는 효과적인 방법일 수 있다.
상호교수 (reciprocal teaching)	교사와 학생들이 교사의 역할을 교대한다. 교사는 학생들이 토의를 이끌고 질문하는 것을 학습할 때 학생들에게 지원을 제공한다.
체크리스트 제공하기	학생들에게 자신의 반응의 질을 조절하는 것을 돕기 위해 자기점검절차(self-checking procedures)를 가르칠 수 있다.

출처: Eggan & Kauchak, 2001; Woolfolk, 2001

2) Vygotsky 이론에 대한 평가와 적용

Vygotsky의 이론은 인지기술이 문화적으로 상당한 차이를 보임을 알려주는 이론이다. 가령 문명사회에서 취학아동들의 학교에서의 읽기, 쓰기, 수학적 활동은 공식 교육을 거의 받지 않은 부족사회에서 사는 아동들과는 실로 다른 인지능력을 갖도록 한다. 부족국가의 아동들은 공식적인 교육보다는 식량을 수급하고 부족을 지키는 생존과 직결된 인지능력이 더 발달하게 된다.

Vygotsky의 이론에 대해서도 다른 이론들과 마찬가지로 한계나 비판이 존재한다. Vygotsky 이론의 제한점은 다음과 같다(김태련 외, 2004).

첫째, 근접발달영역의 개념이 불분명하다. 근접발달영역을 측정할 수 있는 명확한 기준이나 방법이 제시되지 못했다는 점이다. Vygotsky가 나이를 단위로 산정하여 실제적 나이 수준과 잠재적 나이 수준으로 측정하려고 시도했으나 다양한 문화와 수준 등을 적용할 수 없어 실패하였다. 또한 근접발달영역만으로 아동의 학습능력, 현재의 발달수준이나 동기 등을 정확하게 알 수 없다. 근접발달영역의 판단으로 인해 오히려 아동의 능력이 왜곡될 수 있으므로 해석에 주의해야 한다. 하지만 아동의 잠재능력에 중점을 두고 평가해야 한다는 견해는 비판자들에게도 인정받고 있는 부분이다.

둘째, Vygotsky의 이론은 연령차와 다양한 발달수준에 대한 기술이나 설명이 불가능하다는 점이다. 즉, 사회문화적 차이와 맥락적 이해를 강조하면서도 문화 안에서의 아주 다른 인지적 발달을 설명하기에는 논리적 뒷받침이 빈약하다는 것이다.

이와 같은 한계점에도 불구하고 Vygotsky의 사회문화적 이론은 교육적 실천에 중요한 시사점을 제공한다.

첫째, 아동의 학습과 발달은 지지적이며 사회적인 상호작용 시에 더 효율적으로 과제를 수행할 수 있으며 사회적이고 협동적인 활동이므로 독자적 수행보다는 상호작용에서 평가되는 것이 더 바람직하다.

둘째, 사회문화적 이론은 보다 나은 기술을 가진 유능한 또래와의 협동과 같은 사회적 상호작용의 특정 유형이 학생의 학습에 도움이 된다는 것을 보여준다. 따라서 가급적 다양한 능력 수준의 학생들과 상호작용할 수 있도록 다양한 협동 학습 상황을 제공해 주어야 한다.

셋째, 사고의 촉진을 유도하는 사적 언어를 활용하는 것이 좋다. Tharp와 Gallimore(1988)은 '조력된 발견(assisted discovery)'이라고 불리는 접근에서 학생들로 하여금 자신에게 스스로 문제해결 과정을 소리 내어 말하게 하는 사적 언어를 사용하는 것이 효과적임을 밝혔다. 실제로 인지적 자기교수(cognitive self-instruction)나 Think Aloud 프로그램 같은 교수전략에서도 아동들이 일상생활이나 학업 혹은 대인관계 상황에서 충동적으로 행동하기 전에 '잠시 멈추고 생각하기(소리 내어 생각하기)'를 체계적으로 학습할 수 있도록 유도하고 있다. 이러한 사적 언어는 아동들이 스스로 생각하여 문제를 해결하는 방법을 배우고, 특히 학생들이 어려운 문제를 해결할 때 그들의 사고를 안내하고 조절하는 기능을 수행하는 과정을 통해 문제해결 능력 및 자기 통제력을 향상시키는 것을 목적으로 한다.

넷째, 아동들의 실제적 발달수준뿐만 아니라 잠재적 발달수준까지 측정하기 위하여 학습자에 대한 역동적인 평가와 진단이 필요하다. 아동발달과 학습활동의 상관관계를 말할 때, 아동발달의 한계점을 미리 규정해서는 안 되며, 그 아동이 지니고 있는 발달수준들을 점검해 볼 필요가 있다(이순주, 2002).

다섯째, 교육 상황에서 일어나는 사회적 상호작용을 관찰하고, 이해하고, 사회적 상호작용이 지식의 변화에 어떤 영향을 일으키는지 이론화하기 위한 이해의 틀이 필요하다. 이러한 과정에서 발생하는 근접발달영역(ZPD)은 교육과정 및 학습 계획을 수립할 때 지침으로 사용되어야 한다. 아동의 근접발달영역은 하루하루 발달하고, 변화하고 있으며, 나날이 아동의 능력은 커지고 있다.

이와 같이 근접발달영역은 아동의 미래를 그리고 아동의 발달 가능성을 결정짓는다(이순주, 2002). 그렇다면, 아동의 현 발달수준에 학습활동을 맞출 것이 아니라 아동의 현 발달수준보다 좀 더 향상된 "기대 발달수준"에 맞추어 학습활동을 제공한다면, 이 활동이 아동을 더 높은 수준으로 발달시킬 것이다(임정훈, 2011).

글상자 2-1 Piaget vs Vygotsky

학습자의 인지발달에 대한 Piaget와 Vygotsky의 관점을 살펴보면 다음과 같다. 첫째, 학습자는 능동적인 존재이다. 둘째, 발달은 개체와 환경 간의 상호작용을 통해 발생한다. 셋째, 학습내용을 직접 탐구, 문제해결, 의사결정과정에 적극적으로 활용하기 위해서 역동적인 유도 방식으로 변화해야 한다(Good & Brophy, 2000). Piaget와 Vygotsky의 자기중심적 언어에 대한 견해들을 비교해 보면 표 2-3과 같다.

표 2-3 Piaget와 Vygotsky의 기본 견해 비교

구분 / 내용	Piaget	Vygotsky
발달적 의미	자기중심적 언어는 타인의 관점을 수용하고, 의사소통에 참여하는 능력이 없음을 나타냄	외면화된 사고를 나타냄. 자기인도, 자기지시라는 목적을 위해 자신과 의사소통을 하는 기능을 가지고 있음
발달의 과정	연령의 증가와 함께 소멸	어릴 때는 증가하다가 점차 밖으로 들리지 않게 되면서 내적인 사고가 됨
사회적 언어와의 관계	사회적, 인지적으로 미성숙한 아동이 더 많이 사용	사적 언어는 타인과의 사회적 상호작용을 통해 발달
아동에 대한 관점	스스로 세계에 대한 이해를 발달시키는 개별적 존재	타인과의 관계에서 영향을 받으며 성장하는 사회적 관계
발달의 주요 동인	개인 내부에 존재하므로 학습자가 발달에서 주체적인 역할을 수행	사회, 문화, 역사적 환경과의 관계 속에서 능동적 역할 수행
언어와 사고의 관계	언어는 사고의 도구	언어는 사고발달의 핵심역할 수행
혼잣말의 발달적 중요성	타인의 관점을 수용하거나 상호 의사교환에 참여하기 어려움을 의미함	외재화된 사고이며 이는 자기 자신의 방향을 찾기 위한 자신과의 의사교환 행위임
아동-성인의 관계	아동은 성인보다 또래 아동과의 상호작용을 통해 더 발달함	성인이나 유능한 동료와의 상호작용을 통해 발달이 촉진됨
주요 수업전략	불균형의 상태를 경험하게 하는 전략	근접발달영역 내에서 지적 발달과 의미 있는 상호작용의 제공

Chapter 3

성격발달

배울 내용

1. 성격의 개념과 정의
2. Freud의 심리성적 발달이론
3. Erikson의 심리사회적 발달이론
4. Adler의 개인심리이론
5. 행동주의적 관점

학습 목표

1. 성격의 개념과 정의를 정확히 이해한다.
2. Freud, Erikson, Adler의 이론과 행동주의의 관점은 성격의 형성·발달과정을 어떻게 설명하는지 이해한다.

개요

성격은 일상생활에서 가장 많이 사용되는 용어 중 하나인데다 학자들마다 정의가 제각기 달라서, 객관적으로 정의 내리기는 매우 어렵다. 성격은 지속적인 행동패턴이면서도 동기나 태도, 신념 등 다양한 측면을 내포하고 있는 개념이다. 그러나 한 가지 분명한 사실은 성격이 선천성과 후천성을 모두 지니고 있다는 점이다. 즉, 성격의 형성이나 발달과정에서 유전과 환경이 모두 영향을 미친다는 것이다. 이 장에서는 성격의 형성 또는 발달과정을 Freud의 심리성적 발달이론, Erikson의 심리사회적 발달이론, Adler의 개인심리이론의 입장에서 살펴보고, 행동주의에서는 성격형성을 어떻게 설명하는지 살펴보고자 한다.

1. 성격의 개념과 정의

성격을 뜻하는 영어 단어는 personality와 character이다. personality는 가면을 뜻하는 라틴어 persona에서 온 말인데, 이런 의미에서 personality는 '개인이 자신 주변의 다른 사람에게 주는 전체적인 인상'을 의미한다. 그렇기 때문에 personality는 자신의 진정한 모습이라기보다는 타인에게 비친 개인의 특성을 의미하는데, 이런 특성은 가시적이고 표면적이며 사회문화적 조건의 산물이라 볼 수 있다.

반면 character는 조각을 뜻하는 희랍어에서 온 말로 선천적으로 타고난 더욱 고정된 특징을 지칭한다. 따라서 character는 personality보다 사회문화적 조건의 영향을 덜 받는다고 볼 수 있다. 그러므로 personality가 타인에게 지각된 특성이라면, character는 한 개인의 타고난 특성 자체를 가리킨다.

국내에서는 personality와 character 모두 성격으로 번역 · 사용되고 있지만, 엄밀히 말하면 personality는 가치개념이 없는 가치중립적인 용어이고, character는 가치개념을 포함하는 가치개입적인 용어라는 차이가 있다. 그래서 character는 인격으로도 번역되고 있다. 한편 기질(temperament)은 생리학적으로 결정되는 선천적으로 타고난 특성으로서 성격(personality와 character)을 형성하는 기반이 된다.

Allport(1937)는 성격을 '한 개인을 다른 개인으로부터 지속적으로 구별짓는 개인의 독특한 심리적 특성'으로 정의한 바 있는데 이는 성격이란 개념이 갖고 있는 독특성과 안정성을 시사한 정의라고 볼 수 있다. 여기서 독특성이란 개인마다 '고유한' 사고와 감정, 행동패턴을 함축하고 있고, 안정성이란 그런 사고와 감정, 행동패턴이 어느 정도 일관성을 지니고 있음을 시사한다.

이상과 같은 다양한 정의들을 종합하면, 성격이란 '일관성 있게 나타나는 개인의 독특한 심리적 특성'이라 할 수 있다.

2. Freud의 심리성적 발달이론

1) 개요

Sigmund Freud(1856~1936)는 정신분석학(Psycho-analysis)이라는 매우 독특한 심리학 이론의 창시자로서 유명하다. 당시 심리학의 주류는 인간의 의식(consciousness)에 초점을 두었지만, 그는 무의식(unconsciousness)에 집중하여 새로운 심리학의 영역을 개척하였다는 평가를 받고 있다.

정신분석학에서는 인간의 정신을 의식과 무의식으로 나누고, 무의식을 통해 성격과 행동을 설명한다. 따라서 정신분석학에서 정신을 분석한다는 것은 바로 이러한 무의식, 특히 무의식 속에 숨어 있는 억압된 본능을 분석한다는 것이다. 왜냐하면 그런 본능이 한 인간의 성격이나 행동 등을 전체적으로 지배한다고 보았기 때문이다.

그런 면에서 정신분석학은 결정론(determinism)의 성격을 띤다. 결정론이란 모든 현상에는 반드시 원인이 있다는 입장이다. A라는 원인이 있으면 반드시 B라는 현상 또는 결과가 생기기 때문에, 결과 B의 유무는 오로지 원인 A의 유무에 의해서만 결정된다고 보는 견해이다. 개인의 자유에 따른 선택보다는 오로지 원인이 결과(현상)를 결정한다는 인과율을 지지한다. 정신분석학에서는 인간의 모든 성격이나 행동은 오로지 무의식에 의해 결정된다고 본다. 무의식은 원인이고 성격이나 행동은 그것의 결과라는 것이다.

이처럼 원인과 결과 사이의 강력한 연결을 전제로 하는 정신분석학은 상담이나 심리치료에서도 적극 활용되고 있다. 정신분석적 상담이나 심리치료에서는 인간의 모든 문제행동의 원인은 무의식 속에 숨어 있는 억압된 본능으로 보기 때문에, 그것만 찾아내어 제거하면 문제행동은 사라진다고 본다.

정신분석학이 관심을 갖고 있는 무의식 속에 잠재된 '억압된 본능'은 리비도(libido)라 불리는 성적인 충동을 말한다. Freud의 성격발달이론이 심리성적(psycho-sexual) 이론으로 불리는 것도 바로 이런 까닭이다. 구강기, 항문기 등으로 이어

글상자 3-1 **꿈의 해석**

한 인간의 성격이나 행동을 이해하려면 그의 무의식 속에 숨어 있는 억압된 충동이나 본능, 스트레스를 파악해야 하는데, 이를 파악하는 가장 좋은 방법은 무엇일까? 이에 대해 Freud는 꿈을 해석하는 방식을 제시한다. 1900년 세상에 나온 Freud의 첫 번째 저서이자 주저(主著)가 『꿈의 해석』(Interpretation of dreams)인 것은 우연이 아니다.

그렇다면 꿈을 통하면 무의식을 쉽게 파악할 수 있는 이유는 무엇일까? 우리가 잠이 깨어 있는 동안에는 자아(ego)가 무의식을 통제하기 때문에 무의식은 의식 수준으로 쉽게 올라오지 못한다. 그러나 잠든 상태에서는 그런 통제가 원천적으로 불가능하므로, 무의식이 꿈을 통해 스며나올 수 있게 된다. Freud는 꿈을 '무의식으로 가는 왕도'(royal road to unconsciousness)라고 보고 꿈의 해석을 중요시했다.

지는 발달단계도 사실, 그 리비도가 신체의 특정 부위에 집중되는 시기를 말한다. 특정 발달단계에서 리비도가 적절하게 충족되지 못하면 그것은 그 단계에 고착된 행동의 원인이 되고, '억압된 본능'으로 무의식 속에 숨어들어 여러 가지 이상행동을 낳는가 하면, 향후의 성격과 행동에도 지속적인 영향을 미치게 된다.

정신분석학은 인간의 성격이나 행동을 오로지 본능 수준에서 파악하고 설명하기 때문에, 그렇게 우아하고 품위 있는 이론은 아니다. 그러나 이 이론은 인간 내면의 가장 심층적인 부분을 직접적으로 다루기 때문에 강력한 설명력을 갖고 있다. 그만큼 인간은 '우아한 존재'가 아니라는 말이다. 가장 완전한 신의 영역과 가장 저급한 동물의 영역 사이에서 끊임없이 숨바꼭질과 줄타기를 해야 하는 것이 인간의 조건이고 운명인 만큼 냉정한 시각으로 인간을 있는 그대로 파악하고 적절히 대응할 필요가 있다. 정신분석학은 인간을 '있는 그대로' 파악하는 데 아주 유용한 이론적 체계라서 심리뿐만 아니라 문학과 예술, 문화 등 다양한 영역에 적용되고 있다.

그러나 정신분석학이 이처럼 인간의 행동이나 성격에 대해 강력한 설명력을 갖는다는 장점을 지니고 있지만 그만큼 단점도 피할 수 없고 그런 면에서 다른 학파들로부터 강력한 비판을 받은 것도 사실인데, 비판의 핵심은 지나친 결정론이라는 사실이다. 정신분석학에 의하면 과거, 특히 어린 시절의 특정 경험이 평생 지속되는 성격이나 행동의 기본 구조를 결정한다고 본다.

2) 정신의 구조 : 의식, 전의식, 무의식

정신분석학에 의하면 인간의 정신은 의식(consciousness)과 전의식(preconsciousness), 무의식(unconsciousness)으로 구분된다. 의식은 특별한 노력 없이도 쉽게 인식할 수 있는 사고나 지각, 감정 상태를 말하고, 무의식은 그 정반대의 상태를 말한다. 전의식은 의식과 무의식의 중간 상태로 보면 되는데, 조금만 노력하면 금세 알아차릴 수 있는 상태를 말한다.

의식과 전의식, 무의식의 관계는 빙산(氷山)의 이치를 생각하면 이해하기 쉬울 것이다. 얼음의 비중이 0.9 정도이니 얼음을 물속에 넣으면 10% 정도는 수면 위로 드러나고 90% 정도는 수면 아래 잠기게 되는데, 수면 위로 드러난 것은 의식이고 수면 아래 잠겨 있는 것은 무의식이라고 보면 된다. 전의식은 수면 바로 아래의 것으로 우리가 조금만 눈여겨보면 쉽게 볼 수 있는 부분이다.

그런데 유의할 점은 "빙산의 일각"이라는 말처럼, 얼음의 비중이 0.9나 되기 때문에 수면 위보다 수면 아래가 훨씬 더 크고 많다는 것이다. 이처럼 수면 아래 숨어 있는 무의식이 수면 위의 의식을 지배하고, 인간의 성격과 행동을 결정하게 된다는 것이 정신분석학의 기본 입장이다.

3) 성격의 구조 : 원욕, 자아, 초자아

Freud에 의하면 인간의 성격은 원욕과 자아, 초자아의 세 가지로 구성되는데, 이 세 가지는 한 인간의 내면에서 복잡하고 복합적인 상호작용을 하게 되고, 그런 상호작용이 원인으로 작용하여 특정 성격과 행동이라는 결과를 낳게 된다.

(1) 원욕(id): 생물체로서의 본능

원욕이란 인간이 갖고 있는 생물학적인 본능을 말한다. 따라서 이는 후천적으로 학습된 것이 아니라 태어날 때부터 선천적으로 갖추고 있는 것이라 볼 수 있다. 이러한 본능의 충족에는 강력한 쾌락이 따르게 마련인데, 그런 면에서 원욕은 쾌락 원리(pleasure principle)에 지배된다.

원욕은 인간의 기본적인 욕구이기 때문에 참기가 어렵고 즉각적인 충족을 원한다. 아주 어린 아이들을 보면 자신이 원하는 것을 참는 법이 없다. 원하는 것이 있으면 무엇이든 즉각적인 충족을 위해 떼를 쓴다. 참는 것은 자아(ego)가 발달하는 2~3세경이 되어야만 가능하다.

이러한 원욕은 인간의 근원적인 생명 에너지이기도 하고, 정신의 기본 동력이 되기도 한다. 따라서 무조건 무시되어서는 안 되며, 적합한 방식과 적절한 정도로 충족되어야 한다. 원욕은 워낙 강력하고 근원적인 힘을 갖기 때문에 억압된다고 해서 없어지는 것이 아니다. 무의식 속에 숨어서 한 인간의 행동과 성격에 지속적으로 영향을 미친다.

(2) 자아(ego): 원욕을 통제하는 힘

원욕만 있다면 인간과 동물은 동일하다. 그러나 인간의 경우는 동물과는 달리 원욕에서 발달이 멈추는 것이 아니라 자아와 초자아로까지 분화·발달하면서 이성과 양심에 따른 행동을 가능하게 한다.

자아의 가장 기본적인 역할을 본능, 즉 원욕의 통제라고 보아야 한다. 2~3세의 아이들은 자신의 욕구를 무조건 충족시키게 되면 부모 등 외부 환경의 통제를 받게 된다는 사실을 받아들인다. 즉, 자아는 자신의 본능을 무조건적으로 충족시키지 않고 때와 장소에 따라 유예시키는 등 현실에 맞추어 욕구를 충족시키려고 노력한다.

그런 면에서 자아는 현실 원리(reality principle)를 따른다고 볼 수 있다. 예컨대 소변이 마려운 아이가 있다고 하자. 자아가 아직 발달하지 않고 원욕(id)만 있는

2~3세 이전의 신생아라면 즉각적인 방출을 통해 쾌락을 추구한다. 참을 수 없기 때문이다. 그러나 2~3세 정도의 아이들은 욕구의 즉각적인 충족이 야기하는 결과를 예상하고 참을 줄 안다. 때와 장소를 가려서 욕구를 충족시키려 노력한다는 것이다. 본능을 통제하는 역할을 하는 자아가 발달하지 않고서는 있을 수 없는 일이다. 배변훈련(toilet training)이 원욕만 존재하는 구강기가 아니라 자아가 발달하기 시작하는 항문기에 시작되는 이유도 바로 여기에 있다.

(3) 초자아(superego) : 도덕과 양심

초자아는 5세 무렵에 발달하는데 기성 사회의 가치와 도덕, 양심 등을 말하며 양심(conscience)과 자아이상(ego-ideal)이라는 두 가지 하위체계를 가진다. 먼저 양심이란 벌을 통해 형성되는 것으로, 바람직하지 못한 행동을 했을 때 자아가 느끼는 죄책감을 말한다. 반면, 자아이상은 상을 통해 형성되는 것으로, 바람직한 행동을 하고 주변의 칭찬이나 상을 받을 때 생기는 자신에 대한 긍지를 말한다. 요약하면 초자아는 원욕과 자아가 사회적 규범과 기대에 부합되도록 이끄는 역할을 한다.

그런데 초자아는 부모와의 동일시 과정을 통해 형성된다. 어린아이들의 도덕과 양심의 형성과정에서 부모의 역할은 매우 중요하다.

(4) 원욕, 자아, 초자아의 상호작용

Freud의 이론은 역동적 성격이론이라고 불리는데 그 이유는 위의 세 가지 정신구조(원욕, 자아, 초자아) 사이의 변동성이 크기 때문이다. 수면 아래 부분은 눈에는 잘 보이지 않지만 파도와 소용돌이로 심하게 일렁거리듯이, 한 인간의 내면에서도 이 세 가지는 역동적으로 움직이고 있다. 물론 그 역동성의 세기와 방향에 따라 한 사람의 성격과 행동은 달라질 것이다.

이 세 구조의 비율은 사람마다 다르다. 이를테면 원욕이 너무 강해서 자아와 초자아를 압도하는 사람은 아무리 나쁜 행동을 해도 전혀 개의치 않을 것이고, 자아가 강한 사람은 현실을 많이 고려하면서 원욕과 초자아 간의 균형을 맞출

글상자 3-2 원욕, 자아, 초자아의 역동적 상호작용

배가 많이 고픈데 주머니 속은 텅 빈 어떤 아이가 맛있는 빵 냄새가 솔솔 풍겨나는 빵가게 앞을 지나고 있다고 하자. 그러면 그는 일단 빵이 먹고 싶어 저절로 발길을 멈출 것이다. 강력한 본능인 원욕이 발동한 것이다.

가게 안에 들어가 보니 마침 주인이 한눈을 팔고 있다고 하자. 그런 상황에서 자아(ego)가 발달하지 않고 원욕만 발달한 아이라면 서슴지 않고 빵을 훔칠 것이다. 들킬 위험 따위는 전혀 고려하지 않기 때문이다. 그러나 자아가 발달한 아이라면 빵을 향해 손을 내밀었다가 이내 멈출 것이다. 훔치다가 들키면 어떤 문제가 생기는지 잘 알기 때문이다. 자아가 원욕을 통제한 것이다. 만일 초자아까지 발달했다면 주인이 있든 없든, 한눈을 팔든 아니든 손길을 거둘 것이다. "내가 아무리 배가 고프고 돈이 없어도 남의 물건을 훔칠 순 없지, 난 그런 사람이 아니니까!" 하면서 말이다. 도덕과 양심이 강력한 억제력으로 작용한 것이다.

그런데 원욕, 자아, 초자아는 아이의 내면에서 끊임없이 숨바꼭질할 것이다. 어떨 때는 원욕이 앞서서 빵을 훔치려고 하다가도 순간적으로 자아가 작동하면 주위를 살필 것이고, 그러다가 초자아까지 작동하면 손길을 홀연히 거둘 것이다. 이처럼 세 가지 간의 역동적 상호작용에 따라 한 인간의 행동이 달라지고 인생도 달라진다.

것이고, 초자아가 강한 사람은 도덕적으로 문제가 되는 행동은 하지 않겠지만 설령 하더라도 심한 죄책감에 시달릴 것이다. 이처럼 사람마다 세 가지의 비율은 다르지만 같은 사람이라도 상황에 따라 그 비율이 얼마든지 변할 수 있을 것이다.

4) 발달단계

Freud의 성격발달은 유아기에서 청소년기까지 모두 다섯 가지의 단계를 걸쳐 이루어지는데 유아기에서 아동기에 이르는 앞의 세 단계는 평생 지속될 성격의 기본 토대를 형성하는 매우 중요한 시기라 볼 수 있다. 세 단계의 명칭은 강력한 성적인 에너지인 리비도가 집중되는 신체 부위의 이름에서 지어진 것이다.

이를테면 구강기에는 입과 입술 주변에서 쾌감을 얻고, 항문기에는 항문에서 만족을 느끼며 남근기에 이르면 리비도가 성기에 집중된다.

리비도의 지향 대상도 연령에 따라 다르다. 1세까지는 자기 신체가 쾌감의 대상이 되고 자아가 형성되는 1세와 3세 사이에는 자아에 집중되어 자기애를 나타내게 된다. 남근기인 3세에서 6세 사이에는 리비도가 부모를 지향하면서 오이디푸스 콤플렉스 등을 겪게 된다.

그런데 각 단계에서 본능이 적절히 충족되지 못하면 그 단계에 고착(fixation)이 일어나서 갖가지 이상행동과 성격의 원인이 된다. 구강기에 고착된 사람은 타인을 심리적으로 집요하게 물어뜯거나 언어적인 공격을 퍼붓는 행태를 자주 보이게 되고, 항문기에 고착된 사람은 지나치게 청결하고, 고집이 세고, 인색하고, 엄격한 사람이 된다.

(1) 구강기 : 원욕의 지배

구강기(oral stage)는 출생 후 1세까지의 기간으로서, 리비도가 입 주변에 집중되는 때다. 리비도가 입과 입술, 혀, 잇몸 등 구강 주위에 집중되기 때문에 무엇이든 빨거나 깨물고, 삼키는 데서 쾌감을 얻으려고 한다. 어머니 젖을 빨 때 느끼는 쾌감이 대표적인 예가 된다.

구강기가 한 인간의 첫 번째 발달단계라는 점은 신생아의 생존과도 직결되는 사항이라고 볼 수 있다. 만일 구강기가 항문기나 남근기 이후에 오게 되면 어떤 결과를 낳을지 상상하기는 어렵지 않다.

구강기 전반에 주로 접촉하는 사람은 어머니이기 때문에 영아는 어머니에게 접근하고 의존하려는 행동을 많이 보인다. 그러나 구강기 후반에 이르면 이유(離乳) 문제로 갈등을 겪으면서, 어머니에 대해 우호적인 태도를 가지면서도 때로는 적대적이고 파괴적인 행동을 보이기도 한다.

구강기에 영아의 욕구가 적절히 충족되면 자신 있고 안정감을 느끼며 성장하게 되지만, 욕구 충족에 심각한 문제가 생기게 되면 불안정하고 남에게 의존하거나 공격적인 성격을 갖게 된다. 이를테면 구강기 동안 신체적으로나 정서적으로 무시나 박탈을 당하게 되면 충족되지 못한 사랑과 보살핌에 대한 강한 갈망을 추구하기 쉽고, 타인에 대한 불신감 때문에 원만한 대인관계가 어려울 수도 있다.

구강기를 전반기와 후반기로 나누어 살펴보면 구강 전기에 욕구 좌절을 경험하게 되면 구강-수동적인 성격이 되어 타인에게 의존적이고 모든 것을 희생해서라도 타인의 인정을 받고 싶어 하며, 구강 후기에 고착된 사람은 구강-공격적인 성격을 지니게 되어 타인과 논쟁을 자주 하고 비꼬거나 타인을 이용 또는 지배하려는 행동을 자주 보이게 된다(이인정 외, 2010).

(2) 항문기 : 자아의 발달

항문기(anal stage)는 구강에 집중되었던 리비도가 배설기관인 항문에 집중되는 시기로서 생후 1세에서 3세까지를 말한다. 이 시기에 아이는 배설을 통해 쾌감을 얻는다.

이 시기의 아이들은 괄약근의 발달로 배설을 하거나 보유할 수 있는 능력이 생긴다. 그러나 때와 장소를 가리지 않고 배설의 쾌감, 즉 항문에 집중된 리비도의 충족을 원하는 아이의 본능은 청결습관을 기르려고 하는 부모의 강력한 통제를 받게 되는데, 이것이 바로 배변훈련(toilet training)이다.

배변훈련은 항문기에 경험해야 하는 매우 중요한 발달과제인데, 크고 멀리 보면 사회적 존재인 인간이 태어나 최초로 본능에 대한 사회적 통제를 경험하는 것이라고 볼 수 있다. 쉽게 말하자면, 자기 마음대로 해서는 안 되는 일이 있음을 생애 최초로 경험하는 때라는 것이다.

항문기의 아이는 의존성이 강했던 구강기의 신생아와는 달리 언어발달과 인지발달이 어느 정도 이루어지기 때문에, 부모의 말을 알아듣고 생각도 할 수 있게 된다. 때와 장소를 가려서 배설을 하게 되면 부모의 칭찬 등 사회적 승인을 얻는 쾌감도 누리게 된다. 이에 따라 청결습관을 요구하는 어머니의 현실적 요구를 이해·수용하게 되면서 자아(ego)를 발달시키게 된다. 이러한 성공 경험을 통해, 유아는 구강기의 의존성에서 벗어나 자기조절과 자립심, 자존심을 획득함으로써 다음 발달단계로 나아가게 된다.

배변훈련은 한 인간이 최초로 경험하는 사회적 통제인 만큼 매우 신중하게 이뤄져야 한다. 배변훈련에는 '준비'가 필요한데, 부모는 이를 고려하여 훈련을 시켜야 한다. 이를테면 신체적으로는 배변을 위한 괄약근의 수축·이완능력이 갖춰져야 하고, 정신적으로는 배변욕구를 통제할 자아(ego)의 발달이 이뤄져야 한다. 그 훈련을 구강기에 할 수 없는 이유도 바로, 그러한 훈련을 위한 신체적·정신적 준비가 전혀 되지 않았기 때문이다. 그런데 발달의 개인차가 시사하는 바와 같이, 그 '준비'에는 아이들마다 차이가 있다.

그러므로 부모는 아이의 준비 상태를 잘 살펴서 배변훈련을 시작해야 한다. 너무 일찍 시작하거나 너무 강하게 시키게 되면 항문기에 고착되는데, 그렇게 되면 지나치게 고집이 세고 인색하고 엄격하거나 청결한 성격을 지니게 된다. 반면, 잔인하거나 공격적이거나 적개심이 강한 사람이 되기도 한다.

(3) 남근기 : 초자아의 발달

생후 1~3세의 항문기를 지나 3~6세에 이르면 남근기(phallic stage)가 된다. 이 시기의 아동은 자신의 성기를 만지거나 자극하면서 쾌감을 얻는다. 리비도가 항문기에서는 배설기관에 집중되었지만 이 시기에 이르면 생식기관인 성기에 집중되기 때문이다.

이 단계의 주요 발달과제는 초자아 형성이다. 도덕이나 양심을 뜻하는 초자아는 아이와 부모 사이의 팽팽한 긴장과 숨막히는 갈등의 해소과정에서 형성된다. 그 과정은 아들이 어머니에 대한 성적인 욕구를 갖게 되면서 시작한다. 이것이 바로 유명한 오이디푸스[1] 콤플렉스(Oedipus complex)인데, 이는 아들이 아버지를 제거하고 어머니를 차지하려는 무의식적인 욕망이다.

이 콤플렉스의 극적인 해결을 통해 초자아가 형성되는데 구체적인 과정을 살펴보자. 아들은 어머니에 대한 성적인 욕구를 느끼지만 아버지라는 강력한 라이

1) 그리스 신화에 나오는 인물로, 아버지를 죽이고 어머니와 결혼한 비극의 주인공이다.

벌의 존재를 의식한다. 대여섯 살 아들이 보기에 아버지는 전지전능한 존재다. 자신보다 신체도 크고 힘도 세고, 자기가 모르는 것을 죄다 알며, 자신이 할 수 없는 일도 아버지는 척척 해낸다. 따라서 아들의 눈에 전지전능한 존재로 비치는 아버지는 아들의 속마음, 즉 어머니에 대한 '금지된 사랑'을 알아차렸을 것이라고 아들은 믿게 된다. 바로 여기서 아버지가 아들을 혼내 주기 위해 아들의 성기를 제거할 것이라는 강력한 불안감, 즉 거세불안(castration anxiety)이 생겨난다.

이 불안감은 어떻게 해결되는가? 만일 청소년이라면 아버지와 맞싱대힐 엄두를 낼 수도 있겠지만 대여섯 살의 아이는 아버지를 전지전능한 존재로 여기기 때문에 맞상대는 불가능하다. 유일한 해결책은 아버지와 자신을 동일시하는 것 밖에 없다. 그렇게 되면 아버지와의 갈등도 해소할 수 있고, 어머니에 대한 사랑도 잃어버리지 않을 수 있게 된다.

그렇다면 이러한 동일시(identification) 과정은 아이로 하여금 어떻게 초자아를 형성하게 만드는가? 아버지는 어린아이에게 기성세대의 상징인데 아이가 그런 아버지와 자신을 동일시하게 되면 저절로 기성세대의 가치관과 도덕을 받아들여서 내면화하게 될 것이다. 초자아는 이런 과정을 통해 형성된다.

그런데 여기서 문제가 하나 생긴다. 이런 과정은 남아에게만 해당되는데, 그렇다면 여아의 초자아는 어떻게 되는가 하는 문제이다. 여아는 남근이 없다는 사실을 알고서 어머니를 미워하고 아버지를 좋아한다. 이른바 남근선망(penis envy)인데 이는 남아의 거세불안과 극명한 대조를 이룬다. 즉, 거세불안은 남아가 아버지에 대해 갖는 강력한 공포심이지만 거세될 남근이 아예 없어서 불안감 자체가 존재하지 않는 여아들에게서 나타나는 남근선망은 거세불안보다는 상당히 약하게 마련이다. 성적인 갈등이 별로 없어서 욕구를 포기해야 할 강력한 동기가 없다는 것이다. 바로 이런 이유 때문에 Freud는 여아들의 초자아 형성에 대해 확신이 없었고 설명도 하지 못했다.

Freud에 의하면 초자아는 부모에 대한 성적인 갈등의 해소과정에서만 발달하는데, 여아는 이런 과정을 겪지 않기 때문에 도덕적으로 남아보다 열등하다고 보았다. 바로 이런 점은 Freud 이론에 대한 심각한 비판의 대상이 되었다. 한편

Freud의 정신분석학을 이어받은 Jung은 아버지를 향한 여아의 성적 갈등을 엘렉트라[2] 콤플렉스(Electra complex)라 명명하였다.

(4) 잠복기

잠복기(latent stage)는 6세 이후 사춘기 이전까지의 시기로서, 리비도가 집중되는 특정 신체 부위가 없다. 따라서 특별한 성적·심리적 갈등이 없는 휴식기라는 의미에서 잠복기로 불린다. 구강기에서 남근기까지 격랑의 파도를 거친 뒤에 찾아오는 평온한 상태라고 볼 수 있다. 해소해야 할 특별한 갈등이 없기에 해결해야 할 발달과제도 없다. 성격발달이 거의 일어나지 않는 시기라 할 수 있다.

이 시기에는 원욕이 약해지는 대신 자아와 초자아가 힘을 얻는다. 이전 단계에서는 자기 신체의 특정 부위에 집중되던 리비도는 이제 친구를 지향하고 동일시의 대상도 친구가 된다.

그런 의미에서 Freud 발달체계에서 성격발달의 기본 골격은 사실상 남근기까지 형성된다고 볼 수 있는데 이는 바로 다음 절에서 소개할 Erikson의 관점과 상이한 부분이다. Erikson은 성격발달이 생애 전체에 걸쳐 일어난다고 보고 여덟 단계를 제시한 바 있다.

이 단계에서 과도한 억압이나 스트레스를 받아서 고착이 일어나면, 어른이 되어서도 이성에 대한 친밀감을 제대로 느낄 수 없다. 친구에 대한 집착이 너무 강해지면 다음 단계인 생식기에서 동성 친구에 대한 우정이 이성에 대한 관심이나 애정으로 전개되지 못하고 동성애에 머물 가능성도 있다.

(5) 생식기

성격발달의 마지막 단계인 생식기(genital stage)는 사춘기부터 성인기 이전까지에 해당된다. 이 시기에 이르면 호르몬의 작용에 따른 생리적 변화가 크게 나타나면서 잠복기에 숨어들었던 성적 욕구가 다시 강해지고, 잠복기와는 달리 동성 친구

2) 그리스 신화에 등장하는 인물로, 아버지를 살해한 어머니를 극단적으로 증오하여 복수를 하였다. 아버지에 대한 집착과 어머니에 대한 증오의 전형적인 사례이다.

보다는 이성에 대한 감정과 욕구가 더욱 강력해진다. 한 마디로 성적 성숙의 시기라고 할 수 있다. 그러나 이성을 향한 성적인 충동은 학업성취나 운동, 이타적 행동 등 사회적으로 바람직한 다른 활동으로 대체되거나 승화되기도 한다.

5) 방어기제

방어기제(defense mechanism)란 자아가 욕구의 미충족으로 불안을 느낄 때 스스로를 방어하는 메커니즘을 말한다. 자아의 힘이 약해져서 외적·내적 갈등을 해결하지 못할 때, 그런 갈등을 유발하는 현실에 대한 인식을 달리 함으로써 벗어나게 되는 것이다.

방어기제는 타인에게 피해를 주지 않는 방식으로 자신의 불안을 감소시킨다는 의미에서 긍정적 역할도 할 수 있다. 대부분의 정상인들도 일상생활을 통해 몇 가지 방어기제를 사용함으로써 스트레스에서 벗어나기 때문이다. 그러나 특정 방어기제만을 너무 과도하게 사용하는 것은 바람직하지 않다. 정신분석학이 제시한 주요 방어기제는 다음과 같다.

(1) 억압(repression)

억압이란 사회적으로 용납될 수 없다고 생각되는 욕구나 충동을 무의식 속에 숨겨버림으로써 자아를 불안이나 죄의식으로부터 보호하는 기제이다. 가장 흔히 볼 수 있는, 가장 기본적인 방어기제라 할 수 있다. 예를 들어, 자신이 지극히 사랑하던 사람이 자신에게 등을 돌리는 바람에 애정의 박탈을 경험한 사람이 의도적으로 그 사람을 기억하지 않으려고 노력하는 경우, 억압에 해당된다.

그런데 문제는 그렇게 억압을 한다고 해서 없어지지 않는다는 점이다. 누른다고 없어진다면 아무 문제도 없겠지만 무의식 속에 숨어 있기 때문에 여러 가지 정신적 장애와 이상행동의 원인이 된다. 무의식은 한 인간의 성격이나 행동을 결정하는 매우 중요한 요소라는 것이 정신분석학의 기본 입장이다.

(2) 퇴행(regression)

욕구가 제대로 충족되지 않아서 심한 불안이나 갈등을 겪을 때, 욕구가 충족되어 만족감을 느꼈던 이전 단계로 회귀함으로써 자아를 보호하는 기제를 말한다. 예를 들어, 집 밖에서 심한 욕구 좌절이나 스트레스를 받은 다 큰 아이가 대문을 열고 집에 들어서자마자 어머니의 가슴팍을 파고드는 행동을 말한다. 그 아이는 현재에서는 만족감을 느낄 수 없으므로 자신의 욕구가 충족되던 이전 단계로 물러나 현재의 불안과 불만족으로부터 벗어나려는 방식이다. 물론 불안을 야기한 원인이 제거되면 정상 단계로 돌아올 수 있을 것이다.

(3) 부정(denial)

현실이 너무 고통스러워 감당할 수 없을 때, 고통을 주는 현실 자체를 부정하는 방식이다. 이를테면 사랑하는 자녀를 '가슴에 묻은' 부모가 "그럴 리가 없다"면서 그 현실 자체를 거부해 버림으로써 고통에서 벗어나는 방식이다. 가장 단순하고 흔히 볼 수 있는 방어기제 중 하나이다.

(4) 투사(projection)

자신이 갖고 있는 바람직하지 않은 욕구나 생각을 무의식적으로 다른 사람에게 전가시킴으로써 스트레스에서 벗어나는 방식이다. 예컨대 남성에게 강력한 성적 욕구를 느끼고 있지만 막상 자신은 이를 인정하고 싶지 않은 여성이 있다고 하면, 그녀는 모든 남자들이 자신에게 그런 충동을 느끼고 있다고 생각함으로써 불편한 마음을 극복하려고 한다.

(5) 합리화(rationalization)

욕구가 충족되지 않아 스트레스를 받을 때 현실을 왜곡시킴으로써 벗어나는 방식인데, 이솝 우화에 나오는 "신포도"가 전형적인 사례이다. 그 우화에서 여우는 포도가 먹고 싶지만 너무 높은 가지에 매달려 있어 뜻을 이루지 못해 속이 상한다. 이럴 때 여우는 그 포도가 신포도라고 간주하면서 불편한 마음을 이겨낸다. 여기서 중요한 것은 현실에 대한 왜곡(distortion)이다. 포도를 달다고 여기면 스트레스에서 벗어날 길이 없고, 포도를 딸 수 없는 현실도 극복할 수 없기 때문에, 그 현실을 아예 왜곡해 버리는 것이다.

또 하나의 예를 들어보자. 한 여학생을 사랑하는 남학생이 있다고 하자. 끈질긴 구애에도 꿈쩍도 하지 않는 여학생에 대하여, 남학생은 "재는 생긴 건 멀쩡해도 성격은 아주 나쁠 거야… 내가 왜 저런 사람은 만나야 돼?"라고 생각하면서 불만을 이겨내려고 노력한다면 합리화에 해당된다.

(6) 승화(sublimation)

승화란 충족되지 않는 욕구와 충동을 사회적으로 바람직한 다른 행동으로 전환시켜 해소하는 방식을 말하는데, 가장 수준이 높고 성숙된 방어기제라 할 수 있다. 예를 들어, 1995년 삼풍백화점의 붕괴로 사랑하는 세 딸을 한꺼번에 잃은 모 변호사가 보상금과 사재를 합쳐 딸들의 이름을 딴 장학재단을 만들어 사회에 봉사한 것은 자식을 잃은 엄청난 개인적 고통을 사회적으로 바람직한 방법으로 승화시킨 아주 좋은 사례라고 할 수 있다.

6) Freud 이론에 대한 평가

Freud의 정신분석적 성격발달이론에 대해서는 긍정적 평가와 부정적 평가가 엇갈린다. 먼저 긍정적 평가의 핵심은 인간의 무의식이라는 새로운 심리학적 영역을 개척하여 인간의 본질을 더욱 깊게 파악할 수 있는 틀을 마련했다는 점이다. 정신분석학의 기본 원리와 개념은 심리학(상담 및 심리치료 포함)과 문학, 의학, 예술 등 다방면에서 활용되고 있다. 그러나 비판도 만만치 않은데, 이를 요약하면 다음과 같다(권대훈, 2009).

첫째, 정신분석학은 실험 등의 과학적 방법으로 타당성을 검증할 수 없으므로, 과학적 사실이 아니라 신념에 가깝다. 무의식이나 초자아, 원욕 등의 개념은 과학적인 관찰이나 입증이 불가능하다는 것이다.

둘째, 성격발달이 5세 전후, 즉 남근기에 완성된다는 주장에 대한 비판이다. 전 생애 발달이라는 개념도 있듯이 청소년기나 성인기, 노년기에도 인간으로서 성장과 발달은 충분히 가능하다는 것이다.

셋째, 인간의 본성을 너무 부정적으로 본다는 비판이다. Freud에 따르면 인간의 본성은 자기중심적이고 충동적이고 격렬하다. 이 점에 대한 인본주의 심리학의 비판은 신랄하다.

넷째, 여성에 대해 편견을 갖고 있다는 비판인데, 이는 오이디푸스 콤플렉스와 초자아에 관련되는 부분이다. Freud 이론이 여성의 초자아 발달을 설명할 수 없는 것은 사실이다.

다섯째, 결정론(determinism)을 견지하고 있다는 비판이다. 정신분석학은 무의식이 모든 것을 결정하는 원인이 된다는 입장을 취하고 있는데, 인간은 자신의 자유의지에 의한 선택이 가능한 존재이기 때문에, 동일한 원인이 주어져도 다른 결과를 낳을 수 있다는 것이다.

3. Erikson의 심리사회적 발달이론

1) 개요 : Freud 이론과의 비교

Erikson은 Freud의 제자로서 정신분석학의 기본 입장을 이어받았다. 따라서 성적이고 생물학적인 욕구가 성격형성 과정에서 중요한 역할을 한다고는 보았지만 Freud의 관점과 다른 부분도 적지 않다.

첫째, Freud는 오로지 원욕(id)의 작용에만 관심을 가졌지만 Erikson은 자아(ego)의 역할에 초점을 두고 있다. Freud는 무의식 속에 잠겨 있는 본능의 충족 여부가 성격형성에 결정적 영향을 미친다고 보았지만, Erikson은 자아가 성격발달의 주체로서 주위 사람이나 환경과의 다양한 상호작용을 통해 각 단계마다 등장하는 다양한 위기들을 극복하면서 적극적으로 성격형성을 주도한다고 보았다.

즉, Freud는 무의식과 생애 초기의 외상적 경험이 정신병리로 이어지는 과정에 초점을 맞추었고, Erikson은 자아가 주체가 되어 생애 전체의 발달적 위기를 극복하는 과정에서 형성되는 건강한 성격의 발달과정에 주목하였다.

둘째, Freud는 성격형성 과정에서 부모의 역할을 중시했지만 Erikson은 심리사회적 환경이 중요하다고 보았다. Freud에 의하면 남근기까지의 성적인 충동이 부모와의 관계에서 어떻게 해소되느냐에 따라 성격의 토대가 형성되기 때문에 부모의 역할이 중요하다. 그러나 Erikson에 따르면 한 인간이 성장하는 과정에서 만나게 되는 부모, 친구, 동료 등 많은 사람들과 이루는 다양한 사회적 관계의 질과 수준에 따라 성격이 형성되기 때문에 심리사회적 환경이 중요한 역할을 한다. 그런 의미에서 Freud의 성격이론을 심리성적(psycho-sexual) 발달이론이라 하고, Erikson의 성격이론은 심리사회적(psycho-social) 발달이론이라고 부른다.

셋째, Freud의 발달단계는 청소년기에서 종료되고, 특히 남근기에 이미 성격의 토대가 결정된다고 보았지만, Erikson의 경우는 유아기에서 노년기에 이르는 생애 전체에 걸쳐 발달이 이루어진다는 전 생애 발달(life-span development)의 관점을 제시하였다. 또한 Freud는 청소년기에는 관심이 거의 없었지만 Erikson은 청소년기가 자아정체감을 형성하는 시기라는 이유로 성격형성에서 중추적인 역할을 한다고 보았다.

2) 성격발달 단계

Erikson은 인간의 발달단계마다 극복해야 할 발달적 위기(developmental crisis)가 있는데 그 위기를 극복하면 긍정적인 자아 특성이 생기고, 그렇지 않으면 부정적인 자아 특성이 생긴다고 보았다. 또한 인간은 그러한 양 극단의 특성을 모두 갖고 있고, 때때로 부정적인 특성도 어느 정도 활용하는 것이 적응에 도움이 된다고 보았다. Erikson의 8단계를 Freud의 5단계와 함께 살펴보면 이해에 도움이 될 것이다.

표 3-1 Erikson의 심리사회적 발달단계

단계	생활주기 (연령)[3]	Erikson의 심리사회적 발달단계	심리사회적 능력(감정)	사회적 관계의 대상	Freud의 심리성적 발달단계
1	유아기 (0~1세)	기본적 신뢰감 대 불신감	희망	어머니	구강기 (0~1세)
2	초기 아동기 (2~3세)	자율성 대 수치심 · 의심	의지력	부모	항문기 (2~3세)
3	유희기 (4~5세)	주도성 대 죄의식	목적	부모, 가족	남근기 (4~6세)
4	학령기 (7~12세)	근면성 대 열등감	능력	이웃, 학교	잠복기 (7~12세)
5	청소년기 (12~20세)	자아정체감 대 역할혼란	성실성	또래집단	생식기 (12세 이후)
6	성인기 (20~35세)	친밀감 대 고립감	사랑	동료, 배우자	
7	장년기 (35~60세)	생산성 대 침체감	배려	동료, 자녀, 지역사회	
8	노년기 (60세 이후)	자아통합감 대 절망감	지혜	인류, 동족	

① **제1단계 : 기본적 신뢰감 대 불신감**(basic trust vs. distrust, 0~1세)

Freud의 발달단계에서 구강기에 해당되는 이 단계에서, 신뢰감이 제대로 자리를 잡지 못하면 그 틈새로 불신감이 밀려든다. 어머니의 돌봄이 일관성과 신뢰성, 예측성을 갖출 때 유아의 내면 깊은 곳에서 신뢰감이 싹트게 된다. 반면 어머니의 보호나 양육이 일관성이 없어서 예측할 수 없고 믿을 수 없게 되면 불신감이 움트게 된다.

이 시기의 유아는 구강에서 쾌락을 구한다. 그러므로 유아는 무엇이든 빨거나 물면서 만족감을 느끼지만, 기본적 신뢰감은 구강적 만족의 양보다는 어머니와의 관계의 질이 더 큰 영향을 미친다. 어머니가 유아의 구강적 욕구를 잘 살펴서

3) 연령은 학자들마다 다소 차이가 있다.

글상자 3-3 기본적 신뢰감

기본적 신뢰감은 '이 세상은 믿을 만한 곳이고, 내 주변의 많은 사람도 믿을 만한 사람들이구나'라는 믿음을 말하는데, 보통의 일반적 신뢰가 아니라 기본적(basic)인 신뢰라는 데 특별히 유의할 필요가 있다. 이 신뢰감의 형성은 한 인간이 태어나 처음으로 획득해야 하는 중요한 발달과제인데, 여기에는 어머니의 역할이 결정적이다. 지혜롭고 따스한 모성은 한 생명체가 생후 1년도 채 되지 않은 시기에 마주친, 자신의 생애 전체를 좌우할 매우 중요한 첫 번째 발달의 문턱을 무사히 넘어, 다음 관문을 향해 나아가는 데 결정적인 역할을 한다는 사실은 매우 중요하다.

적절한 때, 적절한 방법으로 보살필 때 신뢰감이 형성된다. 이렇게 형성된 신뢰감은 타인과의 유대감이나 애착형성의 토대가 되고, 이후의 발달단계를 원만히 넘을 수 있게 하는 디딤돌이 된다.

이 단계의 발달적 위기를 원만히 해결하면 희망이라는 심리사회적인 능력이 생긴다. 이를테면 평소 유아의 구강적 욕구가 적절하게 충족되어 신뢰감이 형성된 유아는 자신이 배가 고프더라도 언제든 울기만 하면 금세 어머니가 해결해 줄 것이라는 기대를 가질 수 있다. 신뢰는 희망을 낳기 때문이다. 물론 불신감은 공포를 낳게 마련이다.

그런데 무작정, 무한정의 신뢰는 능사가 아니다. Erikson에 의하면 건강한 성격발달을 위해서는 신뢰감만 필요한 것이 아니라 일정 수준의 불신감도 필요하다. 심리적으로 안정되고 건강한 사람이 주변 사람들과 바람직한 인간관계를 맺는 데는 신뢰감이 필수 요소인 것은 사실이지만, 과도한 신뢰는 문제가 될 수 있기 때문이다. 요컨대 신뢰감과 불신감의 적절한 비율이 중요하다는 것이다.

② 제2단계 : 자율성 대 수치심 · 의심(autonomy vs. shame and doubt, 2~3세)

Freud 발달단계에서 두 번째인 항문기에 속하는 이 단계에서 유아는 변의 보유와 배설에서 쾌감을 얻는다. 보유 또는 배설이라는 기본 양식은 다른 상황에서도 일반적으로 나타나는데, 이를테면 다른 사람에게 다정하게 안기다가도 갑자기 뿌리치거나 물건에 집착하다가도 팽개치기도 한다.

제 힘으로 서고 걷고 손을 사용할 수 있게 되면서 유아는 스스로 외부 세계를 탐색하려고 하고, "내가", "내 것"이라는 말을 자주 사용하게 되는데, 이것이 바로 자율성 욕구이다. 그런데 유아의 자율성과 부모의 통제 사이에는 팽팽한 긴장이 형성되기도 한다.

이 시기의 유아는 무엇이든 스스로 하려고 시도하는데, 부모는 그런 욕구가 사회적으로 기대되는 방식으로 적절히 방출되도록 이끌어야 한다. 그렇게 되면 유아는 자율성을 잃지 않으면서도 사회적 통제에 적응하는 방식을 배우게 된다.

만일 부모가 유아의 자율성 욕구를 무작정 통제하거나 지나치게 보호하면 유아는 자신의 능력을 의심하고 수치심을 느끼게 된다. 따라서 이 시기의 부모는 자녀가 스스로 할 수 있는 것을 대신 해주거나, 하려고 하는 것을 무작정 억압해서는 안 된다.

이 단계의 발달적 위기의 극복 여부는 부모가 아이의 자율적인 행동을 얼마나 허용하느냐에 달려 있다. 이 단계의 유아가 심리사회적 위기를 잘 극복하면 의지력이 생긴다. 반면 그렇지 못할 경우, 자신의 능력을 불신하고 타인에 대한 의심이 생겨난다.

③ **제3단계 : 주도성 대 죄책감**(initiativeness vs. guilt, 4~5세)

이 단계는 Freud 이론에서는 남근기에 해당되기 때문에 오이디푸스 콤플렉스의 극복을 통해 초자아를 형성하는 시기이지만, Erikson은 성적 측면보다는 사회적 측면에 주목한다는 점에서 차이가 있다. 언어능력과 운동능력이 현저하게 발달하면서 아동은 또래들과 사회적 놀이에 참여하고, 그런 경험을 통해 아동은 자신에게 '목적'이 있음을 깨닫는다. 즉, 무엇을 할 때 미리 계획을 세우고 목표를 설정하며, 이를 달성하려고 노력하게 되는데, 이런 과정에서 주도성이 발달하게 된다.

물론 이 시기는 Freud의 발달체계에서 남근기에 해당되는 만큼, 아동들은 성에 대한 관심과 호기심이 커져서 때때로 바람직하지 않은 행동을 주도할 수도 있는데, 이럴 때 부모가 과도하게 통제하면 좌절감과 함께 죄책감을 느끼게 된다. 부모는 이 시기의 주된 기제인 동일시의 주요 대상으로서, 자신의 권위를 내세우는 대신 아동의 주도성을 인정하고 격려하는 것이 중요하다.

④ **제4단계 : 근면성 대 열등감**(industry vs. inferiority, 6~11세)

학령기에 해당하는 이 시기의 주요 발달과제는 아동이 자기가 해야 할 일을 성실하게 해내는 것인데, 이런 과정에서 근면성이 발달하게 된다. 여기서 해야 할 일이란 주로 학교 숙제나 공부가 될 것이다. 부모는 아이가 숙제나 예·복습 등 '해야 할 일'을 빠뜨리지 않고 마친 다음에 놀이나 게임 등 '하고 싶은 것'을 하도록 지도해야 한다. 아동 자신이 해야 할 숙제나 과제를 제대로 할 능력이 없음을 인식할 때, 열등감이 생기게 된다.

이 시기에서 획득되는 근면성은 성인이 되어 성숙된 사회인, 직장인으로서 자신의 과업을 성실하게 이끌 수 있는 토대가 된다. 이 단계의 발달적 위기를 무난히 극복하면, 사회적 환경 속에서 자신의 역할을 성실하게 수행할 수 있는 자신감인 '능력'이 발달하게 된다.

⑤ **제5단계 : 자아정체성 대 역할 혼란**(ego identity vs. identity confusion, 청소년기)

청소년기에 해당되는 이 시기(12~20세)의 핵심적인 발달과제는 자아정체성(ego identity)을 형성하는 일인데, Erikson은 자아정체성을 형성하는 청소년기의 발달을 특히 중시하였다. 자아정체성이란 자신이 누구이며 자신의 삶에서 진정으로 가치 있고 중요한 것은 무엇인지에 대해 스스로 규정한 신념체계를 말한다. 청소년기에 형성되는 자아정체성은 그 이후 진로와 직업을 선택하고 배우자를 만나 가정을 이루는 등, 자신의 생애 전체를 이끌어 나가는 과정에서 매우 중요한 역할을 하는 핵심 요소가 된다.

그런데 여러 측면에서 아직 미성숙한 청소년이 자기 자신과 자신의 삶을 제대로 바라보는 일은 쉬운 일이 아니기 때문에 그들은 '자기 자신을 찾아 나선 길고 험한 여정'에서 혼란과 시행착오로 인해 절망하고 방황하기도 하는데, Erikson은 이를 심리적 유예(psychological moratorium)라고 명명하였다. 고등학교를 졸업한 후 진로 선택과정에서 혼란을 겪으면서 유럽을 전전하며 방황했던 자신의 경험이 반영된 개념이다. 그러나 심리적 유예는 결국, 성인이 되기 위한 일종의 준비이며 통과의례인 셈이다. 젊은 시절에 자기가 누구인지, 자신의 삶은 어느 길로 나아가야 하는지 고심에 고심을 거듭했던 경험은 누구에게나 있을 것이다.

그런데 어린 시절의 불행한 경험이나 현재의 사회적 여건 때문에 정체감 형성에 실패하면 정체성 혼란(identity confusion)을 겪게 되는데, 이렇게 되면 이후의 직업 선택이나 배우자 선택과정에서 어려움을 겪고, 인생관과 가치관의 확립에도 심각한 문제가 생긴다. 이런 상태가 지속되면 정체감 혼란으로 인한 불안에서 벗어나기 위해 알코올이나 약물 의존 등의 비행이나 성격장애 등을 유발하기도 한다. 이 시기의 발달적 위기를 잘 넘기면 성실성이 발달한다.

⑥ **제6단계 : 친밀감 대 고립감**(intimacy vs. isolation, 성인 초기)

이전 단계인 청소년기에서 자아정체성 확립이라는 험난한 관문을 무사히 통과하면, 성인기에 이른다. 인생이라는 강물로 치면, 거친 상류를 지나 이제 어느 정도 속도와 방향이 일정해지는 중류에 해당되는 시기라 할 수 있다. 취업과 결혼이라는 통과의례가 기다리고 있는 이 시기(20~35세)에서는, 학교와 가정의 울타리를 떠나 성숙되고 책임감 있는 성인으로서, 사회인으로서, 직장인으로서 자신의 역할을 제대로 수행하고, 배우자나 동료, 주변 사람들과 친밀한 관계를 형성할 수 있느냐가 중요한 관건이 된다.

Erikson에 따르면 진정한 친밀감은 자아정체성을 토대로 하여 형성된다. 자신의 성(城)을 단단히 쌓지 못한 사람은 다른 사람을 향해 마음의 문을 열 수 없기 때문이다. 따라서 청소년기에 자아정체성을 확립하지 못한 사람은 타인에 대해 친밀감을 가질 수 없어서 고립에 빠지거나 난잡하고 일시적인, 거짓된 친밀관계를 만들어 내게 되는데, 이처럼 부적절하고 미성숙한 반응은 다른 사람으로부터 멀어지게 하며, 깊고 신뢰로운 인간관계를 유지할 수 없게 한다. 친밀감 대 고립이라는 발달적 위기를 성공적으로 해결하면 사랑의 능력이 생긴다. 사랑은 자신을 타인에게 관여시키고 이 관여를 유지하는 능력이다(이인정 외, 2010).

⑦ **제7단계 : 생산성 대 침체**(generativity vs. stagnation, 장년기)

이전 단계의 통과의례가 취업과 결혼이라면 이 단계(35~60세)의 통과의례는 자녀양육과 직장생활이라 할 수 있을 것이다. 가정에서는 다음 세대를 제대로 양육하고 직장에서는 신진에 이은 중견으로서 자신의 역할과 소임을 다함으로써 사회에 기여하는 것, 이것이 바로 Erikson이 말한 생산성(generativity)이다. 생산성은 한 마디로 말해, 자기의 존재가치를 확립하고자 하는 성격적 특성이다. 그러므로 이것이 결핍되면 성격은 침체되고 인생은 황폐해진다.

이 시기의 발달적 위기를 극복한 사람은 남을 배려할 줄 안다. 자신에 대해, 자신의 삶에 대해 긍지가 있고 자부심을 느끼는 사람만이 자기 자신과 자신의 삶에 여유로울 수 있고, 그렇게 되면 남에게 무엇이든 제대로 베풀 수 있게 되기 때문이다.

⑧ **제8단계 : 자아통합감 대 절망감**(ego integrity vs. despair, 노년기)

생애주기에서 노년기에 해당하는 이 시기는 인생의 마지막 단계이다. 강물로 치면 상류와 중류를 지나 하류에 이른 것이다. 흐름은 매우 완만해지고 방향에도 변동성이 거의 없다. 가야 할 곳은 오직 한 군데, 바다밖에 없다. 영원의 해원(海原)을 향해 한 걸음, 한 걸음 나아가, 마침내 근원의 세계로 합일될 것이다.

기본적 신뢰감이라는 돛을 올리면서 시작된 한 인간의 삶의 항해가 마침내 자아통합감이라는 닻을 내리면서 끝을 맺는 것이다. 다양한 크기와 모양의 지류들이 합쳐서 하나의 강물이 되듯이, 한 인간의 삶의 여정은 많은 단계를 지나는 동안 얻은 다양한 성취와 발달과업들을 한데 모아서 종착점을 향하게 된다.

신체 기능은 물론 대부분의 정신 기능까지 급격하게 쇠퇴하고 모든 것을 잃어가는 이 시기에 이르면, 누구든 앞으로 나아가는 대신 지난날을 돌아보게 된다. 그래서 지나온 삶을 의미 있게 여기고 만족감을 느끼면 자신의 삶이 완성되었다는 느낌을 갖게 될 것인데, 이것을 Erikson은 자아통합감(ego integrity)이라고 불렀다. 반면 삶을 회고하였을 때 후회와 아쉬움만이 가득하면 헤어나기 힘든 무의

글상자 3-4 자아통합감과 절망

생의 馬車를/ 불성실하게 끌어온 사람들은/ 죽음 앞에서/ 발바닥을 붙이지 못하고/ 당황한다(신동엽의 "금강" 제20장). 이 시구는 "절망"이라는 노년기의 발달적 위기를 문학적으로 정말 잘 표현한 사례라고 본다. 한평생 성실하지 못한 삶을 영위한 사람은 당연히 죽음을 앞두고 당혹과 공포 앞에서 어찌 할 도리가 없기 때문이다.

위대한 철학자 Kant는 생애 마지막 순간에 'Es ist gut'이라는 말을 남겼다고 한다. 물론 이 말이 임종 직전에 하인이 입술에 흘려준 포도주의 맛을 평가한 말이라는 견해도 있지만, 자신의 생애 전체에 대한 종합적인 평가라는 해석도 있다. 만일 후자라면, 자아통합감에 대한 탁월한 표현이라고 볼 수 있다. 평생토록 자신의 한 번밖에 없는 인생을 가다듬고 또 가다듬어 탁월한 철학적 성과를 인류에게 선사한 그가 생애 마지막 순간에 남긴 '내 인생, 이만하면 좋다'는 말은 자신의 생에 대한 차원 높은 긍정과 만족감을 완벽하게 드러낸 표현이라 볼 수 있다.

생자필멸(生者必滅)이라, 우리는 모두 한 번 태어난 이상, 언젠가 한 번은 목숨을 접어야 할 때가 반드시 올 터인데, 그때 우리도 과연 그런 통합감을 느껴볼 것인가, 아니면 어찌할 수 없는 절망감에 당황할 것인가? 이 모든 것은 오직, 우리가 지금 이 순간을 어떻게 보내느냐에 달린 것일 터인데…… 우리 각자의 삶을 싣고 흐르는 "생의 마차"는 지금, 어떤 모습으로, 어디쯤 가고 있는지 언제나 돌아보고 또 돌아보아야 한다.

미과 허무의 나락으로 하염없이 빠져들 것이다. 이것이 바로 절망(despair)이다.

이 시기의 발달적 위기를 무난히 극복하면 지혜를 얻게 된다. 노년기의 지혜는 생의 마지막 단계에서 자신의 생애 전체에 가치와 의미를 부여하고 다가오는 죽음을 겸허하게 받아들일 수 있게 하지만, 그것을 얻지 못한 사람은 절망과 회한의 늪에서 생을 마감하게 된다.

3) Erikson 발달이론의 교육적 활용

발달과 교육은 밀접한 관계 속에 서로 연결된다. 인간의 발달에 관한 지식과 정보는 교육의 목표와 내용, 방법 등을 결정하는 데 매우 중요한 자료가 되기 때문이다. 학교교육의 측면에서 볼 때 Erikson의 8개 발달단계 중 근면성 대 열등감, 자아정체성 대 역할 혼란이 특히 중요하다. 왜냐하면 아동기와 청소년기에 획득해야 할 대표적인 발달과제들이기 때문이다. Erikson의 심리사회적 발달이론이 교육현장에 시사하는 바는 다음과 같다(권대훈, 2009).

첫째, 취학 전 아동의 경우, 자율성을 발달시킬 수 있도록 충분한 기회(놀이, 실험 등)를 제공하고, 회의를 경험하지 않도록 세심하게 배려한다. 또한 수용할 수 없는 행동을 하더라도 수치심을 주지 않도록 한다.

둘째, 취학 전 아동의 연령이 증가함에 따라 주도성을 발휘하고 성취감을 느낄 수 있는 활동을 격려하고, 죄책감을 경험하지 않도록 한다.

셋째, 초등학생의 경우, 성공적으로 완수할 수 있는 과제를 제시하여 근면성을 획득할 수 있도록 하고, 중·고등학생의 경우 자아정체성의 확립에 각별한 관심을 갖고 지도한다.

넷째, 일부 청소년의 방황이 심리사회적 유예일 수 있고, 부적응 행동이 부정적인 자아정체성에 기인한 것일 수 있음을 유의하면서 생활지도에 임한다.

4. Adler의 개인심리이론

1) 개요

초기에는 Freud 이론의 신봉자였으나, 후기에 이르러서는 Freud와는 다른 이론적 관점을 제시한 Adler는 Fromm, Jung 등과 함께 신프로이드학파(Neo-Freudians)에 속한다. 그는 인간의 성격이나 행동이 오직 성적이고 생물학적인 충동에 의해서만 결정된다는 Freud의 생물학적 결정론을 비판하고 사회적·가족적 요인을 중시하는 사회적 결정론을 주장하였다.

또한 그는 인간에게 이타주의, 인본주의, 협동, 창조성, 고유성, 인지력을 부여하여 정신분석학이 크게 파괴하였던 인간의 존엄성과 가치를 부활시킴으로써 인본주의적 관점을 제시하기도 하였다. 그는 성적 본능이 인간의 성격을 결정한다는 Freud의 이론과는 달리, 대부분의 사람들이 갖고 있는 열등감과 무력감 그리고 그것을 보상 또는 극복하려는 우월성(superiority)의 추구가 인간의 행동과 발달을 결정한다고 보았다(김영호 외, 2010).

인간은 사회적 존재로서 생물학적 충동보다는 사회환경의 자극에 의해 동기유발이 이루어지며, 자아(ego)는 원욕(id)의 현실적 충족을 위해 작동하는 것이 아니라 자신의 과거 경험을 주관적으로 지각·해석함으로써 행동을 결정하고 자신의 삶을 창조해 나갈 수 있다는 것이 인간의 행동과 성격을 바라보는 Adler의 기본 입장이다. 이러한 입장은 인간은 창조적인 능력이 있기 때문에 자신의 인생 목표를 직시할 수 있고, 스스로 결정을 내리며, 자신의 목적 및 가치와 일치되는 여러 삶의 방식을 선택할 수 있는 합리적 존재라는 그의 인간관이 반영된 것이다. 그의 인간관과 성격이론의 기본 전제를 요약하면 다음과 같다(이인정 외, 2010).

첫째, 인간은 통일된, 자아 일치된 유기체이다. Adler는 이처럼 통일된 성격구조를 생활양식(life style)이라 일컫고, 인간을 전체적 관점에서 보았다.

둘째, 인간은 역동적으로 완성을 추구하며, 개인적으로 중요한 인생 목표를 향해 전진한다.

셋째, 개인은 창조적인 힘을 가지고 자신의 삶을 결정할 수 있다. 즉, 인간은 외적 환경에 의해 지배되는 수동적 존재가 아니라 자신의 생활양식에 의해 자신의 미래의 삶을 결정한다고 본 것이다.

넷째, 모든 사람은 협동과 상호작용을 통해 사회적 관계를 맺을 수 있는 선천적인 능력을 갖고 태어난다.

다섯째, 개인이 자신을 어떻게 주관적으로 지각하느냐에 따라 행동이 결정된다고 보았다.[4] 과거의 사건 자체가 아니라 그 사건에 대한 개인의 지각과 해석이 행동에 영향을 미친다는 것이다.

4) Adler의 성격이론이 개인심리이론(individual psychology)이라 불리는 것도 이러한 '개인의 주관성'이 반영된 것이라 볼 수 있다.

2) 기본 개념

(1) 열등감과 보상

Adler 이론의 핵심개념은 열등감(inferiority feeling)과 보상(compensation)이다. 열등감이란 자신에게 부족하고 모자라는 부분에 대한 지각 또는 인식을 말하고, 보상이란 그것을 보완하려는 노력을 말한다. 의사인 Adler는 특정 신체기관이 약하거나 장애를 가진 사람이 그 기관을 강화시키거나 다른 기관을 개발하여 약점을 보완, 즉 보상하려고 노력하는 것을 발견하였다. 그 후 그는 이러한 신체적 열등감이 심리적 열등감으로 전개된다는 사실을 발견하고, 심리적 열등감과 그 보상에 대해 연구하였다.

Adler 이론에서 중요한 것은 열등감[5]이 보상의 강력한 동기가 된다는 점인데, 이는 Adler 자신의 삶의 경험에서 비롯된 것이다. 그는 어린 시절에 신체적으로 매우 허약했고 질병에 자주 시달렸으며, 형제를 비롯한 가족과의 관계 역시 그다지 우호적이지 않았다. 그러나 그는 많은 노력으로 이러한 자신의 한계와 단점을 극복하고 상당한 성취를 거둔다. 열등감과 그로 인한 보상 노력이 한 인간의 성장과 발달을 촉진시킨다는 것이 Adler 이론의 기본 관점이다.

상식적으로 봐도 한 인간이 자신의 단점을 극복하고 빛나는 삶의 성취를 거둔 사례는 무수히 많은데, 스티븐 호킹, 베토벤, 헬렌 켈러 등은 몇 가지 경우에 지나지 않는다. 어릴 적 지독한 가난 속에서 눈물겨운 노력을 통해 삶의 꽃 한 송이를 아름답게 피워낸 사람들도 무수히 많다. 특히 남들에게는 '당연히' 있는 손과 팔이 자신에게는 없어서, 입과 발로 그림을 그리는 구족화가들의 존재는 우리 모두를 인간으로서 긍지를 갖게 하고, 인류라는 이름을 고귀하고 거룩하게 만든다.

5) 일상적 용어로서 열등감은 상당히 부정적인 의미로 사용되지만, Adler 이론에서 말하는 열등감은 전혀 다르다. 신체적으로든 정신·심리적으로든 자신에게 무엇인가 부족하고 결핍되어 있다는 인식, 즉 열등감은 자신의 삶을 도약시키는 디딤돌이 된다.

(2) 우월성의 추구

Adler에 의하면 우월성의 추구(striving for superiority)란 인간의 기본적인 동기에 속하며, 열등감을 보상하려는 욕구에서 나온다. 모든 인간은 기본적으로 불완전한 것은 완전하게 만들고, 부족한 것은 채우며, 미완의 것은 완성으로 이끌려는 선천적인 동기를 갖추고 있는데, 바로 이것이 인간의 모든 성장과 발달, 성취의 원동력이 된다는 것이 Adler 이론의 기본 입장이다.

그런데 이러한 '우월을 향한 노력'이 선천적이고 모든 사람에게 내재된 보편적 특성이기는 하지만, 사람마다 추구하는 우월의 목표가 다르기 때문에 개인의 삶에서 구체적으로 구현되는 데는 개인차가 존재한다. 즉, 우월의 목표는 긍정적 경향 또는 부정적 경향을 취할 수 있는데, 긍정적으로 나타나면 타인의 행복을 지향하는 이타적 양태로 구현되고, 부정적으로 나타나면 자기존중과 권력 집착, 허세 등의 이기적 양태로 구현된다.

(3) 생활양식

Adler의 생활양식(life style) 개념은 각자가 처한 상황에서 어떤 목표를 설정하고 추구하는 개인적으로 독특한 방식을 의미한다. 이는 개인의 성격을 기능하게 하는 체계이자 원리이므로, 모든 사람의 행동은 그의 생활양식이 반영된 것이라 볼 수 있다. 생활양식은 개인이 인생의 장애물을 극복하고 문제해결 방법을 찾으며 목표를 추구하는 방식을 결정하는 역할을 한다. 그런데 Adler에 따르면 이러한 생활양식은 유년기인 4~5세경에 이미 형성된다는 것이다. 그 시기에 경험한 가족관계나 가족 형태, 가족 분위기 등의 가족적 요인과, 가정의 울타리 밖에서 얻게 되는 다른 특별한 사회적 경험 등의 사회적 요인을 통해 생활양식은 형성되는데, 그렇게 형성된 생활양식의 기본적인 틀은 일생 동안 유지되고, 한 개인의 성격이나 행동에 지속적인 영향을 미친다는 것이다.

Adler에 의하면 많은 사람들이 신체적 열등, 허약한 체질, 혹은 환경적 요인에서 비롯되는 사회적 결핍 때문에 잘못된 생활양식을 갖게 되는데, 바로 이것이 모든 사회적 · 정서적인 문제의 근본 원인이 된다고 보았다. 따라서 개인상담이나 집단상담을 통해 잘못된 생활양식이 수정되면 그러한 문제들이 사라질 수 있다고 보았다(이인정 외, 2010).

(4) 출생순위

Adler에 따르면 한 사람의 생활양식이 형성되는 데는 사회적 요인과 함께 가족적 요인이 중요한 역할을 하게 된다. 그는 이러한 가족 요인으로서 가족의 크기와 정서적 유대, 출생순위, 성별 등을 들고 있는데, 특히 출생순위의 영향력에 주목하였다.

첫째 아이는 부모의 사랑을 독차지하므로 자기중심적이 될 가능성이 크다. 그러다 동생이 생기면 "폐위된 왕"의 처지가 되어 부모의 관심과 사랑을 동생과 공유해야 한다. 이런 상황이 되면 마음의 상처를 치유하기 위해 과거의 유치한 단계로 퇴행을 하거나, 부모의 사랑을 다시 얻기 위해 여러 가지 돌발적인 행동을 할 수도 있다.

둘째 아이의 특성은 경쟁이다. 맏이와 경쟁을 해야 하는 상황에서 태어나기 때문에 도전적이고 야심이 강하다. 또한 손위 형제 때문에 협동과 타협의 기술도 더 쉽게 배울 수 있다.

막내는 부모의 관심과 사랑을 동생에게 빼앗기는 비극적 상황 자체가 없는 유리한 상황에 있다. 또한 다른 형제들과 나이 차이가 많이 날 경우, 부모뿐만 아니라 손위 형제들의 보살핌도 받을 수 있다. 따라서 과잉 보호를 받아서 과도하게 의존적이 될 가능성이 크다.

외동은 경쟁할 형제가 없고 부모의 사랑을 잃어버릴 가능성이 전혀 없기 때문에 자기중심적인 응석받이로 자라기 쉽다. Adler는 외동의 경우 소심하고 의존적인 특성을 지닌다고 보았다.

이상에서 출생순위가 생활양식이나 성격에 미치는 영향을 살펴보았다. 그러나 Adler는 단지 형제 서열에서 나타날 수 있는 가능한 특성을 나타내었을 뿐, 모든 가정 내의 형제들에게 보편적으로 나타나는 일반적인 특성은 아님을 밝혔다. 다른 변수들에 의해 얼마든지 달라질 수 있다는 것이다.

(5) 성격 유형

생활양식은 인간의 모든 사고와 감정, 행동의 기본 토대가 된다. Adler는 생활양식에 기반한 성격구조의 골격은 평생 유지된다고 보고, 그것을 기반으로 인간의 성격을 유형화하였다. 성격 유형은 사회적 관심과 활동수준이라는 두 변수를 기준으로 하여 정해졌는데, 사회적 관심이란 개인의 이익보다 사회 발전을 위해 타인과 협력하는 것을 말하고, 활동수준이란 삶의 문제를 해결하려는 개인의 에너지 수준을 말한다. 이에 따라 Adler는 개인의 성격을 지배형, 획득형, 회피형, 그리고 사회적으로 유용한 유형 등 네 가지로 분류하였는데, 구체적인 내용은 아래와 같다(이인정 외, 2010).

지배형은 활동수준은 높지만 사회적 관심은 낮은 유형으로, 독선적이고 타인을 지배하려는 태도를 지닌다. 따라서 공격적이고 비사회적인 방식으로 삶을 영위한다.

획득형은 활동수준은 중간이고 사회적 관심은 낮은 유형을 말한다. 이런 성격을 지닌 사람은 남에게 의존하여 자신의 욕구를 충족시키고자 노력한다. 남에게서 가능한 한 많은 것을 얻어내는 데 관심이 집중된다.

회피형은 사회적 관심과 활동수준이 모두 낮은 유형으로, 성공하려는 욕구보다 실패에 대한 두려움이 더 강해서 인생의 모든 문제에서 도피함으로써 실패를 면하려고 한다.

마지막으로 사회적으로 유용한 유형은 사회적 관심과 활동수준이 모두 높아서, 자신과 타인의 욕구를 모두 충족시키기 위해 타인과 협력한다. 타인의 복지에 기여하려는 의지를 갖고 있다.

5. 행동주의적 관점

인간의 행동이나 성격에 대한 설명에 있어서 행동주의 관점과 정신분석학 관점 사이에는 공통점도 있고 차이점도 있다. 두 이론 모두 인간의 성격이나 행동의 형성과정에서 선택이나 변화의 가능성을 배제하고 원인과 결과의 기계론적 연결을 기반으로 하는 결정론(determinism)의 입장을 견지한다는 것은 공통점이지만, 정신분석학은 무의식이 결정한다는 정신결정론이고 행동주의는 강화나 처벌 등 외부 자극이 결정한다는 환경결정론이라는 사실은 차이점이다.

또 하나의 차이점은 접근방식이다. 행동주의에서는 객관적인 관찰과 검증이 가능한 외현적 행동(overt behavior)을 중시하지만, 정신분석학에서는 원욕, 자아, 초자아, 리비도 등과 같은 관찰 불가능하고 비합리적인 개념에 의존한다.

행동주의 이론에서는 인간의 성격과 행동의 형성에 미치는 환경의 영향에 주목한다. 행동주의의 완성자인 Skinner(1974)는 성격의 발달은 조건화가 이루어진 행동들이 연속적으로 증가하는 것이라 간주하고, 성격을 이러한 행동패턴들의 집합이라고 보았다. 즉, 강화된 행동이 습관이 되고, 이 습관이 성격의 일부가 된다는 것이다. 따라서 그는 성격을 유기체의 행동과 그 행동이 강화된 결과 사이의 독특한 관계 양식이라고 설명하였다(이인정 외, 2010).

행동주의에 의하면 인간의 행동은 고전적 조건형성(classical conditioning)이나 조작적 조건형성(operant conditioning)을 통해 통제나 조작이 가능하므로, 인간의 성격 역시 그런 과정들을 통해 형성될 수 있다고 본다. 이를테면 고전적 조건형성에서, 작은 실수 때문에 많은 관중 앞에서 큰 웃음거리가 되었던 아이는 대인공포증으로 발전될 수 있다. 사극 일반화의 원리 때문에 아이는 이전과 조금만 유사한 새로운 상황에서도 전과 비슷한 행동을 보일 수 있고, 이런 과정들이 반복되면 아이는 소극적이고 불안정한 성격을 지닐 수 있을 것이다.

다음 조작적 조건형성의 경우를 보자. 강화를 받은 행동의 빈도는 증가하고 그렇지 못한 행동의 빈도는 감소할 것인데, 수업시간에 교사의 질문에 대답을 했을 때 적절한 보상을 받지 못한 아동은 교사로부터 질문을 받을 때마다 모른다는 대답으로 일관할 것이다. 이런 반응은 결국 아동으로 하여금 소극적이고 회피적인 성향을 지니게 만들 것이다.

Chapter 4

도덕성 발달

배울 내용

1. 도덕성의 개념
2. Piaget의 도덕발달이론
3. Kohlberg의 도덕발달이론
4. Rest의 도덕성 이론

학습 목표

1. 도덕성의 개념을 정확히 이해한다.
2. Piaget, Kohlberg, Rest의 도덕성 이론을 이해한다.
3. 도덕적 사고와 도덕적 행동의 관계를 이해한다.

개요

연령이 높아지면 도덕성도 일정한 궤적을 그리며 발달한다. 지금까지 국내·외를 막론하고 도덕성 발달 연구를 주도한 것은 인지발달론적 접근이다. 이 접근은 Piaget에서 시작되어 Kohlberg에서 완성되었다. Kohlberg는 도덕성에 대한 Piaget의 기본 관점을 바탕으로 도덕성 개념을 도덕적 사고(판단) 능력으로 정의하고, 3수준 6단계의 도덕성 발달이론을 제시함으로써 도덕성 연구의 새로운 장을 열었다.

그런데 Piaget와 Kohlberg는 도덕적 사고와 행동이 일치하기 때문에 도덕적 사고만 제대로 되면 행동은 저절로 따라온다고 보았지만, 이러한 관점은 다른 학파들로부터 적지 않은 비판을 받았다. Kohlberg의 제자인 Rest는 이러한 비판을 수용하여, 도덕성을 도덕적 사고(판단)력이 아니라 '도덕적 행동의 표출에 관여하는 네 가지의 심리적 과정 또는 요소'로 파악하고, 4-구성요소 모형을 제시하였다.

이 장에서는 도덕성 발달 연구가 현재까지 어떻게 이루어졌는지를 Piaget, Kohlberg, Rest의 순으로 살펴보고자 한다.

1. 도덕성의 개념

도덕성(morality)에 대한 정의와 연구는 지금까지 사고와 정서, 행동 등 세 측면에서 다양하게 이루어졌다. 인지발달론은 도덕적 사고, 정신분석학은 도덕적 정서, 사회학습이론을 포함한 행동주의는 도덕적 행동에 초점을 두었는데, 이들은 각각 도덕성의 인지 · 정서 · 행동적 측면을 강조한 것이다.

먼저 정신분석학에서는 정서적 측면에서 동일시와 초자아의 작용에 초점을 맞추었고, 사회학습이론을 비롯한 행동주의에서는 행동적 측면에 주목하여 모델링과 조건화 과정에 비중을 두었으며, 인지발달론에서는 인지적 측면을 중시하여 도덕적 사고의 관점에서 인지구조의 평형화 과정을 강조하고 있다.

그런데 지금까지 국내 · 외의 도덕성 발달연구를 주도한 것은 인지적 측면을 강조한 인지발달론적 접근(cognitive development approach)이다. 이 접근에서는 도덕성을 도덕적 사고(추론)로 정의한다. 즉, 모든 사람들에게는 도덕적 문제를 다루는 인지적인 틀, 즉 사고의 구조가 있다는 것이다. 이 접근은 Piaget(1932)에서 시작하여 Kohlberg(1958)에서 완성되었고, Rest(1983)에 의해 연구범위의 확장과 이론적 정교화를 이루었다.

도덕성에 대한 Piaget의 기본 관점을 토대로 정교한 도덕성 발달이론을 처음으로 구축한 Kohlberg(1958)는 도덕성 개념을 도덕적 사고(판단) 능력으로 정의하고, 보편 · 불변적이고 불가역적인 순차성을 지니는 3수준 6단계를 제시함으로써 도덕성 연구의 새로운 장을 열었다.

그러나 이러한 인지(사고 또는 판단력) 위주의 도덕성 정의는 다른 학파로부터 비판을 받게 되는데, 비판의 핵심은 지행합일(知行合一)의 문제, 즉 도덕적 사고와 행동 간의 일치 문제였다. 인지발달론자인 Piaget(1932)의 기본 관점을 이어받아 도덕성(morality)의 개념을 엄격히 인지구조(cognitive structure)의 관점에서 정의한 Kohlberg는 사고(知)와 행동(行)은 일치한다는 입장을 견지하였다. 즉, 도덕적 사고(판단)만 제대로 되면 도덕적 행동은 저절로 일어나게 되기 때문에, 도덕적 행동이 나타나지 않는 것은 도덕적인 사고(판단) 자체에 문제가 있다고 본 것이다. 그러나 이처럼 인지적 측면에만 한정된 관점은 도덕적 정서나 행동의 중요성을 강조한 다른 이론들로부터 상당한 비판을 받게 되었다.

이러한 상황에서 Kohlberg의 제자인 Rest(1983)는 도덕성에 대한 새로운 시각을 제시하였다. 그는 도덕성을 도덕적 사고(판단)가 아니라 '도덕적 행동의 표출에 관여하는 심리학적 요소'로 정의하고, 이를 바탕으로 4-구성요소 모형(Four-Component Model)을 제시하였는데, 이 모형의 최종 목표는 도덕적 사고가 아니라 도덕적 행동이다. Rest 모형을 구성하는 네 요소는 도덕 감수성(moral sensitivity), 도덕 판단력(moral judgment), 도덕 동기화(moral motivation), 도덕적 품성(moral character)이다.

이하에서는 도덕성 발달에 대한 정의와 연구가 현재까지 어떻게 이루어졌는지를 Piaget, Kohlberg, Rest의 순으로 살펴보고자 한다.

2. Piaget의 도덕발달이론

도덕성 발달연구는 Piaget(1932)로부터 시작된다. 그는 공기놀이를 하고 있는 아이들을 관찰하다가 놀이의 규칙에 대한 해석이 연령에 따라 달라지는 사실을 발견하면서, 아동의 도덕발달에 관심을 갖게 되었다. 그는 연구를 위해 아래와 같은 질문을 아이들에게 들려준 다음 누가 더 나쁜지, 왜 그렇게 생각하는지 질문하고 그 반응을 분석하였다.

> 아동 A는 아빠가 없는 동안 아빠의 만년필을 갖고 놀다가 식탁보에 조그만 잉크 자국을 남겼다.
>
> 아동 B는 아빠의 만년필에 잉크가 부족한 것을 보고 잉크를 채워 넣다가 식탁보에 커다란 잉크 자국을 남겼다.

그 결과 어린 아동일수록 식탁보를 더 많이 더럽힌 B가 더 나쁘다고 판단하였다. 행동의 의도를 고려하지 못하고 행동의 결과만으로 판단한 것이다. Piaget는 이런 관찰결과를 바탕으로 아동의 도덕성을 3개 수준으로 나누었다. 그러나 3개 수준이 동일 아동에게서 혼재되어 나타나는 경우가 있었기 때문에 단계(stage)라는 용어는 사용하지 않았다. 발달이론에서 단계란 연령 증가에 따른 발달적 경향이 명확히 나타나야만 인정할 수 있는, 매우 엄격한 용어이기 때문이다.

Piaget에 의하면 2~4세 아동은 도덕 이전(pre-moral) 수준이어서 규칙(도덕)에 대한 개념 자체가 아예 없다. 그리고 규칙(도덕)을 의도적으로 무시하는 것이 아니라 생각 자체를 하지 못한다. Piaget의 도덕성 발달은 타율적 도덕성과 자율적 도덕성의 순서로 이루어진다.

1) 타율적 도덕성(heteronomous morality : 4~8세)

타율적 도덕성이란 성인의 권위에 복종하는 권위주의적 도덕 개념으로서, 규칙을 고정된 불변의 것으로 여기고 '결과'에 근거하여 도덕적 책임의 소재를 따지는 것을 말한다. 놀이를 할 경우 규칙이 있음을 인식하지만 규칙이나 질서는 절대적인 것으로 무조건 지켜야 한다고 생각한다. 또한 행위의 동기나 이유를 고려하지 못하고 행위의 결과만으로 판단한다. 즉, 바로 위의 사례에서 아동 B가 A보다 더 나쁘다고 판단한다. 왜냐하면 행동의 의도나 이유보다는 '더 큰 잉크 자국'이라는 외견상의 결과만으로 판단하기 때문이다. Piaget의 인지발달이론에서 보면 자기중심성(egocentrism)을 벗어나지 못한 이 시기의 아동은 직관적 사고(intuitive thinking)의 경향이 있어, 오로지 지각적 요소만으로 도덕적인 판단을 하게 된다. 그로 인해 '왜?'라는 눈에 보이지 않는 의도나 동기보다 '잉크 자국의 크기'라는 시각적 요소가 판단의 중요한 근거가 된 것이다.

2) 자율적 도덕성(autonomous morality : 8~12세)

자율적 도덕성이란 동료들과의 협동과 상호 존중을 바탕으로 하는 것으로서 규칙은 변할 수 있는 것이라고 여기고 도덕적 책임을 '의도' 차원에서 고려할 수 있는 것을 말한다. 바로 위의 사례에서는 아동 A가 B보다 더 나쁘다고 판단한다. 왜냐하면 '더 큰 잉크 자국'이라는 외견상의 결과가 아니라 행동의 의도나 동기라는 내재적 요소를 기준으로 판단하기 때문이다. 타율적 도덕성을 지닌 아동은 성인의 권위(지시나 명령)에 무조건 복종하지만 자율적 도덕성을 가진 아동은 자신의 도덕적 선택에 따른 행동을 하게 된다.

3. Kohlberg의 도덕발달이론

Kohlberg는 1958년, 아동의 도덕판단을 다룬 Piaget의 연구(1932)를 심화·확장시켜 도덕성 발달이론을 세상에 내놓게 된다. Kohlberg는 아래와 같은 가상적인 도덕적 딜레마를 아동과 청소년에게 들려주고 그들의 반응을 분석하면서 연구를 시작하였다.

그들의 반응을 분석한 결과 자신의 도덕적 입장을 정당화하기 위해 사용한 이유들은 6가지 유형으로 나타났는데, Kohlberg는 이를 바탕으로 3수준 6단계의

하인쯔 딜레마

유럽의 한 부인이 암에 걸려 죽어가고 있었다. 그녀를 구할 수 있다고 생각되는 약이 하나 있었는데, 같은 시내에 있는 한 약제사가 개발한 것이었다. 그 약을 만드는 데 많은 돈이 들어서 약제사는 자신의 개발비의 10배를 약값으로 매겼다. 200달러에 개발했는데 2,000달러를 약값으로 정한 것이다. 부인의 남편인 하인쯔는 백방으로 노력해서 돈을 모았으나 약값의 절반인 1,000달러 밖에 되지 않았다. 하인쯔는 약제사를 찾아가서, 자기 부인이 죽어가고 있으니 그 약을 더 싸게 팔거나 아니면 나중에 약값을 지불하도록 해달라고 사정을 했다. 그러나 약제사는 "안됩니다. 나는 이 약을 개발했고, 이 약으로 돈을 좀 벌어야 합니다"라고 거절했다. 구입을 포기한 하인쯔는 부인을 위해 약을 훔치려고 약국에 들어갔다.

발달단계를 제시하였다. 여기서 3개의 수준은 인습 이전, 인습, 인습 이후 수준이고 각 수준마다 2개 단계가 있으므로 총 6개 단계가 된다.

도덕성 수준 3개는 사회적 인습을 기준으로 설정되었다. 즉, 사회적 인습을 고려할 수 있느냐 없느냐와 그것을 뛰어넘을 수 있느냐를 기준으로 한 것이다. 먼저 '인습 이전 수준'이란 사회적 인습에 대한 인식 자체가 아예 없는 것을 말한다. 즉, 어떤 행동이 다른 사람들에게 어떤 평가를 받을지, 법이나 질서에는 위배되지 않는지를 전혀 고려하지 못한다. 반면 '인습 수준'에서는 바로 이러한 고려를 할 수 있으며, '인습 이후 수준'에서는 그런 사회적 인습을 뛰어넘을 수 있다.

표 4-1 Kohlberg의 도덕성 발달단계(3수준 6단계)

수준	단계	도덕판단의 특성
인습 이전 수준	1단계 : 처벌회피 및 복종 지향	처벌을 회피하기 위해 권위자의 지시와 명령에 무조건 복종한다.
	2단계 : 도구적 이기주의 지향	자신과 타인의 욕구 충족이나 이익 추구를 중시한다.
인습 수준	3단계 : 대인관계 조화 지향	타인을 의식하기 때문에, 자신의 행동이 타인에게 어떤 평가를 받을지에 민감하다.
	4단계 : 사회질서 유지 지향	규칙이나 법이 중요한 기준이 된다. 법이나 규칙은 절대로 어기지 말아야 한다고 생각한다.
인습 이후 수준	5단계 : 사회계약 지향	규칙이나 법은 사회적 합의에 의해 만들어진 것이기에 변경이 가능함을 이해한다
	6단계 : 보편적 윤리원칙 지향	보편적인 도덕 원리와 자신의 양심을 중시하며, 이에 위배되는 법이나 규칙은 지키지 않아도 됨을 이해한다.

Kohlberg가 제시한 도덕성 발달의 세 가지 수준과 여섯 단계를 구체적으로 설명하면 다음과 같다(Kohlberg, 1981).

1) 인습 이전 수준(pre-conventional level)

사회적 인습을 무시하는 것이 아니라 전혀 고려하지 못한다. 그에 대한 인식 자체가 없기 때문이다. 그렇기 때문에 권위자의 지시나 명령, 자신과 타인의 손익 등을 기준으로 도덕적인 판단을 한다. 이 수준은 아래의 두 단계로 나누어진다.

- 제1단계 : 처벌 회피 및 복종 지향(punishment and obedience orientation)
  처벌이 두려워서 권위자의 지시나 명령을 무조건 따르는 경향이 있다. 예컨대 어린아이들의 경우 왜 친구를 도왔느냐 물으면 "부모님이 시켜서 그랬다." 또는 "그렇게 하지 않으면 선생님한테 혼난다" 등의 반응이 나오는 단계이다.

- 제2단계 : 도구적 이기주의 지향(instrumental relativist orientation)
  옳은 행동은 자신의 욕구를 충족시키는 도구로서 작용하는 행동을 말하며 인간관계는 '당신이 내 등을 긁어 준다면 나도 당신의 등을 긁어 주겠다'는 식의 '시장의 방식'에 의해 이루어진다. 예를 들어, 친구를 왜 도와주었느냐 물으면, "저번에 재가 저를 도와주었거든요" 혹은 "이번에 도와주면 언젠가 재도 저를 도와줄 거예요" 등의 반응을 보인다. 철저하게 이익과 손해의 관점을 따른다.

2) 인습 수준(conventional level)

남을 의식하고 법이나 규칙의 절대성을 신봉한다. 타인의 기대와 사회질서에 순응할 뿐만 아니라 질서를 절대적으로 존중하고 적극적으로 지키며 정당화하는 태도를 취한다.

- 제3단계 : 대인관계 조화 지향(interpersonal concordance or 'good-boy' orientation)
  이렇게 행동하면 남들은 어떻게 여길지 신경을 쓴다. 그래서 타인을 기쁘게 해주고 그들로부터 승인을 받을 수 있는 행동을 하려고 노력한다. 이 단계에서는 결과가 아닌 동기(의도)를 중시하고, 착하게 보임으로써 타인의 승인을 얻으려 한다.

- 제4단계 : 사회질서 유지 지향(society maintaining orientation)

  이 단계에서는 권위와 성문화된 규칙, 사회질서의 유지를 지향한다. 자신의 의무를 다하고 권위에 대한 존경심을 드러내며 특정의 사회질서를 무조건 지키는 것이 옳은 행동으로 간주된다. 법이나 규칙, 사회질서는 무조건 지켜야 한다는 입장이다. 예를 들어, 도시가스 회사원이 가스요금 미납을 이유로 추운 겨울에 독거노인이 혼자 사는 집의 가스 밸브를 무조건 잠그고 나서, "나는 우리 회사의 규정을 지킨 것뿐인데 잘못한 게 뭐냐"는 반응을 보인다. "법은 무조건 지켜야 한다"거나 "상관의 지시는 무조건 따라야 한다"는 반응이 전형적인 예가 된다.

3) 인습 이후 수준(post-conventional level)

타인의 시선이나 평가에서 자유로울 수 있고, 법이나 규칙, 질서의 울타리를 훌쩍 뛰어넘을 수 있는 수준이다. 이 수준에서는 집단이나 집단 구성원의 권위에서 벗어나고, 그들과의 동일시를 넘어서서 나름대로 타당하다고 판단되는 도덕적 가치와 도덕 원리들을 중시한다.

- 제5단계 : 사회계약 지향(social contract orientation)

  법은 사회적 약속(계약)에 따라 만들어진 것으므로 고정불변의 것이 아니라 약속을 다시 하면 얼마든지 변경할 수 있음을 인식할 수 있다. '법과 질서에의 고착'이라는 4단계적인 관점을 넘어서서 사회적 유용성에 대한 합리적 고려를 통해 법도 개정될 수 있다는 가능성을 인정한다. 법의 울타리를 넘어서 자유로운 합의와 계약이 의무를 강제(强制)하는 요소가 됨을 인식한다.

- **제6단계 : 보편적 윤리원칙 지향**(universal ethical principle orientation)

  가장 높은 발달단계이다. 이 단계에서 옳은 행동이란 논리적 포괄성과 보편성 그리고 일관성을 지닌, 개인 각자가 선택한 도덕적 원리에 일치되는 양심의 판단에 의해 결정된다. 이 원리들은 황금률이나 정언명법처럼 추상적인 것이지 십계명처럼 구체적인 규칙들은 아니다. 이 원리들은 본질적으로 정의, 상호성, 인간 권리의 평등성, 그리고 개개인의 인간적 존엄성이라는 보편적 원리를 말한다(문용린, 1992).

이처럼 Kohlberg는 도덕성을 인지적 측면에서 "도덕판단력"으로 정의하고 발달단계들을 제시하였다. 그러나 전술한 바와 같이 도덕적 사고가 반드시 도덕적 행동으로 연결되지 않는다는 점에서, 도덕성은 인지적 측면으로만 한정한 그의 관점은 한계가 있었다. Kohlberg의 제자인 Rest(1983)는 이를 인정하고, 도덕성을 도덕적 행동에 초점을 맞추어 재개념화하고 도덕적 행동의 표출에 초점을 맞춘 4-구성요소 모형(Four-Component Model)을 제시하였다.

4. Rest의 도덕성 이론[6]

Kohlberg의 직계 제자인 Rest(1983)는 도덕적 사고(인지)와 정서, 행동에 관하여 그와는 사뭇 다른 입장을 취한다. 그는 도덕성을 '사람들이 함께 모여 살 때 그들이 서로의 복지를 위해 어떻게 행동해야 하는가를 알려주는 원리이자 안내'라고 정의하면서(문용린, 1988), 도덕적 행동의 표출에 주목하였다.

그는 도덕적 행동을 일으키는 네 가지의 심리적 과정(psychological process)을 제시하면서, 도덕적 행동이 일어나기 위해서는 도덕 감수성(제1요소), 도덕 판단력(제2요소), 도덕 동기화(제3요소), 도덕적 품성(제4요소) 등 4가지 요소가 충족되어야

6) Rest는 도덕성의 영역을 행동에 초점을 맞춰 확장하였을 뿐, 별도로 발달단계는 제시하지는 않았다.

한다고 보았다. 즉, 한 개인의 도덕적 행동은 첫째, 도덕적 상황의 인식 및 해석 둘째, 바람직한 해결방안에 대한 추론(판단) 셋째, 도덕적 동기화 넷째, 도덕적 행동의 실행 등의 네 가지 과정을 통해 이루어지며, 도덕적 행동의 실패는 네 가지 중에서 어느 하나 또는 둘 이상의 요소에 문제가 있을 때 야기된다.

이 모형의 가장 기본적인 특징은 도덕성을 인지 측면(판단력)에서만 보지 않고 정서와 행동의 측면까지 포함시켜 종합적으로 파악하려는 데 있다. 기본적으로 인지발달론자인 Rest가 이러한 모델을 제시한 것은 도덕성을 설명하는 여러 가지 다양한 이론에 대한 종합적 검토를 통해 도덕성에 관한 보다 포괄적인 접근의 필요성을 인식하였기 때문으로 해석된다(홍성훈, 2000).

이 모형의 궁극적인 관심은 한 개인이 도덕적 행동에 이르게 되는 여러 심리적 과정을 밝히는 데 있기 때문에, 관심의 초점은 도덕적 인지가 아니라 도덕적 행동으로 보아야 한다.[7] 따라서 이 모형은 도덕적 행동의 표출을 하나의 틀 속에서 포괄적으로 설명하기 위하여 도덕성을 연구하는 전통적인 세 이론인 인지발달론(인지 측면)과 행동주의(행동 측면) 그리고 정신분석학(정서 측면)을 종합하려는 이론적 틀이라고 볼 수 있다.

도덕적 행동의 표출에 필요한 제1요소는 도덕 감수성(moral sensitivity)인데, 이는 어떤 상황 속에 내포된 도덕적 이슈들을 지각하고 상황을 해석하며, 자신의 행동이 타인에게 어떤 영향이나 결과를 미칠 수 있을지를 미리 헤아릴 수 있는 능력이다. 만일 어떤 상황을 도덕적 사태로 지각·해석하지 못하거나 자신의 행동이 타인의 복지에 미칠 영향을 살피지 못한다면 도덕적 행동은 원천적으로 불가능하다는 점에서 이 요소는 의미가 있다. 이 요소는 제2요소인 도덕적 추론(인지) 능력과는 구별되는 별개의 능력이라 볼 수 있고, 실제의 측정 결과에서도 두 요소 간에는 낮은 상관관계가 확인되었다(Bebeau, 1985).

제2요소는 도덕 판단력(moral judgment)이다. 제1요소에서 가능한 행동의 경로들과 그것이 타인에 미칠 영향이나 결과에 대한 인식(지각)이 이루어지고 난 후에는

7) Rest의 4-구성요소 모형에 의하면 전통적인 인지발달론이 중시하던 도덕적 사고(인지 또는 추론)는 도덕적 행동을 결정하는 4가지 요소 중 하나(제2요소)로 설명된다.

그 행동이 도덕적으로 정의로운 것인가를 판단할 필요가 있다. 이 요소는 Kohlberg의 이론 체계에서 도덕성으로 간주되던 것이지만 Rest의 모형에서는 단지 도덕적 행동의 표출을 설명하는 네 요소 중 하나에 불과하다.

제3요소는 도덕 동기화(moral motivation)이다. 제1요소에서 특정 상황에서 도덕적 이슈를 가려내고 그것의 해결이 타인의 복지에 미치는 영향을 헤아릴 수 있고, 제2요소에서 문제 해결을 위한 행동의 경로들이 정당하고 정의로운지를 판단할 수 있다 해서 도덕적 행동이 곧바로 표출되는 것은 아니다. 그것은 제3요소에 의해 도덕적 가치를 다른 가치, 예컨대 경제 · 사회 · 종교적 가치들보다 더 우위에 두려는 동기부여가 충분히 이뤄졌을 때 비로소 가능한 것이다(홍성훈, 2000).

도덕적 행동의 표출을 설명하는 제4요소는 도덕적 품성(moral character)[8]인데, 이 요소에는 자아 강도(ego-strength)와 인내심, 용기 등의 하위 특성들이 포함된다. 아무리 도덕 감수성이 뛰어나고 수준 높은 도덕적 판단을 잘 하며 도덕적 가치를 다른 가치보다 더 우선시할 수 있더라도, 실제로 행동에 옮기는 단계에서 의지가 약하든가, 외부 압력에 쉽게 굴복하거나 용기를 잃고 좌절한다면 도덕적 행동은 불가능해질 것이다.

사고가 결여된 행동은 맹목적이고 위험하지만 행동으로 열매를 맺지 못하는 사고는 무의미하고 공허하다. 따라서 사고와 행동의 조화, 즉 사고를 바탕으로 한 도덕적 행동이 바람직한 것이다. 도덕성 연구와 교육의 궁극적 목표가 도덕적 사고가 아니라 도덕적 행동의 실행에 있어야 한다는 점을 감안할 때, 도덕적 사고를 바탕으로 한 도덕적 행동의 표출을 최종 목표로 설정한 Rest의 모형은 도덕적 사고와 지식교육에 치우친 현행 도덕교육의 목표와 내용, 방법을 재설정하는 데 기여하리라 기대된다.

8) 이 요소는 다른 세 요소와는 달리 가치중립적인 심리학적 개념이어서, 가치판단의 대상이 되지 않는다는 점은 세 요소와 다른 부분이다. 자아 강도나 인내심, 용기 등은 도덕적으로든 비도덕적으로든 사용될 수 있기 때문이다.

Chapter 5

지능

배울 내용

1. 지능의 정의
2. 지능의 구조
3. 지능검사
4. 최근의 지능이론
5. 지능의 발달

학습 목표

1. 지능의 개념, 지능의 측정과 IQ에 대하여 정확하게 이해한다.
2. 지능의 구조와 최근 지능이론을 이해한다.
3. 지능의 발달에 대하여 이해한다.
4. 학습자의 지적 특성과 학업성취도의 관계에 대하여 이해한다.

개요

교육과 가장 밀접한 관계를 맺고 있는 학습자의 특성은 지능이다. 지능이란 무엇을 의미하며, 지능은 어떻게 측정할 수 있는가에 대한 논의를 알아보고, 지능이 어떤 요소로 구성되어 있는가에 대한 다양한 이론들을 알아보고 전통적인 지능이론과 최근에 주장하는 지능이론을 알아보고자 한다. 지능이 어떻게 발생하여 어떻게 양적·질적으로 발달하며, 지능이 유전과 환경의 상호작용을 어떻게 받고 어떤 비율로 영향을 받고 발달하느냐에 대하여 논의한다. 또한 지능이 학교학습과 어떤 관계가 있으며, 어느 정도의 상관관계를 나타내고 있는지에 대하여 알아본다.

1. 지능의 정의

지능(intelligence)은 학자에 따라 다르게 정의되고 있을 뿐 아니라 그 개념에 대한 인식 수준은 훨씬 모호하고 불분명하다. 그럼에도 불구하고, 지능의 존재를 부인하는 사람은 아무도 없다.

흔히 지능검사는 지능을 측정하고, 지능은 학교생활에서의 중요한 성공 변인이고 거의 유전적이기 때문에 잘 변하지 않는 특징, 즉 안정성을 가지고 있으며 사회계층 간의 차이가 존재한다고 인식되고 있다. 그러나 분명 지능검사는 어떤 측면에서도 절대적인 척도라 할 수 없다. 최근의 연구결과는 지능이 단기간에도 잘 변하며, 장기적으로는 적절하고 풍요로운 환경을 투입함으로써 발달시킬 수 있다는 증거가 속출하고 있다.

이 같은 사실은 상대적 크기를 나타내는 지능이 고정적이라거나, 변할 수 없다거나, 유전인자에 의해 결정되어 있다는 뜻으로 해석되어서는 안 된다는 것을 의미한다. 따라서 지능이라는 의미는 개인을 이해하고 그들의 잠재 가능성을 최대로 신장시킨다거나 개인이 가진 지적 결함을 보상하기 위해 이용되어야 할 것이다.

지능은 타고난 능력과 환경적 경험 모두에 의해 영향을 받는다. 지능으로 인해서 인간은 지식을 획득 · 기억 · 사용할 수 있게 되고 개념을 이해하며 사물 · 생각 · 사건들 사이의 관계를 이해하고, 지식과 이해력을 일상생활 문제에 적용할 수 있다. 지능에 대해서 대부분의 연구자들은 세 가지 접근법 중 하나를 취해 왔다.

첫째, 정신측정적 접근법이다. 이 접근법은 지능을 양적으로 측정해서 인간이 얼마만큼의 지능을 가지고 있는가를 측정하려고 한다. 지능검사를 통해 지능을 측정하는데, 점수가 높을수록 지적이라고 본다.

둘째, Piaget 접근법이다. 이 접근법은 지적 기능의 질적인 면 또는 인간이 무엇을 할 수 있는가를 보고자 한다. 인간 지능의 본질은 단계적으로 발달한다고 본다.

셋째, 정보처리과정적 접근법이다. 이 접근법은 지적 행동의 기초가 되는 과정이나 인간이 지능을 사용하는 방법을 분석한다.

이 세 가지 접근법 모두 우리가 지능을 이해하는 데 도움을 준다. 즉, 한 가지 접근법만으로 지능을 완전히 이해할 수 없고 세 가지 접근법들을 결합해야 무엇이 지적인 행동이며 효과적인 행동인가를 연구할 수 있게 해준다.

그렇다면 지능이란 과연 무엇인가? 앞서 지능에 대한 정의가 학자에 따라 다르게 정의되고 있다고 언급한 바 있다. 이는 지능에 관한 이론적 입장이 다르고 그 측정방식도 다르기 때문이다. 그동안 자주 인용되어 온 지능의 정의를 네 가지로 분류하면 다음과 같다.

첫째, 지능이란 새로운 삶에 적응하는 능력이다(Stern, Pinter, Colvin 등).

둘째, 지능이란 경험에 의한 학습능력이다(Freeman, Woodrow, Dearbone 등).

셋째, 지능이란 추상적 사고를 할 뿐 아니라 그것을 구체적 사실과 관련시키는 능력이다(Terman, Thurstone, Spearman 등).

넷째, 지능이란 목적을 향해 행동하고 합리적으로 사고하며 환경을 효과 있게 다루는 개인의 종합 능력이다(Wechsler 등).

이를 좀 더 크게 묶는다면 지능이란 학습능력과 적응능력으로 단순화시킬 수 있다.

2. 지능의 구조

지능의 구조에 관심을 갖는 심리학자들은 자신들의 연구 수행을 위해서 필수적 도구로서 요인분석에 의존한다. 요인분석은 지능을 구성하고 있는 요인들이 무엇인가, 즉 지능의 구조가 무엇인가를 알고자 하는 데에 초점이 있다. 그런데 요인분석을 어떻게 하느냐에 따라 지능의 구조를 이루는 요인들의 수가 연구자들마다 다양하게 나타나는데, 이 중 대표적인 요인이론이 Spearman의 2요인설, Thurstone의 기초정신능력, Guilford의 지능의 구조 모형, Cattell과 Vernon, Carroll 등의 위계이론 등이 있다.

1) Spearman의 2요인설

Charles Spearman은 최초로 요인분석을 고안한 사람으로 알려져 있다. 요인분석을 통해서 Spearman(1927)은 지능이 모든 정신능력검사들에서의 수행에 보편적으로 적용하고 있는 단일의 일반요인(g)과 각 유형의 정신능력검사에서만 수행에 관련 있는 일단의 특수요인들(s), 이 두 가지 측면에서 이해될 수 있다고 주장하였다. Spearman의 관점에서 특수요인들은 협소한 적용 가능성으로 인해 주 관심 대상이 아니었다. 오히려 g로 명명된 일반요인이 지능을 이해하는 핵심적 개념이다. Spearman은 g가 정신에너지에서 기인되는 것으로 믿었다

일반요인은 여러 수준의 모든 지적 활동에 포함되는데 비해 특수요인들은 과제의 수준과 종류에 따라 관련되어 있을 수도 있고 관련이 없을 수도 있다. 따라서 머리가 좋다는 것은 g요인을 많이 가지고 있다는 것을 의미한다. 물론 g요인이 높으면서도 특정 과제의 수행능력은 떨어지는 경우가 있을 수도 있다. g요인은 모든 정신적 과정 속에 스며 있는 정신능력의 형식이기 때문에 전체적으로 일반지능이 낮은 사람이 특정 영역에서 높은 지능을 보일 수 없을 것이다.

2) Thurstone의 기초정신능력

Spearman과 대조적으로 Thurstone은 지능의 핵심은 단일요인이 있는 것이 아니라, 기초정신능력(PMA : Primary Mental Ability)들로서 7개의 요인들을 강조하는 7요인설을 주장하였다. Thurstone(1938)이 주장하는 7개의 기초정신능력들은 다음과 같다.

① 언어이해력: 어휘의 수, 읽기 그리고 문장과 격언과 같은 단어로 표현된 생각을 이해하는 능력
② 언어 유창성: 시를 짓거나 낱말 수수께끼를 풀 때 나타나는 낱말을 빨리 생각해 낼 수 있는 능력
③ 수리력: 수학적으로 사고하고 조작하는 능력
④ 공간지각능력: 같은 도안을 새로운 배경에 놓았을 때 알아볼 수 있는 능력에서 나타나는 공간관계를 구상화할 수 있는 능력
⑤ 추리력: 논리적으로 사고할 수 있는 능력
⑥ 지각속도: 도안과 그림 사이의 공통점과 차이점을 빨리 발견하는 능력
⑦ 기억력: 짝진 낱말 표를 빨리 암기할 수 있는 능력

Thurstone의 7개 요인은 어느 정도의 내적 상관관계가 있으면서도 어느 정도는 상호 독립적인 기초정신능력으로 존재한다고 보았다. Thurstone 등(1941)은 7개의 검사 중에서 어느 하나에서 평균 이상의 점수를 얻게 됨을 발견하였다. 따라서 Thurstone은 지능은 7개의 제1차적 능력에다 모든 능력에 공통적인 일종의 일반요인으로 구성되어 있다고 결론을 지었다.

3) Guilford의 지능의 구조 모형

Spearman의 단일의 g요인 모델과는 극단적인 입장에 있는 것이 Guilford(1982, 1988)의 3차원을 가정한 지능의 구조 모형이다. 이러한 지능의 구조 모형을 우리는 지능의 구조이론(structure of intelligence)이라고 부르기도 한다. Guilford는 Thurstone의 기초정신능력의 개념을 더욱 확장·발전시켜 지능을 더욱 복잡하게 설명하고 있는데 그에 의하여 제안된 지능요인의 모형은 정신능력을 3개의 차원으로 구분하고 있다.

Guilford의 지능의 구조 모형은 인지능력에 크게 비중을 두고 있는 것이 특징이다. 지능이란 정신능력이 아니라 인지활동으로 인간의 지능을 이해하려는 첫

시도가 된다. 3차원의 분류이론인 Guilford의 지능의 구조 모형은 내용 5개×조작 6개×산출 6개=180개 요인이라는 것을 가정하고 있다. 그는 처음에는 지능이 120개로 구성되었다고 주장하였는데, 이후로 150개, 다시 180개의 지능요인들로 수정하였다.

여기서 내용은 지능에 내포된 인지활동의 요인들을 의미하고, 조작은 이러한 요인들을 검증하는 데 요구되는 정신적 활동을 의미하며, 산출은 조작에서 나타나는 것을 뜻한다. 그가 주장한 지능의 구조 모형은 다음과 같다.

(1) 내용

정보와 관련된 정신활동으로 개인이 무엇에 의하여 사고하는가와 관련이 있다.

① 시각적(시각기관에 의하여 수용된 내용)

② 청각적(청각기관에 수용된 내용)

③ 상징적(글자나 부호체계, 예컨대, 알파벳이나 수 체계)

④ 어의적(생각이나 어의의 형태)

⑤ 행위적(사회적 지능이나 자신 및 타인에 관한 이해)

(2) 조작

특정 내용을 처리하는 것과 관련된 정신활동으로 개인이 어떻게 사고하는가와 관련이 있다.

① 인식(지식)

② 기억 파지

③ 기억 저장

④ 확산적 사고(창조적 사고와 생산)

⑤ 수렴적 사고(관계와 유추형성)

⑥ 평가(평가와 결정을 내리는 일)

(3) 산출

조작을 내용에 적용하는 것과 관련된 정신활동이 포함된다.

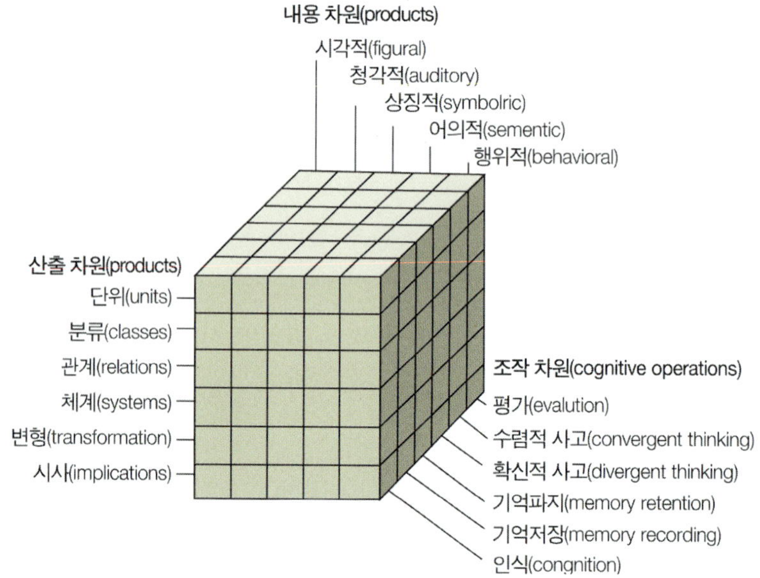

그림 5-1 Guilford의 지능의 구조

① 단위(시각, 청각, 상징적, 어의적 자료의 이해)

② 분류(단위들을 분류하는 일)

③ 관계(항목 간의 연계를 인식하는 일)

④ 체제(서로 관련된 일체의 지식)

⑤ 변형(기존의 자료를 변형시키는 일)

⑥ 시사(서로 관련이 없었던 항목을 연관짓는 일)

그림 5-1 에서처럼 모든 정신활동은 어떤 종류의 내용을 조작함으로써 그 결과로 나온 산물을 포함한다. Guilford가 주장하는 지능의 정의는 '다양한 방법으로 상이한 종류의 정보를 처리하는 능력이나 기능의 체계적인 집합체'라는 것이다.

4) Cattell, Vernon, Carroll의 위계적 모델

지능의 요인들을 더 효율적으로 다루는 방식은 지능의 위계적 모델을 통한 것으로 Cattell(1971)에 의해서 개발되었다. 이러한 모델은 일반지능이 두 개의 주요 하위요인들을 구성하고 있는데 각 하위요인들은 유동성 지능(추상적 추리 속도와 정확성으로 특히 새로운 문제들에서 요구되는 능력)과 결정성 지능(축적된 지식과 어휘력)을 제안하였다. 이 두 주요 하위요인은 더 많은 여러 특수요인을 포함하고 있다.

유동성 지능은 선천적 지능으로 유전적으로 보고 교육적, 경험적 및 기타 환경적 요인들과는 무관하다고 본다. 결정성 지능은 후천적 지능으로 경험, 교육, 문화배경 등의 환경적 영향을 반영하는 지능이다.

유사한 견해가 Vernon(1971)에 의해서 제안되었는데, 그는 상위에 일반지능이 있고 다음 위계에 실제적 · 기계적 능력들과 언어적 · 교육적 능력들로 구성된다고 주장한다. 그 하위에는 소군요인, 그 밑에는 수많은 특수요인으로 구성되었다는 것이다.

최근에는 Carroll(1993)이 1927년에서 1987년까지 행해진 460개 이상의 연구자료들을 재분석하여 얻어진 요인분석 결과를 근거로, 지능의 위계적 모델을 제안하였다. 그의 분석은 다양한 직업계층과 여러 나라 사람들 130,000명 이상을 대상으로 하였다. 이러한 광범위한 연구를 바탕으로 Carroll은 세 개의 계층이 위계적으로 형성된 이론을 제안하였다. 계층 Ⅰ은 많은 협소한 특수능력들이 포함되어 있으며(문자 확인 능력, 추리속도), 계층 Ⅱ는 보다 광범위한 다양한 능력을 포함하고 있고(유동성 지능, 결정성 지능), 계층 Ⅲ은 Spearman의 g요인과 매우 흡사한 단일의 일반지능만으로 구성되어 있다. 이러한 계층들 중 가장 관심을 끄는 것은 중간계층으로서 이것은 너무 협소하거나 모든 것을 포괄하는 층이 아니기 때문이다.

Carroll은 중간계층에 유동성 지능과 결정성 지능 외에 학습 및 기억과정, 시각적 지각, 청각적 지각, 언어의 유창성과 유사한 아이디어들의 용이한 산출 그리고 속도(단순한 반응의 속도와 정확한 반응의 속도) 요인이 포함되고 있다고 생각한다.

Carroll이 자신의 이론에서 언급하고 있는 많은 능력이 다른 이론들에서 언급되었다는 점에서 새로운 토대를 마련한 것은 아닐지라도, 대규모의 수많은 요인 분석 연구를 완벽하게 통합하여 자신의 이론을 정교하게 다듬어 이론적 권위를 부여한 것은 가치 있는 일이다.

3. 지능검사

Binet는 최초로 지능검사를 제작하였다. Binet는 프랑스 교육부로부터 공부를 잘할 수 있는 가능성이 있는 학생과 그렇지 않는 학생을 구분할 수 있는 검사를 만들어 달라는 요청을 받고, 동료 Simmon과 함께 일반학교에서 교육받기 적합하지 않는 학생들을 선발하기 위한 목적으로 1905년에 지능검사를 개발하였다. 이 Binet와 Simmon 검사는 언어적 추리와 정보의 조작을 요구하는 문항들로 구성되어 있고, 학교의 학업 수행을 비교적 잘 예측하였다.

Binet는 지능의 상대적 비교를 가능하게 하기 위하여 정신연령이라는 개념을 도입하였다. 여기서 정신연령이란 그 연령대에 있는 대부분의 아동들이 풀 수 있는 과제를 어느 연령대 문제까지 해결할 수 있는지에 의해서 가늠된다. 예를 들어, 6세 아동이 8세 연령대의 문제를 거의 풀었다면 그의 정신연령은 8세로 간주된다. 반대로 9세 아동이 6세 아동의 문제를 풀지 못했다면 그의 정신연령은 6세로 간주되며 이 아이의 지능은 정상 이하로 판단되는 것이다.

Binet와 Simmon 검사는 스탠포드 대학의 Terman에 의해 미국에 도입되어 미국식 문항으로 내용을 바꾸어 개정되었다. 이 검사는 1916년 스탠포드-비네 지능검사라는 이름으로 처음 출판되었고 여기에서부터 지능지수라는 개념이 처음으로 도입되었다. 우리나라에는 1960년 번안되어 고대-비네 지능검사라는 이름으로 출판되었다. 스탠포드-비네 지능검사의 가장 큰 특징이 지능지수, 즉 IQ의 개념을 도입한 것인데 IQ는 다음과 같은 방식으로 계산되었다.

$$IQ = 정신연령 / 생활연령 \times 100$$

여기서 생활연령은 실제 나이를 말한다. 예를 들어, 10세 아동이 9세의 정신연령이라면 그의 지능지수는 9/10 × 100 = 90이다. 반면에 10세 아동의 정신연령이 14세라면 그의 지능지수는 14/10 × 100 = 140이다. 100을 곱한 이유는 소수점을 없애기 위해서이며, 정의상, IQ 100은 평균 수준의 지능을 의미한다. 이 지능지수는 서로 다른 생활연령과 서로 다른 정신연령 아동들의 지능을 상호 비교할 수 있게 해주었다. 이러한 지능지수를 비율지능지수라고 한다.

그러나 최근에는 이러한 계산법은 사용되지 않는다. 왜냐하면 이 계산법은 아동의 생활연령이 증가함에 따라 정신연령도 비례하여 증가한다는 가정하에 이루어진 것인데, 인간의 지능은 청소년기까지는 계속 증가하나 그 이후로는 거의 현상을 유지한다고 보기 때문이다. 따라서 1960년 이후의 스탠포드-비네 검사는 평균 IQ가 100, 표준편차 16인 정상분포곡선에 바탕을 두고 그 나이의 평균에 대한 편차로 IQ를 계산하는 편차 IQ를 사용하고 있다. 편차지능지수는 비율지능지수 점수의 문제점을 보완해서 나타난 개념이다. 오늘날 IQ는 거의 대부분 다음과 같은 편차 IQ(deviation IQ) 방법의 계산 공식에 의해서 산출된다.

$$IQ = 100 + 16Z$$

Z = X - M / SD(Z는 표준점수, X는 자신의 원 점수, M : 평균, SD : 표준편차)

어떤 사람의 편차 IQ점수는 그 사람이 동년배 집단의 다른 사람들에 비교하여 평균보다 얼마나 위에 혹은 얼마나 아래에 있는지를 말해주는 것이다. 편차 IQ는 모든 연령의 점수를 비교할 수 있도록 표준화한 것이다. 즉, 편차 IQ는 전국의 대표가 되는 연령집단에게 지능검사를 실시하여, 거기에서 얻은 분포를 기초로 각 연령집단의 평균이 100, 표준편차를 16으로 하는 표준점수(standard score)로 환산된 값이다.

또 하나 널리 사용되고 있는 지능검사가 Wechsler의 지능검사다. Wechsler는 미국 뉴욕주의 벨레부 병원에서 성인 환자들의 심리적 특성을 측정했던 심리학자였는데, 스탠포드-비네 지능검사가 원래 아동용으로 만들어졌기 때문에 성인의 지능을 측정하는 데 적합하지 않다는 것을 알게 되어 1939년 성인용 지능검사를 개발하여 자신의 이름을 붙인 웩슬러 성인용 지능검사(WAIS)를 제작하였다. 그 후 웩슬러 아동용 지능검사(WISC)도 제작하였다. 현재 사용하고 있는 것은 개정본이다. 우리나라에서는 한국형 웩슬러 지능검사(K-WAIS, K-WISC)로 번안하여 사용하고 있다.

Wechsler의 지능검사는 두 가지 면에서 특징이 있다. 첫째는 지능지수를 계산하는 데 점수분포를 이용한 편차 IQ를 적용한 점이다. 여기에서는 정신연령을 사용하지 않고, 그 대신에 검사점수의 분포에서 표준편차를 구하여 지능지수를 결정한다.

두 번째 특징은 비언어적 능력을 포함시켰다는 점이다. 전통적인 지능검사는 언어검사로만 구성되어 있는 데 비해, 웩슬러 검사는 동작검사를 포함하고 있다. 즉, 웩슬러 지능검사는 언어검사와 동작검사의 두 부분으로 나누어져 있다. 웩슬러의 지능검사는 언어성 6개, 동작성 5개의 소검사로 구성되어 있다. 언어점수와 동작점수를 합하여 종합점수로 지능지수를 결정하며 그 차이의 점수도 의미가 있다.

이상의 지능검사들은 개인용 지능검사로 개발된 것들이다. 집단용 지능검사는 1차 세계대전 직전부터 개발되어 처음에는 병사들을 선별하는 데 사용하였다. 그 이후 학교에서도 사용하기 시작했고, 집단검사의 표준화 및 타당화에 관한 연구들이 이루어지면서 집단검사들이 질적으로 발전되어 개발되었다. 지금까지 사용되고 있는 대표적인 집단용 지능검사로는 해몬-넬슨의 집단용 지능검사가 있으며 한국의 집단용 지능검사로는 정범모가 1960년에 제작한 일반지능검사가 대표적이다. 집단용 지능검사는 개인검사와 달리 모두 객관식 문항으로 이루어져 있고 검사 실시시간이 엄격히 통제된다.

비교적 최근에 표준화된 지능검사로는 한국행동과학연구소가 1984년에 전국 고등학교 학생을 대상으로 제작한 KIT-S 지능검사다. 처음 발표된 이후 여러 번 개정된 이 검사는 언어능력, 수리력, 추리력, 공간지각력 등 4개 하위요인으로 구성되어 있으며, 전국, 도시, 농촌의 3개 집단에 대한 규준점수를 마련해 놓고 있다.

지능검사는 교육을 비롯하여 산업, 경제, 군사, 행정 등 다방면에 걸쳐 널리 활용되고 있다. 여기서, 주로 교육문제와 관련하여 살펴보면, 지능은 학습능력이라고 정의할 정도로 학업성적과 상관이 높다. 그러나 지능이 높아도 학습자의 정의적 특성과 학습환경이 좋지 않으면 지능 정도에 상응하는 학업성적은 기대할 수 없다. 따라서 교사는 학생의 지능뿐만 아니라 환경, 정의적 특성 등을 과학적으로 파악하여 학습자의 학업성취를 최대한으로 발휘할 수 있도록 학습지도를 해야 한다.

지능검사는 그 자체에 목적이 있는 것이 아니라 교육적으로 활용하는 데 의의가 있다고 할 수 있다. 이런 의미에서 지능검사는 교육목적을 달성하기 위하여 활용되어야 한다. 예를 들어, 지능과 학업과의 비교분석 자료, 교육과정 구성의 보조자료, 장학자료, 직업지도 자료, 질문행동의 판단자료, 상담자료, 진학자료, 학습지도 자료 등으로 활용되어야 한다.

4. 최근의 지능이론

1) Sternberg의 삼두이론

지능에 대한 정보처리 접근은 사람들이 세상에 관해 학습하고, 알고 있는 것을 정신적으로 어떻게 조작하는가를 연구하는 데 관심을 두고 있다. Sternberg는 문제해결과 관련된 과정들처럼 비교적 복잡한 인지과제들을 효율적이고 지적으로 처리하는 것을 지능의 중요한 요인들로 보고 있다.

Sternberg(1985, 1990)가 주장한 지능의 삼두이론(triarchictheory)은 지능을 이해하는 정보처리 접근의 한 예이다. 이름에서 추측할 수 있듯이 이 이론은 세 부분으로 나누어진다. tri는 3을 의미하고, archic은 '통제하다' 또는 '조정한다'를 의미하는 것으로 삼두이론은 (1) 개인의 내적 세계, (2) 경험, (3) 외적 세계와의 관계 등 세 측면을 종합적으로 고려하여 지능에 관한 종합적 이론으로 제시된 것이다(Sternberg, 1985, 1988, 1990, 1996, 1997, 2000). 이 세 측면을 고려하여 형성된 삼두이론은 세 개의 하위이론, 즉 요소이론과 경험이론 및 맥락이론으로 나누어진다.

(1) 요소이론

요소이론은 지적 행동과 관련된 개인의 정신과정을 나타내는데, 어떠한 유형의 지적 행위도 일단의 정신적인 정보처리 행위들이나 요소들(components)로 분해될 수 있다는 것이다(Sternberg, 1982, 1985). 요소이론은 정보처리로서 지능을 이해하고자 한 삼두이론에서 가장 중요하다. 요소이론은 모든 지적 행동을 가능하게 하는 정보처리과정 혹은 정신적 기제를 설명하기 위한 것으로 메타요소와 실행요소, 지식 습득요소라는 세 가지 영역의 기본적인 정보처리 요소들로 구성되어 있다(나동진, 2005).

① 메타요소

메타요소는 해결해야 할 과제의 본질을 파악하고 그것을 해결하기 위하여 계획을 세우고, 해결과정을 점검하고, 평가하는 기능을 수행한다. 이 요소는 다음의 실행요소와 지식습득 요소를 실질적으로 통제한다. Sternberg가 여기서 주장하는 메타요소들은 일반적으로 인지전략과 메타인지라는 이름으로 많이 연구되고 있는 내용들과 유사하다.

② 실행요소

실행요소는 메타요소에 의하여 설계된 계획이나 전략을 실제 실행에 옮기는 요소이다. 지적 행동에 필수적인 실행 요소에는 주어진 자극 사이의 관계에 대해서 추리하는 것, 추리된 법칙을 다른 상황에 대입하는 것, 다양한 해결책들을 비교하고 최선의 해결책을 탐색하는 것, 자극에 대한 반응을 하는 것 등이 있다.

③ 지식습득 요소

지식습득 요소는 새로운 정보를 학습하는 데 사용하는 요소이다. 이 요소는 문제해결 과정에서 관련이 있는 정보와 관련이 없는 정보를 구분하여 선택적으로 주의를 집중하게 하고 이와 같이 선택적으로 약호화된 정보를 통합·조직하여 기존의 정보들과 비교하는 기능을 수행한다.

(2) 경험이론

경험이론은 지능의 두 가지 측면, 즉 새로운 종류의 과제를 해결하는 능력과 정보처리의 자동화 수준에 관한 이론이다. 복잡한 인지과제를 수행할 경우, 그 가운데 상당 부분은 자동적으로 처리되어야 한다. 예를 들어, 읽기의 경우 단어 인식, 문장구조를 인식하는 경우를 말한다. 그렇지 않으면 상위수준의 정보처리에 지장을 준다. 즉, 문장의 의미를 파악하는 데 어려움이 있을 수 있다. 이와 같이 정보처리의 자동화 수준은 지능의 중요한 결정요인으로 작용한다. 정보처리의 자동화는 반복적인 경험을 통해 이뤄지지만 이와 대조적으로 이전에 전혀 경험한 일이 없는 과제를 해결하는 능력도 지능의 중요한 결정 요인으로 작용한다.

(3) 맥락이론

맥락이론은 지능의 기본 요소들이 현재 환경에 자신을 적응시키고, 새로운 환경을 선택하고, 새로운 환경을 만들어 내기 위하여 현재 환경을 수정하는 과정을 설명하기 위한 것이다. 여기서 문화는 성공적인 선택과 적응과 수정을 결정하는 중요한 요소이다. 한 문화집단에서 가능한 것이 다른 문화집단에서는 가능하지 않을 수도 있다. 예를 들어, 어떤 사람을 농촌문화에서 성공하도록 만든 능력은 도시에서와 같은 상황에서는 소용이 없을 수도 있다. 성공적인 사람은 종종 그들의 능력이 가치 있을 상황을 찾아서 그들의 능력을 극대화하고 어떤 약점을 보상하고자 열심히 일한다. 그리하여 맥락이론의 측면에서 지능은 직업 선택이나 사회적 기술과 같은 실제적인 것과 관련된다(강태훈 외, 2013).

삼두이론은 지적 행위가 가장 잘 기능하기 위해서는 이상의 세 측면이 조화롭게 상호작용해야 하며 동시에 세 측면을 종합적으로 고려·이해해야 지능의 본질을 제대로 이해할 수 있음을 말해준다. 또한 사람들은 자기 지능을 다양한 유형들의 문제들에 적용할 수 있음을 시사한다. 표 5-1 은 Sternberg의 삼두이론의 3가지 지능들과 예를 간략하게 제시하고 있다(강태훈 외, 2013).

표 5-1 Sternberg의 지능의 삼두이론

요소지능	경험지능	맥락지능
과정정보를 추상적으로 사고하고 무엇이 필요하게 될지를 결정하는 능력이며, 요소적 지능의 요소들을 측정하도록 사용될 수 있는 유추, 어휘와 삼단논법이다.	새로운 생각들을 형성하고 관련되어 있지 않는 사건들을 조합하는 능력이며, 경험적 지능검사는 자동적으로 신기한 과제를 다루는 한 개인의 능력을 추정한다. 예를 들어, 한 특정한 맥락 안에서 t를 포함한 단어를 모두 기억하는 학습과 자동차 엔진의 문제점을 진단하는 것 등에서 그 예를 찾을 수 있다.	변화하는 환경에 적응하고 기회를 최적화하는 능력이며, 맥락지능은 구체적인 상황에서 문제해결을 준비하는 개인의 능력을 다룬다. 예를 들어, 어떤 학생들은 공부하고 있는 동안 전화 수화기를 내려놓거나 방문에 '방해하지 말 것'이라는 표지를 달아 놓는다. 왜냐하면 그들은 전화나 방문객에 의해 주의가 산만해질 것임을 알고 있기 때문이다.

2) Gardner의 다중지능이론

Gardner(1983, 1993)는 다중지능이론을 제안하였는데, 이것은 지능이 단일구인이 아니라는 것을 의미한다. 지능은 여러 개가 함께 구성하고 있는 다중의 능력들(Thurstone, 1938)이라고 말하는 대신에, Gardner(1999)는 비교적 서로 독립적인 여덟 개의 각 지능이 있음을 주장하고 있다. 각각은 독자적인 기능을 하는 시스템으로 되어 있지만 지적 수행을 일으키기 위해서는 이들 시스템은 상호작용할 수 있다고 주장한다.

어떤 면에서는 Gardner의 이론은 요인분석적 접근처럼 보일 수가 있다. 그것은 이 이론이 특정 종류의 지능을 반영하고 있는 것으로 보이는 여러 능력을 열거하고 있기 때문이다. 그러나 Gardner는 각 능력을 하나로서의 전체인 일부분으로서가 아니라 별개의 지능으로 보고 있다. 더욱이 Gardner의 이론과 요인분석적 이론 간의 결정적 차이는 여덟 개의 지능을 확인하기 위해서 Gardner가 사용한 증거의 원천들에 있다. 즉, Gardner는 다양한 원천과 여러 종류의 자료로부터 증거를 수집하는 수렴적 절차를 사용하였다. 특히 Gardner(1983)는 각각의 지능 유형의 존재를 검색하기 위한 8가지 기준을 제시한 바 있다.

Gardner는 현존하는 심리검사들을 전적으로 부정하지 않았고, 다양한 심리측정검사들에 대해 요인분석에만 의존하는 것도 아니었다. 즉, 정보처리접근, 뇌에 기반을 둔 생리학적 접근 등 종합적인 관점에서 지능을 이해하고자 하였다.

Gardner의 지능에 관한 관점은 모듈적이다. 모듈 이론가들은 Gardner의 지능 이론에서 말하는 상이한 능력들은 뇌의 독립적인 각 부분이나 모듈에서 발생하는 것으로서 분리시킬 수 있다고 생각하였다. 그래서 지능에 관한 현재의 연구와 미래의 연구에 있어 주요 과제는 지능들 각각에 관련 있는 뇌의 부위들을 찾아내는 데 있다. Gardner는 적어도 이러한 부위들 중 일부를 추정하고 있으나 이러한 각 지능들이 존재하는 부위에 대한 명확한 확증은 아직 내놓지 못하고 있다.

Gardner(1983, 1993)는 자신이 설정한 준거에 의하여 현존하는 지능검사는 분석능력이나 언어능력만을 측정하는 협소한 개념이라고 비판하면서, 7개의 지능을 제안하였다. 누구나 이 지능들 중 최소한 한 두 개는 강점으로 소유하고 있다고 주장하면서 이러한 지능이 제대로 기능할 수 있도록 학교교육의 역할이 이루어져야 함을 시사하고 있다. 최근에 그는 자연이해 지능을 첨가하여 8개의 지능을 다중지능으로 주장하고 있다. 또한 준거에 아직 부합하지 않는다고 생각하는 실존지능을 후보지능으로 올려놓고 있다(Gardner, 1999).

(1) 언어적 지능

언어 및 단어의 습득을 좋아하는 것, 언어의 여러 기능에 대해서 감수성이 예민한 것이다. 시인, 연설가, 언론인, 소설가 및 랩 가수들에게서 발견된다.

(2) 음악적 지능

작곡과 연주에 필요한 고차 수준의 재능이다. 절대 음과 톤에 대해서 민감하고 리듬, 장단, 음색을 만들고 감상하며, 음악적 표현을 이해하는 능력이다. 작곡가들과 가수, 음악가들에게서 나타난다.

(3) 논리-수학적 지능

수학 문제들을 해결하고 논리적 사고를 하며, 길게 이어지는 논증을 처리하는 능력이다. 과학자, 수학자들에게서 나타난다.

(4) 공간적 지능

시각적·공간적 세계를 정확하게 지각하고, 초기의 지각을 변형하는 능력, 예술과 항해에서 매우 유용하게 사용할 수 있는 능력이다. 항해사와 조각가에서 나타난다.

(5) 신체-운동적 지능

자신의 신체운동을 조정하고 사물을 기술적으로 처리하는 능력으로 무용가와 운동선수에서 발견된다.

(6) 인간관계 지능

다른 사람의 기분, 기질, 욕구 등을 분별하고 적절하게 반응하는 능력으로 심리치료가나 외판원에게서 발견된다.

(7) 자기이해지능

자신의 정서를 이해하고 감정들 사이의 차이를 구분하고 그에 따라 행동을 조절하고 자신의 행동을 이끌기 위해서 그 정서들을 적절히 활용할 줄 아는 능력으로 섬세하고 정확한 자기 자신에 대한 지식을 가진 사람들에게서 발견된다.

(8) 자연이해지능

사물들을 조직화하거나 기능하는 방식으로 또는 이 두 가지 모두를 사용하여 패턴들을 재인식하는 능력으로, 식물계와 동물계를 재인하는 능력이다. 생물학자나 물리학자 등 자연과학자들에서 발견된다.

Sternberg의 삼두이론과 Gardner의 다중지능이론은 상호보완적인 관계를 가지고 있다. 즉, Gardner가 주장하는 특정 영역의 지능도 메타요소, 실행요소, 지식습득 요소의 세 성분으로 구성되어 있다고 할 수 있다. 따라서 각 영역의 지능을 증진시키기 위해서는 이 세 가지 성분을 중심으로 교육 프로그램이 개발되어야 한다는 것을 시사하고 있다(나동진, 2005).

Sternberg와 Gardner는 지능의 측정은 언어와 수학검사들에서의 점수들 외의 다른 요인들을 바탕으로 평가해야 한다고 주장하고 있다. 이 점수들에만 의존하는 것은 음악적 또는 체육적 능력과 같은 개인의 나른 강점들을 간과할 수 있기 때문이다. 이는 기존의 협소한 지능 개념에서 벗어나 광범위하게 볼 것을 제안하고 있는 것이다.

3) 정서지능이론

(1) 정서지능의 중요성

최근의 지능이론으로 정서지능(EQ)이라는 새로운 지능이론이 대두되었는데 이 이론이 주목을 받게 된 계기는 Mischel 박사의 만족지연능력 실험이었다.

이 실험을 통해서 정서지능이 학교에서 뿐만 아니라 사회에서의 성공을 결정하는 중요한 요인이 될 수 있다는 것을 밝혔다(Mischel, 1986).

Mischel 박사가 실시한 실험은 4세 된 아이들을 대상으로 한 마시멜로 실험이다. 공복 상태의 아이들에게 말랑말랑하고 달콤한 마시멜로를 한 봉지씩 나눠주고 그걸 지금 당장 먹을 수도 있고, 30분 뒤에 먹을 수도 있는데 만약 30분 동안 참고 기다렸다가 먹으면 상으로 한 봉지씩을 더 준다고 약속을 하고 실험실을 나가서 밖에서 아이들이 어떤 반응을 하는지를 관찰하였다. 그 후 만족지연집단과 비만족지연집단으로 나누어 종단연구를 했다.

Mischel 박사는 10년 후, 30분을 기다렸다가 한 봉지를 더 받은 집단과 기다리지 못하고 먹어버린 집단을 비교해 보았다. 두 집단은 너무나 다르게 나타났다. 즉, 만족지연집단의 아이들은 자신과의 세계에 대하여 긍정적인 가치관을 가지고 있었으며 부모와 친구, 이웃들과도 잘 어울려 지냈다. 그들의 눈과 귀는 늘 열려 있었고, 자신을 향상시킬 수 있는 것들을 잘 분별했으며, 사람들과 조화를 이루며 살 줄도 알았다. 그들에 대한 평판도 좋은 편이었다. 고등학교 성적도 좋고 학교에서 인기가 있었으며, 여러 면에서 학교에서 우등생인 것으로 나타났다. 결정적인 차이는 대학수학능력시험(SAT)에서 평균점수가 210점이나 차이가 난 것이다.

반면 만족지연을 하지 못한 아이들은 작은 일에도 쉽게 좌절하고 고집을 잘 부리며 친구가 없는 외톨이가 되는 경우가 많았다. 외부로부터 스트레스도 많이 받았으며 겁도 많았고 새로운 자신의 모습이나 더 나은 삶을 위해서 도전하려는 의지도 미약하였다.

이 실험은 정서지능의 한 요인인 자기 동기화의 하위요인인 만족지연능력 요인을 측정하여 비교한 실험결과이다. 이 실험결과를 통해서 정서지능이 학업성취는 물론 대인관계, 사회 적응, 사회에서의 성공에 영향을 미치는 중요한 요인임을 증명하고 있는 것이다. 후속 연구에서도 정서지능은 학업뿐만 아니라 사회적 성공을 설명하는 중요한 개념으로 인정을 받고 있다.

(2) 정서지능의 정의

Mayer와 Salovey(1990)는 기존 지능보다 중요한 개념으로 정서지능(emotional intelligence)을 제안했다. 그들은 지금까지 산만하게 흩어져 있던 정서지능 관련 연구를 종합하여 체계적인 모형을 제시했다. 정서지능에 대한 정의는 학자에 따라서 다르게 정의되고 있으나, Mayer와 Salovey(1997)는 정서지능이란 정서를 정확히 지각하고 평가하며 표현하는 능력, 사고를 촉진할 수 있도록 정서를 생성할 수 있는 능력, 정서와 정서 관련 지식을 이해할 수 있는 능력, 그리고 정서적·지적 성장을 촉진시키기 위하여 정서를 적절히 조절할 수 있는 능력이라고 정의하고 있다.

Goleman(1995)은 정서지능이란 자기 자신의 감정 상태를 정확히 인식할 줄 알고 그 감정을 타인에게도 적절하게 전달할 뿐만 아니라 충동을 자제하고 분노를 삭일 줄 알며 사물을 가급적 낙관적으로 파악할 줄 아는 능력이라고 했다. 또한 Goleman은 정서지능을 적절히 발휘한다면 원만한 대인관계를 통해 사회에서 성공할 수 있다고 주장하였다.

종전의 지능이론에서는 이런 인간적인 측면을 제외하고 순수하게 언어적·논리적 능력인 지능만을 다루었으나 최근의 지능이론에서는 이와 같이 감정, 입장, 기분, 동기, 가치관, 선호 등을 이해하고 의사소통능력을 강조하고 있다.

(3) 정서지능의 구성요인

Goleman(1995)은 정서지능을 다음과 같은 5가지 요인으로 구성되는 것으로 주장하고 있는데, 이를 살펴보면 다음과 같다.

① 정서인식

자신의 내적 상태에 지속적인 주의를 기울이고 스스로의 감정 상태를 깨닫는 능력으로 정서지능의 핵심이다. 자신의 감정을 관찰하는 능력은 자신에 대한 심리적 통찰과 이해에 필수적이다. 이런 능력이 풍부한 사람은 자신의 인생을 보다 적절하게 이끌어 가며 개인적 결정의 순간에 어떤 감정을 가져야 하는지에 대한 정확한 감각을 가지고 있다.

② **정서조절**

주로 충동성이나 공격성 등의 자기 감정을 통제하고 제어할 수 있는 능력으로 이런 능력이 풍부한 사람은 자신의 분노, 흥분, 우울, 불안을 쉽게 떨쳐버리고 좌절과 혼돈에서 빨리 벗어날 수 있지만 부족한 사람은 늘 괴로운 느낌에 시달린다. 정서조절의 목적은 정서적 억압이 아니라 정서적 균형이다.

③ **자기동기화**

난관에 봉착했을 때 어려움을 무릅쓰고 문제를 해결하기 위해 계속 노력하는 정서적 능력을 말하며 이런 능력은 주의집중, 동기부여, 자기 정복, 창조에 필수적이다. 이런 능력이 많은 사람은 혼란스러운 상황에서도 보다 생산적이고 효율적으로 일을 한다. 자기 동기화의 하위 요인은 집중력, 만족지연능력 그리고 낙관성이 있다.

④ **감정이입**(공감)

타인의 생각이나 느낌을 대리적으로 느끼고 타인의 입장을 자신의 입장으로 받아들이고 이해할 수 있는 능력이다. 공감적인 사람은 돌보는 직업, 가르치는 일, 판매, 관리와 같은 일에 능력을 발휘한다.

⑤ **대인관계기술**

자신의 감정을 인식하고 스스로 조절하거나 타인의 감정을 아는 데만 그치는 것이 아니라, 타인의 감정에 대응하기 위하여 내가 할 일이 무엇인지를 알고 실천하는 능력이다. 이 능력은 우선 타인의 감정을 느끼고, 그에 대한 나의 감정을 인식한 후 내가 어떤 행동을 하는 것이 최선인지를 이해하고 나서, 실제 행동으로 옮기는 과정을 통해 이루어진다.

5. 지능의 발달

교육심리학자와 발달심리학자들은 지능검사의 등장을 계기로 하여 지능이 어떻게 싹이 트며 어떤 경로로 발달해 가느냐에 대해서 많은 관심을 두고 있다. 그들은 지능이 유전과 환경의 복잡한 상호작용으로 발달한다고 보고, 두 측면에서 지능의 발달을 연구해 왔다. 지능의 발달에 유전적 요인이 없었다면 환경의 어느 요인도 지능을 발달시키지 못했을 것이고 적절한 환경이 없었다면 유전 요인은 무력했을 것이다. 또한 그들은 지능이 어떤 조건하에서 높고 낮으며 지능이 연령의 증가에 따른 성장에 따라서 어떻게 양적 · 질적으로 변화하느냐에 대해서 연구를 해 오고 있다.

1) 지능발달에 영향을 주는 요인

지능의 발달에 영향을 주는 요인이 유전과 환경이라는 것은 이미 여러 학자에 의하여 밝혀졌는데, 이들은 상호작용을 통해서 지능발달에 결정적인 영향을 미친다. 지능의 발달이 유전이냐 환경이냐의 문제는 의미가 없고 지능의 발달에 유전이 영향을 더 미치는지 환경이 영향을 더 미치는지에 대한 논의가 더 의미가 있다고 본다. 따라서 지능의 결정요인으로서 연구되어야 할 것은 유전과 환경의 가중치인 것이다. 지능의 발달에 영향을 미치는 요인에 대한 연구에는 가계연구, 쌍생아 연구, 형제간의 상관연구 등이 이용되고 있다. 그 중 일란성 쌍생아 연구는 유전적 형질이 거의 동일하기 때문에 쌍생아의 지능의 차이를 통해서 유전과 환경의 차이를 어느 정도 추론할 수 있다.

유전이 지능에 미치는 영향에 대한 연구는 가계연구와 가족 간의 지능의 상관연구를 통해서 이루어졌다. Pearson이나 Goddard 등도 Galton의 가계연구법에서 지능은 환경의 요인보다 오히려 유전에 의한다고 주장한다. 즉, 정신박약자, 우수한 지적 능력의 소유자, 기타 정신적인 능력이 가계도에 따라 밀접히 나타난다는 것을 입증하였고, 특히 Goddard는 327명의 정신박약아의 가계연구에서 약 54%가 이들 가계에서 유전된다는 사실을 밝힌 바 있다. 한편 이 유전성에 대해서는 쌍생아 연구법에서도 입증할 수 있다. 쌍생아에는 일란성 쌍생아와 이란성 쌍생아가 있는데, 두 형태의 쌍생아를 환경을 통제하여 비교 연구한 결과에서 이 사실을 알 수 있다.

Thorndike, Newman과 Muller 등은 상관연구를 하였는데, 각 쌍생아 간에 지능에 대한 상관도가 .62 내지 .92를 나타내고 있고 일란성 쌍생아의 경우는 상관계수가 .90이고 이란성 쌍생아의 경우는 .75였다(김제한 외, 2011).

이성진 외(2007)는 유전적 차이가 IQ의 75~80%를 결정하고, 환경적 차이가 20~25%를 결정한다고 주장하고 있다. 이러한 증거는 순수한 유전론이나 순수한 환경론 어느 하나를 지지하는 것은 아니지만, 지능의 차이가 완전히 환경이나 유전에 의해서 나타난다는 결론과는 상반된 것이다. 연구의 증거는 단일종족과 단일문화권 내에서 지능의 개인차에 미치는 유전요인의 영향은 환경요인보다 3배 내지 4배나 더 강하다는 결론에 도달하게 된다. 그러나 IQ에 있어서의 집단 간의 차이는 유전 또는 환경에 전적으로 귀착시킬 수는 없다. 따라서 종족 차이가 유전적으로 나타난다는 증거는 없는 셈이다. 강태훈 외(2013)는 일란성 쌍생아(r=.86)는 이란성 쌍생아(r=.60)보다 월등히 높은 지능의 상관을 보인다고 주장을 한다. 부모와 자녀의 상관은 r=.40으로서 쌍생아보다 낮으나 부모와 양자녀 간의 상관인 r=.31보다 높아 지능에 유전이 영향을 미치는 것을 알 수 있다.

쌍생아의 경우라고 할지라도 서로 다른 환경에서 성장했을 때는 r=.71로 낮아지고 형제간에는 r=.24에 불과하다는 점을 보면 환경에 의한 지능의 변화가 크다는 점을 알 수 있다는 것이다.

임정훈 외(2009)는 Slavin의 연구를 인용하여 환경이 지능에 큰 영향을 미친다고 주장하고 있다. 그 연구 결과는 다음과 같다.

- 저소득층 가정에서 SES 수준이 높은 가정으로 입양된 아이들에 관한 프랑스의 연구결과에서 아동의 지능지수는 입양되지 않고 저소득층 가정에서 자

랐던 아동과 비교하여 볼 때 강한 긍정적 영향이 있다는 것이다.

- 밀워크 시내에 사는 정신지체 어머니를 둔 아이들에 관한 연구에서는 영아기에 자극을 주는 프로그램과 양질의 학령 전기 프로그램은 아동들의 지능을 실제로 증진시킬 수 있으며 이러한 효과는 초등학교 말기까지 지속된다는 것이다.
- 영아기의 자극, 아동기의 심화 그리고 부모의 지원 등을 결부시킨 초보자 프로그램에 관한 연구에서도 초기 수업이 IQ에 지속적으로 영향을 미친다는 연구 결과가 나왔다.

이렇듯 지능은 고정되거나 개개인에게 있는 불변의 특성이 아니라 환경 속에서 지속적으로 변화하고 변화시킬 수 있는 것이다.

2) 지능의 발달곡선

지능의 발달에 대한 연구는 지능 발달을 예측하고 효과적인 교육을 하기 위해서 중요한 의의가 있다. 연령의 변화에 따라 지능의 성장률에도 변화가 있다. 일반적으로 지능은 유아기부터 청년기까지 급격한 발달을 하고 다음에 완만한 발달을 하다가 20세 전후에 최고점에 도달한 뒤 점차 하락하는 것으로 알려져 있다. Wechsler에 의하면 15세까지는 직선적 상승기를 나타내고 그 후 25세까지는 완만한 곡선적 발달을 하고 있다 그림 5-2 . 일반적으로 지능발달의 정점을 18~25세 사이에 나타나는 것으로 보고 있다(김제한 외, 2011).

Thurstone(1938)에 의하면 지능의 발달곡선은 대체로 10세경까지는 가속적으로 발달하다가 9~12세 사이에 변곡점이 나타나고 지능의 낮은 사람은 높은 사람에 비해서 변곡점이 빨리 나타나서 지능발달이 일찍 정체된다고 주장한다.

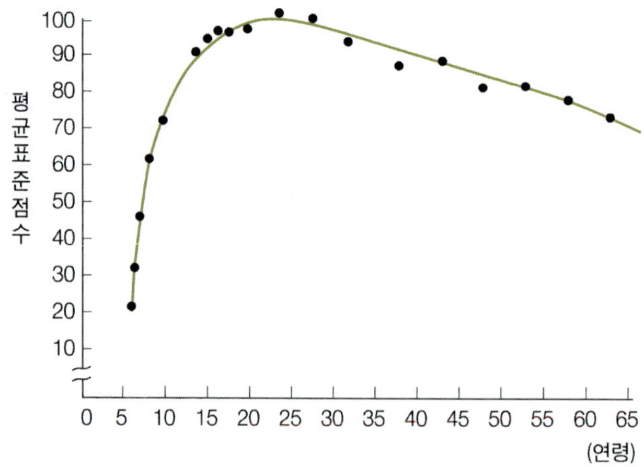

그림 5-2 지능의 발달곡선(Wechsler)

이상의 연구 결과들을 종합해 볼 때 지능의 결정적 시기가 유아기부터 청소년기까지인 것으로 볼 수 있다. 따라서 이 시기에 가정과 학교에서 풍부한 교육적 환경과 자극을 제공할 필요가 있다.

20세가 넘은 뒤에도 어떤 지적 능력, 예를 들어 평가력, 종합력, 해석력 등과 같이 경험의 양적 증가와 관련된 능력들은 지속적으로 발달한다. 이와 같은 증거는 19세, 50세, 61세 100명을 대상으로 수행된 연구에서 나타난다. 이 연구에서 수학점수는 19세 때 최고였으며 나이가 들어감에 따라 서서히 내려갔다. 그러나 추리력 검사에서 나타난 점수는 바로 그 반대였다. 추리력 점수는 계속적으로 올라갔으며 61세 때 최고였다. 언어능력 점수는 19세 때보다 50세 때 높았으나 61세 때는 조금 내려갔다. 총점은 19세 때보다 50세 때 훨씬 높았고 그 후 조금 내려가는 경향을 보였다(강태훈 외, 2013).

이 연구는 최소한 현재의 지능검사로 측정된 지능이 나이가 들어감에 따라 결코 하강만 하는 것은 아님을 말해준다. Cattell의 결정성 지능은 나이가 들어감에 따라 계속 증가하고, 유동성 지능은 청소년기에 절정을 이루다가 서서히 하강한다고 한다.

3) 지능과 학업성취와의 관계

이러한 지능에 관한 지식을 학교교육과 관련지어 보면 지능지수와 학업성취도 간에는 상당한 정도의 상관관계가 있게 마련이다. 이는 지능검사를 구성하는 대부분의 내용이 학교의 교과학습에서 핵심이 되는 언어적 능력, 수리능력, 추리능력을 측정하는 문제로 구성되어 있기 때문이다.

그동안 지능지수와 학업성취도 간의 관계를 밝힌 연구는 대부분 상관연구였다. 상관연구가 인과관계를 밝혀 주는 것이 아니기 때문에 우리는 지능지수가 학업성취도에 영향을 미치는 것인지, 학업성취도가 지능지수에 영향을 미치는지 알 수 없지만 이러한 연구 결과들을 통해 몇 가지 사실을 알게 된다. 첫째, 지능과 학업성취도 간에는 상관관계가 높다. 그러나 이들은 서로 관련되어 있을 뿐 같은 것은 분명 아니다. 둘째, 지능지수로 학업성취도를 예언할 수 있지만, 그러한 예언은 학년이 올라갈수록 어려워진다. 셋째, 지능과 학업성취도 간의 관계에 대한 지금까지의 연구에서 나타난 일반적인 경향은 연구에 따라 심한 변동을 보이고 있다는 사실이다. 이와 같은 변동이 의미하는 것은 학업성취에 미치는 지적 능력이 환경의 영향을 크게 받고 있다는 것이다.

Chapter 6

창의성

배울 내용

1. 창의성의 개념
2. 창의성의 측정과 판별
3. 창의성을 촉진하는 사고기법

학습 목표

1. 창의성의 정의와 구성요인을 이해한다.
2. 창의성을 측정하는 도구와 판별하는 방식을 안다.
3. 창의성을 촉진할 수 있는 사고기법을 이해하고 적용할 수 있다.

개요

창의성은 1950년 Guilford에 의해 연구의 필요성이 제안된 이래 여러 학자에 의해 활발하게 연구되어져 왔다. 창의성에 대한 다양한 연구에서 공통적으로 강조하는 것은 '새로움'과 '적절성'이다. 즉, 창의성이란 자신이 이미 알고 있는 지식이나 경험을 바탕으로 새롭고 유용한 결합을 만들어 내는 능력이면서, 사회적 맥락에서 가치 있고 적절한 방법을 꾸준히 찾아내려는 태도라 할 수 있다. 창의성의 초기 연구들은 창의성의 구성요인을 개인적인 사고 특성에 초점을 두었으나 점차 개인의 인지, 정의 그리고 사회적 맥락을 고려한 다원적·통합적 접근의 경향을 띠고 있다. 이러한 창의성의 정의와 구성요인을 바탕으로 한 창의성 검사도구들은 크게 인지적인 특성에 초점을 둔 확산적 사고 검사, TTCT와 같은 객관적인 검사와 피험자의 흥미와 태도와 같은 정의적 특성에 초점을 둔 주관적인 검사로 구분할 수 있다. 창의성은 교육을 통해 촉진될 수 있는 인간의 능력으로 학교현장에서는 창의성을 발현하고 촉진할 수 있는 다양한 사고기법을 적용하여 학생들의 잠재된 창의성을 촉진할 수 있어야 한다. 또한 자유롭게 생각을 상호작용할 수 있는 허용적인 분위기를 조성하고 적절한 질문을 통해 사고를 자극하며 과제에 대해 내적인 동기를 유발할 수 있도록 격려해야 한다.

1. 창의성의 개념

인간의 진보는 '창의성(Creativity)'에 의해 이루어진 산물이기에, 창의성은 인간에게 매우 중요한 의미를 갖는다(Torrance, 1995). 인간이 불을 사용하고 도구를 만들고, 에너지와 첨단과학 등을 만들어 내는 원동력인 창의성이 고갈된다면 인류는 미래에 생존할 수 없을 것이기에 결국 인류의 생존은 창의성에 달려 있다고 해도 과언은 아닐 것이다(Csikszentmihalyi, 1996). 창의성이 이렇게 중요한 인간의 능력임에도 불구하고 지능에 비해 연구와 교육적 관심의 역사는 그리 길지 않다.

창의성 연구가 관심을 받기 시작한 것은 1950년 Guilford가 미국 심리학회 회장 취임연설에서 창의적인 과정(process), 창의적인 산물(product), 창의적인 사람(person)의 중요성과 경험적 연구의 필요성에 대해 언급하면서부터라고 할 수 있다. 창의성에 대한 초기 연구들은 주어진 문제에 대해 새로운 시각으로 다양하고 많은 정보를 만들어 내는 확산적인 사고 유형에 초점을 맞추었으나(Guilford, 1952; Torrance, 1959), 최근 들어 창의성을 연구하는 많은 학자들은 개인의 특성과 환경, 사회적인 체제 등 복합적인 요소들을 포함하여 정의되어야 한다는 데 의견을 모으고 있다(Amabile, 1983; Csikszentmihalyi, 1996; Urban, 1995).

1) 창의성의 정의

창의성에 대한 정의는 다양하다. 학자에 따라 뛰어난 인지적 능력 또는 문제해결력으로 보거나 개인의 성향이나 정의적 특성으로 보기도 한다. '창의성'이란 용어를 사용하는 사람에 따라 의미가 다른 것은, 창의성이라는 것이 실체가 있는 대상이 아니어서 하나의 개념으로 합의하기 어렵기 때문이다. 그러나 현대의 많은 학자들은 창의성을 새로움(novelty)과 적절성(appropriateness)을 동시에 충족하는 산출물을 생성하는 능력으로 정의하는 데 대해서는 일치된 의견을 보이고 있다. '새로움'은 독창적인, 독특한, 신선한, 예기치 못한 등과 연결되며 '적절성'은 유용한, 구체화된, 가치 있는, 의미 있는 등과 연결되는 개념으로 개인 또는 집단의 창의적 특성이 창의적 과정을 거쳐 사회적 맥락에 의해 새롭고 유용하다고 인정받을 수 있는 산출물을 생성하는 능력을 창의성으로 정의할 수 있다(조연순, 성진숙, 이혜주, 2008).

사회심리학자인 Amabile(1983)은 창의성을 개인의 특성을 나타내는 것이 아니라 새롭고, 적절하고 유용하며 가치로운 아이디어나 산출물을 생산하는 것으로 정의하였으며, Lubart(1994)는 창의성은 과제조건에 맞는 새롭고 독창적인 작품을 생성하는 능력으로 보았다. 또한 Plucker와 Beghetto(2004)는 창의성은 개인이나 집단이 특정 사회적 맥락 내에서 새로우면서도 유용한 결과나 산출물을 생성해 내는 능력과 과정 간의 상호작용으로 정의하고 있다.

2) 창의성 구성요인

창의성에 대한 다양한 관점과 정의는 창의성을 구성하는 요인들과도 관련이 있다. 창의성에 대한 초기의 연구들은 개인에 초점을 두고 개인이 만들어 내는 창의적인 산출물이나 사고의 특성과 관련한 구성요인을 제시하였다. 그 이후 사회가 바라보는 창의성에 대한 관점을 포함한 연구들이 발표되면서 창의성의 구성요인은 포괄적인 성격을 나타내기 시작하였다.

Guilford(1971)는 창의성의 구성요인을 확산적 사고와 관련지어 문제에 대한 민감성, 사고의 유창성, 융통성, 독창성, 정교성 등을 포함한다고 하였다. 여기서 문제에 대한 민감성이란 일상적인 상황이나 사물을 자세히 관찰하며 작은 변화에도 호기심을 갖고 적극적으로 탐색하고 반응하는 특성을 의미한다. 사고의 유창성(fluency)은 제한된 시간 내에 얼마나 많은 아이디어를 빨리 생산해 내는가를 의미하며, 융통성(flexibility)은 고정된 사고양식에서 벗어나 사물이나 상황을 여러 관점에서 조망할 수 있는 능력을 의미한다. 그리고 사고의 독창성(originality)은 창의성의 전통적인 개념에서부터 꾸준히 강조되어 온 핵심적인 요소로서 아이디어의 양보다 질적인 측면에서 일반적으로 찾아볼 수 없는 새롭고 독특한 생각이나 산물을 생산해 내는 능력을 말한다. 정교성(elaboration)은 사고의 깊이에 대한 개념으로 기존의 생각이나 산물을 분석하고 확장하여 보다 세밀하고 구체화시키는 능력을 의미한다.

- 민감성(sensitivity): 일상적인 상황이나 사물을 자세히 관찰하며 작은 변화에도 호기심을 갖고 적극적으로 탐색하고 반응하는 특성
- 사고의 유창성(fluency): 제한된 시간 내 많은 아이디어를 빨리 생산해 내는 능력
- 융통성(flexibility): 고정된 사고 양식에서 벗어나 사물이나 상황을 여러 관점에서 조망할 수 있는 능력
- 사고의 독창성(originality): 아이디어의 양보다 질적인 측면에서 일반적으로 찾아 볼 수 없는 새롭고 독특한 생각이나 산물을 생산해 내는 능력
- 정교성(elaboration): 사고의 깊이에 대한 개념으로 기존의 생각이나 산물을 분석하고 확장하여 보다 세밀하고 구체화시키는 능력

Rhodes(1961)는 창의성에 대한 그간의 연구들을 수집하고 분석하여 창의성의 요인을 창의적인 과정(Process), 산출물(Product), 환경(Press), 사람(Person)의 4가지로 구분하였다. 그의 연구를 '고전적 4P 분류방법'이라 하는데 오늘날까지도 창의성을 구분짓는 방법으로 널리 사용되고 있다.

(1) 창의적인 과정

창의적인 과정은 창의적인 사고과정 또는 사고의 단계는 무엇인지, 창의적 사고과정을 배우고 가르칠 수 있는지에 관심을 갖는다. 즉, 창의적인 산물이 산출되기 위해서는 어떤 과정을 거치게 되는지에 대해 관심을 갖는 연구들이 여기에 속하는데 Wallas(1962)의 창의적 과정 4단계가 대표적으로 널리 알려져 있다. 그는 창의성이 발현되기 위해서는 문제를 지각하고 정보를 수집하는 준비기를 지나 항상 문제에 대해 생각하고 있는 부화기에 이르며 순간적으로 새로운 아이디어가 떠오르는 조명기에서 최종적으로 아이디어를 검증하는 검증기에 이르는 일련의 과정을 제시하였다.

(2) 창의적 산물

창의적인 산물에 대한 연구들은 '창의성이란 궁극적으로 창의적인 산물이 만들어지는 데 의의가 있다'는 데 전제를 두고 만들어진 산물이 얼마나 창의적인지 어떤 기준으로 평가할 것인지에 초점을 두고 있다. 이러한 입장을 취하는 연구들은 창의적인 산물은 보통의 것과 다른 새로움, 유용하고 실용적인가에 대한 적절성, 대중적으로 친숙하게 느낄 수 있고 좋아할 수 있는지에 대한 대중성의 정도에 따라 창의성을 평가한다.

(3) 창의적인 사람(Barron, 1969; Mackinnon, 1962; Torrance, 1962)

창의적인 사람은 어떤 심리적 특성을 갖는가에 관심을 두고 창의력을 연구하는 입장이다. 이 입장에서는 창의적인 산물을 산출하는 창의적인 사람의 특성을 분석하고 비교하는 데 초점을 둔다. 이 연구들에 의하면 창의적인 사람은 문제에 대한 민감성, 유창성, 융통성, 독창성, 정교성과 같은 지적 특성을 갖고 있고, 자발성, 호기심, 모험성, 개방성, 독자성, 집착성, 끈기, 이타심과 같은 성격적 특성을 갖고 있다(이용남 외, 2002).

(4) 창의적인 환경

최근의 창의적인 연구들은 환경적인 요소가 창의성을 발현하는 데 상호적인 관련을 갖는다고 보고하고 있다(Amabile, 1983). 창의성에 있어 환경적인 측면을 강조하는 연구들은 어떤 환경적인 특성이 창의적인 산물을 산출하도록 사고과정에 영향을 미치는가에 초점을 둔다. 전경원(2005)은 창의적인 환경이란 단순히 가정, 학교, 사회적인 영향뿐 아니라 지식의 정도, 새로운 아이디어를 자극할 수 있는 기회, 문화, 다양한 교수매체, 심리적 동기유발, 창의성을 지원하는 사회적 분위기 등을 포함하는 광의적인 의미를 포함한다고 보았다.

1990년대 이후 창의성에 대한 연구들은 생태학적 측면을 강조하면서 창의성에 대한 기존의 서로 다른 이론이나 접근방법들을 통합하여 창의성은 인지적·정의적·동기적·환경적 요인들이 모아져 발현된다고 하는 다원적인 관점을 제시하고 있다. 다원적인 접근에서는 창의성을 단순히 어느 한 요인으로 환원시키지 않고 여러 요인이 상호 관련되어 영향을 주는 통합적 관점으로 본다.

이러한 맥락에서 창의성의 구성요인들 간의 상호작용을 강조한 Urban(1995)은 그림 6-1 과 같이 창의성 요소 모델을 제시하고, 창의성은 하나의 요인만 발달한다고 해서 창의적인 결과물이 나오는 것이 아니라 다른 요소들과의 조합을 통해 창의적 과정과 정도가 결정되며 동시에 각 요인들은 창의적 과정에서 특정 단계나 수준으로 작용하는 역동성을 지닌다고 설명하였다. 그가 제시한 모델에는 6가지의 요인들이 인지적 요인과 정의적 요인으로 구분되는데, 인지적 요인은 확산적 사고와 행동, 일반적 지식과 사고기반, 특정 영역에서의 지식 기반사고와 작업 기능이 포함되며 과제에 몰입하는 집착력, 동기와 동기화, 개방성과 애매모호함에 대한 참을성, 환경 등은 정의적 요인에 속한다.

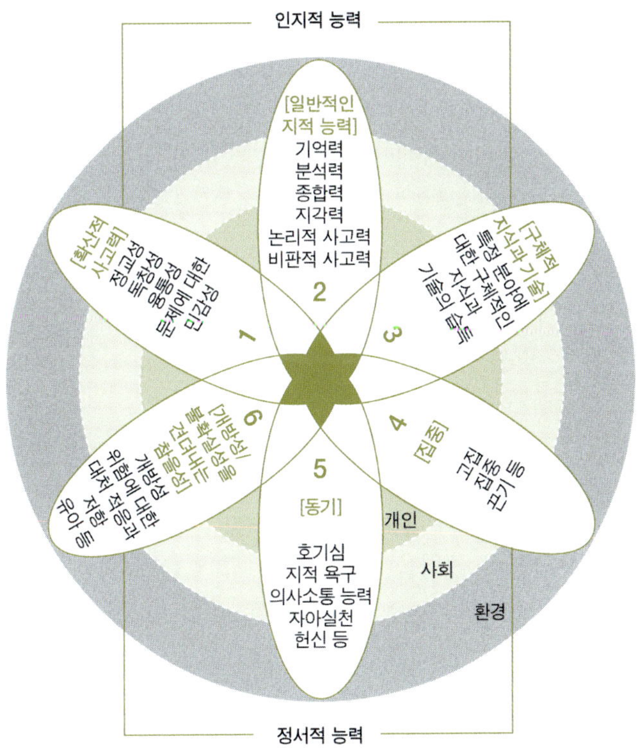

그림 6-1 Urban(1995)의 창의성 요소 모델

우리나라의 이경화(2002)는 창의성은 각 개인의 지적 능력, 지식, 사고방식, 인성, 동기, 환경 등이 복합적으로 작용하여 만들어 낸 산물이라고 정의하면서, 창의성의 구성요인을 창의적 능력(지능, 사고, 지각)과 창의적 성격(동기, 성격)으로 구분하고 이들 간의 상호작용을 통해 창의성이 나타난다고 하였다.

지금까지 살펴본 바와 같이 창의성의 구성요인들은 다양하게 제시되고 있으나 관련 연구들은 개인적 요인과 환경적 요인이 상호작용할 때 창의성이 극대화될 수 있다는 데 결론을 같이하고 있다.

3) 창의성 이론

창의성의 개념들을 이론적인 접근 방식에 따라 살펴보면 인지적 접근, 정의적 접근, 사회심리학적 접근, 통합적 접근으로 나눌 수 있다.

(1) 인지적 접근

인지적 접근으로는 심리측정적(psychomeric) 관점과 인지적(cognitive) 관점이 있다. 심리측정적 관점은 창의성을 개개인이 가지고 있는 능력이라고 생각하여 지필검사를 활용한 심리측정법을 통해서 평범한 사람들에 대해서도 창의성을 연구할 수 있다는 것에 주목하였다. 인지론적 관점은 창의성의 근본을 사고력과 지식에 초점을 두고 창의적 사고에 깔려 있는 지적능력, 지식, 사고방식, 정신적 표상과 과정을 이해하고자 한다(한순미 외, 2005).

(2) 정의적 접근

정의적 접근은 창의성의 근원을 개인이 지니고 있는 성격특성 및 동기적 측면에서 이해하고자 하였다. 즉, 창의적인 사람은 문제해결에서 인지적 특성과 보완적인 관계를 갖는 성향적인 특성, 그리고 몰입, 열정으로 표현되는 동기적 특성이 조화되는 사람으로 보고 창의적인 사람들의 갖는 성향에 대해 관심을 갖는 접근이다. 정의적인 측면에 관심을 갖는 학자들 Amabile(1983), Barron(1997), Mackinnon(1962),

Csikszentmihalyi(1996) 등은 창의적인 사람은 비창의적인 사람과 구별되는 성격특성을 갖는다는 데 주목하고, 여러 분야에서 뛰어나게 창의적인 사람들의 성격특성을 연구하였다.

(3) 사회심리학적 접근

사회심리학적 접근은 창의성에 대한 외적 결정요인으로서 사회문화적 환경변인에 주목하여 특정 환경요인들이 개인의 창의적 행동에 어떻게 영향을 미치는가를 이해하고 설명한다(Amabile, 1983; Lubart, 1994).

Amabile(1996)는 창의성이 발현되는 과정에는 사회적, 환경적 요인이 결정적인 역할을 한다고 보고 창의성에 영향을 미치는 내적 요인보다는 외적 요인에 초점을 맞춤으로써 학습이나 사회적 환경이 기여할 수 있는 부분을 강조하였다.

(4) 통합적 접근

Wehner, Csikszentmihalyi와 Magyari-Beck(1991)은 창의성에 대한 이해가 다원적 접근을 필요로 함을 주장한다(김정희 역, 2004). 이에 따라 최근에는 창의성이 발현되기 위해서는 인지적 요소는 물론 정의적 · 환경적 요소 등 다양한 요소가 함께 상호작용해야 한다는 관점에서, 창의성을 지능 · 지식 · 성격 · 동기 · 환경 등의 요소들이 복합적으로 상호작용하여 발현되는 특성으로 보는 다원적 · 통합적 접근이 창의성 이론의 주류를 이루고 있다(Csikszentbihalyi, 1989). 통합적 접근(Confluence approach)의 학자들은 현 시점에서 필요한 창의성 연구는 이러한 인지 · 동기 · 환경적 요인들이 모두 복합적으로 영향을 주므로 창의성이 일어나기 위해서는 복합적인 요소들이 수렴되어야 한다고 주장한다(Urban, 1996; Weisberg, 1999).

2. 창의성의 측정과 판별

1950년대 이후 창의성에 대한 관심이 증대되면서 '창의성을 어떻게 개발하고 촉진할 수 있을 것인가'를 주제로 하는 연구들은 교육과정이나 프로그램들로 활발하게 소개되었고, 그로 인해 창의성을 측정하기 위한 다양한 준거 기준들이 제시되었다. 그러나 창의성이 하나의 개념으로 설명되지 않는 것처럼 창의성을 측정하는 도구 역시 개발자가 창의성을 어떻게 정의하는가의 관점에 따라 검사의 목적 · 구성 · 항목 · 문항 등이 다양하게 구성되고 있다. 그러므로 창의성이 무엇인지, 왜 창의성을 측정하려고 하는지, 어떤 상황, 어떤 대상에게 창의성을 측정하려고 하는지에 대해 신중하게 고려하여 측정도구를 선택해야 할 것이다(전경원, 2005). 지금까지 개발되어 사용되고 있는 창의성 측정도구들을 창의적 능력검사, 창의적 성향검사, 창의적 산물검사로 구분하여 살펴보면 다음과 같다.

1) 창의적 능력검사

창의성에 대한 능력검사 도구는 반응의 다양성, 문제해결법, 아이디어 생성 등 확산적 사고에 기초한 방식으로 피험자에게 미완성된 그림이나 글과 같은 자극을 제시하고 자극에 대한 반응이 얼마나 많이 생산되는지, 반응이 얼마나 독특한지에 대한 통계적인 독창성이나 희귀성 등을 객관적인 지표에 근거하여 측정하는 방법이다. 여기에서는 창의성에 대한 능력 검사로 확산적 사고 검사(Test of Divergent Thinking), TTCT(Torrance Test of Creative Thinking), RAT(Remote Associates Test) 등에 대해 소개하고자 한다.

(1) 확산적 사고 검사

확산적 사고 검사(Test of Divergent Thinking)는 창의성을 측정하는 가장 오래된 방식으로 창의성 검사도구로서 중추적인 역할을 해오고 있다. 확산적 사고 검사는

Guilford(1956)의 지능의 구조 이론에서 제시된 확산적 사고에 근거하여 개발되었으며 한 개의 정답을 요구하던 전통적인 지능검사 방식과 달리 다양한 반응을 요구하는 개방형 과제로 구성되어 있다. 이 검사는 대안적 용도를 고안하기(Alternate Uses), 이야기 제목 붙이기(Plot Titles), 그리고 결론을 구성하기(Consequences)와 같은 3가지 과제를 통해 확산적 사고의 구성요인인 민감성, 독창성, 유창성, 융통성, 재구성 등을 측정하게 되는데 대안적 용도를 고안하기는 피험자들에게 '의자를 사용할 수 있는 모든 방법들을 가능한 많이 열거하시오'와 같이 일상에서 사용하는 사물의 용도를 다양하게 사용할 수 있는 방법을 생각해 내도록 한다.

이야기 제목 붙이기는 두 개의 이야기를 듣고 재치 있는 제목을 붙여 보도록 하는 과제이고, 결론을 구성하기는 끝이 정해져 있지 않은 이야기 혹은 결말지어진 이야기의 끝을 각색하는 과제이다.

Guilford와 그의 동료들(1968)은 확산적 사고 검사를 통해 보다 창의적인 사람들의 사고의 특징들을 밝혀냈으며, 창의성 측정도구를 개발하고자 하는 연구가들에게 많은 영향을 미쳤다는 장점이 있으나 고등학교 이상을 대상으로 하고 있어 유아를 대상으로 적용하는 데에는 한계가 있다.

(2) TTCT 검사

TTCT(Torrance Test of Creative Thinking)는 Guilford의 '확산적 사고'의 개념을 배경으로 Torrance(1962)가 개발한 창의적 사고 검사도구이다. TTCT는 언어성 검사(TTCT-Verbal)와 비언어성 검사(TTCT-Figural)로 구성되어 있는데 언어성 검사는 총 40분이 소요되며 질문하기, 원인 예측하기, 결과 추측하기, 작품을 향상시키기, 특이한 사용법 열거하기, 가상해 보기 등 7개의 검사가 포함되어 있다. 비언어성 검사에는 그림 구성, 그림 완성, 2개의 직선 또는 원의 3개의 검사로 나뉘어져 있으며 각 과제마다 10분씩 제한시간을 둔다. 이러한 과제들의 수행결과를 통해 피험자의 사고가 얼마나 융통성 있는가, 유창한가, 독창적인가, 정교한가 등 창의성을 구성하는 요인들을 규준으로 하여 평가하게 된다.

TTCT 검사는 지난 30년간 꾸준히 연구에 의한 개정이 이루어져 왔으며 유아기부터 성인에 이르기까지 검사 매뉴얼이 개발되어 있으며 다양한 접근, 연령, 교육 수준의 사람을 대상으로 전 세계적으로 가장 많이 사용되어 온 도구라는 점에서 장점이 있으나 현재 우리나라에서 사용되고 있는 TTCT 검사의 채점기준이 미국의 규준을 따르고 있어 한국판 준거타당도를 위한 표준화 작업이 필요하다.

(3) RAT 검사

RAT(Remote Associates Test) 검사는 창의적인 아이디어는 일반적인 상관에서 벗어난 둘 이상의 새로운 결합에서 나온다는 Mednick(1962)의 '연합이론'에 근거를 둔 검사 방식이다. Mednick은 그의 이론에서 창의적 사고란 예측하기 어려운 것들을 잘 예측하고 새로운 연합을 위해 서로 관련이 없어 보이는 요소들을 잘 구성할 수 있게 이끈다는 관점을 주장하면서 '원격 연합 검사'를 개발하였다.

이 검사는 총 30개의 문항으로 구성되어 있는데 3개의 단어를 제시하고 이 3개의 단어와 서로 관련이 있는 4번째 단어를 만들어 보게 하는 검사이다. 예를 들어, 크림(cream), 스케이트(skate), 물(water)이라는 단어를 제시하고 이와 관련 있는 단어를 찾게 하는 것이다.

2) 창의적 성향검사

창의적 성향검사는 개인의 태도나 흥미와 같은 성향을 통해 창의성을 설명할 수 있다고 보는 것으로 창의성을 인지나 지각능력보다 인성이나 태도, 흥미 등을 통해 측정하고자 한다. 이 검사들은 다른 검사들에 비해 검사시간이 짧고 채점도 용이하며, 창의적인 사람이 갖는 특징을 이해하는 데 도움이 될 수 있으나, 대부분 자기평가식으로 개발되어 있기 때문에 언어능력에 제한이 있는 어린 유아와 같은 대상에게는 검사에 제약이 있으며, 결과에 대한 해석의 범위가 광범위하여 창의성과 관련된 핵심을 잃어버릴 우려가 있다는 단점이 있다(홍순정, 1999).

대표적인 창의적 성향검사로는 ACL(Adjective Check List), PRIDE(Preschool and Primary Interest Descriptor), CPS(Creative Personality Scale)가 있다.

(1) ACL 검사

Gough와 Heilbrun에 의해 개발된 형용사 체크리스트 ACL(Adjective Check List)은 개인의 성향을 이해하기 위한 대표적인 성격검사 도구로써 피험자의 심리적 욕구, 자아기능성, 지능, 창의성과 관련된 성격 특성을 프로파일로 제시하여 점수화한다. ACL은 개발된 이래 지속적으로 수정·보완되어 현재 300문항으로 구성되어 있으며, 기존의 창의성을 검사하는 다른 검사도구들과의 준거타당도가 높다. 또 지필검사 형식이 아니라 체크리스트 형식으로도 활용될 수 있도록 제작되어 교사나 부모가 유아를 측정하는 도구로 사용될 수 있다는 장점이 있다(최인수, 2000).

(2) PRIDE 검사

PRIDE(Preschool and Primary Interest Descriptor)는 창의적 인물들이 일반적으로 보이는 특성들에 대해 부모가 어린 자녀를 평가함으로써 아이의 성격이나 생애사적 정보를 검사할 수 있는 성향 검사도구이다. PRIDE의 문항들은 독립심, 위험에 대한 감수, 유머 감각, 고도의 에너지, 호기심, 예술적 흥미, 도전이나 모험심, 창의적 활동 등을 내용으로 하고 있으며, 이와 같은 내용으로 초등학생을 대상으로 하는 GIFT(Group Inventory for Finding Talents)와 청소년을 대상으로 하는 GIFFI(Group Inventory for Finding Interests)가 있다.

(3) CPS 검사

CPS(Creative Personality Scale)는 ACL(Adjective Check List) 검사도구에서 창의성과 관련된 형용사 30개의 형용사(이타적, 도전적, 단호한, 진실한, 사색적, 유머러스한 등)로 이루어져 있다. 30개의 형용사 중 12개는 비창의적인 성격을 측정하고 18개의 형용사는 창의적인 성격을 측정한다. CPS는 다수의 연구에서 높은 신뢰도와 타당도를 나타내고 있다.

3) 창의적 산물검사

창의성의 산물검사는 창의성을 확산적 사고의 범위에서 벗어나 새롭고 적절한 그리고 유용한 생각을 해내는 능력으로서 평가한다. 창의성의 산물검사는 창의적인 사람들의 사고과정보다는 실제 산출된 결과물을 평가하는 방식을 취하고 있다. 이러한 검사들은 창의성을 평가하는 데 있어 단순한 지필검사가 아닌 실제적인 산물을 통해 창의성을 평가할 수 있는 대안적인 방법으로 받아들여지고 있다. 여기에서는 창의적 산물검사도구로 CAT(Consensual Assessment Test)와 CPSS(Creative Product Semantic Scale)에 대해 소개하고자 한다.

(1) CAT 검사

Amabile(1996)은 지금까지 창의성을 측정하는 다양한 지필검사들이 개발되었지만 이러한 검사들은 창의성을 평가함에 있어 창의성을 단순히 반응의 통계적 희귀성으로 조작하거나 생태학적 타당성이 낮아서 창의성이 갖는 다양한 속성을 올바르게 측정하고 있지 못하다고 논박하면서 이러한 문제들을 해결할 수 있는 방안으로 '합의적인 평가 방법'인 CAT(Consensual Assessment Test)를 고안하였다.

CAT는 피험자들의 산출물에 대해 해당 영역에 적절한 평가자들이 독립적이고 주관적인 판단을 하는 평가방법으로, 평가자들은 서로 의견을 나눌 기회가 없고, 연구자에 의해 훈련을 받지 않은 일련의 전문가 집단으로 이들이 산출물의 창의성을 가장 잘 평가할 수 있다는 전제를 기초로 한다(전경원, 2005). 그러므로 평가자들의 일치성이 매우 중요한 조건이 되는데 Amabile은 이에 대해 평가자 집단은 다음과 같은 조건을 만족해야 한다고 제시하였다.

첫째, 평가자들은 평가하고자 하는 영역에 경험의 정도가 동일하지 않는다 하더라도 영역에 대한 경험이 많고 친숙해야 한다.

둘째, 평가자들 간의 상호 일치를 위해서는 평가자들이 사전에 평가에 대한 교육 또는 특정 기준을 제시받거나 서로 상의할 수 있는 기회가 없이 독립적, 개별적으로 측정할 수 있어야 한다.

셋째, 평가자들은 그들의 전문적인 측정기준에 의해 측정하지 말고 피험자들의 산물이 상대적으로 창의성이 어느 정도인가를 평가해야 한다.

넷째, 평가자들은 서로 다른 순서로 산물을 평가해야 한다.

다섯째, 평가자들은 창의성 이외에 산물이 갖는 다른 차원도 평가해야 한다. 즉, 평가항목에는 창의성 이외에도 해당 분야의 최소한의 기술적 측면, 심미적 측면도 함께 고려해야 한다.

(2) CPSS 검사

CPSS(Creative Product Semantic Scale)는 Basemer에 의해 개발된 창의적인 산물평가 검사 도구로써 54쌍의 양극 형용사 체크리스트 방식으로 되어 있다. CPSS는 새로움, 실용성, 정교성 등 3가지 차원에서 산물을 평가하게 되는데 새로움에는 신기함과 독창성, 실용성에는 논리성, 유용성, 가치, 이해성, 마지막으로 정교성에는 유기적인 조화, 완성도, 우아함이 있다는 장점이 있다. 그러나 54개의 문항에 대한 평가를 실시하는 데 있어 시간이 오래 걸리고, 우리나라 말로 번역하는 과정에서 비슷한 형용사로 인해 평가자들에게 피로감이나 지루함을 느끼게 하여 평가의 오차를 만들 수 있다는 단점이 있다.

3. 창의성을 촉진하는 사고기법

창의성은 교육으로 함양할 수 있는 특성일까? 여기에 대한 답은 '그렇다'이다. 창의성 연구가 활발하게 진행된 이래 창의성이 훈련이나 교육을 통해 증진될 수 있는가에 대한 연구들은 끊임없이 진행되어 왔다. Torrance(1959)는 창의성 개발 연구에 관한 142편의 논문을 검토한 결과, 100편이 넘는 논문이 창의성 개발에 긍정적인 효과를 이끌었다고 보고하면서 창의성은 누구나 적절하게 교육을 받으면 증진될 수 있는 보편적 능력임을 강조하였다.

창의성 개발을 위한 기법은 1954년 Osborn의 '상상하기(Applied Imagination)'를 통해 처음으로 제시된 이래 교육현장뿐 아니라 산업체나 기업체를 위한 여러 가지 창의적 사고기법들이 많이 개발되었다. 본 절에서는 교실에서 적용할 수 있는 브레인스토밍, 색다른 사용법, 마인드 맵, 6가지 사고모, SCAMPER를 소개하고자 한다.

1) 브레인스토밍(Brainstorming)

브레인스토밍은 여럿이 함께 문제해결을 위해 최대한 많은 생각을 해보는 아이디어 발상법이다. 이 기법은 Osborn에 의해 제안되었는데 창의성 기법 중 가장 널리 알려져 있다. 브레인스토밍은 두뇌를 뜻하는 브레인(Brain)과 폭풍을 뜻하는 스토밍(Storming)이 결합된 용어로, 말 그대로 머릿속에서 폭풍이 일어나는 것처럼 제한된 시간 내에 보다 많은 두뇌회전을 요하는 기법이다.

브레인스토밍은 12명 이내로 집단을 구성하고 진행할 사람과 기록할 사람을 선출한다. 다음 주어진 시간 동안 주제에 대해 떠오르는 아이디어를 자유롭게 나누도록 하고, 활동이 종료되면 브레인스토밍한 결과를 참가자들이 함께 공유하고 평가하여 가장 돋보이는 해결방법을 선정하는 것으로 마무리된다.

브레인스토밍의 아이디어는 '엉뚱하고 자유로운 것이 더 참신할 수 있다'는 것을 전제로, 주어진 주제에 국한하지 않고 생각의 자유와 연상되는 모든 것을 허용할 수 있도록 한다. 즉, 창의성은 자유로운 분위기에서 더 잘 나온다는 의미이다. 따라서 활동이 진행되는 동안 참여자들은 다음과 같은 규칙을 지켜야 한다.

- 제안한 아이디어에 대해 비판하거나 평가하지 않는다.
- 어떤 아이디어라도 수용한다.
- 아이디어는 많을수록 좋다.
- 이미 제안된 아이디어 속에서 다른 아이디어를 끌어내도록 시도한다.

브레인스토밍은 참여자들의 유창성과 융통성을 키우는 데 도움을 줄 수 있으며, 다른 사람의 의견을 수용하고 배려하는 과정을 통해 사회적인 관계능력에도 도움을 줄 수 있다.

2) 색다른 사용법(Unusual Uses)

색다른 사용법은 어떤 사물의 원래의 용도 외에 다르게 사용할 수 있는 방법을 찾아보게 하는 확산적 사고 기법으로 Torrance의 창의성 검사에 포함되어 있다. 이 방법은 학생들에게 어떤 사물을 제시하고 이 물건이 다르게 사용된다면 어떤 용도일까를 생각해 보게 하는데, 예를 들어 망치는 못을 박는 일 이외에 어떤 용도로 쓸 수 있을까와 같이 일반적인 사고의 틀을 벗어나 독창적이고 색다른 사용방법을 찾아보는 것이다. 이 기법을 처음 적용할 때는 일상에서 쉽게 볼 수 있는 연필이나 옷걸이와 같은 사물을 제시하고, 참여자들의 흥미와 사고를 촉진하기 위해 인형 등을 이용하여 이야기를 도입할 수도 있다.

색다른 사용법이 진행되는 동안 참여자들이 자신의 생각을 자유롭게 이야기할 수 있는 분위기를 조성해 주고 다른 사람들이 생각할 수 없는 독특한 생각을 할 수 있도록 격려한다. 이 기법은 많은 아이디어보다는 얼마나 독창적인 아이디어를 생각해 내는지를 평가하는 것으로 지나치게 환상적이거나 실행이 불가능한 아이디어는 지양할 수 있도록 해야 한다.

3) 마인드맵(Mind map)

마인드맵(mind map)은 중요한 사실이나 개념을 파악하고 파악한 정보들이 서로 어떻게 연관되어 있는가를 기호나 문자 또는 그림으로 나타내고 다양한 색과 디자인을 사용하여 학습의 파지효과와 사고의 기술을 발휘할 수 있도록 하는 연상 기법이다.

이 기법은 영국의 심리학자 Tony Buzan에 의해 개발된 사고기법으로 '생각의 지도' 또는 '생각 그물'이라고도 하는데 우리가 무엇인가에 대해 생각난 것을 종이에 적어놓는 것에서 발전되어 확장된 개인적인 브레인스토밍이라고 볼 수 있다.

마인드맵은 문제에 대해 머릿속에 떠오르는 아이디어들을 방사형으로 가지를 쳐서 핵심어, 이미지, 컬러, 기호, 상징 등을 자유롭게 펼침으로써 하나의 아이디어가 어떤 주제의 단서로부터 출발하여 여러 방향이나 발전 경로를 거쳐 참신한 아이디어가 만들어질 것이라는 전제를 가지고 있다(조연순 외, 2008). 마인드맵을 작성하는 구체적인 방법은 다음과 같다.

(1) 중심 이미지 만들기

종이의 중앙에 마인드맵 하고자 하는 주제의 이미지를 그린다. 이때 주제는 구체적인 것일수록 실행에 옮기기 좋다.

(2) 주가지 만들기

중심 이미지와 연결해서 굵게 시작하고, 가지가 뻗어 나갈수록 점점 가늘게 그린다. 각각의 가지 위에 낱말, 그림, 상징기호 등을 표현하되 언어는 되도록 단어로 적는다.

(3) 부가지 만들기

주가지 끝에서 연결하여 부가지를 그리는데 주가지보다 자세하게 실천 가능 한 내용을 적는다. 가능하면 이미지를 많이 사용하도록 하고, 가지마다 다른 색의 색상을 사용한다.

(4) 세부가지 만들기

가지의 수는 제한을 두지 않고 중요한 내용들은 가지를 통해 뻗어 나가게 한다. 가지를 뻗어 그릴 땐 생각나는 대로 적는 것이 아니라 하위항목과 상위항목에 대해서 생각해 보고 관련성을 찾아 적도록 하며, 같은 가지는 되도록 같은 색으로 표현한다.

4) 6가지 사고모(six thinking hats)

영국 심리학자 De Bono(1985)가 창의성을 개발하기 위해 개발한 프로그램으로 인간의 사고 유형을 6가지 모자로 비유하였다. 6가지 사고모(six thinking hats)는 각기 다른 색의 모자를 쓰고 모자 색깔이 의미하는 유형의 사고를 하는 것으로 새로운 아이디어나 아이디어 발상 등에 활용되는 사고기법이다. 여기서 모자 색깔은 생각의 견지를 바꿔 보기 위한 상징적인 의미로 각 모자의 색깔이 의미하는 사고는 표 6-1 과 같다.

6가지 사고모의 목적은 참가자들에게 의도적으로 만들어진 사고의 분위기 속에서 의도적인 유형의 사고를 해보게 하는 경험을 통해 자신의 사고방식에서 벗어날 수 있도록 하며, 또한 평소에 할 수 없었던 사고나 표현을 해보도록 함으로써 다양한 사고를 촉진하는 데 있다.

6가지 사고모의 활동방법은 6명을 한 조로 구성하고 6가지 색깔의 모자 또는 목걸이를 한 색깔당 한 명에게 나누어 주고 어떤 유형의 사고를 해야 하는지 설명해 준다.

표 6-1 모자 색깔에 따른 사고 형태

색	사고형태	역할
흰색	객관적 사실, 정보에 대한 사고	순수한 사실과 정보 등 이미 검증된 객관적인 사실만을 제시하고 중립적인 자세를 유지한다. 예 우리 반은 남자 어린이 23명, 여자 어린이 21명이 있다.
빨간색	직관적이고 감정적인 사고	감정, 느낌, 짐작과 직관에 의해서 어떻게 느끼는가를 표현한다. 예 우리 반 남자 어린이들은 축구를 너무 좋아하는 것 같다.
노란색	논리적이며 긍정적인 사고	낙관적인 전망, 건설적인 제안 등 구체적인 계획, 제안 등을 한다. 예 조금만 더 노력하면 좋은 결과를 얻을 수 있을텐데……

색	사고형태	역할
검은색	논리적이며 부정적인 사고	옳지 않다, 잘못되었다 등 잘 들어맞지 않는 이유, 위험성, 설계의 오류 등을 객관적인 증거를 제시하여 말한다. '부정적인 질문'을 제기할 수 있다. 예 남자 어린이의 주장은 논리적으로 옳지 않다.
초록색	창의적인 노력과 생산적인 사고	창의적인 사고, 대안의 탐색에 중점을 둔다. 새로운 아이디어를 위해 기존의 생각들로부터 무엇인가를 얻어 진전하도록 노력한다. 예 그것은 이렇게 생각하면 더 좋은 방법이 될 수 있다.
파란색	사고과정의 통제	전체의 통제를 담당하고 사고가 나아가는 방향으로 주제를 규정하고 진전시킨다. 초점을 설정하고 요약하며 결론을 내린다. 다른 모자의 사고를 잘 활용할 수 있도록 요구할 수 있다. 예 여러 가지 의견을 들어본 결과 이렇게 하는 것이 가장 좋은 방법이다.

그 다음 주제에 대해 자신이 맡은 색깔에 해당되는 사고만 하도록 한다. 즉, 노란색의 모자를 쓴 사람은 계속 긍정적인 내용만 발표하고, 빨간색의 모자를 쓴 사람은 상대편의 발표 내용을 듣고 '좋은 생각'이라든가, '위험하다'라든가 하는 자신의 느낌만 계속 이야기한다.

이 활동을 통해 참가자들에게 첫째, 사고를 단순화시킬 수 있도록 한다. 참가자에게 자신에게 주어진 모자의 색에 해당하는 사고 유형만 다루게 함으로써 사고를 단순하되 명확하게 할 수 있도록 한다. 둘째, 활동이 진행되는 동안은 자신의 자아를 잊고 다른 역할을 해봄으로써 의도적으로 다른 생각을 해 볼 수 있게 해준다. 셋째, 특정한 방향으로의 의도지향적인 사고를 할 수 있게 한다. 사고가 단순한 반응 이상의 것이 되기 위해서는 특정한 방향성이 있어야 하는데, 각각의 사고모가 다양한 의도를 방향지어 줌으로써 자신의 사고를 통제할 수 있는 경험을 제공한다.

그림 6-2 6가지 사고모

5) SCAMPER

Eberle(1971)에 의해 만들어진 사고기법으로 먼저 문제를 확인한 후, 아이디어를 자극할 수 있는 다양한 질문의 체크리스트를 이용하여 새로운 아이디어나 문제해결의 실마리를 찾아내는 기법이다. 'SCAMPER'는 10가지의 사고항목인 대치(Substitute), 결합(Combine), 적용(Adapt), 수정(Modify), 확대(Magnify), 축소(Minify), 다른 용도(Put to uses), 제거(Eliminate), 재배치(Rearrange), 전도(Reverse)에서 첫 글자를 따서 만들어진 이름이다 표 6-2 .

표 6-2 SCAMPER 사고 목록

구분	목록	질문
S	대치하기(Substitute)	사물의 형태, 용도, 방법 등을 다른 것으로 대체할 수 있나?
C	결합하기(Combine)	다른 물건과 결합하여 어떤 물건을 만들 수 있나?
A	적용하기(Adapt)	형태, 원리, 방법 등을 다른 조건이나 목적에 맞도록 하면?
M	수정하기(Modify)	색, 모양, 의미 등을 수정하면 어떻게 될까?
	확대하기(Magnify)	좀 더 강하게, 무겁게, 뚱뚱하게, 크게 하면?
	축소하기(Minify)	좀 더 가볍게, 가늘게, 작게 하면?
P	다르게 활용하기 (Put to uses)	다른 용도로 활용할 수 있는 방법은?
E	제거하기(Eliminate)	어떤 부분을 없앤다면 어떨까?
R	재배치하기(Rearrange)	형식, 순서, 구성을 재배치한다면?
	순서 바꾸기(Reverse)	앞, 뒤, 좌, 우, 안, 밖, 위, 아래, 원인, 결과 등을 거꾸로 하면?

SCAMPER는 먼저 주어진 문제나 주제를 확인하고 문제를 SCAMPER 목록에 맞추어 어떤 아이디어가 나올 수 있는지 살펴본다. 마지막으로 가능한 모든 아이디어를 떠올려 창의적인 생각을 표현하는 순서로 진행되는데, 실생활에 많은 도움을 주기 때문에 창의성 함양에 널리 사용되어 왔으며 특히 많은 양의 아이디어를 단시간에 얻을 수 있는 장점이 있다.

이상의 창의성을 촉진할 수 있는 기법들을 포괄하여 교실에서 학생들의 창의성을 촉진시켜 줄 수 있는 교사의 역할을 살펴보면 다음과 같다(신화식 외, 2006).

첫째, 학생들의 활동에 대한 지나친 간섭을 줄이고 자료를 충분히 이용하고 아이디어를 자유롭게 표현할 수 있도록 한다. 둘째, 교사는 학생들의 질문과 문제해결의 방법을 존중하고 수용하며 독창적인 아이디어를 격려하여 창의성이 가치롭다는 것을 느끼도록 한다. 셋째, 창의적인 활동이 진행될 때 학생들 간의 상호작용이 원활하게 이루어지도록 격려한다. 넷째, 학생의 활동을 잘 관찰하여 적절한 시기에 사고를 자극하고 격려하는 질문을 함으로써 학생의 사고를 확장할 수 있도록 돕는다. 다섯째, 학생들의 창의적인 결과물에 대하여 개인적인 평가보다는 개별적인 반응을 해준다. 여섯째, 교사는 학생의 알고 있는 지식과 사고를 새로운 학습의 기초로 활용하여 문제해결에 적용할 수 있도록 실생활과 창의성 교육을 접목시키려는 노력을 한다.

Chapter 7

자기조절학습

배울 내용

1. 자기조절학습의 개념
2. 자기조절학습의 구성요인
3. 자기조절학습과 학업성취

학습 목표

1. 자기조절학습의 의미와 이론적 배경을 이해한다.
2. 자기조절학습의 구성요인을 안다.
3. 자기조절학습이 학업성취에 미치는 영향을 안다.

개요

1980년대 이후 Zimmerman에 의해 활발하게 연구되어 온 자기조절학습은 학습자가 자신의 학습에 주체가 되어 학습의 목표, 학습내용과 방법을 설정하고 학습환경을 구성하고 통제함으로써 학습에 대한 책임감을 갖도록 하는 학습전략이다. 일반적으로 자기조절학습은 크게 Bandura의 사회인지이론과 Piaget와 Vygotsky를 중심으로 하는 구성주의에 기반을 두고 있으며, 두 이론의 개념을 통해 인지적, 동기적, 행동적 조절능력을 구성요인으로 한다. 학습자의 학습에 있어 각각의 요인들은 서로 역동적으로 상호작용하면서 학습자의 능력을 촉진하여 학습을 극대화하는 데 영향을 미친다. 이 장에서는 자기조절학습의 의미와 이론적 배경에 대해 알아봄으로써 자기조절학습의 개념을 이해하고, 자기조절학습을 구성하는 인지적, 동기적, 행동적 요인들을 살펴보도록 한다. 또한 자기조절학습과 학업성취 간의 관계를 규명하는 연구결과들을 통해 학습의 능동적인 주체자로서 학습자의 중요성을 이해하도록 한다.

1. 자기조절학습의 개념

1) 자기조절학습의 의미

교육현장에서 구성주의가 교육의 이념으로 받아들여진 이래 효율적인 교수-학습을 위한 연구들은 타인조절학습(ORL: order-regulated learn)에 의존했던 전형적이고 수동적인 교육방식에서 능동적인 존재로서의 학습자가 스스로 학습목표를 정하여 학습에 필요한 요소를 찾는 자율적인 자기조절학습(SRL: self-regulated learn)으로 전환될 때 진정한 교육으로서 성공적인 학업성취를 할 수 있다고 본다.

이런 분위기에 맞추어 우리나라에서도 제7차 교육과정이 도입된 이후 자기조절학습에 대한 관심이 높아져 가면서 자기교수(self-instruction), 자기주도학습(self-directed learning), 자기조절학습 전략(self-regulated learning strategies), 독립적 학습(independent learning) 등으로 사용되고 있다. 이들 용어 모두 '자기 스스로 학습을 선택하고 실행하는 것'이라는 능동적인 학습에 대한 공통적인 의미를 지닌다(정미경, 1999).

자기조절학습이란 자기조절(self-regulation)과 학습(learning)이라는 두 개의 단어가 결합된 것으로, 자기조절이라는 인간의 심리적 능력 안에 학습이라는 조건이 합쳐진 것으로 볼 수 있다. 자기조절이란 지향하는 목표나 기준에 도달하기 위해 자신의 행동적·인지적·동기적으로 의사결정에 있어 중요한 자원을 효과적으로 활용하고 자신의 행동·사고·감정을 효율적으로 다루는 능력(Miller, 2000)으로 보다 크고 장기적인 목표 달성을 위해 바람직한 행동을 하고 그렇지 않은 행동을 억제하여 충동적이거나 즉각적이지 않고 스스로 문제를 신중하게 계획·해결·평가할 수 있는 능력으로 볼 수 있다. 또한 학습이라고 하면 일반적으로 학교에서 하는 공부라는 이미지를 떠올리게 되는데, 심리학에서 말하는 학습이란 한 개인이 경험·훈련·연습 등을 통해 지속적인 변화를 나타낼 때 일어나는 것으로 환경과의 상호작용을 전제로 한다. 이러한 자기조절과 학습에 대한 심리학적인 개념을 교수-학습과정에 적용하면서 교육계에서도 자기조절학습에 대한 연구가 활발하게 진행되기 시작하였다.

자기조절학습에 대한 개념적 정의들을 살펴보면, 먼저 Bandura(1986)는 자기조절학습은 학습자가 자신의 학습을 스스로 안내할 뿐 아니라 자율적으로 학습하는 학습방법이라고 하였다. 그는 학생 스스로 학습목표를 설정하고 학습 속도를 조절하며 학습과정과 결과에 대하여 자율적으로 평가하는 능력을 배양하는 학습방법으로 학습자를 적극적인 참여자, 정보의 능동적 추구자이며 처리자로 보았다. 이러한 Bandura의 자기조절학습에 대한 관점을 더욱 체계화한 Zimmerman(1986)은 자기조절학습이란 학습자가 스스로 자신의 학습에 대해 인지적, 동기적, 행동적 측면에 적극적으로 참여하는 것이라고 정의하였다. 그는 학습자가 자기조절학습을 수행하는 동안 인지적, 동기적, 행동적 전략의 선택적 사용을 통해 스스로 학습능력을 향상할 수 있고, 학습자가 자신의 학습환경을 구성하며 학습의 양과 형태를 주도적으로 선택하는 주체가 된다고 설명한다. 그리고 McCombs(1989)는 학습자가 메타인지적, 정의적, 행동적 과정과 기술에 능동적으로 참여한 결과가 자기조절학습이라고 보았다.

자기조절학습에 관한 메타인지적 접근과 학습동기적 접근의 접목을 시도한 Corno와 Mandinach(1983)는 자기조절학습은 메타인지적, 동기적, 행동적으로 학업성취를 촉진하여 학습에서 지식을 획득하는 과정으로 설명하고 있다. 이처럼 자기조절학습의 개념은 연구자들의 이론적 견해에 따라 다르게 정의되고 있으나 다음과 같은 공통된 특징을 갖는다(정미경, 1999).

- 자기조절학습자는 자신의 학업성취를 향상시키기 위해 학습에 메타인지적, 동기적, 행동적 전략을 체계적으로 사용한다.
- 자기조절학습자는 학습 중에 학습의 효과를 알아보기 위해 자기지향적 피드백을 사용한다.
- 자기조절학습자는 특정한 자기조절학습전략을 선택하여 사용하는 방법이나 이유를 설명할 수 있다.
- 자기조절학습의 학습과 동기는 상호 연관성이 있는 과정이다.

이상의 공통된 특징에서 알 수 있듯이 자기조절학습은 학습자를 보다 적극적인 존재로 바라본다. 적극적인 학습자란 스스로 학습의 목표를 설정하고 계획하며 자기 점검과 자기 평가를 통해 자신의 학습을 자각하고 자신의 학습에 통찰력과 확신을 갖는 자기조절학습자라고 할 수 있다. 그러므로 자기조절학습이란 학습자 스스로 학습을 시작하고 조절하며 유지해 가는 목적지향적인 활동이며(Zimmerman, 1986), 자기조절학습을 잘하는 학습자는 유목적적이고 전략적이며 학습에 대한 지속력을 가지고 있다.

2) 자기조절학습의 이론

자기조절학습에 대한 연구는 사회인지이론가인 Bandura의 자기조절 연구에서 비롯되었다. 그 이후 지난 20여 년간 많은 교육학자들이 자기조절학습에 관심을 쏟으며 꾸준히 연구되어 왔으나 학파에 따라 그 관점을 달리하고 있다. 본 절에서는 Zimmerman을 중심으로 하는 사회인지론적 관점과 인지적 측면에 초점을 둔 구성주의 관점을 살펴보고자 한다.

(1) 사회인지적 관점

자기조절학습에 대한 사회인지적 관점은 Bandura의 사회인지이론에 근거를 두고 있으며 인간의 행동은 자기조절될 수 있다고 믿는다. Bandura는 인간은 사회적 환경 속에서 타인의 행동을 보고 자신에게 필요한 행동을 학습하는 방법으로서 학습하게 된다는 관찰학습(observation learning)을 제시하였다. 즉, 인간은 자신이 관찰한 모든 행동을 학습하는 것은 아니며 관찰학습이 완성되기 위해서는 관찰자가 사회적 모델을 자유롭게 선택하고 그 모델의 행동을 적극적으로 주목하여 기억해야하는 관찰자 자신의 조절능력이 요구되기 때문에 자기조절학습과 관련성을 갖는다(김진선, 2004).

또한 Bandura(1986)는 인간이 기능을 발휘하기 위해서는 개인적, 환경적, 행동적 요소들의 상호작용을 강조하면서 각 요소들은 독립적이지만 상호의존적이며 이러한 관계가 유지되기 위해서는 자기효능감이 필요하다고 주장하였다. 자기효능감이란 계획된 목표에 도달하는 데 필요한 행동을 조직하고 실행하는 자신의 능력에 대한 개인적인 믿음으로서, 목표를 성공적으로 수행할 수 있다는 자신감에 의해 학습이 동기화되어 성취기대를 높이고 이에 수반되는 행동을 스스로 조절한다는 것이다. 여기서 효율적인 자기조절이 되기 위해서는 학습자는 자신이 학습하는 동안 자신을 관찰하고(self observation), 특정 기준에 비추어 판단하고(self judgement), 그 결과에 따라 다음 행동을 결정하고 실행하는 자기반응(self reaction)의 3가지 과정이 순환되어야 하는데 이것이 자기조절학습의 결정적인 요인이다.

이와 같은 Bandura의 사회인지이론과 자기조절에 대한 관점을 교육적으로 구체화하여 다양한 연구를 시도한 것이 Zimmerman을 중심으로 하는 자기조절학습의 사회인지적 관점이다.

사회인지적 관점은 표 7-1 과 같이 자기조절학습을 개인, 환경, 행동의 3가지 차원으로 구조화하고 자기효능감, 흥미, 메타인지 등과 같은 개인적인 요인뿐 아니라 환경과 행동적 요인의 상호작용을 주장함으로써 자기조절학습의 범위를 사회적인 차원으로 확장하여 이해한다는 데 의의가 있다.

표 7-1 사회인지적 자기조절학습의 구조

영역	자기조절학습의 결정 요인		
	개인적 요인	행동적 요인	환경적 요인
요인	학생의 지식 메타인지 과정 목표 불안 자기효능감	자기관찰 자기판단 자기반응	모방 언어적 설득 사회적 지원 학습환경 구조화
학습 전략	조직과 변형 시연과 기억 목표 설정과 계획	자기평가 자기강화 기록 유지 자기점검	정보 탐색 교과서, 필기, 시험지 복습 교사, 동료, 성인에게 도움 구하기 환경 만들기

출처: 김진선(2004). 자기조절학습전략이 자기주도적 학습전략과 학업성취도 및 학습태도에 미치는 영향. p.17.

(2) 구성주의적 관점

자기조절학습의 구성주의적 관점은 크게 Piaget를 중심으로 하는 인지적 구성주의 관점과 Vygotsky를 중심으로 하는 사회적 구성주의 관점으로 구분된다.

① 인지적 구성주의 관점

인지적 구성주의 관점은 Piaget의 이론에 근거한 것으로 인지발달이 자기조절학습을 결정한다고 본다. Piaget는 인지발달이란 인간이 환경과의 상호작용 속에서 환경에 적응해 가기 위해 인지구조를 끊임없이 재구성하면서 유연하게 변화시켜 세계를 이해하는 것이라고 주장한다. 다시 말해, 인간이 환경의 요구에 적응하는 과정에서 동화(assimilation)와 조절(accommodation)을 통해 환경과 인지구조와의 조화, 즉 평형 상태(equilibrium)를 이루어 가는데 이것이 자기조절학습의 동기가 되는 것이다.

Piaget의 관점을 따르는 학자들은 자기조절학습을 인지과정 및 전략에 초점을 두고 협의의 정의를 내리기도 한다. 즉, Corno와 Mandinach(1983)은 자기조절학습을 학습자가 지식을 습득하는 과정 중에 사용하는 일련의 학습전략으로 설명하고 있으며, Borkowski(1996)은 자기조절은 메타인지 활동의 최고 수준이라고 말한다. 또한 Paris, Lipson 그리고 Wixson(1983)은 학습자가 학업성취를 높이는 데에는 인지전략에서 자기조절이 잘 이루어져야 한다고 강조한다.

Pintrinch와 De Groot(1990) 역시 자기조절학습에는 여러 가지 정의가 존재하지만 교실 상황에서 성공적인 학업성취를 위해서는 메타인지 전략, 통제요인, 인지전략이 특히 중요한 결정요인이라고 제시하였다. 첫째, 메타인지 전략이란 학생들이 인지를 계획하고 점검·조절하기 위한 전략이다. 둘째, 통제요인은 학업과제에 대한 학생들의 노력을 관리하고 통제하는 것이며 셋째, 인지전략 요인은 학습자가 학습하고 기억하며 이해하기 위해 사용하는 것이다.

인지적 구성주의 관점에서의 자기조절학습은 학습자가 학습하는 과정에서 자신에게 가장 효율적인 학습전략을 선택·관리·평가할 수 있는 학습능력을 강조하고 구체적인 학습전략을 제시해 주었다는 데 의의가 있다.

② **사회적 구성주의 관점**

러시아의 심리학자이자 교육학자인 Vygotsky는 인간의 인지발달은 사회·문화적인 영향을 받는데 사회·문화적인 의미는 학습을 통해 아동에게 내면화된다고 본다. 내면화란 역사적으로 축적된 외부 지식을 아동이 유능한 타인과의 상호작용을 통해 내적으로 흡수하여 자발적으로 사용할 수 있는 상태로서 외적 활동과 내적 활동을 연결하는 매개가 언어라고 주장한다. 따라서 Vygotsky는 언어를 외적 언어와 내적 언어로 구분하고 있는데 내적 언어 중 자기중심적 언어(inner speech)는 지식과 자기통제의 원천이 되는 자기조절의 핵심이 된다.

Vygotsky에 의하면, 처음에 자기중심적 언어는 외적 언어에 의해 획득되지만 성장해 가면서 자기중심적인 언어가 내면화되어 내적 언어가 될 때 비로소 자기조절이 가능해진다고 설명한다. 그러므로 다른 사람과의 상호작용 속에서 일어나는 대화는 자기조절적 언어인 내적 언어를 획득하는 수단이 되기 때문에 자기조절에 있어 사회적 환경은 중요한 요소가 된다.

언어의 기능과 내적 언어의 중요성을 강조한 Vygotsky 관점을 취하는 자기조절학습 연구자들은 자기조절이 언어를 통해 이루어진다고 본다. 즉, 개인의 자기조절은 타율적인 외부 언어가 자기중심적 언어를 거쳐 내적 언어로 내면화되는 과정에서 발달하게 되며, 내적 언어는 학습자가 학습과정에서 자기통제를 향상시키는 동기를 촉진하는 요인이면서 문제를 해결하는 전략이라고 본다. 또한 자기조절학습에서 사회화 과정을 중요시하여 학교와 가정, 사회적 수업환경의 내재화를 강조함으로써 학습자의 자기조절학습을 지원할 수 있는 올바른 교육문화의 조성에 관심을 갖도록 하였다는 데 의의가 있다.

2. 자기조절학습의 구성요인

자기조절학습의 구성요인은 학자들의 관점에 따라 다양하게 제시되고 있다. Sink(1991)는 여러 학자들의 연구를 종합하여 자기조절학습의 구성요인을 인지적인 면과 정의적인 면으로 구분하였다. 인지적인 면에는 영역 특수적인 지식과 전략, 일반적인 학습전략, 학습과 수행에 대한 메타인지적 통제가 포함되며, 정의적인 면에는 자아존중감, 일반적인 자기효능감, 특수적인 자기효능감, 내적 동기, 완성경향성 등이 포함된다.

Zimmerman(1989)은 인간의 인지와 정서는 단순히 역동적인 관계가 아니라 통합적인 관계로 보아야 한다고 주장하면서 인지와 정의적인 측면을 통합하여 구성요인을 제시하였다. 그는 자기조절학습의 중요한 결정요인으로 학습자의 지식, 메타인지, 학습목표, 자기효능감과 같은 개인적 요인, 모방, 설득, 사회적 지원과 같은 환경적 요인, 자기관찰, 자기판단, 자기반응과 같은 행동적 요인으로 구분하였다. Zimmerman의 연구를 토대로 정미경(2008)은 '자기 스스로 선택하고 실행하는 것'이라는 포괄적인 의미에서 자기조절학습의 개념과 구성요인에 대해 그림 7-1 과 같이 모형을 구성하였다.

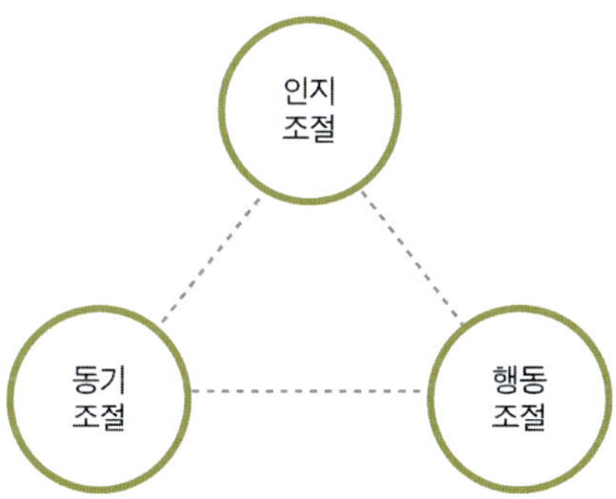

그림 7-1 자기조절학습 개념 모형

출처: 정미경(2008). 학업성취와의 관계를 규명하는 자기조절학습탐구.

위의 모형에서 제시된 구성요인 중 인지조절은 인지전략과 메타인지 전략으로 나뉘는데 인지전략은 정보를 처리하는 과정에서 단기기억에 저장된 정보나 단서를 장기기억으로 저장하기 위해 사용하는 시연, 정교화, 조직화와 같은 실제적인 전략이며, 메타인지 전략이란 자신의 의지를 통제하고 조절하는 것과 관련된 전략들로 계획, 자기평가와 같은 전략을 사용하게 된다. 동기란 학습행위를 강화시키는 심리적 귀인으로서 자기강화, 결과에 대한 기대, 자기효능감 등이 동기조절에 포함된다. 마지막으로 자기조절학습은 능동적인 학습이어야 한다는 측면에서 학습의 효과를 높이기 위해서는 학업성취를 위한 행동의 통제, 자신의 자원을 활용하고 적절한 학습환경과 시간관리 등의 행동조절이 필요하다.

1) 인지 조절(cognitive regulation)

우리가 어떤 정보를 단기기억에서 장기기억으로 정보를 이동시키거나 이미 저장되어 있는 정보가 필요할 때 인출이 용이하도록 하기 위해 의도적으로 행하는 지적 활동을 인지과정이라 하는데, 효과적인 인지과정을 위해서는 인지전략이 필요하다. 인지전략은 학습자가 학습과 사고를 자율적으로 조절하는 내재적인 정보처리과정으로 학습한 내용을 회상하거나 새로운 정보를 기존의 정보나 경험과 연결지어 유의미한 내용으로 이해하는 데 사용하는 전략이다. 여기에는 주의집중, 시연, 정교화, 조직화 등이 포함된다.

그런데 이러한 인지과정을 관찰하고 평가하는 것이 메타인지(meta cognitive)이다. 메타인지는 상위인지라고도 하는데 Flavell(1971)에 의해 처음 소개되었다. 메타인지는 '인지에 대한 인지', '아는 것에 대한 아는 것'으로 학습자가 인지과정에서 스스로 무엇을 얼마나 알고 있는지를 인식하는 것으로, 자기 자신의 수행을 점검하고 평가하는 행동과 그 평가에 따라 이루어지는 전략의 선택 및 사용에 관한 인지적 능력이다(김종순, 1995; Flavell, 1971; Flavell & Miller, 2002).

(1) 인지전략

① 시연하기(rehearsal)

단기기억에 있던 정보를 소리 내어 읽거나 되풀이하는 방법 등을 이용하여 정보가 사라지지 않도록 하는 전략으로, 다른 인지전략에 비해 소극적이지만 매우 간단하면서 교과내용에 집중하는 데는 효과적인 기억전략이다. 일반적으로 어떤 정보가 단기기억에서 더 많이 시연될수록 장기기억으로 전환되기 쉽지만 내용이 학습자의 수준에 적절해야 하며 충분히 반복해서 시연해야 한다.

② **조직화하기**(organization)

기억해야 하는 정보를 서로 관련 있는 범주나 집단으로 묶어 분류함으로써 기억의 효율성을 높이는 전략을 조직화라고 한다. 인간의 뇌는 한 번에 기억할 수 있는 정보량에 한계가 있기 때문에 조직화에 의해 정보를 체계화하면 짧은 시간 내에 더 많은 정보를 기억할 수 있게 된다. 조직화 전략으로는 주요 개념을 중심으로 내용을 분석해 보거나 이들 간에 어떤 관계가 있는지 추론해 보기 등이 있다.

③ **정교화하기**(elaboration)

정교화란 학습 자료를 의미 있게 하기 위해 새로운 정보를 이전의 정보와 관련을 맺어 의미를 부여하는 적극적인 인지전략이다. 그러나 정보를 정교화하기 위해서는 기억해야 하는 정보들을 이미지화하고 그들 사이의 관계를 생각할 수 있는 정신적 자원을 가지고 있어야 하기 때문에 가장 늦게 발달하지만, 일단 사용하게 되면 가장 오랫동안 기억할 수 있는 특성을 지닌다. 정교화 전략으로는 다른 말로 바꾸어 보기, 요약하기, 질문하기 등이 있다.

(2) 메타인지 전략

① **계획하기**(planning)

계획하기란 어떤 정보나 학습내용의 처리과정을 어떻게 조절할 것인지에 대해 계획하는 것으로 문제를 해결하거나 학습목표에 성공적으로 도달하기 위한 전반적인 접근방법 등을 결정하는 것이다.

계획하기에는 학습자가 능동적으로 학습과정을 이끌어 가기 위한 절차와 단계들을 효과적으로 선택하고 배열할 수 있도록 목표를 설정하기, 정독 전 훑어보기, 문제 분석하기 등이 포함된다.

② 자기점검하기(self monitoring)

자신의 이해 정도 및 상태를 스스로 지속적으로 체크하는 인지활동으로 Corno (1986)는 자기조절의 가장 중요한 요인이라고 강조하였다. 자기점검하기 전략은 시험을 치루는 동안 문제 푸는 속도를 의식한다든지 자신의 생각이나 이해가 어디에 있는지를 스스로 체크해 보는 활동이 포함된다. 자기점검하기는 과제의 난이도가 학습자의 수준보다 낮다고 하더라도 주의집중을 하고 자기를 평가하며 이해를 확인하는 등 의식적인 통제를 요하기 때문에 메타인지의 핵심이기도 하다.

③ 수정하기(modifying)

자신의 학습행동을 교정하고, 잘못 이해된 부분을 고침으로써 학습을 향상시키기 위한 것으로 학습 진행상 문제가 발생할 때 현재 사용하고 있는 전략을 수정하는 것이다. 수정하기에는 선택한 활동이 효과적인지 또는 효율적으로 진행되고 있는지를 계속적으로 확인하고 필요할 때 활동을 조정하도록 하는 활동으로 과제가 완성된 후에 일어나게 된다.

2) 동기 조절(motive regulation)

자기조절은 의식적이고 의도적이며 능동적인 활동이므로 동기와 밀접한 관련성을 갖는다. 동기란 '움직임'을 의미하는 라틴어 'movere'에서 유래된 용어로서 사람들로 하여금 어떤 목표를 추구하도록 행동하려는 행동의 방향과 에너지가 되는 심리적 요인이다. 동기는 '동기화' 또는 '동기유발' 등으로 사용되며 행동을 시작하고 유지하게 하는 목적지향적인 의미를 담고 있다. 즉, 행동은 동기가 있어야 나타난다고 할 수 있다. 그러므로 학습에서 동기는 학습행동의 방향과 학습행동의 강도를 설명하는 데 도움이 된다.

특히 1990년대 이후 사회인지주의적 학자들에 의해 자기조절학습에서의 동기적 접근에 대한 연구가 시도되면서 동기와 학습의 관계를 규명하고자 하였다.

이들은 학습자의 동기적 특성이 자기조절학습의 실천과 성공을 규정짓는 중요한 요인이며 자기조절학습이 실패하는 가장 큰 원인을 동기의 부족으로 보고 있다. 즉, 효과적인 자기조절학습을 위해서는 학습자가 기울이는 노력의 양과 방향을 관리할 수 있어야 하고 과제에 참여하는 것에 동기화가 되어 있어야 한다는 것이다.

(1) 자기효능감 높이기

자기효능감이란 과제를 수행할 때 자기 자신이 과제를 성공적으로 완수할 수 있다는 개인적인 신념을 뜻하는데, 과제 수행이나 학업성취 상황에서 수행을 촉진시키는 중요한 개인적인 특성이다. 사회인지 학습이론을 통해 자기효능감의 개념을 제시한 Bandura(1977)에 의하면 자기효능감은 학습행동을 일으키는 원천으로 학습자가 활동을 선택하고 지속적인 노력을 기울이는 데 중요한 영향을 미친다고 보았다. 자기효능감이 높은 학습자들은 낮은 학습자들에 비해 학업능력이 우수하고 학습에 대한 내재 동기가 높으며, 어려운 과제에 대해서도 끈기 있게 도전하며 문제해결에 효율적인 인지전략을 사용한다.

(2) 학습과제에 대한 지향성 높이기

주어진 과제를 성공적으로 수행해 보고 싶다는 동기는 학습에 흥미와 과제에 대한 도전을 유도하며 학습에 대한 만족감과 긍정적 태도를 갖게 한다. Atkinson의 기대-가치이론에 따르면 학습과제를 지향하도록 하는 동기에는 성공 가능성에 대한 지각과 성공에 대한 유인가가 영향을 미치게 되는데 특정 과제를 수행할 때 성공할 수 있을 것이라고 기대하는 사람은 그렇지 않은 사람에 비해 그 과제를 기꺼이 수행하고자 한다. 또한 성공 가능성이 높은 과제보다 성공확률이 낮은 과제를 성공적으로 수행할 때 더 큰 자부심을 경험하게 되는데 이러한 성공 동기가 학습자로 하여금 과제에 대한 지향성을 높이고 성취하고자 하는 노력을 기울이게 만든다.

(3) 성취가치를 인식하기

성취가치란 동기의 가치요인으로 과제가 가지고 있는 중요성과 활용성의 가치, 내재적 가치로 구분된다. 특정 과제가 얼마나 중요하며 활용할 가치가 있는지에 관심이 있고, 자신에게 흥미가 있을 때, 학습자는 더 많은 노력과 오랜 지속력, 높은 수행능력을 보여준다(박승호, 2012; Ames & Archer, 1988). 학습자의 성취가치를 높이기 위해서 교사는 학습자들에게 가치 있는 학습과제를 제공해야 하며 학습자들이 학습하고 있는 내용 그 자체뿐 아니라 다른 학습과도 연계되어 도움을 줄 수 있음을 충분히 인식할 수 있도록 해야 한다.

3) 행동 조절(behavior regulation)

효율적인 교수-학습 방법에 대한 연구들은 능동적인 학습자의 역할을 강조하며, 유능한 학습자가 활용하는 효과적인 학습전략과 학습과 관련된 자원을 어떻게 관리하는가의 주제로 나누어 볼 수 있다.

행동 조절은 자원관리전략에 포함되는데 이는 학습수행 과정이라기보다 수행을 시작하고 지속할 수 있도록 하는 학습지지적 전략으로 학습시간, 학습환경, 교사, 부모, 동료 그리고 학습자 자신 등이 여기에 속한다.

Zimmerman(2000)은 자기조절학습은 학습자의 의지에 따른 자율적인 학습활동이므로 학습자의 행동 조절이 반드시 수반되어야 하며, 학습자가 스스로 자신의 행동을 통제하고 평가하는 자기통제를 통해 학습의 주체로서 책임감을 가질 수 있다고 하였다. 여기서 자기통제(self control)는 학습의지에 대한 통제로서 학습이 진행되고 있는 상황에서 목표를 성취하기 위해 다른 유혹에 직면했을 때 자신의 의지를 조절하고 통제할 수 있는 개인의 능력이다.

Wolfe와 Johnson(1995)의 연구에 따르면 자신을 잘 통제할 수 있는 학생은 성적이 우수하고 개인적인 적응 수준이 높은 것으로 나타났으며 만족지연 연구(Mischel, 1988)에서도 자기통제는 상당히 안정된 특성으로 학업성취 및 장래의 목표를 달성하는 것과 관련이 있는 것으로 나타났다.

(1) 행동 통제

자기조절학습에서 행동 통제는 여러 어려움에 부딪혀도 포기하지 않고 학습을 계속해 나가는 능력으로 외적 조건에 통제되지 않고 자신의 의지와 전략으로 스스로 행동을 관리하며 통제하는 것을 의미한다. 행동 통제는 학습자가 자신의 목표를 달성하기 위해 선택, 노력, 지속성, 도움 추구 등을 포함하는 실제 행동을 체크하고 조절하고 통제한다. 또한 복잡한 상황에서 보다 긍정적인 정서 상태를 유지하고 긍정적으로 기대하며 능률적인 행동을 계획하는 데 도움을 준다.

(2) 도움 구하기

학습 과제를 완수하기 위해 학습자가 자신이 사용할 수 있는 주변의 자원을 적극적으로 사용하는 노력으로 자신의 힘으로는 해결하기 어려운 과제에 부딪쳤을 때 자신보다 더 잘 알고 있다고 여겨지는 사람들에게 도움을 요청하는 숙달 지향적 전략이다. 도움 구하기는 Vygotsky가 제시한 근접발달영역의 개념에서 학습자가 자신의 학습을 위해 보다 적극적이며 능동적으로 행동하려는 의지로 의존 지향적 행동과 구별되어야 한다. 교사는 학습자가 새로운 과제에 숙달되기 위해서는 질문을 하거나 도움을 요청하는 행동이 필요함을 격려해야 한다.

(3) 학습시간의 관리

효과적인 학습시간의 관리는 학습자가 학습목표를 설정하고, 과제를 효율적으로 성취하기 위해 우선순위를 설정하고, 시간과 자원을 사용하여 실천하는 마스터플랜이다. 학습시간 관리는 학업우수자들에게 관찰되는 특성으로 학습에 대해 시간계획을 세우고 과제에 맞게 시간을 배정하고 지속적인 자기관찰을 통해서 노력의 정도를 조절할 뿐만 아니라 자기효능감이나 학업만족도에도 영향을 미치는 학업성취의 중요한 변인이다.

3. 자기조절학습과 학업성취

정보가 양적으로 급격하게 팽창하고 질적으로 고도화되는 지식 · 정보화 기반 사회에서 주입식 교육의 한계성이 드러나기 시작하면서, 성공적인 학업성취를 위한 자기조절학습의 필요성이 부각되고 있다. 실제로 자기조절학습에 관한 연구들은 '주입식 교육-수동적 학습자'라는 교실의 문제를 해결하기 위한 노력에서 비롯되었으며, 많은 학자가 학업성취와의 관계를 규명하기 위해 연구의 주제로 삼아왔다(Pintrich & De Groot, 1990; Zimmerman, 1989; Zimmerman & Martinez-Pons, 1990).

자기조절학습과 학업성취와의 관계에 대한 Wang(1983)의 연구에서 자기조절능력이 우수한 학습자들은 이미 학습한 개념을 사용하여 이해하고 문제해결에 끈기 있게 대처하지만 자기조절 기능이 낮은 학습자들은 효과성 없이 주어진 문제해결 방법을 적용하는 경향이 있음을 발견하였다. 고등학생의 영어와 수학교과를 대상으로 한 Zimmerman과 Martinez-Pons(1988)의 연구에서도 학업성취 수준이 높은 학습자들은 낮은 수준의 학습자들에 비해 다양한 자기조절학습전략을 사용하였다. 또한 자기조절학습의 요인들은 학습과제나 유형에 상관없이 학업성취를 80%까지 예언할 수 있는 변인임이 밝혀지면서 자기조절학습이 학업성취에 중요한 영향을 주는 요인으로 지적되고 있다.

국내 연구에서는 중학교 2학년과 고등학교 2학년, 486명을 대상으로 자기조절학습의 모형을 개발한 양명희(2000)의 연구에서 자기조절학습의 모든 구성변인이 학업성적과 유의한 상관을 보임으로써 학업성적을 결정하는 요인으로서의 위치를 부각시켜 주었다. 정미경(1999)은 초 · 중 · 고등학생을 대상으로 한 횡단연구에서 자기조절의 구성요인인 메타인지, 동기, 학습전략은 연령에 비례하여 증가하는 능력이 아니라는 사실을 발견했다. 학년이나 연령과 상관없이 학업성취 상위집단의 학습자들은 중간이나 하위집단의 학습자들에 비해 자신의 능력에 대한 신념이 강하고, 인지 및 메타인지 전략을 효율적으로 사용하며 학습에 대한 흥미가 높음을 확인하였다.

일부 학자들은 자기조절학습과 학업성취의 관계에서 특정 구성요인에 초점을 두기도 하였다. 사회인지적 관점에서 강조하는 동기 요인 중 자기효능감에 대한 연구들은 자기효능감이 학업 수행에서 성공 및 학업적 지속성과 밀접한 관련이 있다고 말한다(Multon, Brown & Lent, 1991). Pajare(1996)의 연구에 따르면 자기효능감과 학업수행 간의 상관계수가 r=.49~.70으로 높은 상관이 있다는 연구결과를 제시하면서 자기효능감은 지능만큼 강력한 학업성취의 결정요인이라고 설명한다.

동기와 학습전략의 활용관계에 대해 분석한 Pokay와 Blumenfeld(1990)의 연구에서도 학습과제가 흥미롭고 중요하다고 생각하는 학생들이 보다 더 적극적으로 참여하고 메타인지 전략을 효과적으로 사용하며 학습에 지속적으로 몰입한다고 보고하고 있다.

또한 자기조절학습의 구성요인 중 메타인지와 관련한 연구들은 메타인지와 학업성취 사이에 정적인 상관이 있음을 보고하고 있다(양명희, 2000; Flavell, 1987; Pintrich, 2000). 학업우수아와 부진아 간 메타인지 전략의 차이를 탐색한 Winograd(1984)의 연구에서는 학습자들에게 글을 읽고 요약 과제를 수행하도록 하고 요약하는 능력, 글의 중점내용을 파악하는 능력, 전환능력을 중심으로 비교하였다. 그 결과 학업우수아들은 부진아에 비해 자신이 이해한 정도를 인식하고 자신의 이해를 끊임없이 확인함으로써 글의 맥락에서 자신이 이해한 부분과 이해하지 못한 부분에 대해 잘 알고 있었으나, 학업부진아들은 자신이 무엇을 이해하고 있는지에 대해 인식하지 못할 뿐 아니라 이해하려고 노력하지 않았다. 다시 말해, 학습자에게 주어진 정보를 처리하는 과정과 흐름을 조정하고 관리하는 메타인지를 좀 더 적극적으로 사용하는 학습자가 그렇지 않은 학습자보다 더 나은 학업수행 능력을 보인다는 것이다.

초등학교 학생을 대상으로 한 김희수(2000)의 연구에서도 메타인지 전략이 문제이해력과 해결력, 문제해결의 정확성, 자신감 등을 높임으로써 학업성취에 긍정적인 영향을 미치는 것으로 설명하고 있다.

이상의 선행연구들을 종합해 보면 자기조절학습은 학업성취와 정적인 상관을 나타냄을 알 수 있다. 그러므로 교사들은 교육현장에서 학습자들이 자신에게 맞는 효과적인 자기조절학습 전략을 선택할 수 있는 능력을 키워줄 수 있는 체계적인 프로그램과 학습환경을 구성해야 할 것이다. 즉, 교사는 각 교과에 적합한 교수법을 찾아 학습자 개인별로 교수-학습 형태를 마련하고 학습과제를 수준별로 부과하며 과제 수행에 흥미와 의욕을 갖고 자신의 역량을 발휘할 수 있도록 안내해야 한다. 또한 다양한 매체를 활용하거나 토의 및 토론하기, 조사활동, 답사와 견학 등 다양한 학습방법을 활용하여 학습자가 자율적으로 문제해결에 접근해 가는 능력을 길러줄 수 있는 기회를 제공해 주어야 한다(유승구, 2011). 나아가 학습자가 자기조절학습을 통해 학습목표를 성취하고 자신감을 느낄 수 있도록 해야 할 것이다.

Chapter 8

특수한 학습자

배울 내용

1. 영재아
2. 학습부진
3. 지능발달장애
4. 정서발달장애
5. 통합교육

학습 목표

1. 영재아의 특성 및 판별, 영재교육에 대해 설명할 수 있다.
2. 학습부진의 원인 및 지도방법을 알고 이를 교육현장에 적용할 수 있다.
3. 지능 · 정서발달장애아의 특징과 바람직한 지도방법에 대해 설명할 수 있다.
4. 통합교육에 대해 알고 이를 교육현장에 적용할 수 있다.

개요

교육의 궁극적 목적은 학생 개개인이 가진 잠재능력을 최대한 실현하도록 돕는 것이다. 일반 학습자와는 달리 특수한 학습자는 일반적인 교육내용이나 수업방법만으로 지도하는 데 한계가 있는 학생들로서, 이들에 대한 충분한 이해가 우선되어야 하며 이들에게 적합한 지도가 요구된다.

일반 학습자가 개인의 적성, 특성, 소질에 알맞은 적절한 교육을 받을 권리가 있는 것과 마찬가지로, 특수한 학습자들도 이들의 특성을 고려한 전문적인 교육을 받을 권리가 있다. 다양한 능력, 다양한 문제를 가진 학습자들이 지적·정서적으로 건강한 생활을 할 수 있도록 배려하고 도움을 주는 것이야말로 반드시 필요한 교육적 조치이며 교육이 지향해야 할 바이다. 이를 위해 학교에서 특수한 학습자들에 대해 올바로 이해하고 학생 개개인의 특성을 충분히 고려한 과학적이고 체계적인 교육적 접근이 이루어져야 할 것이다.

이에 이 장에서는 특수한 교육적 조치를 필요로 하는 특수한 학습자로서 영재아, 학습부진아, 지능발달장애, 정서발달장애아를 중심으로 주요 특징과 지도방법 등을 고찰해 보고, 나아가 이들이 일반 학생들과 함께 교육받는 통합교육에 대하여 고찰해 보고자 한다.

1. 영재아

1) 영재의 개념 및 특징

영재를 정의하는 기준은 시대나 학자에 따라 매우 다양하다. 미국 교육부의 영재아(gifted student)에 대한 정의를 보면 '영재아 · 재능아란 뛰어난 능력을 갖고 있어 훌륭한 성취를 보일 가능성이 있다고 판별된 아동으로서 그 사신과 사회에 기여하기 위해 정규 교육과정이 제공하는 것 이상의 변별적인 특별 교육 프로그램이나 도움을 필요로 하는 아동, 다음의 한 분야 또는 여러 분야(일반 지적 능력, 특수 학문 적성, 창의적 · 생산적 사고, 지도력, 시각 및 공연예술, 정신운동능력)에서 이미 성취를 나타내거나 성취할 잠재능력이 있는 아동들(전체 학생의 3~5%)'이라고 제시하고 있다. 우리나라를 포함하여 대부분의 나라에서 지능이 해당 연령의 상위 5% 이내에 속할 때 영재로 보는 경향이 있다.

그러나 영재의 개념 규정은 시대의 가치와 준거에 따라 얼마든지 달라질 수 있으며, 이러한 사실은 영재에 대한 우리의 편협한 생각이 교육적으로 얼마나 무모한 결과를 자아낼 수 있는지에 관한 중요한 정보를 준다. 영재의 개념을 규정함에 있어서 전문가들은 다음과 같은 의견의 일치를 보이고 있을 뿐이다.

- 영재란 단지 높은 지능만을 의미하는 것은 아니다.
- 인지적 요소뿐만 아니라 동기와 같은 비인지적 요소가 포함되어야 한다.
- 영재성을 실현하는 데는 환경이 결정적인 요인이 될 수 있다.
- 영재성이란 단일한 형태가 아닌 매우 복합적인 형태로 존재하므로 하나의 측정방법으로만 평가할 수 없다.
- 영재에 대한 판별은 조작적 정의에 의해서 이루어져야 한다. 즉, 단순한 추정이 아니라 분명한 근거가 있어야 한다.

Renzulli(1978)는 영재성을 결정하는 요인으로 지적 요인과 비지적 요인을 모두 포함시켜 평균 이상의 능력, 과제 집착력 그리고 창의성을 들고 있다. 즉, 영재성이란 이 세 요인이 상호작용하고 각 요인이 모두 같은 정도의 영향을 미친다고 하였으며, 각각의 요인이 모두 적어도 85% 이상일 뿐만 아니라 적어도 한 가지 요인은 98% 이상일 때 탁월한 영재성이 나타난다고 주장한다(송인섭 외, 2008). 그림 8-1 은 Renzulli의 영재성에 대한 정의를 그림으로 나타낸 것이다.

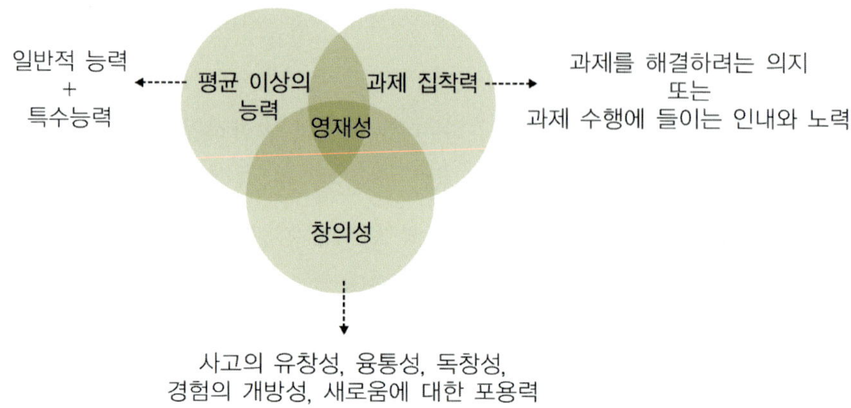

그림 8-1 Renzulli의 영재성 정의

출처: Renzulli, 1978; 이지연, 김태준, 2011, p.135, 재인용

그러므로 영재란 특정한 영역에 대하여 평균적 능력을 소유한 사람보다 높은 수준의 능력과 창의력, 강한 과제 집착력이라는 세 가지의 심리학적 특성을 잠재적으로 보유하고 있는 사람으로서 그에 적합한 특수한 교육과정이 필요한 사람이라고 볼 수 있다.

2) 영재의 판별

영재교육은 해당 영재성의 개념 규정, 규정된 개념에 기반을 둔 판별, 해당 프로그램의 투입, 평가의 절차로 진행된다. 이러는 과정 속에서 판별은 영재교육의 성패를 가르는 가장 중대한 변수다. 판별의 오류가 적을수록 영재교육은 성공적인 결과를 얻을 수 있다. 판별이라는 작업의 가장 중대한 초점은 정확한 영재의 선정이다. 즉, 영재임에도 판별되지 못하는 경우가 없도록 하는 일이 가장 중요한 관건이 된다. 그러므로 판별도구는 신뢰도와 타당도가 높아야 하며, 판별절차 또한 한 번이 아닌 여러 단계로 이루어져야 한다. 또한 영재아는 중·고등학생이 되면서 영재인지 아닌지를 아는 것보다도 어느 정도 영재인가 또는 어느 영역에서 재능이 있는가를 아는 것이 더 중요하다(송인섭, 김누리, 2005).

예전에는 단순하게 지능지수(IQ)가 유일한 판단기준이 되었다. 그러나 영재의 특성과 재능은 다양하기에 그 판별과정에서도 이러한 특성들이 최대한 반영될 뿐만 아니라 잠재적 능력까지도 고려되어야 할 것이다. 서울대 교육연구소(1994)의 『교육학 용어사전』에서는 영재의 판별에 대해 다음과 같이 제시하고 있다. 우선 판별의 기본 원칙은 다음과 같다(송인섭 외, 2008).

- 판별의 시기는 어릴수록 좋다.
- 지능이란 단일한 기준보다는 다양한 도구와 절차를 활용한다.
- 일회적인 판별보다는 지속적인 판별이 요구된다.
- 취학 전이나 초등학교 저학년 아동들의 경우 판별의 정확도를 기하기 어렵기 때문에 많은 비율의 아동 선발이 필요하다

최근의 영재판별 방법은 단일 접근보다는 다특성·다단계 방법을 통하여 판별의 타당성을 높이고자 하는 경향이 있다. 즉, 교과 성적, 지능검사, 창의성검사, 학업성취도 검사, 적성검사, 행동특성 검사, 행동관찰, 산출물의 질, 학교 또는 학교 이외의 상황에서 나타난 영재성을 보여주는 여러 가지 행동이나 산출물, 자기 보고서, 교사 보고서 등과 같은 다양한 정보를 통해 판별하여야 한다. 여러 단계를 거쳐 영재를 판별하더라도 지속적인 판별활동을 통해 판별결과의 정확성과 판별절차의 타당성을 검증해 볼 필요가 있다. 또한 대상의 연령, 신체·정신적 특성 등에 따라 적합한 방법과 도구를 사용해야 한다.

지능은 보통 정상분포곡선에서 상위 2~3%에 해당하는 IQ 130 이상, 학업성취 수준은 흔히 정답률 90% 이상, 높은 수준의 창의적 행동 특성 소유, 높은 과제 지속성 등이 요구된다. 판별과정은 객관·주관적 평가 자료를 모두 포괄하며

일반적으로 다음과 같은 다단계 판별을 거친다(문은식 외, 2010).

- 1단계 : 추천(학교장 및 교사, 영재교육 전문기관, 부모 등)
- 2단계 : 표준화검사(지능, 성취도, 창의성, 인성검사 등), 면접
- 3단계 : 수행검사(연주, 실험 등)
- 4단계 : 영재교육 프로그램에의 투입, 관찰

우리나라 영재판별 절차에는 몇 가지 문제점이 있는데 그 중에서 가장 큰 문제는 타당도와 신뢰도가 검증된 객관적인 판별도구의 미비와 신뢰도가 높은 판별자의 부족이라는 측면이다. 이러한 문제점은 영재교육에 대한 사회심리적인 관심의 증가와 더불어 정책적인 지원이 확충될 때 비로소 보완될 수 있을 것이다.

3) 영재교육

우리나라 영재교육진흥법 제1조에 제시되어 있는 영재교육은 재능이 뛰어난 사람을 조기에 발굴하여 타고난 잠재력을 개발할 수 있도록 능력과 소질에 맞는 교육을 실시함으로써 개인의 자아실현을 도모하고 국가 · 사회발전에 기여하게 함을 목적으로 하고 있다. 이제 잠재적 가능성을 가진 학생들이 그들의 재능을 마음껏 발휘할 수 있도록 도와줄 수 있는 교육적 조치가 필요하다.

영재학생을 위한 교육으로는 학습촉진 프로그램(acceleration program), 심화학습 프로그램(enrichment program), 영재학생 집단 구성을 통한 교육 등이 있다. 학습촉진 프로그램이란 월반, 조기입학, 조기졸업, 학교급 간 협력 프로그램(예: 미국의 AP과정) 등을 말한다. 심화학습 프로그램이란 정규과정보다 훨씬 광범위하고 깊이 있는 학습을 위한 프로그램을 말하며, 영재학생 집단 구성을 통한 교육기관으로는 과학고등학교, 예술 중 · 고등학교, 외국어 고등학교, 영재교육원, 영재학교, 영재학급, 영재연구소 등이 있다.

영재교육이 시작된 초창기에는 주로 속진학습 방법을 이용한 프로그램이 운영

되었다. 그러나 속진학습은 영재의 빠른 학습능력만 고려했을 뿐 그들에게 내재되어 있는 폭넓고 깊이 있는 사고능력을 제한하는 방법이라는 반성이 교육학자 내에서 점차 확산되고, 더욱이 속진 자체가 영재를 해당 연령의 학습자로부터 격리시킬 수도 있다는 비판이 제기되면서 최근에 와서는 속진보다는 심화학습 방법을 더욱 선호한다.

속진학습은 학습속도가 빠른 학습자에게 진도를 빨리 나갈 수 있도록 교육장치를 만드는 것이지만, 학생의 흥미나 동기보다 능력과 성취도에 중점을 두고 있기 때문에 영재의 사회적 성숙도와 같은 측면에서 볼 때 단점을 가지고 있는 것 또한 사실이다. 상대적으로 심화학습은 정규교육과정 외의 교육내용을 첨가하여 보다 깊이 있고 폭넓은 전문성을 키워 나갈 수 있도록 운영하는 것인데, 경제적인 측면이나 전문교사의 자질 부족과 같은 단점 역시 지니고 있다.

영재를 위한 교육은 영재 개개인의 능력, 학습 속도, 그리고 선호하는 학습방법에 따라 각자에게 적절한 교육목적과 세부목표를 정해 주고 그에 알맞은 교육적인 배려, 즉 개별화된 교육을 시행해 줄 때 더욱 효과적이다.

현실적으로 볼 때, 영재는 속진과 심화학습이 동시에 필요한 학습 특성을 지니고 있기 때문에 영재교육 실제에서 속진과 심화학습을 따로 구분하여 적용하기보다는 오히려 속진과 심화를 통합하거나 교육과정에서 상호 보완적인 요소로 적용하는 것이 더욱 바람직할 것이다.

2. 학습부진

1) 학습부진의 개념 및 특성

학습부진아(underachiever)란 자신의 지적 능력에 비해 학업성적이 많이 떨어지는 학생을 지칭한다. Kirk(1972)는 학습부진아를 '지적 결함을 가진 학생이라기보다 교육과정의 적응에 곤란을 겪는 학생'이라고 하였으며, Ingram(1953)은 '학년

진급에 있어 만족할 만한 성과를 내지 못하여 연령집단 수준의 학업성적을 얻는 데 장애를 보이는 학생'이라고 하였다. 박성익(1986)은 '정상적인 학습능력이 있으면서도 선수학습 요소의 결손으로 인하여 설정된 교육목표의 최저 학업성취 수준에 도달하지 못한 학습자'라고 정의하고 있다. 이와 같이 학습부진은 그 원인이 무엇이든지 자신의 지적 능력에 비하여 학업성적이 떨어지는 학생을 지칭하는 것으로 보는 견해가 일반적이다.

학습부진의 개념은 학습장애의 개념과 구분되어 설명되지만 중복되는 부분도 있다. 학습부진아는 학습장애아와 유사한 개념으로 자신의 능력에 비해 학업성취 수준이 낮은 학생을 일컫는다. 두 개념 모두가 정상적인 지능 수준을 포함하며 학업성취가 부진하다는 공통점을 가지고 있다. 그러나 학습장애로 인한 학업성취 부진은 개인의 읽기, 쓰기, 말하기, 셈하기 등과 같은 특정 분야 혹은 여러 분야의 장애에 의한 것인 반면, 학습부진은 원인이 무엇이든 학습결과가 최저 수준에 미달된 경우라는 점에서 차이가 있다. 또한 학습부진은 학습장애 판별의 주된 준거가 되지만 이는 하나의 필요조건일 뿐 충분조건은 아니다(Reynolds, 1986).

학교현장에서 교사들이 학습부진과 학습장애(learning disability)를 올바로 이해하지 못해 학생지도에 어려움을 겪는 경우가 있다. 학습부진과 학습장애 모두 정상적인 지능 수준을 가지고 있으며 학업성취가 부진하다는 점에서 공통점이 있지만, 생물학적 이상을 동반하지 않는 단순한 학습부진과 정보처리과정의 장애로 인해 나타나는 학습장애는 별도의 교육적 조치가 필요하다.

Myers와 Hammill(1976)은 학습부진아의 특성으로 과잉활동이 주의집중 결여로 이어지고 기억에 영향을 미쳐 학업에 실패하게 된다고 하였다. 학습부진아들은 일반적으로 지적 호기심, 탐구심, 흥미, 동기 등이 결여되어 있으며, 학습과정에서도 주의집중력이 결여되고 반응 속도가 느리고 통제력과 끈기가 부족한 편이다. 만성적인 학습부진은 학업에서의 잦은 실패와 성공 경험의 부족으로 좌절감과 열등감, 낮은 자기존중감, 부정적 자기개념 등을 갖게 하여 건전한 성장을 방해하기도 한다. 또한 학업불안이 심하며, 자기비판적이고 낮은 포부 수준, 학교에 대한 부정적인 태도, 죄책감 등을 갖는 경향이 있다.

그러나 이러한 특징들은 때때로 정상 학생들에게도 나타날 수 있는 것이며, 학습부진아라 하더라도 모든 특성을 가지고 있는 것은 아니다. 결국 학습부진아의 특징을 판별할 때에는 모든 특징을 고려하는 동시에 결과적으로 기대되는 학업성취와 실제 학업성취 간의 의미 있는 차이를 보이는가에 초점을 맞추어야 한다(Gearheart, 1976).

2) 학습부진의 원인과 지도방법

학습부진을 초래하는 원인은 매우 다양하기 때문에 학습부진의 원인을 진단·파악하고 개인의 특성에 비추어 그에 대처하는 개별화된 지도방안이 요구된다. 학습부진의 원인은 학습자 요인과 환경적 요인으로 구분할 수 있다. 학습자 요인으로는 신체적 요인, 지적 요인, 정의적 요인 등을 들 수 있으며 환경적 요인으로는 가정환경, 학교환경, 사회환경 등을 들 수 있다(문은식 외, 2010).

신체적 요인으로는 병약, 허약체질, 시각·청각상의 문제, 언어장애, 운동기능장애, 영양실조 등을 들 수 있으며, 신체적 요인이 학습부진의 주 원인으로 작용했다면 의학적인 진단과 치료가 우선되어야 한다.

지적 요인으로는 선수학습의 결손, 기억력 약화, 언어능력 또는 특정 능력의 부족, 학습방법의 미숙, 학습부진의 누적, 학업 기초능력에서의 문제 등을 들 수 있다. 이러한 경우, 과목별로 현재의 학습능력 및 성취 수준을 평가해 보고 어느 정도 수준인지 파악하여 학업문제를 해결하기 위한 계획 수립에 활용하고 기초학습기능검사, 학습습관검사 등을 통해 현재의 학업 기초능력과 바람직하지 못한 학습습관을 파악해 볼 필요가 있다. 학습능력을 증진시키기 위하여 학습방법, 학습전략, 기억전략 등과 같은 전략훈련과 학습환경의 개선이 필요하며, 학습하는 데 방해가 되거나 장애가 되는 결함이나 약점(예: 잘못된 학습습관)은 제거하고 개인별 진단결과에 따라 적절한 학습과제와 프로그램을 실시하는 것이 좋다.

정의적 요인으로는 학습 흥미, 호기심, 의욕 결여로 인한 학습동기 저하, 불량한 학습태도, 정서적 불안정, 혼란, 불안, 우울, 주의산만, 부정적 자아개념 등을 들 수 있다. 따라서 학습과제를 선택할 때 학습자의 요구와 흥미를 충분히 고려하고 효과적인 동기유발 방법을 활용하여 학습동기를 북돋워 주어야 한다. 불량한 학습태도를 교정해 주고, 심각한 정서적 문제는 전문가에게 의뢰하여 도움을 받는 것이 좋다.

가정환경 요인으로는 가정의 사회·경제적 지위와 문화적 환경, 부모의 양육태도, 자녀에 대한 관심, 기대, 보상체제, 교육방법, 가정 분위기, 부모-자녀 관계 등을 들 수 있다. 가정의 풍부한 문화·교육적 환경의 조성과 적절한 자극의 제공, 충분한 애정과 관심, 안정된 가정 분위기, 상호 지지적인 원만한 부모-자녀 간의 관계 등은 학습부진을 예방할 수 있다.

학교환경 요인으로는 학교의 시설, 학급당 인원수, 학생의 출발점 행동의 오진, 불충분한 학습지도, 학생 수준에 맞지 않는 교육내용, 교사와 학생과의 관계, 교사의 인성, 교우관계 등을 들 수 있다. 따라서 보다 쾌적하고 즐거운 학교환경을 조성하고 학급당 인원을 개별화하여 수업이 가능한 규모로 줄이고, 학생의 지적·정의적 특성에 대한 올바른 이해와 개인차를 고려한 수준별 수업, 민주적인 학급 분위기 조성, 원만한 인간관계 형성 등이 필요하다.

사회환경 요인으로는 거주지역, 또래집단, 유해환경, 사회의 가치풍조 등의 영향을 들 수 있다. 유해환경이 밀집된 지역에 학교 또는 집이 있는 경우 등·하교할 때 유해환경에 노출되어 유혹에 빠져들기 쉽고 황금만능주의, 한탕주의 가치풍조 등이 공부할 필요성을 무력화시킴으로써 공부를 멀리하게 하는 결과를 초래하게 된다. 따라서 이러한 유해환경에 쉽게 동요되지 않도록 올바른 가치관을 형성하고 판단능력을 키울 수 있도록 해야 한다.

학습부진아를 위한 프로그램은 내용에 따라 다음과 같이 분류할 수 있다 (Deshler, Lowery & Alley, 1979).

- **기초학습 기능형**: 읽기, 쓰기 등 기초학습 기능에 초점을 둔 프로그램
- **교과 개별 지도형**: 학생들이 직접적으로 관련 없는 내용 때문에 흥미를 느끼지 못할 경우 교육과정 영역에서 지원·보충적 역할을 하는 프로그램(Lerner, 1976)

- **직업 프로그램**: 학습자의 흥미와 능력에 맞게 직업을 탐색·준비시키는 과정
- **학습전략형**: 학습부진아의 공부방법을 발전시키고 수업활동을 개선시키는데 목적을 둔 공부기술을 가르치는 프로그램
- **심리치료형**: 아동에 대한 압력의 감소, 교사-학생, 학생-학생의 인간관계 개선, 동기 양식이나 수준의 변화, 자아 개념의 긍정적 변화 등을 목적으로 하는 프로그램.

이러한 여러 가지 유형의 프로그램을 실시할 경우, 대상 학생의 연령, 결함 정도와 유형, 학교 형편 등을 충분히 고려해야 한다. 그리고 이러한 프로그램은 정규 학급과 구분하여 실시할 때에는 학생들의 정서적 측면에 부정적 영향을 줄 수 있으므로 세심한 주의가 필요하다.

3. 지능발달장애

1) 지적장애

지적장애(intellectual disability)는 일반적으로 지적 기능이 낮아 적응에 어려움이 있는 경우를 말하며, IQ검사에 의해 측정되며 IQ 70을 지적장애로 판별하는 기준으로 삼는다. 그러나 그 이하인 IQ 점수만으로 한 아이가 지적장애를 가진 것으로 진단하기에는 충분치 않다. 따라서 적응행동, 매일 매일의 독립적 생활과 사회적 기능에도 역시 문제가 있어야 한다(Woolfolk, 2007).

지적장애를 가진 학생들은 인지적, 사회적 발달이 대부분 지체되어 있다. 이들은 다음과 같은 특징을 모두 가지고 있다(Luckason et al., 2002).

- 평균 이하의 지능

  이러한 학생들의 지능은 매우 낮아서 보통 70점대 이하이고(동년배 지능의 하위

2% 정도에 해당됨), 모든 학업 영역에서 배우는 속도가 느리고 수행이 미숙하다.

- 적응적 행동에서의 결함

  이러한 학생들은 매우 어린 아동들이 하는 행동을 한다. 적응적 행동(adaptive behavior)에서의 결함으로 일상적인 활동과 같은 실제적 기능과 사회적 상황에서 적절히 행동하는 것과 같은 사회적 기능에 문제를 보인다.

지적장애아는 중요한 자극 특성을 변별할 수 있는 선택적 주의집중에 어려움이 있고, 주의집중의 지속시간이 짧다. 또래보다 기억력이 낮은데, 특히 단기기억에 문제를 보인다. 또한 새로운 일이나, 문제 상황에 지식이나 기술을 적용하는 능력이나 일반화에 많은 어려움을 겪는다. 언어발달이 지체되거나 한정된 어휘를 사용하기도 한다. 주위의 성인에게 지나치게 의존하는 경향이 있고, 친숙하지 못한 과제를 할 때 낮은 목표를 설정하는 경향이 있다. 자신의 행동을 조절하고 통제하는 능력이 부족하다.

지적장애를 유발하는 요인으로 종종 유전적 요인을 들 수 있다. 예를 들어, 다운증후군을 가진 아동들의 인지적, 사회적 발달은 일반적으로 지체된다. 다른 부류의 지적장애는 심각한 영양실조, 임신기의 과도한 음주, 난산과정의 산소결핍 등과 같은 유전적 요인은 아니지만 생물학적 요인으로 발생한다. 또한 부모의 방치와 극심한 빈곤, 자극이 없는 가정환경 등과 같은 환경적 요인이 원인이 될 수 있다(Beirne-Smith, Patton & Kim, 2006). 지적장애아를 지도하기 위해 도움이 되는 방법은 다음과 같다(이명숙 외, 2011).

- 잘 배울 수 있도록 수업을 천천히 진행하라.

  지적장애를 가진 학생들을 가르칠 때 교사들은 새로운 주제와 과제를 이들이 충분히 숙달할 수 있을 정도로 천천히 다루어야 한다. 이들은 일반적으로 학업과제에 대한 실패 경험이 많다. 따라서 열심히 하면 많은 과제를 성공적으로 수행할 수 있다는 것을 학습할 수 있도록 많은 성공 경험이 필요하다.

- **효과적인 인지과정과 바람직한 행동을 촉진시키기 위하여 많은 발판을 제공하라.**
  이들은 새로운 정보를 어떻게 기억하고 학습해야 하는지 거의 모르기 때문에 반복하도록 한다거나, 새로운 철자를 매일 연습하도록 하는 것과 같이 구체적인 제안이 도움이 된다. 교사는 이들이 공부하면서 초점을 맞추어야 할 것이 무엇인지를 구체적으로 알려줌으로써 도움을 줄 수 있다. 또한 다양한 과제를 수행하도록 하기 위하여 분명하게 지시를 하는 것이 좋다.
- **교육과정에 직업 기능과 일반 생활 기능을 포함시켜라.**
  지적장애를 가진 대부분의 학생들에게 고등학교에서 일반적인 삶과 일터에서 사용할 기술을 훈련하는 것은 중요한 교육과정의 일부이다. 그러한 훈련은 학생들이 학교를 떠나서 직면하게 될 상황과 매우 밀접한 장소에서 이루어질 때 효과적이다.

학교가 특수학생을 위한 완전한 통합교육 프로그램에 참여하고 있지 않는 한 보통 교사들이 중도나 중등도의 지적장애 학생과 연결되는 일은 흔치 않다. 그러나 경도의 지적장애 학생은 가르칠 수 있다. 초등학교 시기의 지적장애아를 위한 학습목표는 기초 단계의 읽기, 쓰기, 산수, 지역환경에 대한 학습, 사회적 행동과 개인적 흥미 등을 포함할 수 있다. 중·고등학교에서는 직업과 가사 기술이나 생활에 필요한 읽고 쓰는 능력 그리고 예의와 시간 준수 같은 직업과 관련된 행동 그리고 스스로 건강을 돌보는 법에 중점을 둔다. 오늘날에는 지적장애아가 지역사회에서 생활하고 일하는 것을 준비하는 전환 프로그램(transiton programming)이 강조되고 있다(Woolfolk, 2007).

2) 학습장애

(1) 학습장애의 개념 및 특징

학습장애아들은 평균의 지적 능력을 지니고 있으면서도 주의집중, 지각 그리고 기억력 등의 결함으로 특정 기술의 학습에 심각한 장애를 보이는 아동들을 말한다. 미국 학습장애공동협의회(NJCLD: National Joint Committee on Learning Disabilities)에서 제시하는 학습장애에 대한 정의는 다음과 같다(전헌선 외, 2012).

> 학습장애는 듣기, 말하기, 읽기, 쓰기, 추론하기나 수학능력을 획득하고 사용함에 있어 상당한 어려움을 나타내는 이질적인 장애집단을 일컫는 일반적인 용어이다. 이러한 장애들은 개인 내적으로 발생하며, 중추신경계 기능 이상에 따른 것으로 추정되고 있고, 전 생애에 걸쳐 나타날 수 있다. 자기조절 행동, 사회적 지각이나 사회적 상호작용에서의 문제들이 학습장애와 함께 나타날 수 있지만 이러한 문제만으로는 학습장애로 판별되지 않는다. 학습장애가 다른 장애(예: 감각장애, 지적장애, 심각한 정서장애)나 외부적인 영향(예: 문화적 차이, 불충분하거나 부적절한 교수)과 함께 발생할 수 있지만 이러한 장애나 영향의 직접적인 결과로 발생하는 것은 아니다(National Joint Committee on Learning Disabilities, 1989).

학습장애와 관련된 특징을 살펴보면 다음과 같다(이은주 외, 2011; 조윤경, 김수진, 2008).

첫째, 학습장애는 학습 영역의 듣기, 말하기, 읽기, 쓰기, 수학 등의 영역 중 한 가지 이상에서 어려움이 있다는 것을 의미한다.

둘째, 학습장애는 동질집단이 아니라 이질집단으로 구성된다는 것이다. 읽기 문제, 쓰기 문제, 셈하기는 각기 매우 다른 문제이다. 모두 학습과정에서 필요한 기능이라는 측면에서는 공통점이 있지만 실제 개인이 겪고 있는 문제는 매우 독특한 문제인 것이다. 그러나 모든 학습은 어느 정도의 읽기, 쓰기, 말하기, 문제해결 등의 과정을 포함하고 있기 때문에 한 가지 영역에서만 문제가 있다고 해도 모든 교과목의 학업성취에 문제를 야기할 수 있다. 즉, 읽기에 문제가 있을 경우 국어뿐만 아니라 수학, 과학 등의 과목의 학업성취에도 영향을 미칠 수 있다.

셋째, 학습장애아들은 잠재적인 능력은 있으나 특정 학습 영역에 있어서 심각한 어려움을 경험하는 것으로 정의된다. 예를 들어, 지능검사에서 정상 범주의 지적 능력을 보이면서도 실제로 학업성취도는 그보다 훨씬 더 낮게 나오는 아동들을 의미한다.

넷째, 학습장애아들은 학업 수행에 있어서 영역 간 불균형한 성취를 보인다. 예를 들어, 4학년 아동이 수학은 5학년 정도의 성취를 보이면서 읽기는 2학년 수준의 성취를 보이는 것을 의미한다.

다섯째, 학습장애는 중추신경계의 신경학적 기능장애와 관련되는 것으로 추정되고 있다.

여섯째, 대부분의 학습장애에 대한 정의들은 아동의 학습 문제가 환경적인 불이익, 지적장애 그리고 정서 및 행동장애 등의 기타 장애로 인한 경우를 제외하고 있다. 물론 학습장애가 이들 기타 장애와 함께 나타날 수 있지만, 아동의 주 장애가 학습장애로 간주되기 위해서는 학습 문제가 1차적인 것이어야 한다는 것이다.

요약하면 학습장애란 보통 수준의 지능을 지니고 있고, 다른 장애나 환경 및 문화적 결핍요인이 없으면서도 중추신경계의 이상으로 듣기, 말하기, 읽기, 쓰기, 수학 등 특정 학습 영역의 능력이 기대치에 훨씬 미치지 못하는 것이라 정의할 수 있다.

(2) 학습장애의 원인

학습장애의 원인이 무엇인지 규명하기 위해 의학, 심리학, 교육학 등 다양한 분야에서 오랫동안 연구해 왔지만 아직까지 명확하고 합의된 원인은 제시되지 않고 있다. 학습장애의 원인은 신경학적, 유전적, 환경적 측면에서 설명되고 있다(전헌선 외, 2012; 조윤경, 김수진, 2008).

① 신경학적 요인

많은 의학 전문가들은 학습장애아동이 중추신경계의 기능 이상을 지니고 있는 것으로 간주하고 있다. 최근에는 뇌의 활동을 좀 더 정확하게 진단할 수 있는 다양한 의학기기들의 발달로 신경학적인 요인이 학습장애를 일으키는 하나의 원인으로 받아들여지게 되었다.

② 유전적 요인

학습장애가 유전된다는 증거들이 꾸준히 보고되어 왔다. 특히 쌍생아 연구(일란성 및 이란성 쌍생아의 비교 연구)를 통해서 학습장애의 원인으로 유전이 지적되고 있으며, 심한 읽기장애의 경우 유전 가능성이 더 큰 것으로 나타나고 있다.

학습장애의 유전적인 원인을 조사하는 연구에 있어서 유전적인 특성과 환경적인 특성을 분리하는 것은 어려운 일이다. 예를 들어, 일란성 쌍생아의 한 아동이 학습장애인 경우에 나머지 아동도 100% 학습장애를 지닌 것으로 나타난 반면에, 이란성 쌍생아의 경우에는 한 아동이 학습장애일 때 다른 아동도 학습장애일 비율은 33%에 지나지 않은 것으로 보고되었다.

③ 환경적 요인

학습장애아들은 이들을 둘러싼 환경이 그들이 가지고 있는 학업적 수행을 더 악화시킬 수도 있고, 극복하도록 도와줄 수도 있다. 경제적으로 빈곤한 환경, 빈약한 사회적 · 정서적 · 지적 환경, 부적절한 영양공급 등의 환경적인 불이익을 경험한 아동들에게서 학습 문제가 나타날 확률이 더 높다는 자료들이 제시되고 있다. 그러나 이러한 학습 문제가 부적절한 환경적 경험 때문인지, 아니면 뇌손상이나 영양결핍과 같은 생물학적 요인 때문인지는 아직까지 확인되지 않고 있다.

학습장애를 일으키는 다른 환경적인 요인으로 빈약한 교수가 지적되고 있다. 교사의 부적절한 교수가 아동의 학습 문제를 일으킨다는 것이다. 교사가 아동의 특성에 맞추어 양질의 개별화된 교수를 제공하지 못하면 학습장애를 일으킬 수도 있으며, 그 반대로 조기에 아동의 특정 학습 문제를 잘 다룰 수만 있으면 학습장애가 예방될 수도 있는 것으로 주장되고 있다.

(3) 학습장애의 교육적 지원

대부분의 학습장애아들은 학업성취, 사회 · 정서적 발달, 신체 · 운동적 발달, 행동 조절에 있어서 특별한 도움을 필요로 하며, 가장 많은 도움을 필요로 하는 영역은 학업성취 부분이다. 그러므로 교사들은 학습장애아의 여러 가지 특성을 잘 이해하는 것도 중요하지만, 개별 아동의 필요에 따라 학교생활에 잘 적응하도록 하고 학업적인 성취를 할 수 있도록 도와주어야 한다. 특히 읽기, 쓰기, 수학 등의 기초교과와 사회, 과학 등의 내용중심 교과의 성격에 따라 어떻게 학습장애 아동을 교육할 것인가를 아는 것은 성공적인 통합교육을 위해서 반드시 필요하다.

학습장애 때문에 지나치게 낮은 학업성취를 보이는 아동들은 스스로 행동을 조절하는 능력이 낮아지고 부정적인 자기개념을 형성할 가능성이 크다. 이처럼 자기 스스로를 낮게 평가하는 것은 아동들에게 부정적인 영향을 미치게 된다.

학습장애아를 가르치기 위한 몇 가지 전략을 제시하면 표 8-1 과 같다(이지연, 김태준, 2011).

표 8-1 발달 수준에 따른 학습장애아를 가르치기 위한 전략

발달수준	학습전략
학령 전기	• 언어적 지시는 짧고 단순하게 한다. • 내용 수준을 아동발달 수준에 조심스럽게 맞춘다. • 의미를 분명히 하기 위해 복수의 예제를 준다.
초등학교 시기	• 언어적 지시를 짧고 단순하게 한다. • 이해했는지 확인하기 위해 학생으로 하여금 지시를 반복하게 한다.
	• 외우는 방법을 지도할 때 기억술을 사용한다.
	• 핵심내용을 여러 번 반복한다.
	• 학습과 연습을 위하여 추가 시간을 제공한다. • 필요한 경우 다시 가르친다.
중등학교 시기와 전환기	• 학생에게 '나에게 집중하고 있었나'를 스스로 질문해 보도록 하는 것과 같은 자기감독 전략을 직접 가르친다.
	• 새로운 자료는 학생이 이미 가지고 있는 지식과 연결시킨다.

출처: Woolfolk, 2007; 이지연, 김태준, 2011, p.146, 재인용.

학습장애아들은 지적 능력에는 문제가 없기 때문에 일부 학습 영역에서 다소 지체를 보이더라도 지적 능력을 생각하여 중재할 시기를 놓쳐 버릴 때가 많다. 이러한 늦은 중재로 인해 학습에서의 문제를 학교에 들어가고 난 후 바로 잡으려면 그동안 누적된 실패 경험과 또래관계에서의 문제 등으로 학습문제뿐만

아니라 심리적인 고통으로 자존감도 손상 받는 경우가 많다. 따라서 학습장애를 조기에 발견하여 적절한 교육적 조치를 취해 주면 충분히 극복하고 더 나은 성취를 기대할 수 있을 것이다.

학습장애아를 교육함에 있어서 교사들은 학습장애가 지니는 공통적인 다양한 특성을 먼저 이해해야 한다. 또한 이러한 특성들이 모든 학습장애아들에게서 동일하게 나타나는 것이 아니라는 사실을 인식함으로써 학습장애아의 특성을 이해함과 동시에 학습장애아들 간의 다양성 또한 반드시 이해해야 한다.

4. 정서발달장애

1) 주의력결핍 과잉행동장애

(1) 주의력결핍 과잉행동장애의 개념 및 특징

주의력결핍 과잉행동장애(Attention Deficit Hyperactivity Disorder: ADHD)는 주의를 기울일 수 없고 충동적이며 쉽게 산만해지는 특징을 지닌다. 주의력결핍 과잉행동장애를 지닌 아동들은 가만히 앉아 있거나 차례를 기다리거나 조용히 있는 것을 가장 어려워한다.

거의 모든 학생들이 특정한 시기에 부주의하고 과잉행동적이고 충동적인 성향을 보인다. 그러나 주의력결핍 과잉행동장애를 가진 학생들은 일반적으로 다음과 같은 판별 준거에 반영된 영역에 만성적인 결함이 있다(이명숙 외, 2011).

- 부주의

  부주의한 학생들은 제시된 과제에 주의를 집중하고 유지하는 데 많은 어려움이 있다. 타인의 말을 경청하거나 지시에 따르는 데 어려움이 있고, 부주의한 실수를 자주 하고 매력적인 대안적 행동에 쉽게 주의를 돌린다.

- 과잉행동

과잉행동을 하는 학생들은 과도한 에너지를 지니고 있다. 이들은 안절부절 못하고 부적절한 시점에 교실을 배회하거나 조용히 과제를 수행하는 데 어려움이 있다.

- 충동성

충동적인 학생들은 부적절한 행동을 억제하는 데 어려움이 많다. 이들은 갑자기 대답을 하고 미숙하게 과제를 시작하고 잠재적인 결과를 생각하지 않고 위험하거나 파괴적인 행동을 한다(American Psychiatric Association, 2000; Barkely, 2006; Gatzke-Kopp & Beauchaine, 2007).

위와 같이 부주의, 과잉행동, 충동성을 보이는 모든 아동이 ADHD를 가지고 있는 것은 아니다. DSM-5(Diagnostic and Statistical Manual of Mental Disorders Fifth Edition: 정신질환의 진단 및 통계편람)에 의하면 증상의 시작은 12세 이전에 나타나야 한다. 그리고 증상의 지속기간으로 6개월 이상 지속되어야 한다. 또한 일시적인 상황에 대한 반응인지 여러 상황에서 지속적으로 나타나는지를 보아야 한다. 학교나 가정, 교우관계와 같은 아동의 전반적인 생활 영역에서 심각한 손상이 있어야 한다. 부주의, 과잉행동 그리고 충동성과 같은 핵심적인 특성과 더불어 ADHD 아동들은 수많은 다른 특성들도 보인다(김광웅, 김숙경, 2012).

첫째, 인지적 손상으로 운동 억제와 관련하여 실행기능의 결손을 보인다.

둘째, 말하기와 언어적 결함이 있다.

셋째, 의학적 · 신체적으로 천식, 알레르기, 야뇨증, 배설 문제, 수면 문제 등 다양한 건강문제가 있다.

넷째, ADHD 아동에게 가장 어려운 측면으로 또래관계의 문제가 있다. 남을 괴롭히고, 성질이 급하고, 예측할 수 없고, 감정적일 뿐 아니라 관습이나 규칙 등을 따르지 않기 때문에 또래와 갈등을 빚는다.

다섯째, 가족관계에서도 어려움이 있다. ADHD 아동과의 상호작용에서 아동은 순응적이지 않고, 부모는 지나치게 통제를 하고 지시적으로 반응하고, 형제간에서도 갈등을 야기시킨다.

ADHD 아동은 인지, 학습, 언어, 건강, 또래관계, 가족관계 등의 문제 외에도 다른 장애의 발생 비율이 높다. 일반적으로 반항성 장애와 품행장애, 불안과 우울 같은 정서장애, 학습장애 등이다. 즉, ADHD는 다른 장애와 공병(comorbidity)하여 상당히 복잡해진다. 그러나 ADHD를 가진 일부 학생들은 학습장애나 정서 및 행동장애를 보이거나 영재일 수도 있다(Barkely, 2006; Denckla, 2007).

(2) 주의력결핍 과잉행동장애의 원인

ADHD의 원인은 아직 명확하게 밝혀져 있지 않다. 부적절한 양육방법, 생애 초기 경험, 사회경제적 여건의 중요성 등이 논의되고 있지만 그 원인이 미치는 정도는 그리 크지 않다. 오히려 전두엽의 실행 기능 이상, 전두엽의 도파민 신경전달물질의 기능 이상, 자기조절장애 등 뇌의 신경생물학적 원인이 더 결정적인 것으로 알려지고 있다. 집중력, 기억, 학습, 자기통제, 동기부여 등을 총괄하는, 즉 뇌의 실행 기능을 담당하고 있는 전두엽 부위의 도파민과 노르에피네프린 등의 신경전달물질의 분비가 부족해서 생긴다는 것이다.

또한 수많은 연구에 의해 ADHD의 원인을 밝혀내려 했으나 구체적이고 직접적인 원인은 아직까지 밝혀지지 않았다. 다만 간접적인 원인과 가설을 상정하고 있을 뿐이다. 다시 말해, 엄청나게 많은 원인들이 있을 수 있고 그러한 원인들이 어느 정도의 확실성을 가지고 설명할 수 있을지는 장담하기 어려운 일이다. 따라서 단일한 원인에 초점을 두고 ADHD를 설명하는 것은 불완전하고 다양한 원인을 포괄적으로 살펴보아야 한다.

(3) 주의력결핍 과잉행동장애의 치료와 교육

수년간에 걸친 다양한 연구와 현장 경험에도 불구하고 ADHD의 치료방법에 대한 견해는 다를 수 있다. 또한 모든 아동들에게 적용될 수 있는 한 가지 치료방법은 없다. 그러나 그들의 증상에 대처하고 이차적인 문제를 다룰 수 있도록 도와주기 위해 다양한 치료가 가능하다. 약물치료뿐만 아니라 행동변화치료 및 교육적 중재로 ADHD 아동과 부모가 효과적으로 대처하고 주된 증상을 보다 잘 관리할 수 있도록 도와야 할 것이다(김광웅, 김숙경, 2012; 전헌선 외, 2012).

첫째, 약물치료는 ADHD 아동의 증상 치료에 강력하고 효과적인 중재이다. 자극제 약물치료는 적절한 감독하에서 사용될 때는 일반적으로 안전하다고 알려져 있다. 그러나 식욕 감퇴와 과민성, 두통과 복통을 일으키는 부작용도 있다. 약물 효과는 주의집중 개선, 충동성 억제, 다양성에 의한 행동 이상의 개선 그리고 사회 적응, 학습 면에서도 효과가 있다. 내복약의 경우 복용 후 2시간 이내에 효과가 나타나며, 그 효과는 4~5시간 정도로 짧다.

둘째, 약물치료가 모든 문제를 개선해 주지 못하기 때문에 심리사회적 중재가 필요하다. 부모관리훈련은 부모가 다루기 어려운 자녀의 행동에 잘 대처하도록 돕고, 나아가 ADHD 자녀를 기르면서 겪게 되는 정서적인 어려움을 해결하도록 돕는다.

셋째, 문제행동들을 감소시키고 적응적 행동을 증가시키기 위해 모델링, 보상 그리고 벌이 사용되는 행동수정이 활용되기도 한다.

넷째, 인지행동수정(cognitive behavior modification)을 통해서 ADHD 아동은 자신의 주의와 행동을 모니터하고 조절할 수 있는 기술을 배울 수 있다.

다섯째, 사회적 기술 훈련(social skills training)은 또래집단 속에서 공격성과 충동성을 적절히 조절하여 사회적응력을 키우는 방법으로 주로 집단에서 행해지는데 모델링, 연습, 피드백, 강화 등을 통해 이루어진다.

여섯째, 학업 기술 훈련으로 공병(comorbidity)인 학습장애의 교정도 필요하다.

일곱째, ADHD는 다중적인 병인을 가지고 있기 때문에 중다 개입(multimodal intervention)으로 다중적 치료방법을 선택하는 것이 최적의 방법일 수 있다.

특히 교사가 ADHD 아동을 이해하는 것이 중요한데, 구체적인 내용은 다음과 같다.

첫째, ADHD 아동이 보이는 여러 가지 비적응적인 행동은 의도적으로 남을 괴롭히기 위해서 하는 행동이 아니며 자신도 스스로를 조절할 수 없어 나오는 두뇌의 신경학적 결함에 의한 행동이라는 것을 인식하고 있어야 한다.

둘째, 학급에서 다른 아동들과 똑같은 기준으로 ADHD를 다룬다면 ADHD 아동들은 피해를 볼 수밖에 없다.

셋째, 부모의 역할도 중요하지만 학교에서 교사가 ADHD 아동들에게 특별한 관심과 용기를 주는 것이 열 배 이상의 치료적인 효과가 있다는 것을 인식해야 한다.

넷째, 착한 학생만이 자신의 반에 들어오기를 기대하지 말라는 것이다.

2) 자폐증

(1) 자폐증의 개념 및 특징

자폐성 장애란 사회적 상호작용과 의사소통에서 비정상적이거나 손상된 발달을 보이고, 제한된 관심과 일련의 제한된 행동특성을 보이는 장애를 말한다. 자폐성 장애를 가진 유아는 개별적인 애착행동들이 잘 발달되어 있지 않지만 선호하는 대상에 대해서는 매달리는 행동을 보이기도 한다. 이러한 유아들은 다른 사람들과의 관계를 맺거나 공동활동에 참여하지 못하는 것과 같은 사회적 기술 기능장애가 있다.

자폐증은 경미한 자폐증부터 심각한 자폐증까지 증상과 특징들이 상이한 조합과 여러 수준의 형태로 나타나는 스펙트럼 장애(spectrum disorder)이다. 스펙트럼이란 빛과 관련된 용어로, 햇빛이 프리즘을 통과할 때 여러 가지 색의 빛으로 나뉘는 것을 의미한다. 이를 통해서 빛이 하나의 빛이 아니고 여러 가지 빛의 합성체라는 것을 알게 되는 것이다. 마찬가지로 자폐증이라는 하나의 이름으로 모인 아이들에게 평가라는 프리즘을 통하게 되면 빛의 스펙트럼과 같이 여러 가지로 분류될 수 있다는 의미에서 '자폐 스펙트럼 장애'라는 용어가 생기게 된 것이다(이은주 외, 2011).

사회성 장애와 반복적 행동에 덧붙여서 자폐 스펙트럼 장애인들은 장애의 심각성에 따라 상당히 다르다. 예를 들어, 아스퍼거 신드롬(Asperger syndrome)은 정상적인 언어적 기술과 평균 혹은 그 이상의 지능을 가진 학생들에게 나타나는 매우 가벼운 형태의 장애이다. 심각한 경우를 흔히 자폐라고 하는데, 이 아동들은 인지발달과 언어발달이 느리고 손가락으로 물건을 계속해서 때리거나 흔들거나, 타인이 말하는 것을 계속 반복하거나 사물의 협소한 범주에 유별나게 집착하는 것과 같은 이상한 행동을 한다(American Psychiatric Association, 2000; Koegel, 1995). 이러한 행동의 일부에는 감각 자극에 지나치게 둔감하거나 민감한 것이 포함된다(이명숙 외, 2011; Sullivan, 1994; Williams, 1996).

자폐 스펙트럼 장애를 가진 학생들은 다음과 같은 다른 특징을 보일 수 있다.

- 시공간 사고가 뛰어나고 시각적 사물에 대한 특이한 인식능력
- 주의를 산만하게 하는 상황에서도 특이하게 주의를 집중하고 유지하는 능력
- 일련의 관련이 없는 사실에 대한 뛰어난 기억력
- 장차 어떤 행동을 해야 할 것인지에 대한 계획과 조직이 미숙함
- 비정상적인 자세와 움직임(예: 어색한 걸음걸이)
- 지속적이고 예측 가능한 환경에 대한 강력한 요구

자폐를 가진 학생들 중에는 다른 정신 기능에 비해 특정 영역에서 매우 탁월한 능력(예: 매우 우수한 음악적 혹은 미술적 재능)을 소유하고 있는 서번트 신드롬(savant syndrome)을 가진 학생들이 있다(Cohen, 2007; Treffert & Wallace, 2002).

(2) 자폐증의 진단

임상적으로 자폐성 장애로 진단 받으려면 사회적 상호작용의 어려움, 제한된 행동특성, 언어지체와 같은 특성들이 3세 이전에 나타나야만 한다. 그러나 어떤 경우에는 분명하게 정상적 발달기간을 거친 후 전형적인 기능을 나타내기도 한다. 발달지체나 지적장애와 같은 다른 아동기 장애와 자폐성 장애를 구분하는 것이 어려울 수 있기 때문에 대체로 유아들의 경우 3세나 그 이후까지는 자폐를 가진 것으로 진단하지 않는다(Goin & Myers, 2004). 그러나 진단은 빠를수록 좋은데, 그 이유는 다음과 같다(이지연, 김태준, 2011).

첫째, 정확하게 진단된 아이들은 즉각적인 중재서비스로 연결될 수 있다. 즉, 조기발견은 조기중재를 통해 자폐성 장애 영유아들의 발달적 결과를 증진시키는 열쇠가 될 수 있다. 둘째, 자폐성 장애아를 둔 부모들은 조기진단을 받음으로써 그들이 겪게 되는 좌절과 고통을 경감시킬 수 있다. 특히 장애를 가진 영유아의 부모들이 자녀의 상태에 대해 분명한 답을 찾지 못하거나 도움을 받을 수 없다면 장애를 가진 아동의 부모가 되는 것은 더욱 좌절스러울 수밖에 없다. 눈맞춤을 피하고, 사회화 시도를 무시하고, 의사소통을 하지 않으려는 영유아와 상호작용하는 것은 어렵다. 또한 어떤 부모들은 전문가로부터 진단과 서비스를 받으려고 시도하는 데서 좌절을 경험해 왔기 때문에 이러한 문제를 해결하기 위해서는 영유아를 대상으로 하는 조기진단이 중요하다고 볼 수 있다.

(3) 자폐증의 치료와 교육

자폐증의 원인이 생물학적 또는 신경학적 이상이라고 하더라도 의학적인 치료나 특정한 약으로 자폐증을 완전히 없애지는 못한다. 따라서 의학적 접근뿐 아니라 심리적 · 교육적 노력이 병행된 통합적 접근방법만이 실효를 거둘 수 있다. 이러한 관점에서 제안된 치료와 교육의 기본 원칙은 다음과 같다(김광웅, 김숙경, 2012).

- 치료에 있어서 제일 중요한 점은 조기발견이라고 할 수 있다. 치료나 교육에 대한 저항도 어릴수록 용이하기 때문이다.
- 자폐증은 발달 전반에 장애가 나타나기 때문에 다방면의 도움이 필요하다. 우선 진단에 있어서도 정확한 의학적 진단과 심리 · 교육적 평가가 이루어져야 한다. 치료에 있어서도 여러 분야의 전문가가 하나의 팀이 되어 다면적 접근을 해야 효과적이다.
- 자폐증의 치료와 교육에 있어서 부모는 중요한 치료자, 교육자로서의 역할을 해야 한다. 자폐증의 치료에는 반드시 부모상담과 부모교육이 필요하다. 부모가 갖고 있는 죄책감, 실의와 절망, 그리고 이차적으로 습득된 부정적 감

정으로부터 벗어나 현실을 수용하고 적극적으로 대처할 수 있는 힘을 길러 주어야 한다.

- 자폐아의 치료에서 가장 중요한 것은 대인관계의 벽을 깨는 것이다. 이를 위해서는 최대한 정상의 아이들과 접촉하도록 해야 한다. 자폐아는 특이하고 아이들과 놀기를 싫어하기 때문에 사회성이 발달할 기회가 없어지고, 또래들을 흉내 내고 배울 수 있는 기회도 사라지게 된다. 최대한 보통의 아이들과 함께 생활하고 함께 놀 수 있는 기회를 만드는 것이 중요하다.
- 언어는 분명히 자폐증의 대표적 장애이기 때문에 언어발달을 도모하고 이를 위한 언어교육이 필요하지만, 이는 치료와 교육의 일부일 뿐 그것만으로는 되지 않는다. 그 이전에 대인관계의 문제를 먼저 취급해야 하며, 언어는 이러한 대인관계와 사회적 관계를 통해 습득되고 교정되어야 한다는 점을 잊어서는 안 된다.
- 자폐아의 교육치료에서는 행동수정이나 놀이치료법이 활용될 수 있다. 상과 벌 그리고 타임아웃 등의 방법으로 자폐아의 행동을 교정해 주고, 전문적 놀이치료사의 도움으로 사회적 관계 형성에 큰 진전을 볼 수 있기 때문이다. 다만 놀이를 통해서 사회관계의 폭을 넓히고, 교육방법의 일부를 놀이를 통해서 한다는 것을 중요하게 고려할 수 있다.

한 번에 성공에 이르는 것이 아니라 점진적인 향상을 기대하는 것이 중요하다. 사회 및 행동에 문제가 있는 많은 학생들은 처음에는 교사의 도움을 거부할 것이다. 그들의 진전 속도는 빠르지 않기 때문에 조그마한 진전에 초점을 맞추고 그들이 문제행동을 계속하는 것에 낙담하지 않고 현재 관찰할 수 있는 변화를 격려해 주어야 한다.

5. 통합교육

1) 통합교육이란

특수아동을 위한 교육 프로그램의 가장 중요한 목표는 독립적인 삶을 사는 것이라고 할 수 있다. 독립적으로 생활한다는 것은 정상적인 환경에서 적절하게 행동하고 적응하는 것을 의미한다. 이를 성취하기 위한 방법인 정상적인 교육환경에서의 통합교육은 교육적인 의미에서 뿐만 아니라 장애인의 인간적인 권리 존중의 차원에서 그 중요성이 강조되고 있으며, 실제로 지난 20~30년간 통합교육의 혜택을 받는 아동의 수가 급속한 속도로 증가하고 있다.

통합교육이 무엇인가에 대해서는 많은 전문가에 의해서 다양하게 정의되고 있지만 대부분의 정의들은 모두 일반교육 과정에 특수아동을 포함시키는 것을 공통적인 핵심 내용으로 포함하고 있다. 통합교육은 다양한 교육적인 필요와 능력을 지닌 아동들이 함께 교육받는 프로그램으로서, 그 특징은 특수아동과 일반아동이 사회적 활동이나 교수활동에서 의미 있는 상호작용을 하는 것이다.

우리나라 장애인 등에 대한 특수교육법(2007) 제2장 제6호에서는 통합교육을 "특수교육 대상자가 일반 학교에서 장애 유형 · 장애 정도에 따라 차별받지 않고 또래와 함께 개개인의 교육적 요구에 적합한 교육을 받는 것을 말한다"고 정의하고 있다.

Kauffman 등(1975)의 정의에 의하면 통합은 우리나라 정의에서처럼 단순히 사회성의 증진을 위해서 특수아동을 일반 학급에 물리적으로 통합(시간적 통합)하는 것 외에도 학문적(교수활동적 통합), 사회적(사회적 통합)으로도 통합하는 것을 의미한다. 여기서 시간적 통합이란 일정 시간 동안 일반 또래들과 동일한 교육환경에 배치하는 것을 의미하며, 교수활동적 통합이란 일반 학급의 학업활동에 의미있게 참여하는 것을 뜻한다. 그리고 사회적 통합이란 통합되는 학급의 교사와 또래들로부터 학습의 구성원으로 수용되는 것을 의미한다. 진정한 의미에서 통합이 이루어지기 위해서는 사회적 통합까지 이루어져야 하는데, 실제로 장애가 경미한 아동의 경우에는 학급 구성원으로서 완전히 수용되는 단계의 통합까지도 가능한 것으로 보고되고 있다(이소현, 박은혜, 1998).

특수아(students with special needs)는 또래들과의 차이가 많아서 학습과 성취를 최대화시키도록 도움을 주기 위해서는 특별히 고안된 교수 자료와 수업이 요구되는 학생들이다. 이러한 학생들 대부분은 일반적으로 학교 활동에 어려움을 주는 인지 · 성격 · 사회 · 신체적인 장애를 가지고 있다. 이와 달리 영재와 같이 특정한 영역에서 능력이 매우 우수하여 대부분의 동년배 학생들에게 제공되는 과세와 활동으로부터 배울 것이 거의 없는 학생들도 있다. 미국에서는 특수한 요구를 가진 학생들의 90% 이상이 통합교육(inclusion)에 의해 전일제 혹은 시간제로 일반 아동들과 동일한 교육을 받고 있다(이명숙 외, 2011; U.S. Department of Education, National Center for Education Statistics, 2007).

2) 통합교육의 잠재적 장점과 단점

장애아교육진흥법(IDEA: Individuals with Disabilities Education Improvement)의 실행에도 불구하고 이론가와 실천가 사이에는 장애아의 통합에 대해 논쟁이 많다. 이들 중 일부는 학교의 모든 측면에서 통합이 이루어진다면 또래관계와 사회적 기술이 정상적으로 발달할 수 있다고 주장한다(Hahn, 1989; Will, 1986). 그러나 다른 전문가들은 특수한 요구를 가진 학생들이 전일제로 일반 학급에 배치될 경우 읽기, 수학 등과 같은 필수적인 기초 기술을 습득하는 데 필요한 특수화된 수업을 집중적으로 받을 수 없다고 주장한다(Manset & Sammel, 1997; Zigmond et al., 1995). 또한 비장애 학생들이 여러 면에서 이상하고 불완전해 보이는 학생들을 낙인찍고 피하고 놀릴 것이다(이명숙 외, 2011; Hamovitch, 2007).

많은 연구들이 장애아를 특수학습에서 가르치는 것보다 일반학급에서 가르칠 때 여러 가지 이점이 있다고 주장한다. 특히 완전통합은 다음과 같은 장점이 있다.

- 사회적 기술이 더 좋아진다.

- 적절한 교실 행동을 한다.
- 비장애 또래들과 상호작용 기회가 증가한다.
- 성취도가 특수학급에서 배우는 것과 동일하거나 그 이상이다.
- 학교 풍토가 모든 학생들의 개인차를 수용하고 존중한다면 긍정적인 자아상을 형성시켜 준다.

학생들이 자신의 장애에 대한 특성을 이해하고 수업과 자료가 장애아의 특수한 요구에 부응하도록 이루어졌을 때 위와 같은 장점이 드러난다. 통합수업이 비장애 학생들에게도 이득이 된다. 학생들은 인간의 이질성에 대한 인식이 향상되고 특수한 요구가 필요한 학생들도 여러 면에서 그들과 동일하다는 것을 발견하게 된다(Hunt & Goetz, 1997; Staub, 1998). 이처럼 비장애 학생들이 장애를 가진 학생들을 존중하고 지원적인 방법으로 대우할 필요가 있고 우정관계를 형성하면 더 바람직하다. 비장애 학생과 장애 학생 간의 긍정적인 관계를 형성하도록 돕기 위해 다음과 같은 일을 할 수 있다(이명숙 외, 2011).

- 장애아의 장점을 분명히 설명하라.
- 비장애 학생에게 장애 학생이 특별한 영역에서 보이는 장점을 도와주도록 하라.
- 협동이 필요한 학업과 레크리에이션 활동을 계획하라.
- 장애아가 교과 외 활동과 지역사회 활동에 참여하도록 권유하라.

3) 통합학급에서 교사의 역할

아마도 한 학급에 몇명은 특수한 학생일 것이고 교사는 이 학생들을 가능한 한 효과적으로 가르쳐야 한다. 우선 지지적인 교육환경이 모든 학생에게 중요하고 특수한 학습자들에게는 필수적이라 할 수 있다. 이러한 정서적 요인 외에도 교사들은 예측할 수 있는 일상적인 일과 함께 질서정연한 학습환경도 조성하여야 한다. 또한 학습 향상에 관한 높은 기대치와 피드백을 통합하고, 질 높은 예들과 모든 학생들을 참여시켜 높은 수준의 성공을 맛볼 수 있는 교수전략을 사용하여야 한다. 특히 교사들은 학생들의 자기조절과 학습전략의 습득을 강조하여야 한다.

학습전략 훈련은 학습문제를 가진 학생들을 돕는 가장 바람직한 접근법이다(Swanson & Hoskyn, 1998). 학습전략(learning strategy)이란 학습목표를 달성하기 위한 계획과 방법을 말한다. 학교를 다니면서 자연스럽게 학습전략들을 획득하는 대부분 학생과는 달리, 대체로 이들에게는 학습전략을 직접적으로 가르쳐야 한다(Gersten & Baker, 2001). 교사의 설명과 시범 그리고 이러한 전략들을 실제로 연습해 볼 수 있는 기회와 피드백이 필수적이다(신종호 외, 2007; De La Paz, Swanson, & Graham, 1998).

예를 들어, SQ3R이란 효과적으로 책을 읽는 방법으로, S(Survey: 훑어보기)－Q(Question: 질문하기)－R(Read: 읽기)－R(Recite: 암송하기)－R(Review: 복습하기)로 구성되어 있다. 먼저 훑어보기(Survey) 단계로, 책을 읽기 전에 그 장에 있는 여러 가지 절의 제목, 그림 재료, 장의 요약을 훑어보는 것이다. 질문하기(Question) 단계에서는 책에 나오는 각 장, 각 절의 소제목을 의문문으로 바꾸어 보는 것이다. 읽기(Read) 단계에서는 책을 읽고 난 후 머릿속으로 앞에서 했던 질문과 해답을 암송해 보는 것이다. 복습하기(Review) 단계에서는 중요한 요점을 기억하고 있는지를 재생해 보는 것이다(백경숙, 2012).

주의가 산만하고 집중력이 떨어져 공부하기에 불리한 장애를 가진 ADHD 소년이 이러한 학습방법을 사용하여 대학교수가 된 사례가 있다. 그 사례를 소개하면 다음과 같다.

> ADHD를 가진 학생들이 학업상 겪는 가장 주된 문제는 무엇을 어떻게 공부해야 하는지를 모른다는 것이다. 예를 들어, 시각적 자극들이 많으면 주의가 흩어지는 것처럼, 우리는 선생님들이 제공하는 모든 학습 정보에 의해서도 주의분산이 될 수 있다. 그 중에 어떤 정보가 중요한지, 어떤 것을 걸러내야 하는지 감을 못 잡게 되는 경우가 종종 있다.
>
> 내가 대학에서 들었던 수업 중 가장 좋은 것이 학습기술에 관한 과목이었다.

그 과목을 선택해서 듣기를 정말 잘했다! 그 강좌에서는 어떻게 필기를 해야 몇 주 후에 다시 볼 때에도 잘 알아볼 수 있는지, 또 핵심주제와 부속 자료들을 어떻게 구분하며, 교사의 말을 그대로 적지 않고 어떻게 주제를 요약할 것인지를 가르쳐주었다. 나는 이런 과목을 수강할 것을 적극 권장한다.

교과서를 효과적으로 읽어내는 요령을 배우는 것도 결정적으로 중요하다. 내 학생들 중에도 교과서를 마치 소설 읽듯 하는 친구들이 너무 많다. 즉, 그들은 한 장(chapter)의 시작에서부터 끝까지 한 자 한 자 읽어 나가는 것이다. 이건 너무나 시간 낭비다.

교과서를 읽을 때, 학생들은 처음에는 그 장을 대충 훑어보아야 한다. 먼저 제목 관련 그림 그리고 소제목을 살펴보고 나서, 그 장에서 무엇을 말하고 있는지를 추측하며 전반적인 주제와 단어들을 파악해야 한다. 단지 단어들을 읽기보다는 '이 저자가 말하고자 하는 것이 무엇인가', '여기서 중요한 것이 무엇인가'를 적극적으로 자문해야 한다. 그 장에서 말하고자 하는 바에 대해 개념이 잘 서면 그 후 도입(introduction) 부분과 요약(summary) 부분을 읽는다. 만약 여기서 이해되지 않는 것이 있다면, 그 장에서 그 주제를 다룬 부분을 읽어 나간다. 그리고 그 장의 처음이나 끝에 제시된 어떤 연구 질문에 대해 답을 생각해 보아야 한다. 이렇게 하면 50페이지짜리 한 장도 10~15분이면 쉽게 파악할 수 있다.

출처: 조아라 역(2005). 리틀몬스터: 대학교수가 된 ADHD소년.

4) 사회적 통합과 성장

특수한 학생들의 성장과 사회적 통합을 위한 구체적 계획을 실행하는 것은 중요한 의미를 갖는다. 장애를 지닌 학생들은 "다르다, 학업적으로 뒤처져 있다, 교실에서 부적절한 행동을 보인다, 사회적 기술이 없다" 등으로 인식된다(Hallahan & Kauffman, 2003). 그 결과 일반학생들은 이들에 대해 부정적 태도를 갖게 된다. 일반학생들의 이러한 태도가 미치는 영향은 특수한 학생들이 직면하는 가장 어려운 문제 중 하나다(Moon et al., 1997; Pearl et al., 1998). 일반학급으로 특수한 학생들의 수용을 증진시킬 수 있는 특별한 노력이 필요하다. 이러한 노력에는 이들에 대한 학급원들의 이해와 수용을 개발시키는 것, 이들로 하여금 적절한 행동을 학습하도록 돕는 것, 일반학생들과의 사회적 상호작용을 증진시키기 위한 전략들을 사용하는 것 등이 있다(신종호 외, 2007).

첫째, 학급원들의 이해와 수용을 개발하는 것이다. 일반학생들의 부정적 태도는 종종 이해의 부족에 기인한다. 장애에 대한 정보를 제공하는 것은 이러한 장애를 지닌 특수한 학생들에 대한 태도를 변화시키는 데 도움이 된다(Heward, 2003). 장애에 대한 열린 논의와 장애를 가진 사람들도 다른 사람들처럼 친구를 사귀기 원하고 성공하고 싶어 하며, 행복해지고 싶어 한다는 것을 강조하는 것이 이들의 태도 변화에 많은 기여를 한다. 이러한 논의가 특수한 학생들에 대한 편견을 줄여 주며 일반학생들과 특수학생들 사이에 있는 장애물을 제거해 줄 수 있다. 장애를 가진 사람들의 어려움과 성공을 살펴보는 문헌 및 비디오 자료 그리고 장애를 극복한 사람들을 초대하여 이야기를 들어 보는 것 등이 소중한 정보의 원천이 될 수 있다.

둘째, 적절한 행동을 학습하도록 돕는 것이다. 특수한 학생들은 어떤 것이 적절한 행동의 특성이 되는지를 학습함으로써 스스로를 발전시킬 수 있다(Pearl et al., 1998). 지도해 주는 것과 시범을 보여주는 것은 학생들이 특히 사회적 기술을 학습하는 데 유용하다. 장애를 가진 학생들에게는 종종 친구를 사귀는 데 필요한 기술이 결여되어 있음을 볼 수 있다(Choi & Heckenlibe-Gotto, 1998). 즉, 이들은 다른 학생들을 피하거나 자신도 모르는 사이에 다른 학생들을 소외시키고 있다. 또한 교사는 사회적 문제해결 방법에 대한 시범을 보일 수 있다. 예를 들어, 교사는 "철수야, 영희는 내가 가지고 놀고 싶은 장난감을 가지고 있구나. 영희가 그 장난감을 가지고 나와 놀게 하려면 어떻게 해야 할까?"라고 말해 줄 수 있다. 이러한 직접적 접근은 공감, 타인의 관점 채택, 협상, 주장 등과 같은 사회적 기술을 가르치는 데 효과적인 것으로 나타나고 있다(Choi & Heckenlibe-Gotto, 1998; Vaughn et al., 2000).

셋째, 상호작용과 협력을 증진시키기 위한 전략을 사용하는 것이다. 특수한 학생들의 수용을 증진시키는 가장 효과적인 방법 중 하나는 다른 학생들을 호명하는 만큼 그들을 자주 호명해 주는 것이다. 이는 강력한 메시지를 전달한다.

즉, 모든 학생이 소중하며 모두가 수업에 참여하고 성공할 것임을 기대한다는 것을 전달한다. 협동학습과 또래 튜터링은 학생들 간 상호작용을 증진시키는 데 사용될 수 있는 두 가지 전략이다. 학생들은 순서를 바꾸어 가며 가르치는 역할을 하는데, 한 명이 문제를 풀면 다른 학생은 그 답을 검토하고 피드백을 준다. 이러한 튜터링을 위하여 학생들을 짝짓는 방법은 다양하게 이용할 수 있다. 단순히 몇 명의 학생을 묶은 뒤 그 중 한 명을 튜터 역할을 하게 하는 것만으로는 효과가 없다. 상호작용적이며 과제 지향적인 튜터링 및 피드백이 제공되도록 학생들을 훈련시켜야만 튜터링의 질을 향상시킬 수 있다(신종호 외, 2007; Fuchs et al., 1999).

의심할 여지없이 학습에 특수학생이 있다는 것은 교사들의 업무 부담을 높인다. 그러나 다른 한편으로 장애를 가진 학생들이 적응하고 성공할 수 있도록 돕는 것은 교사로서 가질 수 있는 가장 보람 있는 일들 중 하나임에 틀림없을 것이다.

Chapter 9

행동주의

배울 내용

1. 고전적 조건형성
2. 도구적 조건형성
3. 행동주의 이론의 교육적 적용

학습 목표

1. 고전적 조건형성의 원리와 개념을 이해한다.
2. 도구적 조건형성의 원리와 개념을 이해한다.
3. 행동주의 이론을 교육장면에 응용할 수 있는 방법을 모색해 본다.

개요

행동주의 이론에서는 인간의 특정한 행동은 선행하는 사건, 즉 선행요인과 뒤이어 일어나는 사건, 즉 결과에 의해 일어난다고 가정한다. 특히 환경적 선행요인과 결과에 관심을 두고 있는데, 이를 선행요인-행동-결과의 약자를 따서 행동의 ABC 패러다임이라 한다. 물론 어떤 사건에 대한 예측이 영향을 미치긴 하지만 한 번도 일어난 적이 없는 사건에 의해서 행동이 일어나는 것은 아니다. 그러므로 행동주의 이론에서는 결과적 사건, 즉 강화나 처벌이 특정 행동을 다시 일어나게 하거나 일어나지 않게 하는 데 영향을 미친다고 주장한다. 따라서 행동을 일으키는 선행조건에 어떤 반응이 뒤따르는가에 대한 기능적 분석을 통하여 행동의 원인과 결과를 반영하고, 원인이 되는 자극을 조정함으로써 결과인 반응, 즉 행동을 통제할 수 있다고 본다. 이와 같은 행동주의 이론은 학습이론이라고 한다. 이 장에서는 학습이론들, 즉 고전적 조건형성과 도구적 조건형성의 원리와 개념들을 살펴보고자 한다.

행동주의 이론(behaviorism)에서는 인간 행동의 대부분은 학습에 의해 형성되며 또한 학습에 의해 수정될 수 있다는 전제를 두고 있기 때문에 학습이론(learning theory)으로도 불린다. 이러한 행동주의 이론에서는 인지, 감각, 의지, 본능과 같은 개념은 내성적이며 관념적인 것들로 과학적 연구의 대상이 될 수 없기 때문에 자극과 반응에 의해 학습 또는 수정되는 직접 관찰이 가능한 인간 행동이 연구의 초점이 되어야 한다고 주장한다(Watson, 1919).

행동주의 이론에서는 학습을 자극(stimulus)에 대한 반응(response)의 관계로 보고 있으며 대표적 이론으로는 Pavlov의 고전적 조건화, Thorndike의 도구적 조건화, Skinner의 조작적 조건화이다. 각각의 학습이론들에 대해 자세하게 살펴보면 다음과 같다.

1. 고전적 조건형성

1) Pavlov의 조건형성 실험

Ivan Pavlov(1849~1936)는 러시아의 성 페텔브르크(St. Petelsburg) 군의학교 생리학 교수이자 노벨 생물학상 수상자(1904)로서 처음에는 개의 소화 기능에 관심을 가지고 소화액 분비에 관한 실험을 진행하던 러시아의 생리학자였다. 이를 위해 개에게 점심시간을 알리기 위해 종을 쳤는데, 나중에 개가 종소리만 듣고도 침을 흘리는 현상을 발견하고 이것에 관한 연구를 진행하여 만들어 낸 이론이 고전적 조건형성 이론(classical conditioning)이다. 그가 실시한 실험의 예는 그림 9-1 과 같다.

Pavlov는 그림 9-1 과 같은 실험장치를 고안했는데, 이를 위해 먼저 온도와 조명이 일정한 방음실에서 미리 준비한 장치를 개에게 고정시킨다. 이것은 개의 움직임이나 방 안의 온도 또는 소음이 개의 행동에 영향을 미치지 못하게 하려는 의도에서 설계된 것이다. 실험에 앞서 개의 턱 밑에 간단한 수술을 하여, 귀밑

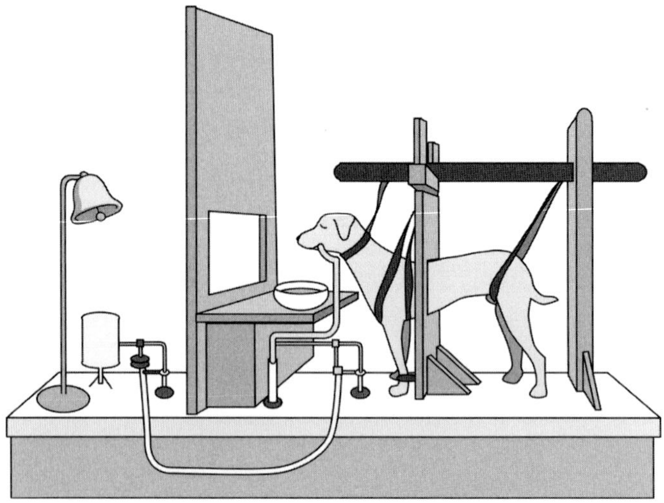

그림 9-1 고전적 조건형성의 실험

침샘의 관이 밖으로 나올 수 있도록 구멍을 뚫어 침이 나올 때 이를 모아 타액의 양을 측정할 수 있도록 장치하였다. 이와 같은 실험 상황에 개가 익숙해졌을 때 실험이 시작되었으며, 실험자는 밖의 창문을 통해 개의 행동을 관찰하였다.

먼저 종소리를 울리고 몇 초 뒤에 소량의 고기를 개에게 주었다. 즉, 공복의 개에게 하루 5~10회씩 계속해서 3~30초씩 종소리를 들려주면서 이와 짝지어 고기를 주었더니 나중에는 종소리만 듣고도 고기를 주었을 때와 똑같은 타액분비 반응이 나타났다. 즉, 고기에만 타액을 분비하던 개가 이 실험이 반복되면서 종소리를 듣고서도 타액을 분비하게 된 것이다. 이와 같은 구체적인 절차가 그림 9-2 에 제시되어 있다.

그림 9-2 에서 보는 것과 같이 무조건자극(UCS)이란 유기체로 하여금 학습 없이도 반응을 유발하는 자극이다. 따라서 학습 없이 개로 하여금 타액을 분비하도록 하는 먹이(고기)가 무조건 자극에 해당된다. 무조건반응(UCR)이란 무조건자극이 일어날 때 언제나 유기체에서 일어나는 반응으로 타액이 여기에 해당된다. 조건자극(CS)이란 원래는 중성자극(종소리)인데 무조건자극과 짝지으므로써 결국 그것만을 제시했을 때도 유기체에서 바라는 반응을 생성하게 되는 자극으로,

1단계: 조건화 전

종소리 (중성자극)	→	정향반응
음식물 (무조건자극)	→	타액분비 (무조건반응)

2단계: 조건화 중

종소리+음식물 (짝지움)	→	티액분비 (무조건반응)

3단계: 조건화 후

종소리 (조건자극)	→	타액분비 (조건반응)

그림 9-2 고전적 조건형성의 절차

Pavlov의 실험에서 보면, 개는 처음에 들려주는 종소리에는 타액을 분비하지 않지만 절차가 계속적으로 반복됨으로써 종소리에 대하여 타액을 분비하게 된다. 이때 종소리는 중성자극에서 조건자극으로 성질이 바뀌게 된다. 조건반응(CR)이란 유기체가 조건자극이 제시될 때 타액을 분비하는 것을 학습하게 된 반응이다. 즉, 조건자극인 종소리를 듣고 분비한 타액이 여기에 해당된다.

2) 주요 개념

(1) 반응적 행동(respondent behavior)

반응적이란 용어는 구체적인 자극에 의해 유발되는 구체적인 행동을 의미한다. 또한 이런 행동은 반사적인 반응(reflexive-type)을 뜻하며, 자극이 행동보다 먼저 나타나게 된다. 예로 강한 불빛이 들어오면 동공은 반사적인 반응을 보이며, 눈에 강한 바람을 불어 넣으면 눈을 깜빡거리는 반응이 나타나며, 무릎의 슬개골 근육을 두드리면 무릎이 움직이는 반사를 나타내고, 끝이 날카로운 물체에 손이 닿으면 그 물체에서 손을 피하는 반응을 보이는 것과 같은 원리이다. 이러한 반응들에는 눈 깜빡임, 무릎반응, 타액분비 반응, 공포반응 등이 있다.

(2) 조건반사의 형성 원리

고전적 조건형성은 쉽게 일어날 수 있지만 자동적인 것은 아니기 때문에 어떠한 요인들이 충족되어야만 학습이 이루어진다. 학습이 일어나기 위해 필요한 조건으로는 첫째, 강도의 원리가 필요하다. 즉, 이것은 무조건자극은 조건자극보다 그 강도가 강하거나 동일하여야 한다. 또한 조건자극은 학습자가 그것을 쉽게 지각할 수 있도록 강력하고 특유해야 한다. 만약 조건자극이 학습자에게 관심을 유도하지 못하거나 지각을 하지 못한다면 학습이 이루어지지 않을 것이다.

둘째는 계속성의 원리가 필요하다. 즉, 자극과 반응의 결합의 횟수가 많을수록 조건화가 잘 일어나게 된다는 것이다(그림 9-3). 조건자극과 무조건자극의 결합이 증가하면 할수록 일정한 수준까지는 조건반응의 강도가 급속도로 증가하다가 어느 수준에 이르게 되면 증가를 멈추게 된다.

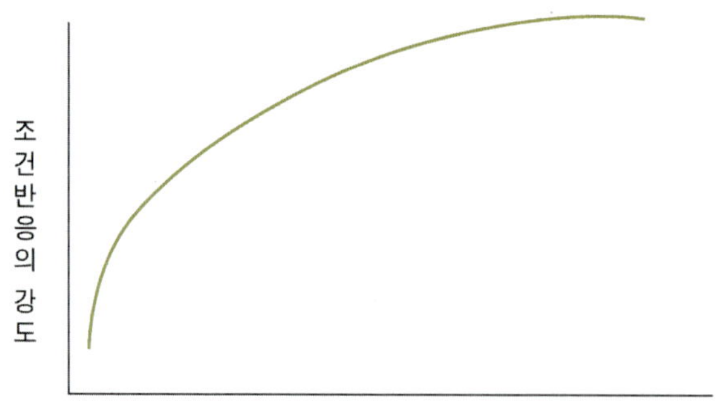

그림 9-3 조건자극과 무조건자극의 짝지움 횟수와 반응 강도

셋째, 시간의 원리가 필요하다. 다시 말해, 무조건자극(UCS)과 조건자극(CS)의 제시 순서와 제시되는 시간간격이 중요하다는 것이다. 제시 순서에 조건형성의 종류는 다양한데 그림 9-4 , 동시적 조건형성(simultaneous conditioning)은 조건자극(CS)과 무조건자극(UCS)이 동시에 제시되는 것을 말하고, 지연조건형성(delay conditioning)은

조건자극(CS)이 먼저 제시되고 무조건자극(UCS)이 제시되는 것을 말한다. 그리고 흔적조건형성(trace conditioning)은 조건자극(CS)을 제시하고 난 후 조건자극(CS)이 완전히 사라진 후 무조건자극(UCS)을 제시(조건자극의 흔적으로 인하여 조건형성 됨)하는 것이며, 후진조건형성(backward conditioning)은 무조건자극(UCS)을 먼저 제시하고 조건자극(CS)을 뒤에 제시하는 것이다. 일시적 조건형성(temporal conditioning)은 조건자극(CS)이 전혀 없이 무조건자극(UCS)만을 일정한 간격으로 제시하는 것이다. 이러한 조건형성 중 가장 효과적인 것으로 밝혀진 것은 지연조건형성이다.

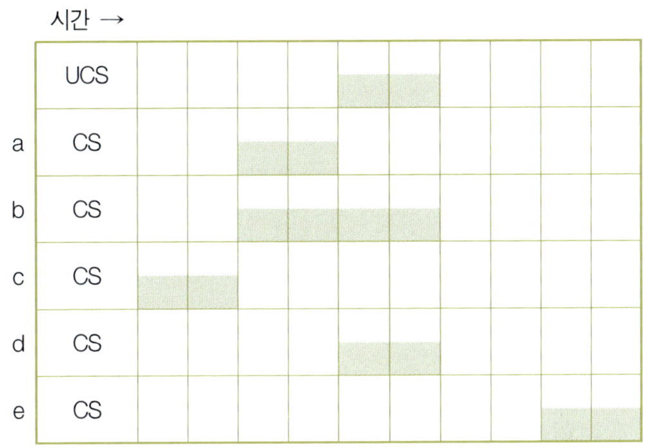

a와 b: 지연조건화, c: 흔적조건화, d: 동시조건화, e: 역행조건화

그림 9-4 무조건자극과 조건자극의 시간적 관계성

또한 조건자극(CS)과 무조건자극(UCS)이 연합될 때 둘 사이의 시간간격이 중요한 요인으로 작용한다. 일반적으로 조건자극 제시 후 약 0.5초 뒤에 무조건자극을 제시하는 경우에 조건형성이 가장 잘 이루어진다.

넷째, 계속성의 원리가 필요하다. 즉, 반복적인 시행이 요구된다는 것이다. 시행과 시행이 적절한 간격으로 이어져야 하며, 만약 간헐적으로 짝을 지어 제시한다면 학습 수준은 감소하게 된다.

(3) 소거와 자발적 회복

개가 종소리를 듣고도 먹이를 얻지 못한다면 개의 타액반응은 점차 감소하게 되고 결국 타액을 분비하지 않는다. 이 과정을 소거(extinction)라고 한다. 즉, 종소리(조건자극)와 음식(무조건자극)을 더 이상 짝지어 제시하지 않으면 개는 타액 분비(조건반응) 반응을 억제(inhibition)하여 더 이상 종소리에 대해 어떤 반응도 하지 않게 되는 것을 말한다. 다시 말해, 이전에 학습된 반응의 빈도 또는 강도가 감소되거나 사라지게 되는 것이다. 예를 들어, 개에게 종소리만으로 타액을 분비하도록 훈련을 시킨 후 먹이 없이 조건자극인 종소리만을 3분 간격으로 6회를 들려주었는데, 6회째에는 타액을 분비하지 않게 된 것이다.

일단 소거가 된 후 시간이 지나서 조건자극(CS)을 제시하면 처음에는 약하지만 조건반응이 나타나게 되는데, 이 과정을 자발적 회복(spontaneous recovery)이라고 한다. 다시 말해, 자발적 회복이란 일단 학습하였다가 소거된 반응이 재훈련 없이 다시 나타나는 것을 의미한다. 자발적 회복이 생긴 이후 계속해서 조건자극과 무조건자극을 짝지어 제시하면, 조건반응은 곧 원래의 강도를 되찾게 된다. 이러한 현상을 재조건형성(reconditioning)이라고 한다. 재조건형성은 처음 조건형성될 때보다 시간이 단축되어 빨리 이루어지는데, 이것은 소거가 이루어진 후에도 원래 조건형성이 되었던 것이 어느 정도 남아 있기 때문이다.

(4) 일반화와 변별

특정한 조건자극(CS)에 대하여 조건형성(CR)이 된 후 원래의 조건자극(CS)과 유사한 자극에 대해서도 조건반응(CR)을 일으키는데 이것을 자극일반화(stimulus generalization)라고 한다. "자라 보고 놀란 가슴 솥두껑 보고 놀란다"라는 속담은 자극일반화를 의미한다. 예로 500dB(데시벨)의 소리로 학습시킨 다음, 450dB 혹은 550dB의 소리에도 타액을 분비하는 것을 말하며, 소리의 강도가 점점 낮아지거나 높아지게 되면 자극일반화의 강도는 체계적으로 감소하게 된다.

자극일반화와 달리, 변별(discrimination)은 자신의 휴대폰 소리를 다른 사람의 휴대폰 소리와 구분할 수 있는 것과 같이 유사한 자극에 대해 다르게 반응하는 것을 의미한다. 전형적인 변별학습에 대한 실험 절차를 살펴보면, 1,000dB의 소리에는 음식을 주고 900dB의 소리에는 음식을 제공하지 않는다. 실험 초기에는 1,000dB과 900dB에 반응을 보이다가(이 현상을 일반화라고 함) 점차 1,000dB에는 조건반응을 보이고 900dB에는 반응을 보이지 않게 된다. 이 실험에서 개는 변별학습 과정을 통해 유사한 두 자극에 다르게 반응하는 것을 학습하게 된 것이다. 또한 최초로 학습되었던 조건자극인 종소리에는 조건반응이 일어나지만 휘파람이나 호루라기와 같은 자극에는 조건반응을 보이지 않게 되는 것을 의미한다.

(5) 고차적 조건형성

고전적 조건형성의 기본적인 원리는 중성적인 자극이 무조건자극과 짝지어짐으로써 조건자극화된다는 것이다. 그러나 무조건자극 대신 이미 조건형성된 조건자극(CS)과 짝지어 제시해도 무조건자극과 짝짓는 것과 동일한 효과가 나타난다. 즉, 종소리(CS)에 타액을 분비(CR)하도록 학습시킨 다음 불빛을 주고 종소리를 들려주면 타액을 분비한다(이때는 종소리에 의해 타액을 분비). 불빛과 종소리를 반복해서 제시하면 나중에는 불빛만을 제시하였을 때도 타액을 분비하게 되는데 이 현상을 고차적 조건형성(higher-order conditioning)이라고 한다.

고차적 조건형성은 이전의 학습에 기초한 조건형성으로 후속의 훈련에서는 조건자극을 무조건자극으로 사용하지만, 소거와 경쟁하기 때문에 학습이 더 어렵다(타액의 분비량으로 보면 종소리보다는 적음). 즉, 불빛에 타액을 분비해도 먹이가 주어지지 않으면 동물은 더 이상 반응을 하지 않게 되기 때문에, 간간이 먹이를 주어야 그 반응을 지속시킬 수 있다.

3) 인간 행동에서의 고전적 조건형성

저녁에 집으로 왔을 때, 배가 고픈 사람은 식탁 위에 놓이는 수저 소리에도 침이 고이는 것을 경험하게 되는데, 이것이 고전적 조건형성에 의해 학습된 예이다. 이처럼 고전적 조건형성은 우리의 일상생활에 많은 영향을 미치는데, 그

대표적인 예가 행동치료와 광고이다.

(1) 행동치료

Watson이 Albert를 대상으로 한 실험을 살펴보면, Albert는 실험절차에 노출되기 전에는 쥐와 잘 놀았던 평범한 아이였다. 그러나 아이가 쥐에 접근할 때마다 실험자는 쇠망치를 두들겨 공포스러운 큰소리(UCS)를 내었다. 그런 절차를 반복하고 난 후 아이가 나타낸 반응은 두려움(UCR)이었다. 그 뒤, 이 아이는 쥐(CS)를 볼 때마다 놀라 도망(CR)을 가는 반응을 보였다. 이 현상을 역조건형성 기법에 의해 치료를 시도한 사람은 Jones(1924)였다. 그는 Albert처럼 이전의 조건형성 기법에 의해 토끼를 두려워하는 Peter(3세)에게 Peter가 자신이 좋아하는 음식을 먹고 있을 때 토끼를 보여주었다. 처음에는 아주 멀리 있는 토끼를 보여주고 점진적으로 토끼를 그 소년 가까이 이동시켰다. 그 결과, 이 소년은 토끼에 대한 공포에서 벗어나게 되었고, 토끼와 함께 놀려고 시도하게 되었다.

(2) 광고

우리는 TV나 라디오에서 흘러나오는 광고를 자주 접하게 된다. 또한 유명 연예인은 한 편의 광고에 출연하는 데 몇 억 원을 보상받게 된다. 그리고는 "만약 나에게도 그런 기회가 된다면 난 그렇게 많은 돈을 받지 않고도 할 수 있는데" 라고 혼자 생각한다. 그렇다면 왜 사업주는 그렇게 많은 돈을 들여서 유명 연예인을 광고 모델로 사용하는 것일까? 여기에 고전적 조건형성의 원리가 숨어 있다.

광고주는 상표(CS)와 유명 연예인(UCS)을 짝지으므로써 정적 자극에 따른 반응이 광고하는 상표에도 그대로 나타나기를 원한다. 유명 연예인은 많은 사람들이 그 사람에 대해 좋은 감정을 가지고 있다는 것을 함축하고 있다. 그러므로 인기 있는 연예인이 상표에 대해 광고를 한다면 대중들은 처음에는 연예인에 대한 호의적인 감정에서 그 광고를 선호하게 될 것이다. 그러나 계속 반복해서 제시한다면 나중에는 상품에 대한 선호도는 연예인에 대한 선호처럼 올라갈 것이고 이것이 곧 매출과 관련이 된다. 그래서 광고주는 많은 돈을 들여서라도 인기 있는 연예인을 섭외하여 광고 모델로 쓰려고 하는 것이다.

또한 Smith와 Engel(1968)은 자동차 옆에 서 있는 매력적인 여자가 자동차의 평가에 영향을 주는 것을 발견하였는데, 실험을 하고 난 후 실험 참가자들은 매력적인 여자는 자신의 자동차 평가에 전혀 영향을 주지 않았다고 보고하였지만 옆에 여자가 있는 경우 자동차에 대해 더 호의적인 평가를 하는 것으로 나타났다. 이와 같이 고전적 조건형성은 광고는 물론 일상생활에 많은 영향을 준다.

2. 도구적 조건형성

우리는 놀이공원에서 돌고래가 조련사의 신호에 따라 공중으로 뛰어오르는 등의 묘기를 부리는 것을 종종 보게 된다. 그렇다면 그런 동물들이 어떤 원리에 의해서 학습을 하는 것일까? 돌고래가 묘기를 부리는 것은 조련사가 원하는 행동을 했을 경우 먹이를 보상받게 되고, 원하는 행동을 하지 않는 경우는 먹이를 보상받지 못하거나 처벌을 받기 때문이다. 이처럼 강화나 처벌을 사용함으로써 어떤 행동의 가능성을 증가시키거나 감소시키는 학습의 유형을 도구적 조건형성(instrumental conditioning)이라 한다. 다시 말해, 행동 뒤에 따르는 결과에 의해 행동이 강화되거나 약화되는 것, 즉 행동과 결과 사이의 관련성을 학습하는 것이다. 도구적이란 행동이 어떤 결과를 야기시킬 것인지를 결정하는 하나의 도구(또는 수단)가 됨을 의미한다. 즉, 돌고래의 묘기는 먹이를 얻기 위한 하나의 도구적 행동이라는 것이다.

인간의 행동에 있어서도 어떤 행동을 유발하도록 하는 방법 중의 하나는 그 행동을 보상해 주는 것이다. 부모는 아이가 심부름을 하면 칭찬을 해 주거나 용돈을 주고, 학교에서도 성적이 좋은 학생에게 장학금을 주며, 회사에서도 영업실적이 좋은 사람에게 보너스를 지급하거나 승진을 할 기회를 주는 것이 그 예이다. 그러나 인간이 수행하는 대부분의 행동이 보상과 연계되어 있음에도 불구하고 행동을 변화시키려는 시도는 쉽지 않다. 예를 들어, 대학생이 공부를 열심히 하면 장학금을 받고 졸업 후 좋은 직장을 구할 수 있는 기회가 많아진다는 사실을 알고 있지만 열심히 공부하는 것은 쉬운 것이 아니다. 또한 담배를 피우면 병에 걸릴 확률이 높아지고, 술을 마시면 알코올 중독에 걸린 확률이 높다는 것을 알면서도 금연, 금주가 쉽지 않다. 이처럼 보상의 효과가 명확한 듯하면서도 생각처럼 그렇게 간단하지는 않다고 할 수 있다.

그렇다면 고전적 조건형성과 도구적 조건형성과의 차이점은 무엇일까? 고전적 조건형성은 무조건자극에 의하여 인출되는 수동적이고 불수의적인(개가 먹이를 보고 타액을 분비하는 것은 자신의 의지와는 상관없는 것) 반응인 데 비해 도구적 조건형성은 유기체가 다양한 환경 조건에서 능동적으로 적절한 반응을 함으로써 보상을 받거나 유리하게 적용될 수 있는, 능동적이고 수의적인 반응이라는 것이다. 예를 들어, 버스나 택시가 오면 손을 들고, 부모에게 처벌받는 것을 회피하기 위해서 숙제를 하거나, 선생님에게 칭찬을 듣기 위해 열심히 공부하는 것처럼 인간 행동의 대부분이 외적 사상에 의해 불가피하게 일어나기보다는 대부분 수의적인 반응으로 일어나는 것이다. 고전적 조건형성과 도구적 조건형성의 구체적인 차이점은 다음과 같다 표 9-1 .

표 9-1 고전적 조건형성과 도구적 조건형성의 차이점

특징	고전적 조건형성	도구적 조건형성
자극-반응의 계열	자극이 반응 앞에 온다.	반응이 효과(보상)앞에 온다.
자극의 역할	반응은 추출된다. 외부 자극에 의하여 반응이 나온다.	반응은 방출된다. 자발적 또는 의식적으로 일어난다.
자극의 자명성	특수한 반응은 특수한 자극을 일으킨다.	특수한 반응을 일으키는 특수한 자극이 없다.
조건형성과정 내용	한 자극이 다른 자극을 대치한다. 정서적, 불수의적 행동이 학습된다.	자극의 대치는 일어나지 않는다. 목적지향적, 수의적 행동이 학습된다.
공통점	보상, 자발적 회복, 일반화, 변별의 현상을 공통적으로 갖는다.	

1) Thorndike의 시행착오 학습이론

Thorndike(1874~1949)는 동물의 사고능력에 관한 객관적인 실험 증거를 얻고자 병아리, 고양이를 대상으로 동물실험을 하였는데, Thorndike가 실시한 유명한 실험은 고양이를 대상으로 한 문제해결 실험과 쥐의 미로 실험이다. 먼저 고양이를 문제상자(puzzle box) 안에 넣고 고양이가 볼 수는 있지만 발이 닿지 않는 곳에 먹이를 두었다 그림 9-5 .

그림 9-5 Thorndike의 문제상자

문제상자의 문을 여는 방법은 발판을 누르거나 고리를 당기면 된다. 처음 배가 고픈 상태에서 문제상자에 들어간 고양이는 틈새를 비집고 나가려고 하거나 틈으로 발을 내밀거나 상자를 발톱으로 긁거나 물어뜯었다. 그러던 중 우연히 고리를 당기거나 혹은 발판을 눌러서 탈출하게 되면 고양이는 갑갑하고 통제된 환경으로부터 자유와 먹이를 보상받게 된다. 먹이를 보상받은 다음, 다시 문제상자 안으로 집어넣으면 또 다시 문이 열리는 것과는 무관한 행동을 하게 되지만 이런 시행이 반복됨에 따라 무관한 동작은 줄어들게 되고 마침내 문제상자에 넣자마자 고양이는 곧바로 발판을 누르거나 고리를 당겨서 밖으로 나오게 된다.

둘째, 쥐의 미로 실험을 살펴보면, 미로를 만들어 출발점에 쥐를 놓고 이 쥐가 먹이가 있는 출구까지 어떻게 찾아가는가를 관찰하여 성공할 때까지의 쥐의 행동과 소요되는 시간을 파악하는 실험이다 그림 9-6 . 쥐는 시행착오를 통해 우연히 목표에 도달하고 이와 같은 과정을 여러 번 반복한 결과 쥐를 입구에 놓자마자 한 번의 착오도 없이 출구에 도달하게 된다.

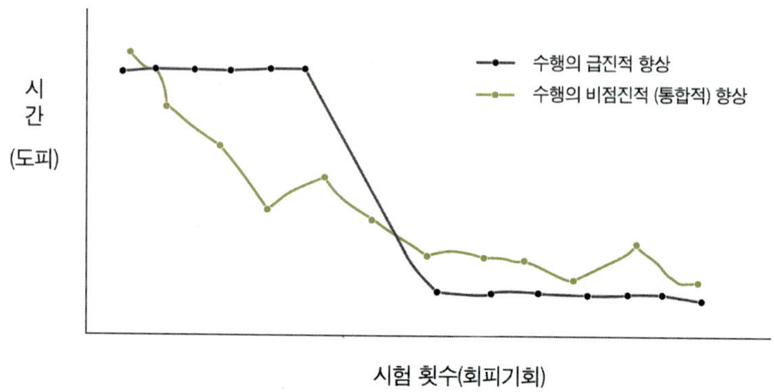

그림 9-6 Thorndike의 점진적 · 비점진적 행동형성

여기서 고양이가 발판을 누르고, 쥐가 미로에서 출구를 찾는 것은 외적 자극의 영향이라기보다는 수의적이고, 능동적인 행동이다. 이러한 반응을 도구적 조건형성이라고 한다. 즉, Thorndike는 고양이가 발판을 누르거나 고리를 당기고, 쥐가 미로를 찾는 것을 학습한 것은 추리(reasoning)에 의해 문제를 해결하는 것이 아니라 이런 저런 시도를 해보던 중에 우연히 올바른 행동을 하게 된 것으로 본다. 또한 올바른 행동 이후 보상을 받으면 올바른 행동과 보상 사이의 연합은 곧바로 형성되는 것이 아니라 시행을 거듭하면서 올바른 행동은 보다 쉽게 일어나게 되며 쓸모없는 행동은 줄어들게 된다고 본다. 이처럼 동물학습은 추상적인 지적 학습의 결과가 아닌 수많은 시행착오를 거듭하면서 이루어진다고 볼 수 있는데, Thorndike는 이를 시행착오학습(trial and error)이라고 정의하였다.

Thorndike의 실험에서 몇 가지 학습의 법칙을 알 수 있는데, 첫째는 연습의 법칙이다. 즉, 연습하면 할수록 결합이 강화되고(사용의 법칙), 연습하지 않으면 결합이 약화된다는 법칙(불사용의 법칙)이다. 이것을 빈도의 법칙이라고도 한다. 예습이나 복습의 필요성도 여기에서 기인한 것이다. 둘째는 효과의 법칙이다. 학습의 결과가 만족스러우면 자극과 반응의 결합이 강화되고(만족의 법칙), 불만족을 주는 결과가 계속되면 자극과 반응의 결합이 약화된다(불만족의 법칙)는 법칙이다. 학습의 과정에서 동기의 중요성을 강조하는 것이다. 셋째는 준비성의 법칙이다. 학습이 일어나기 위해서는 학습자가 학습할 자세가 되어 있어야 하며, 학습할 준비가 되어 있지 않은 학습자에 대해서는 자극과 반응을 연합시킬 수 없다는 것이다. 즉, 학습자의 성숙과 발달의 정도에 따라서 학습의 기초가 결정된다는 것이다.

2) Skinner의 조작적 조건형성

Skinner는 Thorndike에 의해 도구적 조건형성이 확립된 이후 스키너 상자(Skinner box)라는 장치를 제작하여 학습과 행동에 관한 지식의 폭을 크게 넓혔다 그림 9-7 .

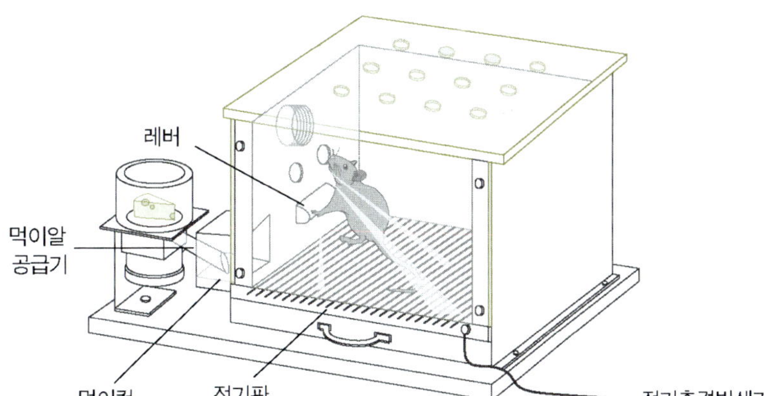

그림 9-7 스키너 상자

스키너 상자는 지렛대를 누르거나 불빛이 켜진 단추를 쪼을 수 있도록 장치가 되어 있고 먹이가 나오는 장치도 되어 있다. 상자 안에 배고픈 쥐를 넣었을 경우 쥐가 우연히 지렛대를 누르면 먹이가 나온다. 이렇게 시행을 반복하고 나면 쥐는 지렛대를 누르면 먹이(강화물)가 나온다는 것을 학습한다(먹이는 지렛대 누르는 행동을 강화한다). 실험절차를 자세하게 살펴보면 다음과 같다.

먼저 실험대상인 동물을 박탈 스케줄(deprivation schedule)에 따라 훈련을 시킨다. 박탈 스케줄이란 동물에게 먹이를 강화인으로 사용하기 위해 실험 전 며칠 동안 23시간 먹이를 박탈하고 1일 1회만 먹도록 순응시키는 것을 의미한다. 먹이의 양도 조절하여 자유로이 먹이를 먹을 때의 체중의 80%를 유지시킨다. 이렇게 며칠 동안 박탈 스케줄을 거치게 한 다음, 동물을 Skinner box에 넣는다. 동물은 상자 안에서 쉬지 않고 계속 움직이면서 새로운 환경을 탐색하다가 우연히 지렛대를 눌러 먹이가 먹이통에 떨어지는 것을 보고 이를 먹고는 다시 지렛대를 누르는 행동을 계속하게 된다. 이때 먹이는 지렛대를 누르는 행동을 강화시켜 주어, 지렛대 누르는 행동이 증가한다. 다시 말해, 지렛대 누르는 반응은 먹이라는 강화를 받았기 때문에 반복된 것이며 다시 누르면 또다시 강화를 받기 때문에 지렛대 누르는 반응은 증가하고, 결국 지렛대를 누르는 반응을 학습하게 된다는 것이다.

스키너 상자 속의 쥐 또한 Thorndike의 고양이처럼 처음에는 여러 행동을 보이지만 훈련이 진행됨에 따라 지렛대를 누르는 반응이 빨라지게 된다. Skinner는 지렛대와 같은 반응을 조작(operant)반응이라고 불렀는데, 그 이유는 쥐들이 환경을 변화시키기 위해 환경에 조작을 가했기 때문이다. 또한 그는 적절한 조작행동을 습득하는 절차를 조작적 조건형성(operant conditioning)이라고 불렀다. Skinner는 반응률을 증가시키는 먹이를 보상(reward)이나 만족스러운 결과로 부르지 않고 반응을 강화시킨다는 의미로 강화물(reinforcer)이라고 불렀으며, 행동을 강화시키는 절차를 강화(reinforcement)라고 명명하였다. 강화란 특정한 자극이나 반응 뒤에 어떤 바람직하거나 좋은 것이 제공되는 것을 말한다. 반면 행동을 약화시키는 절차를 처벌(punishment)라고 불렀다. 강화 절차에는 정적 강화(positive reinforcement)와 부적 강화(negative reinforcement)가 있고 처벌은 혐오적인 자극 제시와 반응 대가(response cost)로 구분하고 있다.

정적 강화는 먹이와 같이 보통 동물이 좋아하는 것으로 반응 뒤에 이것이 주어지면 반응의 빈도가 증가되는 것이다. 예로 동물들은 음식이나 물(정적 강화물)을 얻기 위하여 지렛대를 누르고, 문을 여는 것을 학습하는 것으로, 이 과정에서 음식이나 물은 동물들이 생득적으로 좋아하는 성질을 갖고 있다.

이에 비해, 부적 강화는 전기 쇼크나 고통 같이 동물이 피하려고 하는 자극이 반응 뒤에 제거되거나 감소됨으로써 반응 빈도를 증가시키는 절차이다. 즉, 어떤 것이 감소되거나 종결될 때 진행 중인 행동이 재현될 가능성이 증가하는 것으로 전기 충격이나 시끄러운 소리(부적 강화물)를 회피하기 위하여 도망가는 것을 학습하는 것이다. 예로 아동들은 칭찬(정적 강화물)을 받기 위하여 피아노 연습을 하거나, 싫증나는 숙제를 하지 않기(부적 강화물) 위하여 피아노 연습을 할 수 있다. 동물의 경우 음식이나 물(정적 강화물)을 얻기 위해서 지렛대를 누르고 문을 여는 것을 학습할 뿐만 아니라 전기 충격이나 시끄러운 소리로부터 도망(부적 강화물)치기 위하여 행동하는 것을 학습할 수도 있다. 정적 강화물과 부적 강화물은 모두 새로운 행동의 학습을 가져오고 현존하는 행동의 빈도를 증가시키는 역할을 한다. 다시 말해, 정적 강화와 부적 강화의 공통점은 어떤 행동의 빈도를 증가시킨다는 것이고, 차이점은 정적 강화는 바람직한 행동을 함으로써 어떤 바람직한 것을 얻게 되는 것이며, 부적 강화는 바람직한 행동을 함으로써 어떤 불쾌한 것을 피할 수 있다는 것이다.

반응률을 증가시키는 강화와 달리 처벌은 반응 뒤에 혐오자극을 줌으로써 반응률을 약화시키는 것을 말한다. 처벌의 대표적인 예는 잘못된 행동에 대하여 때리는 것을 들 수 있다. 반응대가는 반응 뒤에 바람직한 것을 제거함으로써 반응률을 약화시키는 절차로, 규칙을 어긴 죄수에게 자유시간을 박탈하는 것이 해당된다. 처벌의 유형도 두 가지로 구분할 수 있는데, 첫째는 불쾌자극(부적 강화물)을 제공하는 벌이다. 다시 말해, 불쾌자극을 주어서 행동이 일어날 확률을 감소시키는 것으로 수업시간에 떠드는 학생을 방과 후에 청소를 시키는 것이 그 예이다. 둘째는 긍정적인 자극(정적 강화물)을 없애버리는 것이다. 다시 말해, 쾌 자극을 제거해서 행동이 일어날 확률을 감소시키는 것으로, 성적이 나쁜 학생에게 단체 관람하기로 되어 있는 영화 관람을 못하게 하는 것이 그 예이다.

3) 주요 개념

(1) 일반화와 변별

조작적 반응이 반응의 결과에 따라 통제되지만 그 반응에 선행하는 자극 또한 조작적 행동에 영향을 줄 수 있다. 피험 동물이 특정 자극이 있을 때 어떤 반응을 수행한 결과 강화를 받았다면, 그 피험 동물은 유사한 자극조건하에서도 동일한 반응을 할 것이다. 이 현상을 자극일반화라고 한다. 일반화의 정도는 원래 자극과 새로운 자극 간의 유사성 정도에 비례한다. 예를 들어, 500루멘(lumen) 정도 밝기의 불빛이 들어왔을 때 불빛을 쪼면 먹이를 보상받도록 훈련시켰을 때, 480루멘이나 520루멘 정도의 강도에서도 쪼는 행동이 일어나는 것이다.

반면에 한 자극에 대한 반응결과 강화를 받고 다른 자극에 대해서는 강화를 받지 못하거나 적은 양의 강화를 받는다면 학습자는 두 자극 사이를 구분하여 상이한 반응률을 나타낼 것이다. 이것이 변별이라는 현상이다. 예로 비둘기로 하여금 500루멘 정도 밝기의 불빛이 들어왔을 때 불빛을 쪼면 먹이를 보상받고, 480루멘 정도 밝기의 불빛을 쪼면 먹이를 보상받지 못하면 나중에는 480루멘 정도의 밝기에서는 반응을 하지 않는 것을 말한다.

(2) 소거

고전적 조건형성과 마찬가지로 조작적 조건형성에서도 소거가 일어난다. 소거란 기대했던 강화가 주어지지 않으면 그 행동이 사라지게 되는 것을 말한다.

처음 학습이 강하게 일어나면 날수록 행동을 소거시키기가 어렵고, 학습이 일어나는 상황이 다양할수록 소거시키기가 어려우며, 또한 복잡한 행동은 단순한 행동보다 소거시키기가 더 어렵다. 그리고 계속적인 강화를 받은 경우보다 간헐적인 강화를 받은 경우에 그 행동을 소거시키기가 더욱 어렵다.

(3) 조형(shaping)

돌고래가 공을 입에 물거나, 코끼리가 앞발을 들고 춤추는 동작, 불 속에 뛰어드는 사자 등과 같은 행동을 학습시킬 때, 전체를 이루는 행동 가운데 일부분의 행동을 강화(부분적 반응)시키는 것부터 시작하여 연속적인 접근으로 완전한 반응을 학습하도록 만드는 것을 조형이라 한다. 예로 쥐로 하여금 레버를 코로 강히게 누르게 하고자 한다면 레버 쪽으로 코를 향하는 쥐의 행동에 강화를 주어 레버 쪽으로 코를 향하게 한 후에는 목표행동에 보다 근접한 행동, 즉 레버에 코를 갖다 대는 행동에만 강화를 준다. 그 다음엔 레버를 코로 약하게 누를 때, 그 다음에는 강하게 누를 때 강화를 주게 되는 것이다. 이와 같이 조형은 어떤 원하는 행동으로 유도해 가는 점진적인 과정이다.

조형에는 두 가지 요소가 있는데 그것은 차별강화(differential reinforcement)와 계속적 접근(successive approximation)이다. 차별강화는 어떤 반응은 강화를 받고 어떤 반응은 강화를 받지 못하는 것이고, 계속적 접근은 실험자가 원하는 반응에 근접할 때만 강화를 주는 것이다. 이러한 조형을 통하여 돼지가 마차를 밀고, 개가 TV를 켜거나 끄고, 돌고래가 여러 가지 재주를 부릴 수 있는 것이다. 태권도를 배우는 소년은 기본 동작부터 시작하여 약속대련, 자유대련 순으로 고도의 기법을 발전시켜 나가는데 이것도 조형의 한 과정이다.

(4) 미신적 행동

Skinner는 스키너 상자 안에 있는 비둘기들 중에 어떤 비둘기는 먹이를 얻기 위해 다리를 들고, 어떤 비둘기는 고개를 숙이고, 어떤 비둘기는 위를 쳐다보고 있는 것을 발견하였다. 이러한 현상은 처음 스키너 상자 안에 있는 비둘기는 먹이를 얻기 위해서 할 수 있는 일이 아무것도 없었지만, Skinner가 무선적으로 먹이를 넣어 주었더니 비둘기는 먹이를 얻기 전에 했던 행동이면 무엇이든지 반복하기 시작했기 때문이다. 즉, 고개를 숙이고 있을 때 먹이가 나왔다면 다음에 고개를 숙이면 먹이가 나올 것이라는 기대를 가지고 행동을 하는데, 이 현상을 미신적 행동(superstitious behavior)이라고 한다. 미신적 행동은 인간의 생활에서도 흔히 찾아볼 수 있다. 비가 오지 않을 때 기우제를 지낸다든가 혹은 운동선수들의 징크스와 같은 것은 우연한 기회에 강화를 받은 결과로 나타나는 미신적 행동의 예이다.

(5) 이차적 강화

지금까지 살펴본 강화물은 먹이, 물 등과 같은 일차적이고 직접적인 강화들이었다. 그러나 도구적 조건형성에서의 강화는 배고프거나 목마르고 고통스러운 생물학적 사건에 의해서만 이뤄지는 것은 아니라고 본다. 우리는 주위의 사람들에게 "고맙다", "멋있어" 등의 언어적 강화를 주고받는다. 이것은 어떤 자극이 일차적인 강화물과 짝지어지면 그 자극은 강화적 속성을 갖게 된다. 이와 같이 일차적 강화물이 아닌 중립자극이 강화의 기능을 하는 것을 조건강화(conditional reinforcement) 혹은 이차적 강화(secondary reinforcement)라고 한다.

4) 강화계획

강화란 특정한 자극이나 반응 뒤에 어떤 바람직하거나 좋은 것이 제공되는 것을 말하는 것으로 강화가 어떤 행동을 형성시키고 유지시키는 데 중요한 역할을 하는 것은 사실이다. 그러나 어떻게 강화를 주는가에 따라서 행동이 학습되는 속도와 패턴 그리고 지속성이 달라질 수 있다. 즉, 강화계획(reinforcement schedule)에 따라 행동의 학습이 영향을 받게 된다는 것이다.

강화계획은 크게 전체적 강화(total reinforcement)와 부분강화(partial reinforcement)로 나눌 수 있다. 전체적 강화는 원하는 행동을 했을 경우 100% 강화를 주는 것을 말하고, 부분강화는 원하는 행동을 했을 경우 100%의 강화가 주어지는 것이 아니라 부분적으로 강화를 제공하는 것을 말한다.

연구결과 전체적 강화는 학습이 빨리 일어나는 장점이 있는 반면 강화가 주어지지 않으면 소거가 빠르다는 단점이 있다. 이에 비해 부분강화는 학습은 천천히 일어난다는 단점이 있지만 소거가 천천히 일어난다는 장점을 지니고 있다. 이 현상을 부분강화효과(partial reinforcement)라고 한다. 그러므로 어떤 행동을 학습시키기 위해서는 학습이 일어나기 전까지는 전체적 강화를 사용하다가 학습이 일어난 후부터 부분강화를 주는 것이 효과적일 것이다. 강화계획에 대하여 구체적으로 살펴보면 다음과 같다.

- 고정간격 강화계획(fixed interval schedule)

  이 강화계획은 일정한 시간이 지난 다음 올바른 반응을 할 경우 강화를 주는 것이다. 예로 5분의 간격으로 강화를 준다면 5분이 지난 다음 올바른 행동을 했을 경우 강화를 받고, 다음 강화를 받기 위해서는 5분이 지나야만 강화를 받게 되는 것이다. 인간 행동의 경우 대학생의 중간고사, 기말고사가 이 강화계획에 해당되며, 월급을 받는 것도 이 강화계획에 해당된다. 고정간격 강화계획을 사용하는 경우, 강화하고 난 바로 뒤에는 잠깐 동안의 멈춤이 있으나 시간간격이 지나면 아동이 목표행동에 대해 강화 받을 것을 예상하여 급격한 행동의 향상이 나타나는데 이것은 일정한 시간이 경과되지 않으면 강화를 받을 수 없다는 사실을 알기 때문이다.

- 고정비율 강화계획(fixed ratio schedule)

  이 강화계획은 시간과 관계없이 일정한 횟수의 반응을 하고 난 뒤 강화를 주는 것이다. 예로 강화계획을 5로 잡았다면 올바른 행동을 5번 시행하고 나면 강화를 주는 것이다. 그러므로 5번의 시행을 30초 안에 할 수도 있고, 한 시간 안에 할 수도 있지만 강화는 원하는 5번의 행동을 하고 난 뒤 강화를 주는 것이다. 보다 많은 강화를 받기 위해서는 짧은 시간에 많은 반응을 하는 것이 유리하기 때문에 이 강화계획에서는 높은 반응률이 나타난다. 예로 일한 만큼 대가를 주는 것이나 생산량에 의해 봉급을 지불하는 것이다.

- 변동간격계획(variable interval schedule)

  이 강화계획은 변동적인 시간간격이 지난 다음 반응에 대하여 강화하는 것이다. 이 강화계획은 예로 6분, 3분, 12분 등으로 강화를 주지만 평균적으로 7분마다 한 번 강화를 주는 것을 말한다(6 + 3 + 12/3 = 7). 이 강화계획은 예고 없이 수업시간에 쪽지시험을 보는 것(한 학기에 평균 1개월에 1회의 쪽지시험을 본다고 했을 때, 4개월인 경우 4회의 쪽지시험을 보면 됨. 따라서 한 학기 동안 4회의 쪽지시험을 보면 되지만 언제 볼지는 모름)으로 시험을 언제 볼지 모르기 때문에 꾸준히 공부를 하게 된다.

- **변동비율계획**(variable ratio schedule)

  이 강화계획은 특정한 횟수의 반응을 한 뒤 강화를 받지만 강화를 얻는 데 필요한 반응의 양(수)이 일정하지 않는 것을 말한다. 예로 평균적으로 10번의 반응 뒤에 보상을 받지만 어떤 경우는 2번 반응 뒤에 보상을 받기도 하고, 어떤 경우는 20번의 반응 뒤에도 보상을 받지 못한다. 이 강화계획의 대표적인 예가 도박(계속 도박을 하면 언젠가는 보상이 따르기 때문)이나 빠찡꼬 등이며, 가장 효과적인 강화계획이다.

부분강화 계획의 특징적인 반응양상을 살펴보면 다음과 같다 그림 9-8 . 고정간격 강화계획에서는 강화 직후에는 반응률이 급격히 떨어졌다가 다음 번 강화가 주어질 무렵에는 반응률이 급상승하는 등 반응 형태가 시간의 경과를 추적하는 경향을 보인다. 변동간격 강화계획에서는 반응률이 꾸준하게 상승한다. 이는 시간이 언제 끝날지 모르기 때문에 강화가 주어질 때 빨리 그것을 받기 위해서이다. 시간간격 강화계획(고정간격 강화계획과 변동간격 강화계획)과는 달리 고정비율 강화계획과 변동비율 강화계획에서는 굉장히 빠른 반응률을 나타낸다. 고정비율 강화계획과 변동비율 강화계획에서는 비율이 적으면 강화 직후부터 반응이 시작된다. 그러나 비율이 크면 각 강화 뒤에 잠깐 중단했다가 꾸준하게 많은 반응을 하게 된다. 비율 강화계획에서는 다음 강화가 몇 번이나 반응을 해야 주어진다는 것을 아는 것처럼 반응하는 경향이 있다.

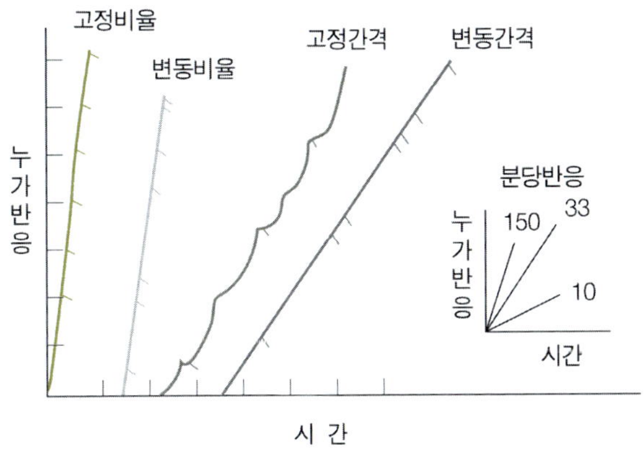

그림 9-8 부분강화의 시간에 따른 반응률

5) 인간 행동에서의 도구적 조건형성

지금까지 살펴본 도구적 조건형성은 인간의 실제 생활에서 매우 광범위하게 적용되어 왔고 적용될 수 있는 것이다. Skinner는 우리가 직면하고 있는 여러 가지 사회문제를 조작적 조건형성 원리를 이용하여 해결할 수 있다고 주장한다. 그 예로 안전벨트 미착용으로 인한 사고를 방지하기 위해 조작적 조건화를 이용한 실험을 한 경우다. 즉, 승용차를 운전해서 통학하는 학생들을 대상으로 안전벨트를 착용하는 행동에 피자, 스티커, 그림책으로 강화를 주었더니 학생들의 안전벨트 착용률이 평균 7배 이상 증가한다는 결과가 나왔다(Roberts & Fanurik, 1986).

이 외에도 학교에서 강화와 소거를 통해 문제행동을 감소시키며, 산업체에서는 보상을 통해 결근율 감소, 생산량 향상을 유발할 수 있다. 또한 임상 장면에서의 토큰 이코노미(token economy)는 조작적 조건형성을 이용한 대표적인 치료법이다. 이 치료법은 환자들이 사회적으로 적절한 행동을 할 때마다 토큰을 주고 이 토큰을 나중에 음식 등과 같이 자신이 원하는 다른 물건들과 교환할 수 있게 해 주는 치료방법인데 매우 효과적인 것으로 보고되고 있다.

3. 행동주의 이론의 교육적 적용

1) 고전적 조건형성의 교육적 적용

고전적 조건형성 원리를 수업시간에 적용할 수 있는 방안을 모색해 보면 다음과 같다. 첫째, 학습과제를 긍정적이고 즐거운 일과 연합시키는 것이 중요하다. 또한 개별경쟁보다는 집단경쟁을 사용하는 것이 좋고 학생들을 평가할 때 부정적인 말보다는 긍정적인 말을 사용하는 것이 좋다. 둘째는 학생들이 두려워하는 상황에 참여하더라도 부정적 결과가 가해지지 않는다는 것을 확신시킴으로써 자발적 참여가 이루어지게 하는 것이 필요하다. 완벽에 대한 압력이 없는 수업, 내성적이고 부끄럼을 타는 학생은 집단활동에 참여시키는 수업을 하는 것이 효과적이다. 셋째, 학생들에게 허용되는 행동과 허용되지 않는 행동을 구별하게 하는 것이 중요하다. 예로 손을 들지 않고 말하는 것이 분단토의에서는 허용되지만 전체 학습토의에서는 허용되지 않는다는 등의 변별을 할 수 있도록 하는 것이 효과적이다.

2) 조작적 조건형성의 교육적 적용

조작적 조건형성을 학교 장면에서 이용한다면 다음과 같다. 첫째, 신념, 습관 및 목표들은 조작적 조건형성의 기제를 통해 학습할 수 있다는 점이다. 스키너는 이러한 조작적 조건형성이 어린이들의 사회화 과정에 중요하다고 지적하고 있다. 둘째, 조작적 조건형성이 바람직한 행동을 조성하는 데 사용될 수 있다. 즉, 프로그램 학습과 행동장애를 치료하는 치료법이 그 예이다. 구체적으로 프로그램 학습법에 유용(조작적 조건형성의 원리를 이용한 학습법으로 사실, 법칙, 공식 등을 학습하는 효율적인 방법), 행동수정에 활용(적응적인 행동은 강화하고 부적응적인 행동은 소거시키면서 행동장애를 치료), 자기통제적인 방향에서 행동을 변화시키는데 활용(잘 적응된 사람들의 행동을 변화시키는 데에도 활용됨. 예를 들어, 흡연이나 과식과 같은 나쁜 습관을 제거하는 데 조건형성의 기법을 활용하는 것처럼 사람들이 자기가 설정한 목표에 도달하는 것을 도울 수도 있음)된다.

Chapter 10

인지주의

배울 내용

1. 행동주의에 대한 비판
2. 형태주의 심리학
3. 정보처리이론
4. 관찰학습
5. 인지주의 학습이론의 교육적 적용

학습 목표

1. 인지주의의 등장 배경을 이해한다.
2. 형태주의, 정보처리이론 및 관찰학습을 이해한다.
3. 인지주의 학습이론을 교육현장에 적용할 방법들을 모색해 본다.

개요

학습현상을 자극과 반응의 결합관계로 보려는 고전적 조건형성설, 시행착오설, 조작적 조건형성설 등의 자극-반응이론에 대립되는 이론으로 학습을 인지구조의 성립과 그 변용으로 보아야 한다고 주장하면서 인지를 강조하는 견해가 인지주의 학습이론이다. 인지주의의 학습이론은 기억, 지각, 언어, 추리, 지식, 개념형성, 문제해결력 등 인간의 내재적 심리과정을 설명하기 위한 이론인데 이러한 이론으로 정보처리이론을 논의할 것이다.

인지주의 학습이론들을 살펴보기 전에 행동주의 학습이론에 대한 비판을 살펴보고, 초기 인지주의 학습이론이라고 하는 형태주의 심리학의 통찰설, 장이론, 기호형태설을 살펴볼 것이다. 마지막으로 현대 인지주의 학습이론이라고 하는 정보처리이론을 중심으로 인간이 정보를 어떻게 입력·저장하고 처리하며, 인출하는지를 논의할 것이다. 또한 인지이론적 입장으로 관찰학습을 논의하고, 인지주의 학습이론의 학습원리를 이해하며 교육현장에 적용할 수 있는 시사점을 논의할 것이다.

1. 행동주의에 대한 비판

행동주의 학습이론은 인간과 동물의 학습에 관한 과학적 원리와 법칙을 찾아내는 데 많은 기여를 했으며, 현대 학습이론에서 과학적으로 가장 엄밀하게 인간의 학습행동을 연구하고 체계화했다. 특히 학생들의 학습행동을 기술하고 설명하는 데 있어서는 독보적인 공헌을 했다. 그럼에도 불구하고 행동주의 학습이론은 다음과 같은 측면에서 비판을 받고 있다.

첫째, 행동주의 학습이론은 내면적 사고과정인 인지과정을 인정하지 않고 밖으로 나타난 외현적 행동에 초점을 맞추어 연구한 학습이론이다. 학습과정에서 가장 중요한 것으로 여겨야 할 사고와 같은 고등정신기능, 즉 인지과정에 대해서는 설명하지 않고 겉으로 나타나는 자극과 반응의 결합에 대해서만 설명을 했다. 이러한 결과는 인간의 고차적 사고과정에 대한 이해를 어렵게 만들고 인지기능의 계발을 중요시하는 오늘날의 교육적 필요에 적절한 도움을 줄 수 없었다.

둘째, 행동주의 학습이론은 인간을 능동적인 존재가 아니라 수동적인 존재로 보는 오류를 범했다. 인간은 외적인 자극에 의하여 행동이 형성되는 존재가 아니라 스스로의 판단에 의하여 자신의 행동을 형성해 나가는 존재이다. 인간은 외적인 통제 자체도 그대로 받아들이는 것이 아니라 그것을 스스로 해석해서 자기 자신이 의미를 부여한 대로 받아들이는 존재다. 예컨대, 보상이라고 해서 항상 강화의 기능을 갖는 것이 아니라 보상을 받는 개인의 해석 여하에 따라 부정적 결과를 초래하기도 한다.

셋째, 행동주의 학습이론은 동물을 대상으로 연구한 연구결과를 인간에게 일반화하는 오류를 범했다. Skinner 등 행동주의 심리학자들은 개나 비둘기, 고양이 등을 연구 대상으로 하여 나온 연구결과를 인간에게 적용하는 잘못을 저질렀다. 인간의 학습과정을 하등동물인 개 등과 같이 설명하는 것은 잘못된 설명이라고 할 수 있다. 왜냐하면 인간의 학습이 그렇게 단순하게 설명되는 것은 아니기 때문이다.

넷째, 행동주의 학습이론은 중추신경을 중심으로 연구하기보다는 말초를 중심으로 하는 연구를 했다. 행동주의는 자극-반응의 말초신경적 연결에 의하여 학습이 이뤄진다고 생각하지만 인지주의는 환경에 의한 중추신경 내의 기억 흔적의 변용이 일어남으로써 학습이 이뤄진다고 본다.

상술한 여러 가지 이유로 인해 행동주의 학습이론은 서서히 쇠퇴되었고, 행동주의 시절에 사라졌던 의식의 연구가 새로운 인간 행동 설명방식으로 부활되었다. 또한 심리학이 설명해야 할 가장 중요한 것으로 인지과정에 대한 집중적인 탐구가 이루어졌다. 행동주의와 치열한 논쟁을 불러일으키며 인간의 의식을 연구하는 데 큰 공헌을 한 심리학이 Gestalt 심리학이다. Gestalt 심리학은 지각 분야에서 지각현상에 대한 과학적 설명력을 보이면서 학문적인 성장을 해왔다. 이런 상황에서 인간 뇌의 미세한 분석을 바탕으로 인간을 능동적인 정보처리자로 이해하는 인지주의라는 심리학이 등장하게 되었다. 인지주의는 행동주의와 달리 인간의 행동을 설명하는 데 인지과정이 어떻게 작용하는가를 연구 대상으로 한다.

2. 형태주의 심리학

Wundt의 구성주의 심리학에 불만을 나타내며 반론을 제기한 심리학이 형태주의 심리학(Gestalt Psychology)이다. 형태주의 심리학은 20세기 초에 나타난 심리학적 사고로서 심리학사에 커다란 영향을 미쳤으며 인간 행동을 이해하는 데 큰 공헌을 했다. 형태주의 심리학은 초기 인지주의 심리학으로서, 인지주의 학습이론을 이해하기 위해서 살펴볼 필요가 있다.

형태주의 심리학은 Wertheimer가 1912년에 가현운동(apparent movement)에 관한 논문을 발표하면서 제창한 것이 그 시초다. 가현운동은 영화 필름의 한 컷 한 컷은 모두 정지된 필름이지만 연결되어 있는 정지 필름을 돌리면 움직이는 그림으로 나타나는 현상으로 이것을 Wertheimer는 파이현상(phi phenomenon)이라고 명명했다. 파이현상에서의 운동에 대한 감각은 꺼졌다 켜졌다 하는 두 불빛의 하나하나를 분석함으로써 설명할 수 있는 것이 아니고, 요소의 조합에서 생겨나는 운동의 결합인 것이다.

Gestalt라는 독일어는 보통 형태라고 번역되지만 이것은 '통합' 또는 '통일되어 있는 전체'이며, 부분으로 나눌 수 없는 어떤 조직된 전체를 뜻하고 있다. 게쉬탈트학파는 인간은 이 세계를 유의미한 전체로 경험한다고 믿었다. 우리는 고립된 자극을 보는 것이 아니라 유의미한 배치, 즉 형태들로 모여진 자극을 보는 것이라고 한다. 그리하여 '전체는 부분의 합 이상'이라는 말이 형태주의자의 구호가 되었다. 형태주의 심리학은 지각, 학습 및 기억 등의 인지적 활동은 고립된 부분들의 기계적 연합이 아니라, 부분들을 일정한 관계에 의하여 전체로 조직하는 과정을 통하여 이루어진다고 본다. 따라서 학습도 행동의 변화가 아니라 인지구조의 변화라고 정의한다(이성진 외, 2007).

1) 통찰설(insight theory)

통찰설은 Wolfgang Köhler가 주장한 학습이론으로 넓게는 형태심리학의 학습이론을 말하고, 좁게는 Köhler의 유인원 실험을 통한 학습이론을 말한다. 통찰설에서 학습은 그 장면에 관한 맹목적인 충동 동작이 기계론적으로 결합하는 것이 아니라, 항상 문제 장면 전체에 관한 통찰에 의해서 이루어진다고 본다.

Köhler는 1913년에 아프리카에 있는 유인원연구소 소장으로 취임하여 유인원, 닭 등의 동물을 연구하였다. Köhler를 유명하게 한 업적은 침팬지를 대상으로 문제해결의 과정에 대해서 실험하여, 학습이론으로서의 통찰이론을 추출해 낸 것이다. 즉, 문제해결의 행동은 학습사태를 통찰함으로써 일어난다고 하는 것이 그 이론의 요지이다. 통찰이론에서 통찰은 학습의 장에 대한 학습자의 통찰과 그의 주관적인 장의 구성에 의존하고 있다. 과제의 난이는 거의 지각의 문제에 달려 있는 것이 된다.

Köhler는 유인원연구소에서 일련의 실험을 통하여 1917년 유인원의 지각실험에 대한 결과를 발표하였다. 이 실험은 흔히 Köhler의 통찰력 실험이라고도 불

리는 것으로, 이는 침팬지의 복잡한 문제해결의 과정을 설명하는 실험이었다. 그는 유인원이 단순히 시행착오로 문제 상황을 해결하는 것이 아니고, 주위를 둘러보면서 자신이 처한 주위 상황을 진단해 보는 가운데 갑자기 문제 상황을 이해하는 통찰에 의하여 문제를 해결한다고 주장하고, 통찰을 문제해결의 요인으로 보았다. 그는 유인원이 문제 상황을 통합된 전체로 파악할 수 있는 능력이 있다고 설명하였다. 그의 실험의 구체적인 예를 들어보자.

실험 1은 천장 위에 바나나를 매달아 놓은 방에 침팬지를 넣었더니 침팬지는 바나나를 따먹기 위해 한참 애를 쓴 후에 방 안에 있는 상자를 가져와 그것을 발판으로 딛고 올라가서 바나나를 땄다. 다음에 상자를 숨겨 놓았더니 긴 막대기를 가지고 그것을 땄다.

그림 10-1 통찰학습 실험

실험 2는 침팬지를 창살로 된 우리 속에 넣어 두고 손이 닿지 않는 거리의 우리 밖에 바나나를 놓아두었다. 그리고 그 사이에는 막대기를 하나 놓아두었는데 처음에 손을 뻗어 보다가 안 되는 것을 알고 잠시 생각하더니 막대기를 들어 바나나를 끌어 당겨 먹었다. 다음에는 어느 것으로도 닿을 수 없는 막대기 2개를 놓아두고 막대기의 끝과 끝을 연결할 수 있도록 해 놓았는데, 막대기 2개를 가지고 놀다가 2개가 이어지는 것을 보고 곧 바나나가 있는 곳으로 달려가 그것을 끌어 당겨 먹었다.

이와 같이 막대기를 사용하고 보다 길게 연결하거나 상자를 이용하여 문제를 해결하는 것은 통찰을 함으로써 가능한 것이다. 즉, 침팬지는 시행착오적인 행동을 반복하지 않고 갑자기 바나나를 취하려는 목적과 수단을 새로운 관계로 구조적으로 파악하여 문제를 해결하였던 것이다. 이러한 경험을 아하 경험(aha! experience)이라고 하는데 통찰이란 아하 경험이다.

통찰이란 어떤 현상인가? 그것은 목적(바나나)과 수단(상자와 막대기), 전체와 부분의 관계의 성립을 말하며, 그것은 어디까지나 대뇌중추적 기제이고, 돌연적이고 그 과정이 비약적이라는 것이다. 시행착오의 과정을 거치지 않고 침팬지는 바나나와 막대를 하나의 전체로서 새로운 관계 속에서 구조적으로 파악하였다는 것이다. 통찰이라는 개념은 여러 가지 의미로 사용되었다. Köhler는 통찰을 말할 때 통찰의 표준으로 "장의 전체 구조가 고려되어 완전한 해결이 행해지는 것이다"라 하고, 게쉬탈트 심리학에서는 전체의 장에 있어서 단순히 결과를 경험할 뿐만 아니라 현실의 문맥 속에서 '왜'나 '어떻게'를 느끼는 경우에는 항상 통찰이란 말을 사용한다고 말하고 있다. 즉, 통찰이란 전체의 한 사건 혹은 한 발전을 하나의 문맥으로 명확하게 결정하는 경험을 의미한다.

모든 학습이 통찰의 형태로 이루어지느냐의 문제와 그것에 대한 의문은 계속되고 있다. 통찰설의 지각의 법칙으로는 유사성의 법칙, 근접성의 법칙, 폐쇄성의 법칙, 계속성의 법칙을 들 수 있다.

(1) 유사성의 법칙(the law of similarity)

동질의 법칙이라고도 하는 유사성의 법칙이란 지각 장면에 포함되어 있는 자극들은 서로 비슷한 것끼리 뭉쳐서 하나의 의미 있는 형태를 형성한다는 원리이다. 다시 말해, 유사한 요소들은 상이한 요소들과 등거리에 있을 때 유사한 것끼리 뭉쳐서 지각되는 경향이 있다. Köhler에 의하면 학습과정에서 통찰되는 것은 유사성을 가진 내용끼리는 학습이 비교적 쉽게 이루어시고 유사성이 없는 내용은 학습이 잘 이루어지지 않는다는 것이다.

(2) 근접성의 법칙(the law of proximity)

근접성의 법칙이란 지각 장면의 자극은 가까운 것끼리 무리를 지어서 하나의 의미 있는 형태를 형성한다는 원리이다. 즉, 가까이 있는 요소들은 멀리 떨어져 있는 동일한 요소들보다 뭉쳐서 지각된다. 어떤 문제를 학습할 때 전체적이든 부분적이든 간에 비교적 접근하여 있을수록 그 정도만큼 학습이 쉽게 이루어지고 그렇지 못할 때에는 그 정도만큼 반대 현상이 나타난다.

(3) **폐쇄성의 법칙**(the law of closure)

폐쇄성의 법칙이란 닫혀진 영역은 닫혀지지 않은 영역보다 더 안정되고 의미 있는 도형으로 형성된다는 법칙이다. 따라서 불완전한 것을 완전한 것으로 보려는 경향이 있다. 폐쇄적일 정도로 가까운 것은 지각과정 형성이 용이하다고 보는 것이다.

(4) **계속성의 법칙**(the law of continuation)

계속성의 법칙은 다른 것과 서로 계속성을 가지고 있는 자극은 배경에서 뛰어나고 전체로서 조화되기 때문에 같은 방향을 흐르거나 같은 유형을 따르는 것 같이 보인다는 것이다. 즉, 요소들이 선형 요소들의 방향으로 계속되는 것처럼 보이며, 서로 연결된 것으로 보인다. Köhler에 의하면 계속성의 법칙이란 학습과정에서 지각과정은 계속하면 할수록 쉽다는 법칙이다.

2) 장이론

장이론을 주장한 대표적인 학자는 Kurt Lewin(1935)이다. 장(場: field)이란 원래 물리학에서 나온 개념이다. 자석의 주위에는 그 자석이 가지고 있는 자력의 강도만한 범위로 자장이 생긴다. 만일 그 자장 내에 여러 가지 쇠붙이가 있다면 자장 내에 모든 쇠붙이에는 다 같이 일시에 자력이 미쳐서 자석의 방향으로 이끌린다. 사람이 사물을 인지할 때도 이와 같아서 그 사물 하나만 관계를 맺는 것이 아니고, 그 사람의 심리에 영향을 주고 있는 모든 사물과 사실이 함께 관계를 맺게 된다는 것이다. 즉, 전체적 상황과 관계를 맺는바, 이 전체적 상황을 생활공간(life space)이라고 한다. 장이란 결국 한 사람의 전체적 생활공간을 뜻한다(이성진 외, 2007).

Lewin은 물리학에서 사용하는 위상(topology)의 개념을 심리학에 도입하여 모든 인간의 행동을 역학적 장에 기초하여 설명하고 있다. 위상이란 어떤 순간에 처해 있는 생활공간의 구조에서 어떤 행동이 일어날 수 있으며 어떤 행동이 일어날 수 없는가를 연구하는 심리학이다. 그는 이러한 역학적 장을 생활공간이라 부른다. 생활공간은 환경과 개인으로 구성된다. 생활공간에는 인지의 주체인 개인과 그 개인이 인지하는 물리적 존재 및 관념적 존재가 모두 들어 있다. 개인이 생활공간 내에서 가장 핵심적인 영역이다. 여기서 개인이란 의식적으로 행동하는 자아를 말한다. 생활공간 중에서 개인을 심리적으로 둘러싸고 있는 모든 것을 심리적 환경이라고 한다.

Lewin은 인간 행동이 유발되는 요인으로 심리적 환경(E)과 이에 반응하는 개체(P)를 들고 있는데 개체는 심리적 환경 속에 존재한다고 보고 이 양자는 전체적인 심리적 사태(situation)를 형성하고 있다고 보는 것이다. 그러므로 인간의 행동은 심리학적 사태의 구조에 의존해서 규정되므로 $B = f(S)$로 표시하며 이 심리학적 사태(S)는 개체(P)와 심리적 환경(E)으로 구성되어 있기 때문에 $B = f(P \cdot E)$로도 설명하는 것이다. 이것을 Lewin의 행동 방정식이라고 한다. 여기에서 B = behavior(행동), f = function(함수), P = person(개인), E = environment(환경)이다. 이 공식에 의하면 학습은 의식적 개인과 심리적 환경의 상호관계에 의하여 이루어진다고 할 수 있다.

Lewin은 학습이란 인지구조의 성립, 인지구조의 변화라고 보았다. 이와 같은 학습은 생활공간 영역의 분화와 많은 하위구조로서의 분절이 있고 이 분절 상호의 기능적 연관이 생겨서 어떻게 목표에 용이하게 도달하는가를 이해하는 인지구조의 변화가 학습이라고 보았다. 즉, 미분화적인 생활공간들이 경험에 의하여 지식이 획득되고 그것이 점차로 체제화되어 막연하던 영역들이 뚜렷이 분화되어 장의 인지구조나 현실 수준 등이 정립됨으로써 객관성 있는 인지구조의 성립과 효과적인 문제해결에 타당한 인지구조의 변화가 이루어진다고 설명하고 있다.

Lewin은 학습이론을 깊이 체계화시키지 않았으나 행동이 일어나는 변화의 종류를 기술하고, 그것을 인지적 구성, 분화, 체제화, 통합 및 동기 등과 같은 구성개념에 귀착시키고 있다. 또한 그는 장이론의 입장에서 다음과 같은 네 종류의 학습을 열거하고 있다.

- 인지구조의 변화로서의 학습
- 동기유발의 변화로서의 학습
- 소속집단 또는 이데올로기(ideology)의 변화로서의 학습
- 신체 근육의 유의적 통제로서의 학습

(1) 인지구조의 변화로서의 학습

인지구조의 변화는 Lewin의 학습이론의 네 가지 학습 가운데 가장 중요한 것으로서, 심리학적 생활공간의 영역이 차츰 고도로 분화하고 많은 하위구조로 분절되어 각 영역 간의 기능적 연관이 생겨 어떻게 하면 목표에 도달하는가를 이해하는 인지구조 변화가 일어나는데 이것을 학습이라고 보았다. 즉, 미분화적인 심리학적 생활공간들이 경험에 의하여 지식이 획득되고 그것이 점차로 체제화되어 막연하던 영역들이 뚜렷이 분화됨으로써 시간의 전망, 현실과 비현실, 주관성과 객관성 등의 인지구조가 재구조화로 변용되는 것이다. 이것을 요약하면 인지구조의 변화로서 학습은 첫째, 미구조화의 영역이 분화하는 것 둘째, 낡은 구조가 새 구조로 개조되는 것 셋째, 심리학적 현실 수준이 점진적으로 정립되는 것이라고 한다.

(2) 동기유발의 변화로서의 학습

인간의 학습행동은 개체와 심리학적 환경의 두 요인에 의한다고 하였다. 그리고 이 두 요인의 작용은 유의성의 역학적 관계를 형성하고 있는데 그것은 동기유발의 변화에 기인하는 것으로 보는 것이다. 그러므로 유기체의 행동이 변화되는 학습을 동기유발의 변화에서 이루어지는 학습이라고 한다.

(3) 소속집단 또는 이데올로기의 변화로서의 학습

집단은 그것이 우연적이든 인위적이든 집단의 성원들은 상호 의존적이고 공통의 상호 의존적 목표나 관심을 갖고 우리라는 감정이 성원 상호 간에 존재하며 집단 동일시 현상으로 집단의 일체성을 갖는다. 이러한 특징에 의하여 소속

집단이나 이데올로기가 달라지면 행동의 변화가 일어난다는 것이다.

(4) 신체 근육의 유의적 통제로서의 학습

학습은 지식의 습득만을 의미하는 것이 아니고 신체 근육을 유의적으로 통제하는 능력을 획득하는 것도 학습이다. 이것은 운동기능의 학습에 관한 것으로서 신체적 기능을 의도하는 방향으로 통제하거나 훈련하여 새로운 행동을 형성하는 것이다. 이렇게 신체기능의 학습도 인지구조 변화의 한 부분을 차지하고 있는 것이다. 이것은 운동기능이 학습에 관계되는 것으로서 신체운동계와 지각계는 상호 상관적인 관계를 가지면서 행동 변화에 영향을 미치게 된다. 즉, 신체 근육의 유의적 통제를 받게 되면 심리학적 생활공간이 한층 더 분화하게 된다는 것이다.

3) 기호형태설(sign gestalt theory)

기호형태설은 Tolman의 학습이론이다. 기호형태설을 기호 의미체설(sign signification theory), 기대설(expectancy theory) 그리고 기호학습설(sign learning theory)이라고도 한다. Tolman은 학습에 있어서 가장 중요한 조건이 문제사태의 인지라고 생각하였다. 그는 학습의 목표를 의미체라 부르고 그것을 달성하는 수단이 되는 대상을 "기호(sign)"라 하여 이 양자 간의 "수단-목적" 관계를 "기호-형태(sign-gestalt)"라 불렀다. 그는 학습이란 경험을 쌓으므로써 이 "기호-형태-기대(sign-gestalt-expectancy)" 즉, "무엇을 어떻게 하면 어떤 의미체로 유도될 것이다"라는 모양의 환경에 대한 인식이 획득되는 것이라고 생각하였다.

Tolman은 "무엇을 어떻게 하면 어떤 의미체로 유도될 것이다"하는 논리를 알게 되는 것이 학습이라고 하였으며, 이로 인해 그 방법을 인지적이라고 한다. 간단히 말해서 Tolman에 의하면 학습은 기대의 성격을 띠고 있는 사고의 형성인 것이다. 다시 말해, 학습은 어떤 행동의 결과로서 적절한 목표에 도달할 수 있다는 인식이며, 이렇게 하면 이러한 목표를 달성할 수 있다는 기대가 성립한다는 것이다.

이와 같이 학습자가 수단과 목표와의 의미관계를 파악하고 이른바 "인지도(認知圖: cognitive map)"를 형성하는 것을 학습이라고 한다. 앞에서 지적한 바와 같이 Tolman은 학습을 기대의 발전으로 보았다. 다양하고 수많은 기대가 있을 수 있다. 서로 관련된 이러한 기대의 망(network)은 인지도 혹은 인지구조를 형성한다. 좀 더 비공식적인 의미에서 그것은 상황에 대한 지식이라고도 할 수 있다. 새로운 통찰의 결과도 이러한 인지구조에 변화가 있을 때 학습이 발생한다고 그는 보고 있다. Tolman의 주요한 학습 개념은 보수기대, 장소학습, 잠재학습이다.

(1) 보수기대

학습은 보수가 주어질 거라는 기대감에 의해서 발생한다는 것이다. 침팬지가 보는 앞에서 2개의 그릇 중 한 그릇에만 바나나를 담고 다른 하나에는 담지 않았다. 얼마 후 나머지 빈 그릇에 바나나보다도 약한 유의성이 있는 먹이를 넣어 보았다. 그런 후에 침팬지에게 그릇을 선택하라고 시켰더니 바나나를 넣었던 그릇을 선택하는 것이 관찰되었다. 이와 같이 보다 높은 유의성이 있는 보수를 기대한다는 이론이 보수기대다(강태훈 외, 2013).

(2) 장소학습

학습자가 장소학습을 반응학습보다 잘 학습한다는 이론이다(Terry, 2000). 처음에 일군의 쥐들이 A 위치에서 오른쪽으로 돌아 먹이에 도달하는 훈련을 받았다(왼쪽 그림). 이후에 미로를 180도 회전시켜 B의 위치에서 쥐를 출발시켰을 때 쥐는 어느 쪽으로 돌 것인가? Tolman의 인지도 개념을 반영한다면 쥐는 왼쪽으로 돌아야 한다(장소학습). 실제로 Tolman의 실험은 장소학습이 반응학습보다 효과적임을 보여주었다(이정원, 2004).

그림 10-2와 같은 미로에서 장소학습 쥐는 A 위치에서 먹이는 Y에(왼쪽 그림), B의 위치에서도 먹이는 Y에 놓여 있는 위치를 학습하였다(오른쪽 상단). 반응학습 쥐는 A의 위치에서는 먹이가 Y에 B의 위치에서는 X에 먹이가 오도록 하여 장소

보다는 오른쪽으로 미로를 돌면(반응하면) 먹이가 나오도록 하였다. 그 결과 장소학습 쥐가 반응학습 쥐보다 월등히 높은 학습을 나타내어 장소학습 쥐는 7~8회만에 학습을 달성하였는 데 비해 반응학습 쥐는 70회의 시행에서도 착오를 보였다.

장소학습 대 반응학습의 논쟁은 특수한 반응들 또는 인지도들이 학습될 수 있다는 것을 말해준다(강태훈 외, 2013).

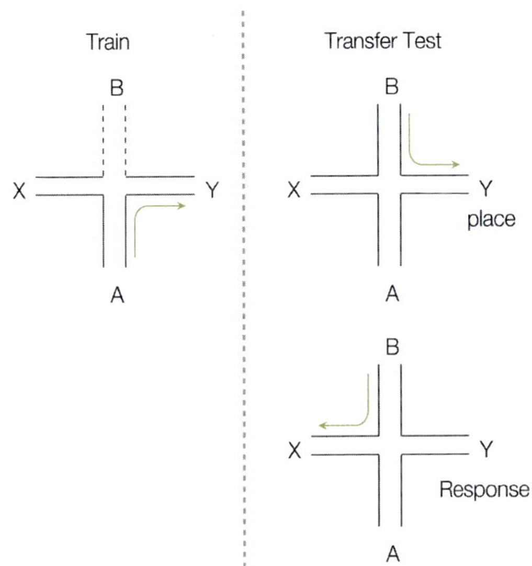

그림 10-2 장소학습과 반응학습

(3) 잠재학습

잠재학습은 강화가 주어지지 않았는데도 학습이 발생한다는 것으로 행동주의 학습이론을 반박하는 핵심적인 근거가 되는 개념이다. 잠재학습의 실험과정은 다음과 같다. 쥐가 미로의 출발점에서 목표점까지 잘못 없이 주행하게 하는 학습을 매일 20분씩 시킬 때, 한 집단은 목표에 도달했을 때 강화, 즉 먹이를 주지만 다른 집단은 3일 동안 목표에 도달했어도 강화를 주지 않는다. 이렇게 한 후 비강화 집단에게 4일째 될 때부터 강화, 즉 먹이를 준다. 이 경우 비강화 집단은 4일째부터 학습곡선이 처음부터 강화한 학습곡선처럼 완만하게 떨어져야 할 것이다. 그러나 실제는 급속한 오류 수의 감소가 나타났다(온기찬, 2005).

이것이 이 집단이 미로 찾기에서 비강화 시에도 무엇인가를 학습했다는 것을 의미한다. 그래서 이러한 학습을 잠재학습이라고 부른다. 학습에서 S-R 연합이 필수조건은 아니다. 분명히 자극과 반응이 인간 행동을 설명하는 중심개념이 아니라는 결론이며, 뇌에서 무엇인가 중요한 역할을 한다는 의미를 담고 있다.

3. 정보처리이론

인간의 학습과정을 이해하려는 노력은 오래전부터 있어 왔다. 그동안 여러 학습이론들은 각기 특유한 가정하에서 학습과정의 설명에 기여해 왔다. 그러나 1960년쯤부터 나타난 정보처리적 학습과정의 이해나 설명은 지금까지의 어떤 생각보다 효율적이라는 사실이 굳어지면서 그동안의 여러 이론은 발전적 해체를 하며 인지적 관점으로 학습과정의 이해와 설명을 넘기게 된다. 여기서 새로운 개념이나 용어가 쏟아져 나오게 되는데 이제는 이러한 개념이나 용어로 학습과정을 설명하는 것이 대세이다.

정보처리이론(information processing theory)은 인간의 인지과정의 구조를 컴퓨터의 정보처리 방법에 비유하여 설명하려는 입장이다. 이러한 이론을 주장하는 인지심리학자들이 기꺼이 제시하는 모형이 인간의 사고의 컴퓨터화인 것이다. 그들은 행동의 변용만이 아니라 내적 정보처리과정에도 관심을 가지면서 인간의 정신적 과정은 대단히 복잡하여 마치 컴퓨터의 기능에 비유될 수 있다고 설명한 것이다. 인간의 뇌가 실제로 컴퓨터를 닮았다는 것이 아니라 그 과정이나 양식 또는 기능 면에서 유사하다고 보는 것이다. 따라서 정보처리이론이라 함은 인간의 정신적 작업과정을 컴퓨터의 작업과정으로 설명하려는 학습이론인 것이다.

정보처리이론이 주로 관심을 갖고 있는 영역이 학습과 기억인데, 학습과 기억에 관한 차이가 없어 학습에 관한 연구가 곧 기억에 관한 연구라고 할 수 있다.

이 이론이 인간의 정보와 관련하여 관심을 갖는 부분은 기억 속에 정보가 저장될 때 무슨 일이 일어나는가를 설명하는 것이다. 정보처리이론은 기억을 부호화, 저장, 인출의 3가지 과정으로 설명하고 있다. 부호화(encoding)란 감각기관에 의하여 투입된 정보가 기억 속에 자리 잡을 수 있도록 일정한 유형의 표상(부호)으로 변환하는 의미하며, 저장(storage)은 부호화된 정보를 기억 속에 유지하는 방법을 의미하고, 인출(retrieval)이란 기억 속에 저장된 정보를 탐색하는 과정이다. 인출은 부호화와 매우 밀접한 관련을 맺고 있다. 의미 있게 부호화하지 않는 정보는 인출이 잘 이루어지지 않는다. 인간의 정보처리 모형에서의 정보처리과정을 도표화한 것이 그림 10-3 이다.

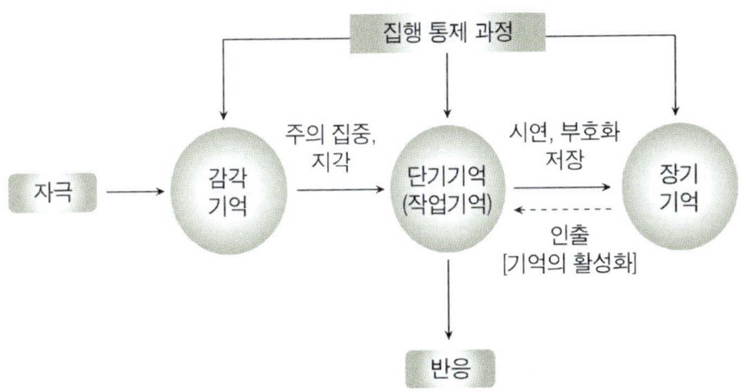

그림 10-3 정보처리 모형에서의 정보처리과정

정보처리 모형에 의하면 외부에서 들어오는 정보를 저장하는 기억장치가 3개가 있는데 감각기억, 단기기억, 장기기억이다. 이를 중다저장 모형이라고 한다.

1) 감각기억

우리가 보고, 듣고, 냄새 맡는 것들이 바로 정보처리의 단계인 첫 번째 감각기억이다. 감각기억(sensory register)은 주위 환경의 자극이 제거되어도 우리의 감각조직에 잠시 동안(0.1~0.5초) 자극의 효과가 남아 있게 된다. 이것은 일종의 사진과 같은 것이어서 비교적 충실하게 기록을 하지만 빨리 사라져 버린다. 감각기억은 환경적으로 투입된 정보를 분석하지 아니한 감각적인 형태로 잠시 유지시킨다. 아동들이 성인에 비해 특정 정보(예: 모형)를 기억하는 것이 적은 것은 이들이 성인에 비해서 감각조직에 들어온 자극의 영상이 사라지기 전에 효과적으로 부호화를 하는 전략이 없기 때문이다.

우리에게 감각기억이 있기 때문에 영화를 볼 수 있고, 음악을 감상할 수 있으며, 언어에 의한 의사소통을 할 수 있는 것이다. 시각 자극이 감각적으로 기억되는 것을 잔상이라고 하는데, 이것을 우리는 잔상기억이라고 한다. 이 기억을 이용하는 것이 영화이다. 또 하나의 대표적인 기억이 소리인데, 소리도 감각적으로 기억할 수 있기 때문에 연속된 연주 소리가 낱낱이 끊어진 음들의 집합이 아니라 하나의 아름다운 음악으로 들리게 되는 것이다. 이러한 기억을 잔향기억이라고 하는데, 잔향기억으로 인해 우리는 음악을 감상하고 언어를 통해서 대화할 수 있는 것이다.

감각기억의 용량은 무한대라고 할 정도로 아주 용량이 크다. 대표적인 정보로는 시각정보인 잔상기억과 청각정보인 잔향기억이 있다. 그 외의 모든 감각기관으로 들어오는 정보가 감각기억으로 존재한다. 일반적으로 잔상기억은 지속시간이 0.1초, 잔향기억은 0.5초로 알려져 있다.

2) 단기기억(작동기억)

단기기억이란 들어온 정보가 짧은 시간 동안 유지된다는 지속시간을 중심으로 기억을 개념화한 의미이다. 어떤 학자는 단기기억을 작동기억이라고도 하는데 작동기억이란 기억의 기능을 중심으로 개념화한 것으로 단기기억의 기능이 기억된 정보를 처리하는 작업을 한다는 의미에서 작동기억이라고 한다. 또한 작동기억은 현재 작동하고 있는 기억이라고 할 수 있다. 그래서 어떤 학자는 활성화 기억이라고 한다.

단기기억은 장기기억 속에 저장되어 있는 정보를 단기기억으로 가지고 와서 정보를 처리하여 인출(반응)한다. Klatsky(1955)는 작동기억을 작업대에 비유하여 설명하였다. 즉, 장기기억 속에 있는 정보를 작업대로 가지고 와서 원하는 작업을 하여 반응으로 인출한다는 것이다. 작동기억이란 작업대에서 정보를 처리 조작하고 있는 기억을 의미하고 있는 것이다. 그래서 작업기억이라고도 한다.

감각기억에 있는 정보는 주의와 지각과정을 거쳐 주의집중한 정보만 단기기억으로 들어가게 된다. 인간은 정보를 수집하는 생명체이다. 정상적인 조건하에서는 주의를 기울이는 정보의 양이나 유형에 있어 비교적 선택적이다. 즉, 주위의 다른 것은 무시하고 특정 자극에만 주의를 기울이는 선택능력은 아동기부터 연령이 증가하면서 서서히 증가된다.

인간은 일단 특정 자극에 주의를 하게 되면 이것은 지각적으로 해석된다. 지각은 인간이 의미가 없는 물리적 자극의 모형에서만 의미 있는 정보를 추출해 내는 과정이라 정의할 수 있다. 지각과정은 다른 사고과정과 독립된 기능이 아니다. 지각은 기억 속에 저장되며 들어온 지각을 해석하는 것을 돕기 위해 정보가 기억 속에서 회상이 된다.

단기기억의 지속시간은 짧다. 학자들에 따라서 조금씩 다르지만 단기기억의 정보 지속시간은 30초인 것으로 알려져 있다. 단기기억에서는 현재 우리가 사용하고 있는 제한적인 수의 정보만을 유지할 수 있으며 반복하여 시연하지 않으면 30초 이내에 사라진다. 단기기억의 전형적인 예로 전화번호를 느는네, 진화를 걸려고 할 때, 전화번호를 본 다음 잠시 동안 주의가 산만해지면 전화번호를 잊어버리고 전화를 걸기 전에 다시 전화번호를 보고 걸어야 한다. 또는 전화번호를 잠시 기억하여 전화를 하고 그 후에 전화번호를 잊어버리는 경우가 단기기억의 예라고 할 수 있다. 단기기억의 특징은 먼저 들어온 정보가 먼저 나간다는 것이다. 즉, 정보가 선입선출에 의하여 상실된다.

단기기억의 정보처리용량은 매우 작다. Miller(1956)는 인간이 무의미한 자료들을 단기기억할 수 있는 용량은 7개의 항목 정도라고 하였다. 그리고 그 개인차는 7±2 청크 정도라고 하면서 거의 모든 인간이 그 안에 해당되기 때문에 이를 '매직넘버'라고 불렀다. 청크는 묶음을 뜻하는데 기억이론에서는 군단위(chunk)라고 부른다. 인간이 기억을 할 때에 군단위로 묶어서 하기 때문에 실제로 9개 항목을 묶어서 1개의 청크로 기억을 하면 9개의 청크를 기억할 수가 있다. 그렇게 하면 9개 항목×9개 청크=81개 항목을 기억할 수 있다. 인간이 이렇게 군단위에 의한 기억을 할 수 없다면 많은 정보를 처리하고 기억하는 데 어려움이 있을 것이다.

단기기억은 단순한 임시 기억창고만이 아니다. 컴퓨터에 비유해 보면 컴퓨터에는 중앙통제기능, CPU라는 것이 있다. 중앙통제기능이 있음으로 해서 컴퓨터는 이미 하드디스크에 저장된 정보와 새로 입력된 정보 등을 조합하여 명령된 작업을 수행한다. 이 작업 수행의 기능이 우리 인지과정에도 있다는 것이 작동기억의 개념이다(조화태 외, 2005).

단기기억은 일시적인 것이며 적극적인 의식의 과정이다. 즉, 중앙통제기능을 한다. 왜냐하면 주위 환경에서 들어온 정보뿐만 아니라 장기기억으로부터의 정보가 어떠한 계산이 필요하든 그것을 수행하기 위해 합치는 곳이기 때문이다. 감각에서 온 정보가 우리가 이미 아는(즉 장기기억의 정보)와 일치하면 우리는 그 새로운 정보를 인지하게 된다. 일단 이렇게 인지되면 우리는 그것을 알게 된다(단기기억). 알게 된 정보도 이를 장기기억(long-term memory) 속에 조직하고 부호화하지 않으면 사라져 버린다.

우리는 2×8=?에 대한 질문이 주어졌을 때, 2×8=?에 대한 대답을 하기 위해서 장기기억으로부터 정보를 인출하여 작동기억에서 계산하거나 작동기억에 있는 정보를 직접 사용하여 작동기억에서 계산을 하여 구두로 답을 한다. 이와 같이 정보를 처리하는 기억을 작동기억이라고 한다.

3) 장기기억

단기기억에 있는 정보는 다양한 시연을 하면 장기기억 속으로 들어가게 된다. 장기기억이란 수 분에서 평생 동안 장기적으로 정보를 저장하는 저장고다. 기본적으로 장기기억은 현재 사용하고 있지 않은 모든 것을 기억 속에 부호화한 것이다. 단기기억 속의 정보가 장기기억 속으로 들어가는 과정이다. 즉, 일단 단기기억 속에 들어온 정보는 반복연습에 의해 장기기억 속으로 들어가 수 분에서 평생 동안 저장된다. 그래서 장기기억은 정보의 지속시간이 매우 길다. 평생 동안 유지된다. 장기기억 속의 정보는 우리가 그 정보를 찾아내지 못하여 인출에 실패할 수 있지만 거의 잊어버리지 않고 저장된다.

장기기억의 용량은 매우 크다. 모든 정보를 저장할 수 있다. 장기기억의 정보 유형은 일화기억, 의미기억, 절차기억 등 3가지 기억 유형으로 분류된다(강갑원 외, 2004). 일화기억은 개인의 경험에 관한 자서전적 기억이다, 예컨대 2018년 2학년 2학기 때 교육심리를 수강했다. 2017년에 대학에 들어왔다는 기억이다. 의미기억이란 백과사전적 기억으로서 우리가 알고 있는 사실과 개념, 원리, 규칙 그리고 그것을 어떻게 사용하는가에 관한 정보들이다. 예컨대, 남한보다 북한이 더 춥다. 추운 이유는 북한이 남한보다 위도상의 북쪽에 위치해 있기 때문이다라는 지식의 정보가 의미기억이다. 절차기억이란 '무엇에 대해서 아는 것이 아니라', '어떻게 하는가'에 대해서 아는 것을 의미한다. 예컨대, 골프 스윙 방법, 운전을 하는 기술 등이 절차기억 속에 저장되어 있는 기억이라 할 수 있다. 이러한 기억들은 서로 다른 방법으로 정보를 저장하고 조직하는데, 일화기억의 정보는 언제 어디서 사건이 발생했는가에 근거해 조직된 심상의 형태로 저장되며, 의미기억 속의 정보는 아이디어나 개념들의 네트워크, 즉 연결망 형태로 지장된다. 그리고 절차기억 속의 정보는 자극-반응 쌍의 연쇄나 복합체 형태로 저장된다(임정훈, 2008).

인간이 정보를 처리하는 과정에는 질서가 있다. 단기기억 저장고에 있는 정보들이 무질서하게 장기기억 저장고로 전이되는 것이 아니라 장기기억 과정에 작용하는 몇 가지 정보처리 특성에 의하여 저장한다. 첫째, 인간은 일종의 '틀'을 가지고 사물을 인식한다. 인지심리학에서는 이 틀을 도식이라고 부르는데, 어떤 방을 사람들에게 보여주면서 그 방이 교수연구실이라고 말해주면 교수연구실이라는 틀을 가지고 보며 회상 시에도 교수연구실이라는 틀에 맞추어서 기억을 해내는 경향이 있다. 둘째, 우리는 일종의 '각본'을 가지고 경험이나 사건들을 기억

한다. 예컨대, 지갑을 어제 잃어버렸다고 하고 어제 갔던 음식점에서 지갑을 놓고 온 것 같은 느낌이 강하게 들기 시작했다고 할 때 자신이 음식점에서 했던 행동을 마치 각본처럼 검토해 봄으로써 기억을 회상하고자 한다. 셋째, 사람은 장기기억 과정에서 '조직화'라는 방법으로 기억을 한다. 예컨대, 유목별 군집화라는 방법을 인간의 기억과 사고과정에서 사용하는데 이는 물질들을 금속과 비금속이라는 두 가지 유목으로 나누어서 기억한다는 것이다(조화태 외, 2005).

이와 같이 정보처리이론은 정보가 어떻게 들어와 분석되고 저장되며 회상되는가를 나타내 주는 것이다. 즉, 정보처리이론가들은 이러한 각종 과정을 통한 정보의 흐름을 통해 학습이 이루어진다고 본다. 일반적으로 학생은 보다 정교하고, 조직적이며, 체계화된 전략을 획득한 결과 보다 효과적인 정보처리자가 되는 것이다.

4) 정보처리이론에 기초한 인지주의적 학습원리

정보처리이론에 기초하여 인지주의 관점에 바탕을 둔 인지주의적 학습원리는 다음과 같다(임정훈, 2008).

① 유의미화

정보는 유의미화하면 할수록 더욱 기억하기 쉬워진다. 유의미화란 말 그대로 내용을 자기 나름대로 의미화시켜 기억하는 것으로 친근하고 구체적인 단어로 바꾸면 더 쉽게 기억할 수 있는 것이다.

② 순서적 위치

순서적 위치의 효과는 제시되는 내용의 순서에 따라 달라진다. 내용이 처음에 나오느냐(초두 효과)와 마지막에 나오느냐(최근 효과)에 따라 기억에 차이가 있다. 중간에 제시되는 내용은 기억이 잘 되지 않는다.

③ 연습

연습은 많이 하면 할수록 더 많이 기억하게 된다. 연습에는 두 가지 유형이 있는데 하나는 전습이고 다른 하나는 분습인데, 분습이 전습보다 효과적이라는 것이다. 연습은 인지처리과정 중 하나인 시연과 밀접한 관계가 있다.

④ 정보의 조직

단기기억의 용량이 7±2항목인데, 만약 여러 개의 항목을 하나의 청크(묶음)로 조직할 수만 있다면 더 많은 정보를 기억할 수 있다.

⑤ 전이와 간섭

단기기억을 위한 암기식 학습은 단기기억을 많이 사용하기 때문에 전이효과는 부적 형태로 나타나고 간섭효과가 자주 발생하는 경향이 있기 때문에 부적 전이와 간섭효과를 최소화하기 위해서 간헐적인 연습을 하고, 단순 암기학습보다는 유의미학습에 초점을 두고 기억술을 사용하여 학습하는 것이 도움이 된다.

⑥ 기억술

기억술이란 의미가 없는 자료를 더욱 유의미하고 기억하기 쉬운 이미지나 단어, 어구 등과 연결시킴으로써 기억을 돕는 전략 혹은 기법을 의미하는데 기억술을 사용함으로써 단순한 내용을 기억하거나 학습하는 데 효과적이다.

⑦ 발췌

발췌란 문장이나 학습내용의 핵심을 추출해 내는 기법인데 가장 핵심적인 요소를 추출함으로써 정보를 조절 가능한 양으로 줄여서 효과적으로 기억하거나 학습할 수 있다.

⑧ 정교화

정교화란 정보를 더욱 정밀하게 첨가하는 것으로, 첨가된 정보는 학습자 스스로 만든 것이므로 최초의 정보보다 학습자 자신에게 더욱 명확한 의미를 지님으로써 학습이 용이하다.

⑨ **도식화**

도식이란 정보를 이해하고 장기기억에 저장하기 위해서 그 정보를 구조화할 때 사용하는 기본 틀이나 부호를 의미하는데, 정보가 부호화되거나 도식화되면 그것이 필요할 때 쉽게 인출해 낼 수 있다.

⑩ **조직화**

조직화란 정보처리를 쉽게 하기 위해서 내용을 몇 개의 묶음으로 나누고 분류하는 방법을 의미하는데, 이처럼 자료를 잘 조직화하면 학습하기가 훨씬 더 수월해진다.

⑪ **인지적 점검**

인지적 점검이란 메타인지의 한 방법으로 자신이 특정 내용을 이해하고 있는지, 결과를 예측하고 효과적으로 과제를 수행하는지를 평가하고, 다음 단계를 계획하고 적절한 시간과 노력을 배분하고, 어려움이 발생했을 때 그것을 극복하기 위해 다른 전략을 사용하거나 기존의 전략을 수정하는지 등을 검토하는 것이다. 이처럼 메타인지를 사용함으로써 효과적으로 학습을 할 수 있다. 메타인지 사용의 학습효과는 매우 크다.

4. 관찰학습

중학교 2학년생인 영수는 담임선생님의 말씀하시는 억양과 제스처가 너무 마음에 들어서 집에 가서 담임선생님의 억양과 제스처대로 말을 해보려고 연습을 많이 한다. 영수는 바로 관찰을 통해 학습을 하고 있는 것이다. 이러한 학습방법에는 관찰자와 모델의 두 참여자가 있게 된다. 따라서 관찰학습은 흔히 사회적 학습(social learning) 또는 모방학습(modeling learning)이라고 부른다.

사회적 학습이론의 근원은 행동주의이다. 그러나 행동주의와 달리 관찰할 수 없는 감정, 영상, 기대 같은 개념을 사용하고 학습에 있어서 인지과정을 중요시하기 때문에, 인지학습의 또 다른 형태로서 우리는 사회적 학습을 인지이론으로 간주한다. Bandura(1977)를 위시한 사회학습이론가들은 인지학습의 또 다른 형태인 관찰학습(observational learning)이나 대리학습(vicarious learning) 같은 유형의 학습에 관심을 가져왔다. 인간은 자기 자신의 직접적인 경험에 의해서만 행동이 변하는 것이 아니라 타인의 경험을 간접적으로 보고 들음으로써 자신의 행동을 변화시키기도 하는 것이다. 다시 말해, 남의 행동 모델을 보고 자신의 행동을 변화시키는 것이다. 따라서 남의 행동을 관찰함으로써 행동을 변화시킬 수 있는데 이것을 관찰학습이라고 한다.

Bandura의 실험을 살펴보자. 그는 아이들을 세 집단으로 구분을 하여 각 집단 별로 실험의 모델이 Bobo 인형에게 공격적인 행동과 언행을 한 뒤 각기 다른 보상과 처벌을 받는 장면을 TV를 통해 보도록 하였다. 먼저 한 집단에게는 모델이 공격적인 행동을 하고 난 뒤 강화를 받는 장면을, 또 한 집단에게는 공격적인 행동을 하고 난 뒤 처벌을 받는 장면을, 한 집단에게는 공격적인 행동을 하고 난 뒤 처벌 혹은 강화 모두를 받지 않은 장면을 보도록 하였다. 그 결과 보상을 받은 모델을 본 아이들은 그렇지 않은 아이들보다 공격적인 행동이 증가하게 되는 것으로 나타났다.

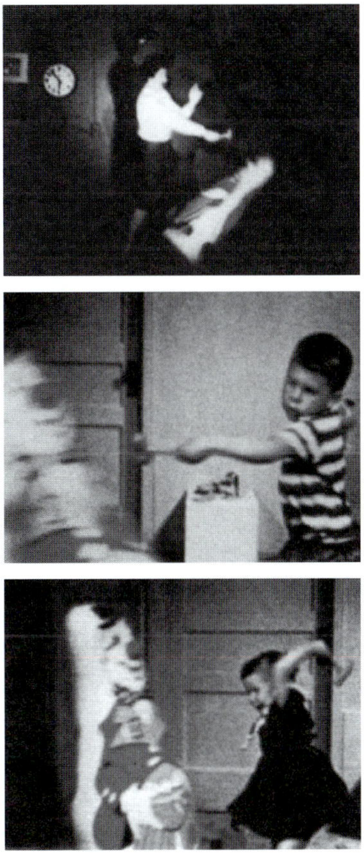

그림 10-4 어른 모델의 공격성을 관찰한 후 아이들의 공격성 모방

인간은 타인의 행동을 관찰해 봄으로써 예의와 존경을 어떻게 표시하며 적개심과 공격, 사랑과 관심을 어떻게 나타내는가를 배운다. 행동의 관찰은 모델 행동에 수반되는 결과의 인식이 포함된다. 따라서 모델의 행동이 강화

되면 그 행동의 모방 가능성도 증가한다. 일반적으로 모델과 학습자 간의 유사성이 높을수록 모방은 쉽게 일어나며, 모델의 지위가 높을수록 관찰자의 모방 가능성이 높아진다. 모델은 통상 타인이나 동물이지만 상징적이고 표상적인 경우도 있는데, 예를 들어 책을 보거나 강의를 듣는 것으로 학습이 가능하다.

관찰학습이란 단순히 다른 사람을 모방하는 것 이상을 의미한다. 학생은 주변의 중요한 사람 특히 부모나 선생님의 행동을 모방한다. 그리고 많은 중요한 사회적 행동들이 관찰을 통해 습득된다. 학생은 주변 환경에서 모델과 같이 비슷한 어휘나 억양을 사용하여 이야기하는 것을 배운다. 모방을 통해 학생은 성역할을 배우며 동일시를 배운다. 학생은 부모를 관찰함으로써 다른 어떠한 방법에서보다 더 많은 행동들을 배운다.

Bandura(1986)는 모델의 행동을 실제로 모방해서 실행하는 일이 없더라도 단지 관찰하는 것만으로 모델의 행동을 본받아서 행한다는 소위 새로운 반응을 획득할 수 있다고 주장하고 있다. 관찰학습에서는 관찰자 자신이 직접 강화 받는 일이 없더라도 모델이 강화 받는 것을 보는 것만으로도 학습이 성립된다. 예컨대, 교실에서 다른 학생이 교사로부터 칭찬을 받으면 그 칭찬을 받은 행위를 모방해서 실행한다. 이렇게 하기 위해서는 관찰자 자신이 칭찬을 받을 만큼 행동의 능력을 갖추어야 한다. 이 경우 교사의 칭찬을 대리강화라고 하고 관찰한 학생의 행동 변화는 대리학습이라고 한다. 관찰학습은 모델이 관찰자와 유사할 때 또 모델의 사회적 지위가 관찰자보다 높을 때 혹은 모델이 관찰자에게 매력적일 때 흔히 일어난다. 관찰학습은 다음과 같은 네 개의 과정을 거쳐서 이루어진다고 보고 있다(나동진, 2005).

1) 주의집중 과정

이것은 모방하려는 모델의 행동에 주의를 집중하는 과정이다. 이 과정은 관찰 대상의 특징은 물론 관찰자 자신의 특징에 의해 영향을 받는다. 관찰 대상의 성별, 연령, 존경도, 지위, 힘, 매력 등이 주의집중에 영향을 미친다. 또한 주의집중 과정에 영향을 미치는 관찰자 자신의 특징으로는 자신의 능력에 대한 지각, 감각적 능력, 각성 수준 등이 있다. 주의를 받는 자극의 특수성, 복잡성, 그 자극이 제시되는 속도 등도 주의집중에 영향을 준다. 예컨대, 학생들이 잘 이해할 수 없는 복잡한 문제가 빠른 속도로 제시될 때 그들의 주의는 곧 산만해지고 말 것이다.

2) 파지과정

이것은 관찰된 내용을 기억하는 과정이다. 그 내용이 기억되기 위해서는 모델의 행동에 주의를 집중함과 동시에 그 행동의 사실적 혹은 분석적 표상이 형성되어야 한다. "모방할 행동을 말로 바꾸어 표현한다든지 심상으로 그려보는 경우가 그렇지 않는 경우, 즉 단순히 관찰만 하고 있거나 한눈을 팔고 있는 경우보다 쉽게 학습이 일어난다"라는 Bandura의 주장은 이것을 말하고 있는 것이다.

3) 재생과정

모방하려고 하는 행동은 잘 기억하는 것만으로 불충분하다. 그것을 실제 실행에 옮겨 봄으로써 학습의 효과를 높일 수 있다. 이 과정이 재생이다. 즉, 교사가 시범을 보이는 어떤 수학문제의 해결과정 혹은 복잡한 운동의 동작 등을 학습하기 위해서는 관찰만 하고 있을 것이 아니라 실제 실행해 보는 것이 중요하다.

4) 동기화과정

관찰을 통해 학습된 행동은 그 행동이 강화를 받을 때에만 지속적으로 일어난다. 만일 그 행동이 벌을 받는 결과를 초래한다면 그 행동이 일어나는 비율은 감소한다. 따라서 이 과정은 강화를 통해서 행동의 동기를 높여 주는 단계이다. 이런 의미에서 관찰학습이론은 강화나 벌에 대해서 조작적 조건형성이론과

거의 비슷한 견해를 갖고 있다고 볼 수 있다. 그러나 두 이론은 다음과 같은 두 가지 관점에서 차이가 있다. 첫째, 강화나 벌이 조작적 학습이론에서는 학습의 필수적 요소이지만 관찰학습이론에서는 그렇지 않다. 관찰학습이론에서는 강화가 없어도 관찰을 통해서 학습이 일어난다고 보며, 강화는 단지 동기에 영향을 주는 요인일 뿐이라고 생각한다. 둘째, 관찰학습이론에서는 직접적인 강화나 벌뿐만 아니라 간접적인 것도 비슷한 효과를 가져온다고 본다. 간접적인 강화나 벌은 우리가 다른 사람의 행동이 어떤 결과를 가져오는가를 관찰함으로써 일어난다. 예컨대, 형제가 있다고 할 때, 형이 학교에서 좋은 성적을 받아와서 칭찬을 받은 것을 보고 동생도 자기가 직접 당하는 것과 마찬가지로 비슷한 효과를 나타낸다는 것이다. 이것을 대리강화라 한다.

5. 인지주의 학습이론의 교육적 적용

인지적 관점에서 인간의 학습행동을 이해하고 설명하는 것이 효율적이라는 사실이 밝혀졌다. 인간의 학습행동이 인간의 능동적인 인지과정에 의해서 지배되고 있다는 사실을 파악한 인지적 관점은 교육, 특히 학교교육이 전통적으로 생각하고 실천해 온 방향과 내용 그리고 방법을 크게 바꾸게 했다. 이러한 인지 학습이론이 지니는 교육적 시사점을 살펴보면 다음과 같다.

첫째, 학생들은 개인적으로 의미 있고 관심 있는 문제에 대해서는 훨씬 적극적으로 해결책을 찾으려는 경향이 있다는 점을 최대로 활용해야 한다. 일반적으로 학교교육이 비판받는 중요한 측면의 하나는 교육내용이나 교육방법이 개인적인 의미를 지니지 못하고 획일적으로 통제되고 있다는 점이다. 그래서 학생들은 다른 사람이 배워야 될 내용을 배우느라고 많은 시간을 허비하게 될지도 모른다. 이러한 점을 제거하려면 교사는 자주 여러 가지 주제에 관해 학생들 스스로 토론하게 하고 선택하게 할 필요가 있다. 그들 스스로 선택한 문제는 그만큼 그들에게 가치 있고 의미 있는 것이기 때문에 높은 학습동기가 유발되고 보다 학습이 잘될 것이기 때문이다.

둘째, 구조에 대한 이해가 학습에 크게 도움이 된다는 점을 잊어서는 안 된다. 특히 초등학교 고학년에서는 한 주제와 다른 주제와의 관계, 한 주제 내에서의 지식들의 관계를 이해시켜 주는 것은 대단히 중요하다. 아동의 학습에 있어서도 구조의 중요성이 무시되어서는 안 된다. 그들이 조금이라도 이해할 수만 있다면 전체적 맥락, 구조, 관계에 대한 설명을 게을리할 필요가 없다. 오히려 아동들이 일반화를 쉽게 시키고, 보다 쉽게 관련시키는 면도 있음을 상기할 필요가 있다.

셋째, 교사는 학습자들이 학습을 효과적으로 하기 위해서 인지전략 및 메타인지를 꾸준히 개발·활용하도록 지도해야 한다. 특히 메타인지를 활용하는 것은 학습을 효과적으로 하는 데 유익하다.

넷째, 교사들이 수업 상황에서 학습자들의 학습과정을 일련의 정보처리과정으로 이해함으로써 정보처리적 관점을 학습과정에 활용해야 한다. 정보처리과정에는 다양한 학습의 시사점이 있다. 예컨대, 우리는 정보를 장기기억으로 넘기기 위해서 시연을 해야 하는데, 시연은 연습과 밀접하기 때문에 다양한 연습방법을 활용할 수 있도록 학습지도를 해야 한다. 공부의 왕들은 다양한 연습전략을 활용하여 시연함으로써 우수한 학습결과를 보인다.

다섯째, 교사는 다양한 인지주의적 학습원리를 교수-학습과정에 적극 활용해야 한다. 교사는 앞에서 설명한 다양한 인지주의적 학습원리를 구체적으로 수업과정에 적용하고 학생들에게 적용할 수 있도록 권장함으로써 학습의 효과를 극대화할 수 있다.

Chapter 11

구성주의

배울 내용

1. 구성주의의 의미와 특징
2. 구성주의적 학습환경 설계
3. 구성주의 학습환경 만들기
4. 구성주의 학습설계의 실제
5. 구성주의의 적용

학습 목표

1. 구성주의의 의미와 특징을 이해한다.
2. 구성주의적 학습환경의 설계를 이해하고 교육 장면에서 사용할 수 있는 방법을 모색해 본다.

개요

구성주의는 행동주의와 인지주의와 달리 지식이 무엇이며, 그것을 어떻게 구성하고 활용할 것인가에 관심을 갖는 철학적 인식론적 접근이라 할 수 있다. 구성주의에서의 지식은 외부 세계에 객관적으로 존재하는 것이 아니라 인간에 의해 그 의미가 부여되며, 학습은 능동적으로 의미를 재구성하는 과정이라 할 수 있겠다. 구성주의에서는 학습자는 능동적인 정보처리자의 역할을 수행하며 교수자는 학습촉진자의 역할을 수행함으로써 학습의 의미화와 문제해결력을 배양하고자 한다. 학습환경을 설계함에 있어서는 지식은 그것이 사용되는 문제 상황과 독립적으로 해석될 수 없으므로 현실을 반영하는 풍부한 상황이나 맥락이 제공되어야 한다. 구성주의적 원리가 반영된 수업 모형으로 교육현장에서 가장 많이 사용되는 것이 문제중심 학습이다. 문제중심 학습은 상황맥락적이고 실제적인 '문제'를 적절히 개발할 경우 효과적인 수업이 가능하고 이 과정을 통해 깊이 있는 사고가 요구되므로 교육현장에 다양하게 적용되어 왔다. 따라서 이 장에서는 구성주의의 의미와 특징에 대하여 살펴보고, 구성주의적 환경 설계를 하기 위해서 고려하여야 할 전략, 구성주의 학습환경 설계의 실제 사례로서 문제중심 학습의 설계, 그리고 적용방법에 대하여 탐색해 보고자 한다.

1. 구성주의의 의미와 특징

1980년대에 이르러 교육의 방법론에 제한되지 않고 기존의 교육환경 전체에 대한 비판과 반성이 일어나기 시작하면서 교육의 재구조화에 대한 움직임이 시작되었다. 즉, 기존의 철학이념, 방법론 등을 포함한 교육환경을 지배하였던 인식론적 입장을 객관주의라고 규정하면서, 그 객관주의에 대한 대안적 인식론으로서 구성주의를 내세우게 되었다. 새로운 교육패러다임의 입장을 대변하는 구성주의는 1980년대 중반에 산업화라는 시대적인 양상과 객관의 인식론과는 아주 밀접한 관계를 맺고 상호 발전해 왔다. 하지만 정보화시대가 열림으로써 상대론적 인식론을 강조하게 되고 이것이 구성주의의 출발이 된다.

구성주의란 정보화시대가 요구하는 교육환경, 즉 학습자 스스로 학습에 대해 주도적인 역할을 수행하고 능동적이고 적극적인 학습환경을 구현하는 학습이론을 뜻한다. 구성주의에서는 각자 새로운 지식이나 경험을 우리가 이미 이해하고 있는 것들을 종합함으로써 또 다른 새로운 자신의 지식으로 이해한다. 예를 들어, 물에 대한 이해로는 욕조와 수영장밖에 없는 소녀가 있다고 가정해 보자. 이 소녀가 만약에 바닷가에 처음 가서 그녀의 입속으로 물이 들어왔을 때, 그 맛이 이전에 경험한 물맛과 다르다고 생각하게 된다. 그녀는 새로운 경험을 조절하기 위해 물에 대한 기존의 정보를 무시하고 새로운 정보를 받아들여야 한다. Piaget와 Inhelder에 의하면 지식은 주체나 객체로부터 오는 것이 아니라 그 둘의 통합에서 오기 때문에 이런 경우가 생긴다고 한다. 이때, 그녀가 물에 대한 생각하는 방식에 구조적인 변화가 생길 것이다. Posnot에 의하면 "학습은 더 많이 발견하는 것이 아니라, 서로 다른 도식이나 구조를 통해 해석하는 것이다." 소녀는 이제 바닷물이 짜고 불쾌한 맛이라는 것을 알았을 것이다. 소녀는 그 후에도 물에 대한 화학적인 성질이나 개념 등 다양하고 새로운 사실들을 알게 될 것이다. 이것은 모순된 자료와 지각을 조절하는 소녀의 인지적 능력과 소녀가 가진 경험에 의존한 것이다.

구성주의는 전통적인 학습과 여러 가지 면에서 서로 대조적인 양상을 보인다 표 11-1 . 전통적인 학습에서는 교육과정이 부분에서 전체로 제시되는 반면, 구성주의적인 학습에서는 전체에서 부분으로 제시된다. 전통적인 학습에서 교사는 일방적으로 학생들에게 정보를 주는 방식으로 교수하며, 구성주의적인 학습에서 교사는 학생들을 위한 환경을 매개시켜 주는 상호작용적인 방식으로 교수한다.

표 11-1 성숙, 행동 및 구성주의 교육과정의 차이점

구분	성숙주의적 교육과정	행동주의적 교육과정	구성주의적 교육과정
정의	인간 내부로부터 나오는 힘	외적 요인에 의해 발달	양자의 입장을 취하며 학습자가 주변 환경과 상호작용
중심 사상	인간의 성장 발달에서 생득적인 점 강조	인간의 성장 발달에서 환경적인 면 강조	성숙주의와 행동주의의 입장을 상호 보완하면서 독자적 이론 근거 제시
사상가	루소, 게젤, 프로이드	로크, 손다이크, 스키너	프뢰벨, 피아제, 듀이, 콜버그, 까미, 와이카트
강조점	학습자의 개성, 인격, 자유, 자발성 측정	학습자의 행동, 외재적 동기, 예측 가능성	내재적 인지구조의 양질 변화가 이루어져 전인적·통합적
성격	학습자 중심적, 현재 지향적	교사 중심적, 미래 지향적	학습자 중심적, 과정 중심적
특징	학습자의 내재적 능력의 자연적 계발을 지향 개발적 분위기 조성을 통해 사회·정서적 발달에 강조	교사의 직접적인 교수에 의해 학습자가 사실이나 정보를 습득해 가면서 후기 학교나 사회에서의 성공과 적응을 지향	학습자의 독특성, 능동성, 자발성에 초점 교사나 성인에 의해 마련된 인적·물적 환경과 학습자와의 상호작용을 통해 전인적 발달을 지향

2. 구성주의적 학습환경 설계

구성주의는 다양하게 해석되고 있지만, 학습자로 하여금 지식을 암기하는 것보다 구성한다는 원리에는 맥을 같이 하고 있다. 지식 구성에 대한 다양한 관점

들은 주로 Piaget와 Vygotsky에게서 영향을 받았으며 Dewey, Bruner, Scholl의 관점도 포함되어 있다. 구성주의자들이 주장하는 학습환경의 설계에서 강조하고 있는 점들을 살펴보면 첫째, 적극적이고 폭넓은 경험을 제공하는 것을 중요시한다. 그러기 위해서는 교육현장에서 추상적인 사고과정의 기초가 되는 구체적인 자료를 가지고 직접적인 상호작용을 할 수 있는 기회를 많이 주어야 한다. 둘째, 학습자 주도적 활동에 대한 충분한 배려가 있어야 한다. 즉, 독자적으로 과제를 계획하고 수행할 수 있도록 충분한 시간과 자유선택활동이 제공되어야 한다. 셋째, 동료 학습자와의 활발한 사회적 상호작용을 통해 협동과 이해, 관용을 배우고, 자신을 객관적 관점에서 보는 연습을 하게 한다. 넷째, 학습자와 교사 간의 상호작용, 학습자 간의 상호작용 그리고 학습자와 교구와의 상호작용이 강조된다. 이는 보다 능동적이고 적극적이며 발현적인 경험을 가질 수 있게 도와준다. 다섯째, 교사는 유아로 하여금 적절한 자극에 노출되게 하며, 반성적 사고(reflective thinking), 종합 · 평가 · 시범 등을 통해 문제해결력을 길러주어야 한다. 또한 알맞은 시간과 방법으로 집단 구성을 도와주고, 학습 자료를 제공하며, 학습자와 항상 상호작용하는 등의 역할을 수행하여야 한다. 여섯째, 인지적 기능을 강조하여 물리 · 사회적 세계를 보다 잘 개념화하는 것을 학습활동의 중심으로 삼는다.

3. 구성주의 학습환경 만들기

유능한 교사들이 창의적인 학생중심의 학습환경을 구성하는 데 고려해야 할 것으로는 복잡성의 수용, 사회적 상호작용을 통한 학습, 다양한 맥락 속에서 내용을 표현하기, 수업의 구조화를 위한 심리학적 원리의 사용, 의미 있는 학습의 인식 등이 고려되어야 한다.

1) 복잡성의 수용

교사는 학습환경을 되도록 복잡하게 구성할 필요가 있다. 학습자중심의 수업은 학생들이 복잡한 현실적인 문제를 해결하도록 하기 때문에 단순하게 기억으로 답을 암기하기보다는 현실적인 답을 제시해 주는 의미 있는 문제들을 다루어야 한다.

실제 상황의 구현이라는 구성주의 원리를 지키면서 복잡성의 수준을 조절하는 것은 학습자들의 문제에 대한 표상과 이해를 도울 수 있다. Barrow(1992)는 조직되지 않은 개방형의 문제들이 임상적인 추론 기술이나 지식을 활용하는 능력의 향상과 자기주도적 학습의 발달을 촉진시킬 수 있다고 주장한다.

2) 사회적 상호작용을 통한 학습

실제 교수 상황에서 사회적 구성주의와 인지적 도제(cognitive apprenticeship)가 제안하고 있는 사회적 상호작용의 수준을 충족하는 것은 매우 어려운 일이다. 사회적 상호작용은 교사가 학습자들의 인식을 체크할 수 있게 도와주며, 학습자로 하여금 작업기억의 부담을 덜어줄 수 있다. 교사는 사회적 상호작용이 가능한 학습을 촉진시키는 데 필수적인 역할을 한다(Webb, Farivar, & Mastergeorge, 2002). 교사들은 수업에서 필요한 상호작용을 안내하고 소집단활동에서 학습자로 하여금 단순히 정답을 얻으려는 것이 아니라 학습자들이 문제의 이해에 대해 핵심적으로 집중할 수 있도록 조력하는 역할을 한다.

3) 다양한 맥락 속에서 내용을 표현하기

학습자중심 수업에서는 학습자들이 학습한 내용을 전이하거나 일반화하기 위하여 다양한 자료를 제공한다. 이러한 다양한 접근은 학습자에게 유용한 정보이며, 학습자로 하여금 현실적이며 유용한 정보를 개발하는 데 도움이 된다. 그것은 특별한 환경에서 학습된 기능을 억지로 제한하지 않으며 현실적이고 유동적이며 유용한 지식의 정신적 표상을 개발하는 데 도움을 준다.

4) 수업의 구조화를 위한 심리학적 원리의 사용

학습자중심 수업은 교사들이 학습자의 지적 발달을 강화하고, 수업을 구조화하기 위하여 인지심리학과 교육심리학의 발견과 원리를 사용하는 것을 필요로 한다. 교사들은 학습의 의미가 무엇인지, 또한 학습과정이 다른 요인들에 의해 어떤 영향을 받게 되는지를 인식하고 있어야 한다. 그러므로 이 접근은 교사들에게 매우 중요하다. 교사들은 더 높은 수준의 추론과 질적인 설명을 듣는 것이 필요하다. 교사가 주도하는 토론보다 학습자끼리의 토론이 더 생산적이고 설명을 잘 이끌어 내는 경향이 있다.

5) 의미 있는 학습의 인식

교사는 학습성과를 측정하기 위해 벤치마킹을 해야 하며 학습자들이 집단에서 학습할 때 어려운 상황에 적절히 대처하도록 주의를 기울여야 한다. 학습자들은 문제에 집중하는 경우도 있지만, 교사가 통제를 적게 한다면 학습자의 상황을 제대로 모니터할 수 없을 것이다. 그러므로 학습자중심 접근을 사용한다는 것은 중요하고 책임감도 따르지만 반면에 이로운 점 또한 많음을 알 수 있을 것이다.

4. 구성주의 학습설계의 실제

학습에 대한 구성주의자 관점을 수업에 적용하는 구체적인 접근방법은 4가지, 즉 문제중심 학습(problem-based learning), 협동학습(cooperative learning), 대화(dialogue)

및 인지적 도제(cognitive apprenticeship)가 적용되고 있다(Woolfolk, 2001). 1980년대 후반 교육심리학의 인지론적인 관점은 객관주의를 지향하면서 많은 지적을 받았는데, 이는 인간의 일상적으로 직면한 문제 상황에서 어떻게 적응하는지 이해하는 과정을 설명하지 못한 인지이론의 한계에 기인한 것이다. 이를 보완하기 위해 등장한 구성주의의 교수-학습모형들은 Dewey(1938)가 제창했던 교육이 현실 속의 경험으로 돌아가야 한다는 전제에 동의하고 있다. 기존의 행동주의나 인지주의적인 틀 속에서 이루어진 많은 연구는 실제 교실에서 학습자가 어떻게 지식을 습득하는가에 대한 과정에 대해 관심이 없었다. 하지만 이것에 초점을 맞추어 발전하게 된 문제중심 학습은 교육현장에서 제시되는 실제적인 문제들을 해결하기 위한 모형을 도출하게 되었다(Barrows, 1985). 구성주의자들이 수업에 적용하는 일반적인 접근법 4가지를 살펴보면 다음과 같다.

1) 문제중심 학습

(1) 문제중심 학습의 정의

문제중심 학습(Problem-Based Learning: PBL)은 이론적인 모형에서 출발한 학습 모형이 아니라 현장에서 상향적인 과정을 통해서 개발된 모형이다. 이것은 1950년경 의과대학 교수인 Barrow(1992)에 의해서 최초로 개발된 의학교육 모형으로 쓰이다가 점차 교육학, 경영학, 건축학, 법률학, 공학, 사회복지학 등에 이르기까지 널리 보급되어 쓰이고 있다. 의학교육이 암기식의 지식위주 교육이 됨으로써 졸업생들이 실제 임상현장의 상황에 놓였을 때 문제해결에 어려움을 겪는 것에 대한 문제의식에서 출발한 모형으로, 지식이 실제 상황에 접목되어서 이해되어야 될 필요성에 의해 개발되었다. 교육학에서는 Duffy와 Savery가 소개하는 PBL(Savery & Duffy, 1994)은 의과대학에서 어떤 식으로 PBL이 활용되는지를 보여주고 있다.

우선 의과대학에서 다섯 명으로 구성된 소규모 그룹을 만들고 그들의 학습을 도와줄 튜터(facilitator)가 할당된다. 그 후 학생들은 실제의 또는 가상의 환자의 소견을 듣게 되는데 이로써 학생들의 과제는 이 환자의 병을 진단하고 그 진단결과에 이르는 결과를 제시하여야 하며, 어떤 방법으로 치료해야 하는지 처방책까지 제시하는 것이다,

예를 들어, "백혈병"에 대한 문제가 주어졌다면, 학생들은 문제 제시 이전에 자신들이 어떤 문제를 다루게 될지 모른다. 이때 중요한 것은 학생들로 하여금 그 문제가 실제(real) 문제임을 인식시켜 그들의 호기심과 관심을 불러일으켜야 한다. 제시되는 문제 안에는 바람직한 해결책을 유도해 내기 위하여 의도적으로 중요한 핵심자료나 정보가 포함되어 있지 않아야 한다는 것이다. 또한 문제해결에 필요한 근거자료는 반드시 학습자 스스로가 알아내도록 해야 한다.

일단 문제가 주어지면 학생들은 '그룹토론'을 통해 그 문제에 대해 논의하게 된다. 자신들이 현재 지닌 지식과 경험에 의거하여 가정을 세우고, 문제와 관련된 사실들을 나열하고 자신들이 이 문제를 통해 배울 것을 상정해 본다. 각 그룹의 학생들은 자신의 견해를 표현하고 다음 시간까지 어떤 부분을 맡아 공부해 올지도 스스로 결정하여 다른 학생들에게 알려준다. 따라서 수업 전에 미리 구체적으로 학습목표가 결정되지 않으며, 학생들 스스로 당면한 문제를 분석하여 본인들이 배워야 할 문제들, 즉 각자의 혹은 그룹의 학습목표를 결정한다.

위의 과정 이후에는 각자 개인적으로 맡은 부분에 대한 연구에 돌입한다. 이 단계를 '자율학습 단계'라고 하는데 미리 지정된 교과서가 아니라 각자 알아서 의과대학 도서관이나 컴퓨터 자료실에서 필요한 자료를 수집한다. 이때 필요하다면, 학생들은 지정된 교수(혹은 현직의사)의 도움을 받을 수도 있다.

개인적으로 자료를 수집 · 연구하는 단계 이후에는 다시 그룹으로 모여 자료들에 대해 평가한다. 이미 이 단계에는 처음 그룹으로 모였을 때보다 한층 더 발전된 이해와 새로운 시각으로 토론에 임하게 된다. 이들은 토론을 통해 위의 과정을 반복하기도 하는데, 한 문제에 소요되는 기간은 1주에서 3주 정도 걸린다.

학기 말의 평가에서는 동료들 간의 평가(peer-evaluation)와 본인 스스로에 의한 평가(self-evaluation)로 이루어진다. 위 대학의 경우, 시험 대신에 세 가지 면에 대한 평가가 이루어진다. 즉, 학습내용에 대한 평가, 문제해결 과정에 대한 평가, 그룹의 한 인원으로서 토론 참여 기술에 대한 평가를 한다.

(2) 문제중심 학습(PBL) 방식에 의한 수업의 단계

문제중심 학습(PBL) 방식에 의한 수업이 지닌 교육적 의미를 구성주의 학습원칙에 비추어 살펴보면 다음과 같다.

① 구체적 상황에서 실제적 성격의 문제를 다루는 학습환경과 학습집단 형성 단계

교육과정 설계자 혹은 교사는 먼저 사례들을 선정하는 작업에 들어가야 한다. 교수할 주제들의 목록을 확인하고 결정하는 것으로 이 과정은 시작된다(Barrows, 1992). 교수할 내용들이 결정되면 교육과정 설계자나 교사는 학생들이 일상의 맥락에서 쉽게 접할 수 있는 실제적인 문제들(authentic problems)을 다양한 표상양식을 적용하여 설계한다. 문제들이 제기된 다음에는 교사는 학습집단을 구성하게 된다. 이러한 전 과정을 일반적으로 "초기 투입 효과(front loading effect)"라고 하는데 이는 수업이 시작되기 전에 상당한 시간과 노력이 필요하다는 의미이다(Bridges & Halling, 1995).

이러한 과정을 통해 설정된 특정의 개념과 원칙이 반영되어 있는 '실제' 문제들을 선택 또는 설계하게 된다. 실제로 해결되어야 하는 문제들을 다루게 되면 학생들은 자신들이 풀어가는 문제의 과정과 결과에 더욱 흥미와 애착을 갖게 될 것이며 따라서 더욱 적극적인 학습효과를 기대할 수 있다.

② 실제 문제 분석의 단계 : 협동적인 문제 분석 단계

이미 제시된 제한된 자료나 정보를 이용해서 연합된 유형으로 장기기억에서 인과적인 가설들을 유도해 내는 과정이라고 볼 수 있다(Kagan, 1988). 이 자료들을 이용하여 다시 각각의 가설들을 검증하게 된다. 세분화하여 살펴보면, 여섯

개의 단계로 나뉠 수 있다.

- 1단계 : 용어와 개념의 명료화
- 2단계 : 여러 개의 잠정 가설 설정
- 3단계 : 이미 획득된 정보로 가설들의 검증
- 4단계 : 문제의 구조적인 이해 및 설명의 제시
- 5단계 : 추가적인 학습목표와 과제 제시
- 6단계 : 문제해결을 위해 행동계획의 수립 및 개인 과제 할당

③ 자기주도적인 학습 단계

학생들은 할당된 과제를 수행하며 과제에 대한 조사나 부족한 지식을 보충하기 위해 관련 문헌을 고찰하거나 전문가의 도움을 받을 수 있다. 결국 문제중심학습(PBL)을 통하여 학습자는 국소적인 관련 분야에 대해서만 배우는 것이 아니라 스스로 학습하는 방법(self-directed learning)을 배우고 한층 더 발전하여 가정을 세우고 수정 · 보완하여 결과를 도출해 내는 과정에서 문제해결 기술에 관해서도 배울 수 있다. 이때 교사들은 조언자(facilitator)의 역할을 담당하며 학습자들이 독립적으로 사고하고 학습할 수 있도록 문제해결에 필요한 고차원적 · 비판적 사고력을 기를 수 있도록 일련의 질문들, "왜?", "무슨 뜻이지요?", "왜 그렇다고 생각합니까?" 등의 질문들을 하게 된다. 하지만 교사는 반드시 학습자로 하여금 "정답"을 유도해 낼 수 있는 질문들은 피해야 한다. 또한 피상적이고 애매한 의견이나 사실들은 학습자로 하여금 자신의 사고와 행동의 의미를 분명히 할 수 있도록 유도해 주어야 한다.

그러므로 교사들은 추후에 학습자가 실제로 사회에서 그들에게 당면할 과제나 활동과 유사한 과제를 통해 그들의 사회적응력을 향상시킬 수 있는 학습환경을 구성해 줄 수 있어야 한다.

④ 협동적인 문제의 재검토 단계

개별적으로 학습한 자료들을 모아서 정보 자체에 대한 평가가 이루어진 다음

다시 문제의 재검토에 들어간다. 문제의 재분석 과정에서 설정된 가설에 대한 검증이 완료된 경우, 다음 단계인 추상화 과정을 거친다. 학습자들은 문제를 설명하기 위한 그림, 표, 개념의 인지적 인공물 혹은 도구들을 만든다. 여기에서 학습자들은 그들이 이해하고 있는 지식에 대하여 외현적으로 표현하고 문제의 해결로부터 배운 내용들은 미래의 유사한 문제해결에 도움이 된다.

⑤ 반성의 단계

자신의 학습과정을 평가하고 문제해결을 위해 활용했던 접근방법에 대한 토론이 필요하다. 문제해결을 위해 협동한 과정에서 개인의 지식과 접근방법이 얼마나 적절하게 기여했는지에 대한 평가가 이루어지며, 이는 향후 또 다른 문제해결의 기반이 되기 때문에 중요한 단계이다.

결국 구성주의는 현대사회가 요구하는 창의성, 유연성, 문제해결능력, 비판적 사고력 등을 지닌 학습자를 양성하고 그들에게 좀 더 많은 자율성과 선택권을 보장해야 한다는 학습자중심의 학습이론이다(강인애, 1997).

글상자 11-1 문제중심 학습을 적용한 유아교육과정의 실제

유치원 교실에서의 문제중심 학습에서 실제적인 문제를 다음과 같은 예를 들어 설명할 수 있을 것이다. 난치병 어린이를 돕기 위해 동전을 모아 온 유아들은 자신들이 가져온 동전을 함께 세어 보았다. 그러나 유아들은 생각보다 많은 양의 동전을 세면서 세고 있는 수를 잊어버리거나 다른 친구의 동전 수와 합치는 부분에서 어려움을 겪었다. 이에 유아들은 동전을 좀 더 쉽게 셀 수 있는 방법에 대해 고민하기 시작하였다.

유아들은 자신의 생활 속에서 다양하게 수가 사용되는 것을 경험하면서 수에 대한 이해를 발달시키고, 수의 필요성과 중요성을 깨닫게 된다. 수에 대한 이해는 단순히 암기하며 수를 세는 능력 이상을 의미한다. 이 주제를 수행하기 위해서는 유아가 수가 수량의 관계를 나타내기 위해 사용된다는 것을 이해해야 하며, 주변에 대한 정보를 수집하는 것이 유용한 도구가 된다는 것을 이해할 필요가 있다.

모은 동전을 어떻게 할까?- 동전을 세어 보자!

우리가 모은 돈을 은행에 가져가려면 돈이 얼마인지 알아야 해.
얼마인지 모르면 은행에서는 사람들이 잘못 계산 했어도 우리는 아무 말도 할 수 없어.
맞아. 그리고 난치병 친구들에게 빨리 보내려면 우리가 세어서 가져가는 게
더 좋을 것 같아.
은행에는 우리 외에도 다른 사람들이 많이 올 테니까
은행 사람들이 세기에는 이 돈이 너무 많아서 시간이 오래 걸릴 거야.
그래. 은행 사람들은 다른 일도 해야 해. 저금도 하고, 통장도 만들어 주고..

그럼 우리는 돈을 어떻게 세지?

먼저 동전을 똑같은 것 끼리 나누자.
나는 십 원짜리를 셀게. 너는 백 원짜리 세어.
나는 동전을 하나씩 세어 보자.
하나, 둘, 셋, 넷 …………, 칠십 일, 칠십 이.
야! 네가 말시켜서 잊어버렸잖아!
나는 십 원짜리가 삼십 오인데, 너는?
나는 사십 육.
그럼 우리가 합치면?
우와! 너무 많아졌다. 합치니까 모르겠다.

1) 동전 세기

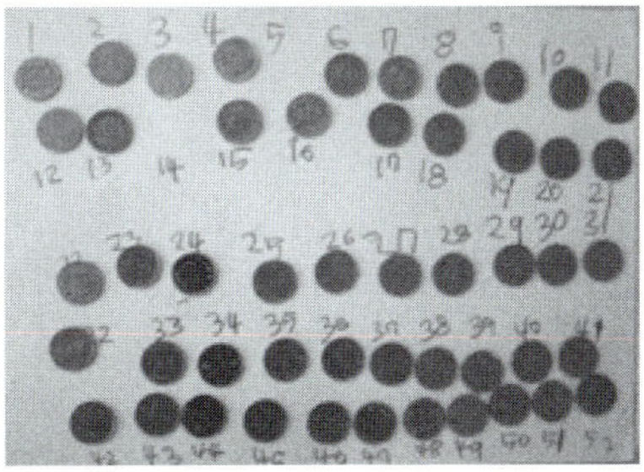

동전을 세면서 많은 양의 동전 세기가 힘들어지나 동전을 쉽게 셀 수 있는 방법에 대해 의논하기 시작하였다. 동전을 쉽게 세기 위한 여러 방법을 제시하며 이야기가 진행이 되었고 각자 자신에게 알맞은 방법으로 동전 세기를 해 보았다.

① 동전을 나열하고 동전의 수만큼 숫자 쓰기

놓아둔 동전이 없어져도 숫자가 적혀 있기 때문에 수를 잊어버리지 않는다. 하지만 시간이 오래 걸리고 숫자를 계속 써야 하기 때문에 힘들다.

② **동전 탑 쌓기**

- 동전 몇 개를 쌓을 것인지 탑의 수를 정해야 한다.
- 왜냐하면 다 숫자가 다르게 탑을 쌓으면 10개 20개가 될 수 없으니까
- 10개씩 탑을 만들면 한 눈에 20개인지 30개인지 알 수 있다.
- 탑이 2개면 20개, 탑이 3개면 30개. 이렇게 개수를 정하고 모은 것을 묶음이라고 해!

③ **계산기 이용하기**

돈의 단위가 커지면서 금액을 모두 합하기가 복잡하다고 생각된 아이들은 계산을 쉽고 빠르게 하기 위한 방법으로 마트나 은행 같은 곳에서 많이 보아온 '계산기'라는 기계를 생각해 내었다.

- 내가 불러 줄 테니까 네가 계산기로 더해봐. 계산기로 더하기를 하니까 정말 빠르다.
- 다 더했다! 그런데 이건 얼마지?
- 십이랑 육십이네.
- 그건 천육십이라고 읽어야 된다!
- 천? 와! 진짜 많네!!

④ **동전의 수를 화폐와 연결해 보기**

- 10원 짜리가 10개 있으면 100원이야.
- 50원 2개도 100원이 되는데,
- 우와 ~그럼 50원 2개랑 10원 10개가 똑같은 거네?
- 10원이 23개 있으면 230원이 되고 100원이 23개 있으면 2300원이 되는 거다. 10원 일 때는 뒤의 동그라미가 1개 100원이면 뒤의 동그라미가 2개!
- 동그라미가 많으면 많을수록 큰 수야!

사랑의 동전 세기는 유아들에게 수세기에 관한 흥미를 일으켜 주었고 동전의 수만큼 커져가는 수는 또 다른 도전이었다.

근데요! 선생님!
100원짜리 동전 탑이 10개 있고 또 7개가 있고
탑 하고 남은 7개가 더 있으면 모두 몇 개예요?

하지만 동전의 수를 더하거나 화폐 단위와의 연결은 어려워하였다. 큰 수를 알고 있다는 자신감과 함께 수 세기에는 많은 관심을 보이며 수 쓰기에도 관심을 가지는 계기가 되었다.

2) 사랑의 동전 송금하기

이 동전으로 약 사서 아픈 친구들이 다 나으면 좋겠어요

자신들이 직접 모은 사랑의 동전을 은행에 가져 가 송금해 보면서 난치병 친구들에게 보내는 경험은 다른 사람을 도와주면서 느끼는 뿌듯함과 풍족한 마음을 느낄 수 있는 계기가 되었다

3) 동전을 이용한 묶음 만들기, 나열하기, 분류하기 - 분류는 수세기를 쉽게 해줘!

동전을 이용한 수세기의 관심을 지속시키고자 가정에서 동전을 갖고 오기를 요청하여 십원짜리 동전 20개와 오십원짜리 동전 10개씩을 가져왔다. 유아들은 사랑의 동전의 수에 비해 적어진 동전의 수를 보며 수세기에 대한 자신감을 보이며, 동전을 세어 본 후 친구들이 동전 세는 방법과 나의 동전을 세는 방법들을 비교해 보고, 몇몇의 잘 세는 친구들의 이야기를 들어 보면서 같은 개수의 탑(묶음)을 나란히 세웠을 때 수의 합을 알기가 더 쉽다는 것을 알 수 있었다.

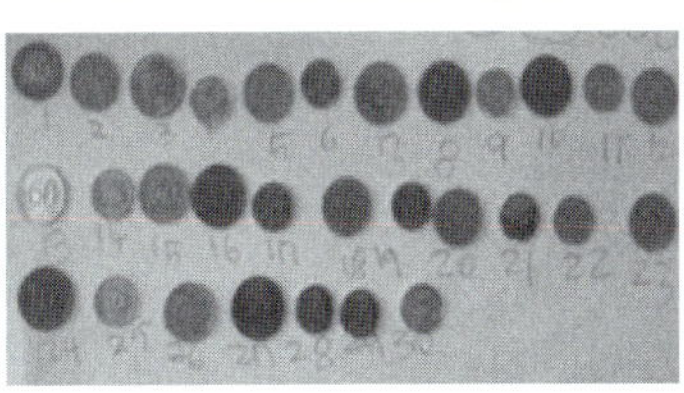

단위와 상관없이
개수에만 초점을 두고
나열해 보기

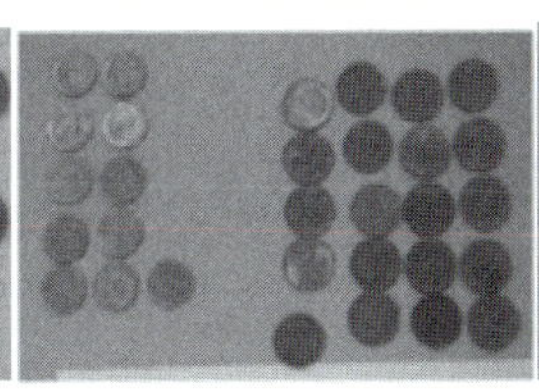

같은 단위의 동전끼리
분류하여 나열하기

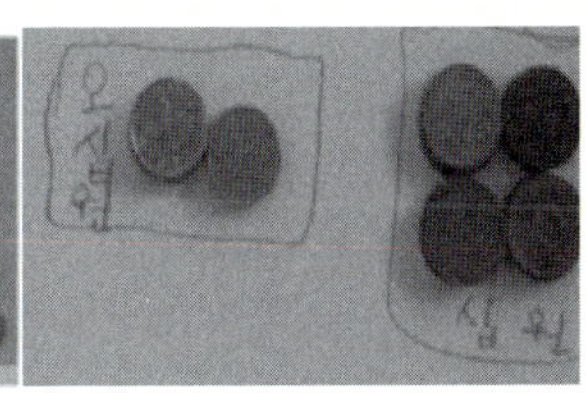

동전을 분류한 후
묶음으로 세기

분류는?

- 똑같은 것끼리 모으는 거야
- 그럼 동전을 같은 동전끼리 모으면 되겠다.
- 50원은 50원끼리 10원은 10원끼리 모으자
- 10원은 큰 10원도 있고 작은 10원도 있잖아? 10원을 또 다시 나누자
  그러면 동전의 합친 개수를 쉽게 볼 수 있을 것 같아

유아들은 동전의 종류를 분류하고 묶는 과정에서 묶는 개수(5개 또는 10개의 탑)를 다르게 하여 쉽게 세는 방법을 조금씩 더 구체화 시켜가고 있었다. 또한 홀수와 짝수의 개념도 함께 알아가고 있음을 알 수 있었다.

5개씩 묶는 것도 분류야!

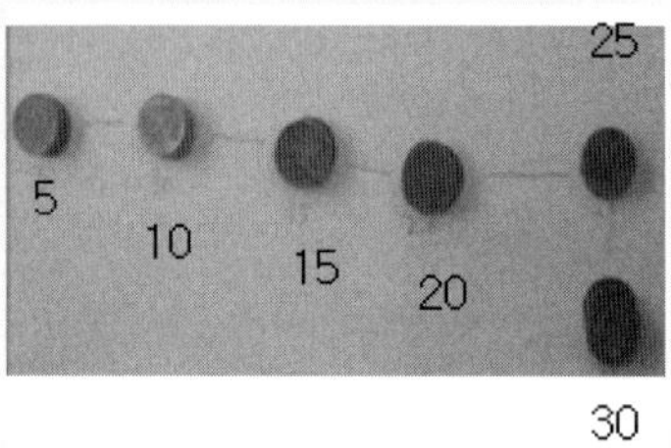

— 5개씩 탑을 쌓으면 그 다음에는 10개가 되고 그 다음에는 15개가 되고 마지막에는 30이 돼.
— 5. 10. 15. 20. 25. 30 이야!
— 그리고 10개씩 묶어서 쌓으면 10개, 20개, 30개로 세면 쉬워~
— 남은 동전들이 없이 딱 떨어지네. 그걸 짝수라고 해

짝수가 뭐지?
짝수는 짝이 있다는 거야.
그럼 우리 팀은 5명이잖아 1명이 남으니까 홀수다.
그러니까 홀수는 다 짝이 있는데 혼자 짝이 없는 거야!

동전의 개수의 합을 알아보기 쉽게 다양한 분류방법(묶음의 방법)으로 동전을 세워보며 동전의 개수를 더하고 일정하게 더해지는 수에는 규칙이 있음을 알게 되었다. 이런 경험들을 통해 수를 세는 것에 있어 쉽게 세는 방법들을 찾게 되면서 자신도 모르게 홀수・짝수 대한 의미 이해와 더불어 수세기에 대한 자신감도 가지게 되었다.

위의 사례와 같이 유아교육과정에 구성주의는 이미 깊숙이 내재되어 있으며, 보다 진보된 교육과정을 구성하고 있다. 이러한 구성주의적 유아교육과정을 살펴보면 다음과 같은 특징이 나타난다. 첫째, 유아의 활동성을 강조한다(활동은 능동적 경험을 가져오는 기회를 뜻한다). 둘째, 발달이란 유아의 내적인 인지구조의 질적 변화를 의미한다. 이는 인지적 구조의 재구조화를 의미한다(모든 종류의 경험은 내적 구조의 변화를 초래한다. 이는 지적, 사회적, 정서적, 감각운동적 경험은 서로 분리되지 않는다). 셋째, 환경과의 상호작용인 경험이 쌓이므로 인지구조가 확장되고, 정교화되어 점자적으로 지각에 덜 의존하게 되며, 사물과 사건에 대한 논리적인 내적 조작에 의한 추상적 사고가 발달하게 된다.

2) 협동학습

(1) 협동학습의 의의

교사들은 어떻게 모든 학습자들에게 학습하고 서로 학습을 돕도록 동기화할 수 있을 것인가? 교사들은 학습자들로 하여금 아이디어와 개념, 기능 등을 철저히 이해할 때까지 토의·토론하도록 교실활동을 구조화할 수 있을 것인가? 교사들은 수행 수준과 장애에 관계없이 학습자들 사이에 서로 배려하고 책임지며 서로에게 감사하는 것을 학습하는 교실을 구성할 수 있을 것인가?

이러한 물음의 답이 협동학습(cooperative learning)이다. Slavin(1994)에 의하면 협동학습은 교사들이 학습자들로 하여금 기본 기능으로부터 복잡한 문제해결에 이르는 어떤 목표든지 학습하도록 돕기 위해 매일 사용할 수 있는 실제적인 교실기법이다. 협동학습은 집단수업과 유사하며, 차이점은 협동학습이 교사에 의해 보다 더 구조화되고, 포함된 기제들이 교사의 엄격한 통제하에 있다는 점이다. 집단은 3~5명으로 구성되나 대체로 4명이 가장 적절하며, 성·능력과 같은 요인들이 균형적으로 이루어져야 한다. 이러한 균형은 협력할 기회를 가지지 못했던 학습자들끼리의 협동을 증진시킨다. 때로는 이러한 혼합이 의사소통의 실패나 대인관계의 어려움을 일으킬 수도 있다. 따라서 교사들은 학습자 상호 간에 일어나는 문제를 예방하기 위해서 각 집단에 일어나는 일들에 세심한 주의를 기울여야 한다.

(2) 효과적인 협동학습 방법

Slavin(1995a, 1995b)은 협동학습의 주도자로서 다른 연구자들과 함께 협동학습 상황의 주요한 특징들을 다음과 같이 제시하였다. 첫째, 협동학습 집단은 대인관계 기술을 개발하고, 이 기술을 교사로부터 배울 수 있다. 학습자들이 협동학습 활동에서 처음 접하는 것은 대인관계 기술이다. 둘째, 협동학습이 성공적일 때 집단에 있는 모든 학습자들의 학업성취는 증진된다. 셋째, 효과적인 협동학습 상황은 목표를 달성하기 위해 학습자들 간의 상호작용이 필요하다. 따라서 학습자들의 상호작용을 촉진시키는 방법으로, 학습자들은 최종 결과물을 내거나 최종 해결책에 도달하기 위해 협력하거나 다른 구성요소들 또는 교구를 함께 사용하는 것이 효과적이다.

Slavin(1995a, 1995b)의 연구는 협동학습이 서로 다른 배경과 성별을 가진 사람들에 대해 너그러운 마음을 증진시켜 준다고 한다. 또한 그는 협동학습이 표준화 시험과 사용자 맞춤시험 두 내용 영역의 학생 성취를 높인다고 주장한다.

협동학습은 교실혁명을 일으키고 있다. 이제는 학습하는 교실이라면 조용한 교실은 없을 것이다. 학습은 종종 학습자들 사이의 대화에서 가장 잘 성취됨을 알 수 있다. 이제는 세상의 모든 교사들이 오랜 시간 동안 앉아 왔던, 학생들의 잘 배치된 책상 배열을 깨고 있으며, 학습자들로 하여금 학습자료를 완전하게 습득할 수 있도록 하는 교실환경을 만들어 가고 있다.

(3) 협동학습에 대한 비판

협동학습에 관한 122개의 연구는 이 방법의 가치를 입증하였다. 그러나 몇몇 연구자들은 협동학습만으로는 긍정적 효과를 얻을 수 없으며 다른 교수방법들과 함께 사용해야 효과적인 결과를 도출할 수 있다고 주장한다. 협동학습의 단점은 집단 상호작용이 학습에 부정적인 영향을 미칠 수 있다는 것이다. 예컨대,

동료의 압력이 집단 구성원들에게 부당한 영향을 줄지도 모른다. 즉, 독단적이고 지배적인 학습들은 집단 상호작용을 의미 있는 학습을 하는 데 사용하기보다는 자신들의 목적을 달성하는 데 사용한다. MaCaslin과 Good에 의하면, 협동학습은 학습자들이 유의미한 학습을 하기보다는 학습을 빨리하고 결과물을 만들어 내는 절차와 과정에 더 가치를 두어 잘못된 개념을 강화시키는 결과를 초래할 수 있으며, 몇몇 학습자들은 학습보다 동료관계와 우정에 더 초점을 두어 학습을 같이 하지 못할 수도 있다.

3) 대화

(1) 대화의 의의

Vygotsky의 인지발달이론이 주는 함의 중 하나는 중요한 학습과 이해를 위해서는 상호작용과 대화가 필요하다는 것이다. 학습자들은 다른 구성원과 대화할 때 새 정보와 경험을 기억하기가 더 용이하다. 학습자들은 그들이 관찰하는 현상으로부터 의미를 구성하기 위해 함께 활동할 때 더욱 성공적인 이해가 가능해진다. 그렇게 상호 구성된 의미를 발달시키려면 상호 간의 대화가 필수적이다. 여기에서는 대화(dialogue)를 학습자 중심 접근의 그룹토론(group discussion)으로 설명하고자 한다. 그룹토론에서 학습자들은 교사가 제시한 지문에 단순히 답만 하는 것이 아니며, 개방적인 자세로 서로 질문과 답을 주고받는다. 학습자들은 활발하게 논쟁을 할 수도 있지만 반대의견 때문에 논쟁이 가열될 수도 있다. 하지만 유능한 교사는 학습 분위기를 올바르게 유도할 수 있으며, 규칙을 통해 독보적인 한 학습자가 다른 구성원을 방해하지 않도록 지도할 수 있어야 한다.

(2) 대화의 실제

교과를 공개적으로 설명하고 토의 · 토론하게 함으로써 다음과 같은 것을 동시에 성취할 수 있다(Ormrod, 2000). 첫째, 학습자들이 자신의 아이디어를 다른 구성원들에게 말로 나타낼 수 있도록 명료화하고 조직화하도록 권장할 수 있다. 둘째, 학습자들에게 학습한 것에서 추론을 도출하고, 가설을 생성하고 그리고 질문을 제기함으로써 정교화할 수 있는 기회를 제공할 수 있다. 셋째, 학습자들로 하여금 그들의 사고에 내재되어 있는 결함과 모순을 발견할 수 있게 하고, 이해의 결함을 확인할 수 있도록 도울 수 있다. 넷째, 학습자들이 다른 구성원들이 토의하는 주제에 대한 더 정확한 이해를 반영하는 견해를 접할 수 있다. 다섯째, 학습자들로 하여금 사람들이 세상을 어떻게 다른 방식으로 해석할 수 있는지 발견할 수 있도록 도울 수 있다.

학습자들의 대화에서 질문과 답을 주의 깊게 들음으로써, 학습자가 다음 기회에 또 다른 지식과 기능을 습득할 때 가질 수 있는 오개념(誤概念)을 확인하고 교정할 수 있는 좋은 기회가 될 수 있도록 하는 것이 무엇보다 중요하다.

(3) 대화가 가지는 문제점

대화에서 발생할 수 있는 문제점은 두 가지가 있다. 하나는 열정적인 학습자로 인해 그룹토의가 전적으로 진행되는 상황이고, 다른 하나는 반대 상황으로 몇몇 학습자가 전혀 대화에 참여하지 않는 상황이다. 이러한 상황에서 교사는 몇몇의 발언권을 제한하거나 더 많은 발언을 요구함으로써 보다 나은 역동적인 토의가 이루어지게 할 수 있다. 토론에서 활발한 역동성을 유지하기 위한 기술은 첫째, 질문에 답을 할 수 있는 학습자가 한 명이라도 있다면 교사는 답하는 것을 삼가도록 해야 하고, 둘째, 학습자들이 분명하게 자신의 견해를 밝힐 수 있도록 도와주고, 셋째, 학습자들에게 토론 주제와 관련 있는 것을 적절하게 선별할 수 있도록 도와주고, 넷째, 토론을 지속적으로 유지하고, 마지막으로 다른 학습자들의 반응에 주목하고 지속적으로 모니터링하는 것이 필요하다.

4) 인지적 도제

(1) 인지적 도제의 의의

인지적 도제(cognitive apprenticeship)는 덜 숙련된 학습자가 전문가 옆에서 활동할 때 일어나는 것으로 발판의 한 형태이다(Collins, Brown, & Newman, 1989). 예전부터 도제는 교육의 효과적인 한 형태임이 판명되어 왔다. 한 사람의 명인(master) 주변에서 수많은 젊은이가 다양한 기능, 손일 및 공예를 배웠었다. 도제는 강력한 교수 및 학습의 기회이다. 아는 것이 더 많은 안내자가 모형을 제공하고, 시범을 보이며, 교정을 한다. 학습자에게 요구되는 수행은 실제적이며 중요하다. 이 과정은 학습자가 유능할수록 더욱 복잡하다. 안내자와 이를 보고 수행하는 학습자 모두 기능의 완전습득 과정을 반복하게 되고, 또한 그 과정에서 기능을 개선해 나감으로써 그 분야에 기여하게 된다. 인지적 도제의 성공적인 한 예로써 상호교수법에 대해 살펴보면 다음과 같다.

(2) 상호교수법

상호교수법(reciprocal teaching)은 학생들의 독해력을 증진시키는 방법이다. 학습자들의 독해력을 증진시키는 사용하는 네 가지 전략을 살펴보면 다음과 같다. 첫째, 그들이 읽는 것을 요약한다. 둘째, 교재의 중요한 내용에 대해 질문한다. 셋째, 학습내용의 어려운 부분을 명료화한다. 마지막으로, 다음에 나오는 학습내용이 무엇인지 예상하도록 한다.

이와 같은 전략은 모든 연령의 학습자와 학습부진 아동들에게도 효과적이다(Lederer, 2000). 이 방법을 사용하고자 하는 교사들의 역할은 다음과 같다. 첫째, 학습자들에게 상호교수법의 사용방법을 안내하고, 학습자들 스스로가 통제하고 학습하게끔 한다. 둘째, 학습과제 난이도와 학습자의 수준과 능력을 부합시킨다. 셋째, 어떤 유형의 설명이 개별 학습자들에게 가장 효과적인지를 알기 위해서 학습자의 사고력을 진단한다. 상호교수에 대한 19개 연구를 검토한 논문에서 한 가지 분명한 사실은 실제적인 상호교수가 시작되기 전에 이해전략들을 분명하게 가르쳐주는 것이 가장 효과적인 방법이라는 것이다(Rosenshine & Meister, 1992).

5. 구성주의의 적용

1) 교실수업을 위한 구성주의 학습이론

구성주의의 교육환경 설정을 위한 교사들의 태도로는 첫째, 학습자들이 학습에 적극적으로 참여할 수 있는 환경을 만드는 것이 중요하다. 구성주의적 교육을 적용한 교실에서는 유능한 교사들이 학습에서 학습자의 중심 역할을 이해하고 적극적 학습 경험을 제공할 수 있도록 수업을 설계하는 데 집중해야 한다. 또한 학생들이 자신들의 지식을 재구성한 원리를 구성주의 접근방법의 도구에 의해 실제적이고 적극적으로 활용할 수 있도록 도와주어야 한다.

둘째, 다양한 학생중심 수업방법에 교사 스스로 익숙해져야 한다. 이러한 학생중심 수업방법에는 개별화 수업, 발견학습, 그룹토론, 집단수업, 협동학습, 상호교수법이 포함된다. 서로 다른 유형의 학생들을 위해 그들에게 가장 효율적인 방법을 제공할 수 있도록 교사는 다른 방법들을 시도해 볼 필요가 있다.

셋째, 학급에서 컴퓨터와 공학의 역할을 점차적으로 중요시하고 이것을 적절하게 사용해야 한다. 컴퓨터는 사용방법에 따라 유용할 수도 있고 유해할 수도 있다. 그러므로 교사는 컴퓨터 프로그램을 선택하기 이전에 다양한 정보를 구하고, 컴퓨터를 수업에 사용하는 것이 적절한가를 입증하기 위해 프로그램을 수업 이전에 미리 검토하도록 한다.

2) 구성주의 교실에서 교사의 역할

전통적인 교실이나 구성주의적 교실에서도 교사의 역할은 동일하다. 이러한 역할은 학습목표를 구체화하고 학습활동을 준비하며 평가를 설계하는 것을 포함하고 있다. 주된 차이는 교사가 단순히 정보를 제공하는 것에서 학생들이 열린 사고를 하고 그것을 보일 수 있도록 상호작용을 촉진하는 것으로 그 강조점을 옮기는 데 있다(Bransford et al., 2000; Donovan & Bransford, 2005). 구성주의적 관점을 지닌 교사의 특징은 표 11-2 와 같다.

표 11-2 구성주의적 관점을 지닌 교사의 특징

- 학생의 자율성과 주도권을 격려하고 수용한다.
- 조작적 · 상호작용적 · 물리적 자료들과 함께 생생한 원자료와 일차 자료를 사용한다.
- 과제를 구성할 때, "분류하다", "분석하다", "예측하다", "창조하다"와 같은 인지적 용어들을 사용한다.
- 학생들의 반응이 수업을 주도하며 교수 전략을 변화시키며 내용을 변경할 수 있도록 허용한다.
- 개념들에 대한 자신의 이해를 학생들과 공유하기 전에 그러한 개념들에 대한 학습자의 이해를 먼저 알아본다.
- 학습자들이 교사와의 대화와 학습자 상호 간의 대화에 참여할 수 있도록 장려한다.
- 사려 깊고 개방적인 질문을 하고 학습자들 사이의 질문을 장려함으로써 학습자들의 주체적이고 적극적인 탐구를 고무시켜 준다.
- 학습자들의 초기 반응에 대한 정교화를 추구한다.
- 학습자들을 먼저 자신들의 초기 가설에 대한 모순을 유발하는 경험을 가지게 하며 그 후에 토론으로 이어질 수 있도록 유도한다.
- 학습자들에게 질문을 제기한 후 기다리는 시간을 가질 수 있도록 한다.
- 학습자들에게 관계를 구성하고 은유를 만들어 낼 시간을 제공한다.
- 학습 사이클 모델의 빈번한 사용을 통해서 학습자들의 자연적 호기심을 길러준다.

Chapter 12

심리평가

배울 내용

1. 심리평가의 목적
2. 심리평가를 위한 정보 수집 방법
3. 아동 · 청소년병리 검사 도구

학습 목표

1. 심리평가의 목적을 이해한다.
2. 심리평가의 다양한 정보 수집 유형의 장단점을 파악한다.
3. 아동 · 청소년병리 검사의 실시와 해석방법을 파악한다.

개요

평가(assessment)의 사전적 정의는 '사물 또는 그 속성에 대한 가치판단'이며, 이를 위해서는 반드시 판단의 준거(criteria)가 있어야 한다. 그러므로 심리평가는 '인간의 심리적 속성에 대한 가치판단'을 내리는 일련의 전문적인 과정을 의미한다고 할 수 있다. 즉, 가치판단의 준거로 볼 수 있는 것이 면담, 행동관찰, 심리검사 및 평가자의 전문지식(정신병리와 진단분류 및 심리치료에 대한 지식 그리고 임상 경험 등의 다양한 심리학적 지식)이다.

또한 아동·청소년은 인지·언어·생리·정서적인 면에서 성인과는 다르다. 이런 성숙에서의 차이는 특정한 정서를 경험하고 표현하는 아동의 능력에 영향을 미칠 뿐만 아니라 아동의 인지와 행동, 그리고 증후가 발달과정에 따라 달라지는 데 영향을 준다. 따라서 심리평가자는 개별 아동의 발달정신병리학적 관점을 충분히 이해해야 할 뿐만 아니라 심리평가 과정에서 발달적 고려사항들을 숙지하고 시행하는 절차를 숙지해야 한다. 이 장에서는 먼저 아동·청소년 심리평가의 목적과 종류에 대해서 살펴볼 것이다. 그리고 최근 아동·청소년의 문제가 되는 다양한 병리를 쉽게 알아볼 수 있는 척도들에 대해 살펴보고자 한다.

1. 심리평가의 목적

아동 · 청소년에게 심리평가를 실시하는 이유는 무엇인가? 먼저 가장 중요한 목적 중 하나는 문제를 가진 아동 · 청소년에게 공식적인 진단을 내리는 것이다. 문제를 가진 아동 · 청소년에 대한 심리평가는 단시간 내에 아동에 대한 정보를 수집할 수 있으며, 수집된 정보를 바탕으로 공식적인 진단, 즉 지적장애, 의사소통장애, 주의력결핍 과잉행동장애(ADHD), 학습장애, 반항성장애 및 품행장애 등의 진단을 내릴 수 있다. 이런 심리평가를 통한 진단은 미래 행동과 병의 경과에 대한 예후를 판단할 수 있는 중요한 근거가 되기 때문에 매우 중요한 목적 중의 하나이다.

두 번째 목적은 진단결과를 통해 문제행동을 가진 아동 · 청소년에 대한 치료목표와 그에 따른 치료계획을 세우는 것이다. 즉, 진단은 치료방법을 선택하는 데 도움을 준다. 구체적으로 ADHD로 진단을 받을 경우, 어떤 약물치료가 실시될 것인지, 사회기술 훈련을 실시할 것인지, 가족교육은 어떻게 실시할 것인지에 대한 계획을 수립할 수 있으며, 이런 과정을 통한 치료개입이 나중에 얼마나 효과적이었는지에 대한 재평가를 통해 확인할 수 있기 때문이다.

2. 심리평가를 위한 정보 수집 방법

아동 · 청소년의 문제행동에 대해 보다 체계적으로 심리평가를 하게 된 것은 최근에 들어서이다. 그 이유는 아동 · 청소년을 성인의 축소판으로 생각했던 인식의 틀에서 벗어나 성인과는 질적으로 다른 사고과정과 행동방식을 나타낸다는 연구결과가 제시되고, 발달정신병리학이란 새로운 영역이 나타나기 시작했기 때문이다.

심리평가는 문제를 가진 아동 · 청소년에 대한 정보를 수집하고, 진단을 내리며,

치료계획을 수집하는 데 필요한 과정 중의 하나이다. 따라서 보다 객관적이고 편견에 좌우되지 않으며, 정밀한 평가를 하는 것이 무엇보다 중요하다. 이를 위해 일반적으로 면담, 행동관찰, 심리검사 등을 사용한다. 대부분의 전문가들은 면담과 행동관찰 및 심리검사를 통하여 체계적으로 수집된 정보를 통합하여 한 개인의 현재 심리 상태에 대해 정확히 판단하고, 필요한 경우 개인의 특정 심리적 문제에 대한 진단과 예후 및 적절한 치료적 접근방식의 선택이나 치료계획 등을 제시되는 과정을 거치게 된다. 심리평가를 위해 일반적으로 많이 사용되고 있는 정보 수집 방법, 즉 면담과 행동관찰, 심리검사를 구체적으로 살펴보면 다음과 같다.

1) 면담

(1) 부모 면담

부모와의 면담과정에서 문제행동의 본질, 지속기간, 심각성, 문제행동이 발생했던 상황이나 사건에 대한 정보를 얻는다. 또한 문제행동에 대해서 부모나 주변 사람들이 어떻게 반응해 왔으며, 그리고 아동·청소년의 문제행동의 해결을 위해 지금까지 이루어졌던 시도들(이전의 치료 경험, 기관 이용 경험 등)에 관한 정보를 얻게 된다. 즉, 아동의 발달과업이 이루어진 시기를 중심으로 발달력, 병력, 유치원·학교 적응 상황, 또래관계에 대한 정보를 얻는다. 이때 아동·청소년의 문제행동을 악화시키는 원인을 부모-자녀관계 맥락에서 파악하는 것도 중요하다. 부모 면담에서는 문제행동에 대해 부모가 어떻게 반응해 왔는지, 그동안의 훈육방법에 대한 정보 수집이 반드시 필요한데, 이는 개입과정에서 부모 환경의 변화를 위한 목표 설정에 있어서 중요한 정보를 제공하기 때문이다.

아동·청소년의 행동문제로 기관을 찾는 부모들은 아동의 문제가 자신 때문이라 생각하여 죄의식을 갖거나 문제행동이 부모의 잘못된 양육 때문이라는 부정적 평가를 받을 수 있다는 두려움을 갖기도 한다. 따라서 초기 부모 면담에서 수용적으로 온정적이며 신뢰로운 관계를 맺는 것은 이후 아동·청소년 개입에서의 성패를 좌우하는 중요한 요인이기 때문에, 면담관계를 촉진할 수 있는 면담 기법을 익히는 것이 매우 중요하다. 면담에서 수집해야 할 정보에 대한 내용은 표 12-1 과 같다.

표 12-1 부모 면담에서 수집해야 하는 정보

구분	내용
주 호소 문제	• 아동이 경험하는 주 호소 문제는 무엇인가? • 이 문제로 일상생활에서 겪는 어려움은 무엇인가? • 문제가 발생했을 때 부모는 어떻게 대처하는가? • 이것들에 대한 아동의 반응은 어떠한가?
문제의 지속성과 심각성	• 문제가 언제부터 시작되었는가? • 아동의 일상에 미치는 영향은 어느 정도인가?
문제의 유발요인	• 문제가 발생한 시점에 아동은 어떠한 사건이나 상황을 경험했는가? • 그때 부모나 주변 사람들은 어떻게 대처했는가? • 주변 사람들의 반응에 대한 아동의 반응은 어떠했는가?
아동의 현재 적응 상태	• 부모나 형제와의 관계는 어떠한가? • 아동의 사회적 기술이나 또래관계는 어떠한가? • 일상 생활습관과 태도는 어떠한가? • 인지사고력이나 학습능력 정도는 어떠한가?
아동의 발달력	• 부모의 결혼, 임신 및 출산 과정을 비롯하여 아동의 성장과 발달적 양상이 정상적이었는가? 특이한 사항이 있었는가? – 신체 발달(목 가누기, 기기, 걷기 등) – 언어발달(옹알이, 첫말단어, 언어표현력, 이해력 등) – 사회정서 발달(눈맞춤, 낯가림, 또래관계 등) – 기본 생활습관(식습관, 수면, 대소변 가리기 등) – 병력(가계유전병력, 체질, 간질, 각종 병력 등) – 교육 및 양육상 특이사항
아동의 문제에 영향을 미치는 부모환경	• 부모의 성장과정, 성격문제, 형제관계는 어떠한가? • 부모의 결혼생활(결혼 동기, 부부관계, 가족관계의 갈등 등)은 어떠한가?

(2) 아동·청소년과의 면담

부모 면담에서 아동·청소년의 문제와 관련된 배경 정보를 얻은 후 아동·청소년 면담이 진행되는 것이 일반적이다. 아동·청소년과의 면담에서 가장 중요한 요인 중의 하나는 좋은 면담관계를 형성하는 것이다. 왜냐하면, 아직 발달적으로 자기 행동에 대한 인식이 부족하고 누군가에 의해 끌려온, 즉 상담동기가 거의 없는 아동·청소년과의 첫 면담 과정을 이끄는 것이 쉽지 않기 때문이다.

아동·청소년과의 면담 형태는 아동의 발달 수준에 따라 다르게 구조화된다. 예로 언어표현 능력에 제한이 있는 어린 연령 수준에서는 아동과 상호작용하며 아동의 행동을 관찰할 수 있는 놀이실에서 면담이 이루어지는 것이 일반적이다. 반면에 연령이 높은 청소년과의 면담은 놀이보다 이야기 나누기에 더 초점을 두고 진행하게 된다.

연령이 높은 청소년과의 면담은 성인의 면담 형태와 유사하다. 자신의 문제와 생활환경에 대한 청소년의 지각을 알아볼 뿐만 아니라 부모 면담과 동일한 유형의 정보를 얻는 것도 중요한데, 이는 청소년의 증상과 관련된 부모-자녀관계의 문제를 파악하는 중요한 단서가 되기 때문이다. 아동·청소년과의 면담 시 평가되는 영역을 정리하면 다음과 같다 표 12-2 .

표 12-2 아동·청소년 면담에서 수집해야 하는 정보

구분	내용
주 호소 문제	• 아동·청소년은 자신의 문제를 무엇이라고 생각하는가? • 아동·청소년이 도움을 받아야 한다고 생각하는 것은 무엇인가?
사회적 상황	• 아동·청소년의 사회적 상황은 어떠한가?(가족관계, 좋아하는 과목과 싫어하는 과목, 선생님과의 관계, 성적, 학교생활, 친한 친구와 싫어하는 친구, 싸웠을 때 화해하는 방법 등의 친구관계 등)
자아상	• 자신의 좋은 점과 싫은 점, 친구나 형제보다 잘하는 것은 무엇인가? 내 모습 그리기에서의 자아상은 어떠한가?
정서 상태	• 슬프게 하거나 기쁘게 하는 것은 무엇인가? • 긴장시키거나 불안하게 하는 것은 무엇인가? • 이런 느낌은 얼마나 자주 일어나는가? • 이런 정서 상태일 때 어떤 문제가 생기는가?
신체 문제	• 신체에 통증이나 특이한 증상을 보이는가? • 얼마나 자주 나타나는가? • 어느 정도로 고통스러운가? • 이때 아동·청소년은 어떻게 무엇을 하는가?

구분	내용
아동의 관심과 흥미	• 여가시간에 하고 싶은 것은 무엇인가? • 아동·청소년 혼자서 하고 싶은 것은 무엇인가? • 친구들이나 식구들과 있을 때에는 무엇을 하고 싶어 하는가?
아동의 장래 희망	• 어른이 되면 무엇을 하기를 원하는가?
아동의 환상	• 세 가지 소원은 무엇인가? • 가지고 싶은 것 세 가지는 무엇인가? • 무인도나 달나라에 갈 때 같이 가고 싶은 사람은 누구인가?

표 12-2 를 통해 아동·청소년의 행동 특성으로 인한 전반적인 적응, 즉 학습, 정서, 사회적 상황과 관련된 전반적인 정보를 수집할 수 있다.

2) 행동관찰

(1) 행동관찰법

행동을 관찰하는 것은 평가과정에서 매우 중요한 부분 중의 하나이다. 관찰은 아동·청소년이 일정 기간에 걸쳐 일정 상황에서 어떻게 행동하는가를 밝히기 위해서, 또는 상황 및 환경이 아동·청소년이 나타낼 행동 범위에 미치는 영향을 알아내기 위해서 행해진다. 이때 관찰자는 사전에 행동의 어떤 측면을 어떻게 평가할 것인지에 대해 미리 결정하고 훈련을 받아야 한다.

유용하고 과학적인 평가가 되기 위한 행동관찰은 목표, 관심, 수집된 자료량의 한계, 표준화된 기록법, 효율적인 신뢰도, 적당한 타당도를 가지고 있어야 한다. 관찰의 장점은 관찰자가 아동·청소년의 자기 행동에 관한 주관적 기술에 의존하지 않고 객관적인 행동이라는 자료에 근거한다는 것이다. 이에 비해, 단점은 관찰자가 아동·청소년의 행동을 주관적으로 해석할 수 있다는 것과 경비 및 시간이 많이 든다는 것이다. 이에 더하여, 관찰을 당한다는 사실이 아동·청소년의 행동에 영향을 줄 수 있다.

(2) 행동 체크리스트

아동의 자기보고식 측정법은 기본적인 읽기와 이해 능력을 갖춘 8세 이상의 아동에게 주로 실시되는데, 아동의 외적 행동뿐만 아니라 생각, 감정, 환경 등을 측정할 수 있다. 일반적으로 많이 사용되는 것이 아동 행동 체크리스트(Child Behavior CheckList: CBCL)이다. 이 척도는 임상 장면과 학교에서 흔히 사용되며, 부모 및 교사의 평정, 아동의 자기보고, 교실 관찰, 면접 등이 포함된다. 또 다른 하나는 코너스 척도(Conners Rating Scales-Revised)이다. 이 척도 또한 부모와 교사, 아동의 자기보고로 구성되어 있다. 아동의 행동관찰은 체계적으로 이루어져야 하는데 표 12-3 는 체계적 행동관찰의 범주를 나타내는 것이다(Greenspan, 1986).

표 12-3 체계적 행동관찰의 범주

구분	내용
신체, 신경학적 발달	아동의 자세, 균형감각, 대·소운동 협응능력, 발음의 정확성과 신체의 성장 정도, 건강 상태를 파악한다.
기분과 정서 상태	아동의 표정, 활동 정도로 기분을 파악하며, 아동이 전개하는 놀이나 이야기에 나타나는 주요 정서를 파악한다.
언어와 지적 발달	언어 이해력과 표현력 그리고 주의집중 정도, 놀이를 전개해 가는 능력이나 놀이의 발달 수준 등이 지적 발달 상태를 파악할 수 있는 준거가 될 수 있다.
대인관계 맺는 능력	처음 만나는 상담자와 관계를 맺는 양상을 통해 아동이 상담실 밖의 세계에서 대인관계를 맺는 능력을 파악할 수 있다. 또한 주도적이고 적극적인 태도를 보이는지 혹은 수동적이고 의존적인 태도를 보이는지 파악할 수 있다.
환경 활용 능력	자신이 접해 보지 못한 다양한 놀잇감이 준비된 낯선 놀이실 환경을 얼마나 적극적으로 탐색하고 활용하는지 파악한다. 이는 아동이 새로운 환경에 적응하는 능력 정도를 말해주는 지표가 될 수 있다.
욕구 좌절시 나타나는 행동	아동이 놀이실에 오면 오랫동안 놀이를 하고 싶어 한다. 그러나 면담은 일정한 시간 동안 이루어지므로 충분히 놀고 싶은 욕구가 좌절될 수 있다. 혹은 놀잇감이 아동 마음대로 조작되지 않을 수도 있다. 이럴 때 아동의 태도에서 평소에 욕구 좌절로 생긴 분노를 어떻게 다루는지 알 수 있다.
놀이 주제의 발달적 적합성	아동의 놀이 수준이나 내용이 아동이 속해 있는 인지발달 단계나 심리성적 발달 단계에 적합한지를 파악할 수 있다.

3) 심리검사

심리검사를 통해 정확한 심리평가가 이루어지기 위해서는 심리검사 도구들에 대한 이론적인 기본 가정, 측정내용들과 함께 심리적 특성을 변별해 줄 수 있는 심리검사 도구들의 기능을 파악하는 것이 중요하다. 예컨대, 집중력의 결함이라는 인지적 손상이 ADHD의 주요 특징이지만, 이러한 인지적 특성은 학업 수행뿐만 아니라 정서적 측면에도 영향을 준다. 따라서 ADHD의 인지적 특성을 파악하는 도구뿐만 아니라 2차적 문제인 학습의 기능, 정서 상태를 측정하는 도구에 대한 이해까지도 필요하다. 또한 전반적 발달장애에 속하는 자폐증은 사회적 상호작용과 의사소통 기술에 있어서 심각하고 광범위한 장애가 있으며, 상동증적인 행동 및 관심, 활동이 나타나는 것이 특징적이라 할 수 있으며 이로 인하여 발달과 학습에서의 불규칙성과 신경생리학적인 문제 및 행동상의 문제를 보이기 때문에 이러한 다양한 영역의 검사 도구를 이해하고 있어야 한다.

(1) 심리검사의 조건

심리검사(psychological test)란 표준화된 절차를 이용하여 한 개인이 가지고 있는 능력, 행동, 성격 등 고유한 특성을 측정하는 것이다. 이러한 측정은 개인적인 특성을 파악하는 것이기 때문에 개인차 측정이라고도 한다(박권생 외, 2004). 심리검사는 직접적인 관찰이 불가능한 심리적 특성을 측정하는 것이므로, 검사의 결과를 믿고 신뢰하기 위해서는 검사의 시행절차와 채점방법 등에 있어 갖추어야 할 조건들이 있다.

① 신뢰도

신뢰도(reliability)란 검사 도구를 사용하여 측정한 결과가 매번 일관성 있게 나오느냐의 문제이다. 즉, 한 가지 검사를 사용하여 여러 번 측정하였을 때 그 결과가 일정하게 나오는가를 의미하는 것이다. 예를 들어, 체중계를 이용하여 체중을 측정하는데, 측정할 때마다 몸무게가 다르게 나온다면, 그 체중계는 신뢰롭지 못한 것이다.

검사의 신뢰도를 판단하기 위한 몇 가지 방법이 있다. 첫 번째로 검사-재검사 신뢰도(test-retest reliability)이다. 이것은 같은 검사를 같은 사람에게 두 번 실시하여 그 결과를 비교하는 방법인데, 두 측정치 간의 상관계수로 신뢰도를 측정한다. 상관계수가 r = +1.00이면 완전 상관으로 두 측정치가 완전하게 일치함을 의미한다. 그러나 어떤 검사이든 완전 상관은 나올 수가 없는데, 상관계수가 높아짐에 따라 검사의 신뢰도가 증가한다.

두 번째로 동형검사 신뢰도(equivalent-form reliability)인데, 이 방법은 처음 실시한 검사와 측정하는 내용이 같은 다른 검사를 실시하여 나온 측정치와 비교하는 방법이다. 즉, 두 검사가 문항은 다르지만, 측정하려는 것이 동일한 검사를 사용하는 것이다. 이 방법은 검사-재검사 신뢰도에서 발생할 수 있는 연습효과와 문항내용을 기억하여 답하는 문제를 최소화할 수 있는 방법이다.

세 번째는 반분신뢰도(split-half reliability)이다. 이 방법은 한 검사의 문항을 반으로 나누어서 그 결과의 일치도 내지 동질성을 비교하는 것이다. 즉, 홀수 문항과 짝수 문항을 나누어서 점수를 비교하는 방식이다. 반분신뢰계수를 통해 검사의 내적 타당성을 파악할 수 있다.

② 타당도

타당도(validity)란 한 검사가 측정하고자 하는 것을 얼마만큼 잘 측정하고 있는가를 의미한다. 즉, 지능검사를 통해서 지능을 측정하고자 할 때, 만일 지능검사가 성격이나 혹은 불안 수준을 측정하고 있다면, 그 검사는 타당성이 없는 것이다. 타당도는 검사의 목적이나 의도와 연관된 행동이나 결과를 정확히 예측하는 정도를 의미한다(박권생 외, 2004).

타당도를 측정하는 방법에는 몇 가지가 있다. 먼저 내용타당도(content validity)란 검사의 문항내용에 대한 것인데, 검사의 문항이 측정하고자 하는 내용을 측정하고 있는지를 알아보는 것이다. 이 방법은 문항의 표면적인 내용에 대한 것이므로 안면타당도(face validity)라고도 한다. 타당도를 측정하는 두 번째 방법은 예언타당도(predictive validity)이다. 이 방법은 검사를 통해 측정한 결과가 미래의 상황을 어느 정도로 정확하게 예언하는가를 비교하는 것이다. 예를 들어, 대학수학능력 시험은 대학 성적을 예측하려는 것이다. 따라서 그 점수가 높은 학생은 대학 성적도 높을 것으로 예상한다. 이 타당도는 측정한 점수가 다른 상황을 예측하는 데 필요한 기준을 제공하기 때문에 준거타당도(criterion validity)라고도 한다. 세 번째 방법은 구인타당도(construct validity)인데, 이 방법은 검사를 통해 측정한 결과가 그 검사가 원래 측정하고자 한 속성과 목적에 비추어 얼마나 적절하게 측정을 했는가를 알아보는 것이다.

신뢰도와 타당도의 관계를 살펴보면, 신뢰도가 낮으면 타당도도 낮게 나타난다. 왜냐하면 검사를 통해 나온 결과의 신뢰성이 떨어진다면, 그 검사가 측정하고자 한 특성을 적절하게 측정했다고 볼 수 없기 때문이다. 하지만 타당도가 낮아도 신뢰도는 높게 나올 수가 있다. 예를 들어, 체중계로 키를 측정한다고 할 경우, 몇 번을 측정하여도 유사한 값이 나오기 때문에, 그 측정치는 신뢰롭지만 체중계로 키를 측정했기 때문에 타당성이 없는 자료라 할 수 있다.

③ 표준화와 규준

검사를 통해 얻은 결과가 신뢰롭기 위해서는 검사가 표준화되어 있어야 한다. 표준화(standardization)란 검사의 실시와 채점, 해석의 방법이 일정하게 정해져 있어 누가 검사를 사용하더라도 동일한 절차에 따라 진행하도록 하는 것이다. 이렇게 표준화된 절차에 따라 검사가 진행될 때 그 검사의 신뢰성이 높아질 것이다.

검사를 통해 얻은 점수는 그 자체로는 아무런 의미가 없다. 이 점수가 의미하는 바를 알기 위해서는 비교할 수 있는 어떤 기준이 있어야 하는데, 이를 규준(norm)이라고 한다. 규준은 검사가 사용될 대상을 대표할 수 있는 집단으로부터 얻은 점수의 분포인데, 검사점수를 이 분포와 비교함으로써 그 의미를 해석하게 된다. 예를 들어, 지능검사에서 105점을 받은 것만으로는 아무런 의미가 없으며, 이 점수가 자신의 나이와 성별 등이 비슷한 규준과 비교할 때 비로소 어떤 의미를 가지게 되는 것이다.

(2) 표준화된 심리검사

지금까지 아동·청소년의 문제행동을 파악하기 위한 다양한 검사들이 표준화되어 왔다. 현장에서 많이 사용되고 있는 검사를 지능 및 인지검사, 성격검사, 신경심리검사 및 투사검사로 분류해서 살펴보면 다음과 같다(김이영 외, 2014).

① 지능검사 및 인지검사

- KEDI-WISC

만 5세에서 15세 아동들에게 실시할 수 있는 지능검사이다. KEDI-WISC (Korean Education Development Institute-Wechser Intelligence Scale of children)는 언어성 검사 7개와 동작성 검사 7개로 구성되어 있으며, 두 검사에서 나온 언어성 지능과 동작성 지능을 합쳐 전체 지능을 측정한다.

- K-WISC-III

우리나라에서 현재 가장 널리 사용되고 있는 아동용 지능검사로, 만 6세에서부터 16세 11개월 된 아동까지의 지능을 측정할 수 있다. K-WISC-III(Korean-Wechsler Intelligence Scale for Children)의 경우, 언어성, 동작성, 전체 검사 IQ뿐만 아니라, 요인에 근거한 지표점수들(factor-based index score)이 계산된다. 많은 연구결과들은 언어성과 동작성 두 개의 주요인 이외에 세 번째 요인으로 주의집중을 지적하고 있으며 이는 기호 쓰기, 산수, 숫자 소검사에서 주로 나타난다. WISC-III를 개발한 또 다른 목적이 이러한 요인들을 추가로 조사하기 위한 것이다.

- K-ABC

$2\frac{1}{2}$~$12\frac{1}{2}$세 아동의 지능과 습득도를 평가하기 위하여 고안된 것이다. K-ABC(Kaufman Assessment Battery for Children)로 측정되는 지능은 문제를 해결하고 정보를 처리하는 개인의 인지처리 양식으로 정의된다. K-ABC는 문제해결과 사실에 대한 지식을 명확하게 구별하여 측정하고 있는데, 즉 문제해결과 관련된 일련의 기능을 지능으로 정의하여 인지처리척도(순차처리척도와 동시

처리척도)에서 측정하고 있으며, 사실에 관한 지식을 습득도로 정의하여 측정하고 있다.

- K-WAIS

16~64세 성인을 대상으로 실시할 수 있는 지능검사도구이다. K-WAIS(Korean echsler Adult Intelligence Scale)는 언어성 검사 6개와 동작성 검사 5개로 구성되어 있고, 각 검사를 통해 나온 언어성 지능과 동작성 지능의 점수를 합쳐 전체 지능을 측정한다.

- 사회성숙도 검사

미국의 Doll의 "바인랜드 사회성숙척도(Vineland Social Maturity Scale)"을 김승국과 김옥기(1991)이 표준화한 검사이다. 이 검사는 자조능력, 이동능력, 작업능력, 의사소통능력, 자기관리 능력, 사회화 등과 같은 사회적 능력(social competence), 즉 적응행동(adaptive behavior)을 평가하는 검사이다. 따라서 피검자에 해당되는 사회연령을 구하고, 실제 생활연령과의 비율을 알아보는 사회성지수(Social Quotient)를 구하여 사회적 적응행동의 발달 정도를 알아본다.

- 기초 학습기능 검사

박경숙 등(1989)이 제작한 검사(KEDI-Individual Basic Learning skills test)로서 아동의 학습 수준이 정상으로부터 어느 정도 떨어지는가를 알아보거나 학습집단 배치에서 어느 정도 수준의 아동집단에 들어가야 하는가를 결정하는 검사이다. 특히 선수학습 정도나 학습결손 사항의 파악, 학습곤란의 현상이나 요인을 밝혀내어 구체적인 개별화 교수안(IEP)을 계획하는 검사목적을 갖고 있다. 대상 아동은 유치원부터 초등학교 6학년까지이며 정보처리, 셈하기, 읽기 I, 읽기II, 쓰기의 5개 하위 소검사들로 구성되어 있다.

② 성격검사

- MMPI 및 MMPI-2

13세 이상 아동과 성인의 성격평가를 위해 가장 많이 사용되는 검사(The

Minnesota Multiphasic Personality Inventory)이다. 주로 임상진단용으로 개발되었기 때문에, 임상 장면에서 정신병리적인 측면을 평가하기 위해 주로 사용된다. 하지만 개인의 성격이나 행동을 측정하게 위한 도구로도 활용된다. 4개의 타당도 척도와 10개의 임상척도로 구성되어 있다. 1943년 개발된 MMPI가 표준화집단에 대한 논란으로 1989년 MMPI-2로 개정되어 사용되고 있다.

- KPI-C

임상 장면에서 아동의 정신과적인 문제를 선별 · 진단하고 학교 장면에서 심리적인 도움을 필요로 하는 아동들을 조기에 발견하여 도움을 주는 데 목적이 있는 검사(Korean Personality Inventory for Childern)이다. 검사는 최근 6개월간 아동과 함께 생활한 보호자가 수행을 하며, 아동의 발달, 정서, 행동, 대인관계, 현실 접촉 등에 대해 응답하여 다차원으로 평가할 수 있다. 4개의 타당도 척도, 1개의 자아탄력성 척도, 11개의 임상척도로 구성되어 있다.

- 한국판 아동 행동척도

Achenbach(1991), Achenbach과 Edelbrock(1983)가 제작한 CBCL은 부모 또는 아동, 청소년과 함께 생활하는 어른이 아동, 청소년의 문제행동과 사회적 능력을 표준화된 형태로 기록하는 행동평가 도구이다. K-CBCL(Korea-Child Behavior Checklist)은 임상 장면이나 학교 등 아동 개인의 평가자료를 필요로 하는 다양한 상황에서 실제적으로 활용이 가능할 뿐 아니라 역학조사, 병인론 연구, 치료효과 연구 등 다양하게 활용될 수 있다. 즉, 평가 대상이 각 평가치들에서 또래집단에 비해 얼마나 일탈되었는지, 사회능력척도와 문제행동증후군 척도의 총점이 준거집단에 비해 얼마나 일탈되어 있는가를 평가하고 그 정도가 임상 범위에 있는지 혹은 정상 범위 내에 있는지를 판별하여 하나의 진단자료로서 활용될 수 있다.

- MBTI

성격을 Jung의 심리유형론에 근거하여 4가지 선호지표를 조합하여 16가지 유형으로 구분하는 검사(Myers-Briggs Type Indicator)이다. 이 검사는 임상 장면이 아닌 일반 장면(학교, 상담, 교육, 산업, 의사소통 훈련 등)에서 주로 활용이 되며, 자신과 타인의 성격유형을 이해하는 데 유용하게 사용된다. 외향성(E)-내향성(I), 감각형(S)-직관형(N), 사고형(T)-감정형(F), 판단형(J)-인식형(P)의 4가지 차원에 근거해 성격 유형을 분류한다.

③ **신경심리검사**(Neuropsychological Assessment)

신경심리검사는 뇌와 행동과의 관계를 알아보는 것으로 신경심리평가를 통해 뇌의 특정 부위의 손상에 대한 추론을 가능하도록 하는 검사이다. 따라서 신경병리학적인 관련 장애를 갖고 있는 사람들에게 적용되어 왔고(Taylor & Fletcher, 1990), 다양한 영역의 인지기능을 포함하여 지각기능과 운동기능을 평가하게 된다.

- 연속수행검사(CPT)

  지속적 주의력은 상대적으로 긴 시간 동안 특정 과제 수행을 위해 주의집중을 유지하는 능력으로 정의된다. 이러한 지속적 주의력 연구에 가장 널리 사용되는 실험과제는 연속수행검사(Continuous Performance Task: CPT)이다. 지속적 주의력을 측정하기 위하여 제작된 프로그램은 X-CPT(표적자극과 방해자극 모두 알파벳으로 구성되어 있으며, 알파벳 X에 대해 반응을 하도록 하는 방법)와 같은 유형의 검사이다.

- TOVA

  TOVA(Test of Variables of Attention)는 주의력결핍 과잉행동장애를 가진 아동과 성인의 진단 및 약물효과를 평가하기 위해 제작된 일종의 연속수행검사(CPT)이다. TOVA는 컴퓨터를 사용하여 실시하는 표준화된 검사로서, 목표자극은 배경이 되는 직사각형 내부의 위쪽에 정사각형이 위치해 있는 것인데, 피검자는 목표자극이 나타날 때마다 반응을 하도록 지시를 받는다. 전체 수행시간은 약 20~40분이며, TOVA 결과를 통하여 아동의 부주의성, 충동성, 과제에 대한 정보처리 속도, 주의력의 비일관성의 심한 정도를 알 수 있다. 즉, 아동의 연령과 약물복용 여부에 따른 다양한 기준에 따라 주의력결핍 과잉행동장애의 여부를 결정하게 된다.

- 위스콘신 카드분류검사

WCST(Wisconsin Card Sorting Test) 검사의 목적은 전두엽의 실행기능을 측정하는 검사이다. 이를 위해 필요한 재료는 4개의 자극카드 세트와 64개의 반응카드 세트(2벌) 그리고 기록지이다. 실시하는 방법은 한 개의 빨간색 삼각형, 두 개의 초록색 별, 세 개의 노란색 십자가, 네 개의 청색 원이 그려진 4개의 자극카드를 피험자 앞에 일렬로 놓고 피험자로 하여금 검사자가 정해진 기준에 따라 반응카드 더미를 배열하도록 요구하는 것이다. 피험자의 과제는 각각의 반응카드 64개를 하나씩 4장의 반응카드 앞에 놓는 것이다. 반응카드들을 어디에 놓아야 하는지는 피검자가 스스로 판단해야만 하고 검사자는 놓은 위치가 맞았는지 틀렸는지에 대한 정보만 준다. 분류기준은 색깔, 모양, 수이며, 피험자가 10장의 카드를 연속적으로 올바르게 놓으면 분류기준이 바뀐다. 검사는 6번의 성공적인 범주(색깔, 모양, 수가 각각 2번)가 완료될 때까지 또는 128장의 카드 모두가 분류될 때까지 계속한다.

- ADS

주의력 장애 진단 시스템은 아동 청소년들의 주의력 문제를 진단하는 전산화된 도구이다. ADS(ADHD Diagnostic System)는 주의력 평가를 위해 사용할 수 있는 객관화되고 표준화된 연속수행검사로서 시각 버전과 청각 버전으로 구성된 비언어적 검사이다. 일정한 간격으로 자극과 비자극이 혼합되어 제시되고 피검자는 자극에 대해서만 반응하여야 한다. 시각자극, 청각자극에 대하여 각각 15분간 검사하게 된다. 단 5세는 5분, 6세는 10분이다.

④ **투사검사**

여기서 소개되는 검사들은 채점과 해석에 있어 표준화된 규준은 없으나 실제 임상 장면에서 유용하게 사용되고 있는 검사들이다.

- BGT

BGT(Bender Gestalt Test for Young Children) 검사는 형태심리학의 원리에서 발달된 검사로서 성인들의 정신병과 기질적인 문제를 탐색하기 위해 실시되어 왔으나 최근 아동용 신경심리평가 도구 중 하나로 주로 선별(screening)검사로 사용된다. 이 검사는 9개의 기하학적 도형을 하나씩 보여주면서 그리게 하는 것으로, 점으로 구성된 선과 원, 교차하는 2개의 곡선 등으로 구성되어 있다. 현재는 뇌손상이나 시각-운동 협응에 대한 평가 그리고 지각적 성숙뿐만 아니라, 정서적 혼란이나 성격 특성의 평가 및 아동의 학업성취에 대한 예측이나 대략적인 지능 추정을 위한 목적으로도 사용되고 있다.

- Rorschach 검사

스위스의 정신의학자인 Hermann Rorschach가 잉크반점을 이용하여 만든 10의 카드로 구성되어 있다. 임상 장면에서 정신과 질환의 증상과 정신역동을 파악하는 데 매우 유용하게 사용된다. 실시 및 채점, 해석 등을 배우기 위해 상당히 많은 시간이 요구되고, 전문적인 교육과정이 필요하다.

- TAT

Henry Murray와 Christiana Morgan가 개발한 그림검사(Thematic Apperception Test)로, 사람이 나오는 특정 장면의 그림을 사용한다. 피검자는 제시되는 그림을 보고 그 장면에 대한 이야기를 만들게 된다. 이 검사는 자아와 환경 간의 관계를 파악하는 데 도움을 주며, 특히 개인의 동기, 정서, 기분, 콤플렉스, 갈등 등의 다양한 요소를 파악하는 데 유용하다. 검사결과의 해석을 위해서는 많은 시간과 다양한 경험을 필요로 한다.

- CAT

TAT가 아동에게 실시하기에 부적합하여 아동에게 적용하도록 만든 검사가 CAT(Children Apperception Test)이다. 아동들은 동물을 자신과 쉽게 동일시하며, 자신과 연관된 이야기를 한다는 전제하에 개발되었다. 이 검사는 아동의 역동적 평가에 매우 유용하다.

- HTP

HTP(House/Tree/Person: 집, 나무, 사람 그림검사)는 Buck(1948)이 인간의 심리 상태에 대한 정보를 알기 위해 집, 나무 그리고 사람을 하나로 묶어서 검사로 제작한 것이다. 이후 Hammer(1958)에 의해서 임상적 적용이 확대되었다. HTP는 일종의 투사적 성격검사로서 평가자의 지시에 따라 아동이 흰 종이 위에 집과 나무와 사람을 그리게 되며, 그 그림에 대하여 솔직하고 자유롭게 설명하게 된다. 이 검사는 친숙한 소재를 통해 아동의 생각이나 내부의 욕구 상태, 자아개념, 부모와의 관계나 가족관계, 현재 보이는 정서적 상태 등에 대하여 알아볼 수 있다는 장점이 있다.

- 동작성 가족화

Burns와 Kaufman(1970)은 아동에게 그의 가족 구성원이 뭔가를 하고 있는 장면을 그리도록 요구하는 동작성 가족화 검사(KFD: Kinetic Family Drawing)를 창안하였다. K-F-D는 흰 종이 위에 가족들이 무엇인가를 하는 활동들을 그리게 되는 투사검사의 일종으로 가족관계에서의 문제나 역동에 대하여 알아볼 수 있다. 특히 피검자가 가족관계에서 느끼는 자신의 위치나 가족들에 대한 감정 상태 등에 대해 알 수 있다는 장점을 가지고 있는 검사이다.

3. 아동 · 청소년병리 검사 도구

최근 문제행동을 보이는 아동 · 청소년이 증가하면서 이들을 쉽게 변별할 수 있는 검사 도구들이 개발 · 보급되어 왔다. 지금부터 제시하는 도구들은 현재 아동 · 청소년의 상태를 알아볼 수 있는 유용한 도구이다. 그러나 여기에 제시된 감사 도구만으로 진단을 내려서는 안 되며, 필요한 경우 추가적인 심리검사를 통해 정확한 진단을 내리는 것이 무엇보다 중요하다.

1) 한국어판 ADHD 평정척도(Korean ADHD Rating Scale: K-ARS)9)
교사 또는 부모 평정용

NO	내 용	전혀 그렇지 않다	때때로 그렇다	자주 그렇다	매우 자주 그렇다
1	세부적인 면에 대해 꼼꼼하게 주의를 기울이지 못하거나 학업에서 부주의한 실수를 한다.	⓪	①	②	③
2	손발을 가만히 두지 못하거나 의자에 앉아서도 몸을 꼼지락거린다.	⓪	①	②	③
3	일을 하거나 놀이를 할 때 지속적으로 주의를 집중하는 데 어려움이 있다.	⓪	①	②	③
4	자리에 앉아 있어야 하는 교실이나 다른 상황에서 앉아 있지 못한다.	⓪	①	②	③
5	다른 사람이 마주보고 이야기할 때 경청하지 않는 것처럼 보인다.	⓪	①	②	③
6	그렇게 하면 안 되는 상황에서 지나치게 뛰어다니거나 기어오른다.	⓪	①	②	③
7	지시를 따르지 않고, 일을 끝내지 못한다.	⓪	①	②	③
8	여가활동이나 재미있는 일에 조용히 참여하기가 어렵다.	⓪	①	②	③
9	과제와 일을 체계적으로 하지 못한다.	⓪	①	②	③
10	끊임없이 무엇인가를 하거나 마치 모터가 돌아가듯 움직인다.	⓪	①	②	③
11	지속적인 노력이 요구되는 과제(학교공부나 숙제)를 하지 않으려 한다.	⓪	①	②	③
12	지나치게 말을 많이 한다.	⓪	①	②	③
13	과제나 일을 하는 데 필요한 물건들은 잃어버린다.	⓪	①	②	③
14	질문이 채 끝나기도 전에 성급하게 대답한다.	⓪	①	②	③
15	쉽게 산만해진다.	⓪	①	②	③
16	차례를 기다리는 데 어려움이 있다.	⓪	①	②	③
17	일상적으로 하는 일을 잊어버린다.	⓪	①	②	③
18	다른 사람을 방해하거나 간섭한다.	⓪	①	②	③

9) 이 척도는 Dupaul(1991)가 DSM-IV(1994)의 ADHD 진단기준을 기본으로 하여 18문항으로 구성하였으며, 소유경 외(2002)가 신뢰도와 타당도를 검증하여 2003년부터 포괄적으로 사용하고 있는 척도로서 고위험군 판별기준은 부모용은 19점 이상, 교사용은 17점 이상임.

2) 청소년 우울척도(Beck Depression Inventory: BDI)[10]

NO	내용	점수
1	⓪ 나는 슬픔을 느끼지 않는다. ① 나는 슬픔을 느낀다. ② 나는 항상 슬프고 그것을 떨쳐버릴 수 없다. ③ 나는 너무 슬프고 불행해서 도저히 견딜 수 없다.	
2	⓪ 나는 앞날에 대해 특별히 낙담하지 않는다. ① 나는 앞날에 대해서 별로 기대할 것이 없다고 느낀다. ② 나는 앞날에 대해 기대할 것이 아무것도 없다고 느낀다. ③ 나의 앞날은 암담하여 전혀 희망이 없다.	
3	⓪ 나는 실패감 같은 것을 느끼지 않는다. ① 나는 다른 사람들보다 실패의 경험이 더 많다고 느낀다. ② 나의 살아온 과거를 되돌아보면 나는 항상 많은 일에 실패를 했다. ③ 나는 한 인간으로서 완전히 실패했다고 느낀다.	
4	⓪ 나는 전과 다름없이 일상생활에서 만족하고 있다. ① 나의 일상생활은 전처럼 즐겁지가 않다. ② 나는 더 이상 어떤 것에서도 실제적인 만족을 얻지 못한다. ③ 나는 모든 것이 다 불만스럽고 지겹다.	
5	⓪ 나는 특별히 죄의식을 느끼지 않는다. ① 나는 많은 시간 동안 죄의식을 느낀다. ② 나는 대부분의 시간 동안 죄의식을 느낀다. ③ 나는 항상 죄의식을 느낀다.	
6	⓪ 나는 내가 벌을 받고 있다고 느끼지 않는다. ① 나는 내가 벌을 받을지도 모른다고 느낀다. ② 나는 벌을 받아야 한다고 느낀다. ③ 나는 현재 내가 벌을 받고 있다고 느낀다.	
7	⓪ 나는 내 자신에 대해 실망하지 않는다. ① 나는 내 자신에 대해 실망하고 있다. ② 나는 내 자신을 역겨워하고 있다. ③ 나는 내 자신을 증오한다.	

10) 이 척도는 Beck(1961)이 우울증상의 유무와 증상의 심각성 정도를 평가하기 위한 목적으로 제작된 자기보고형 척도로 우울증의 인지적, 정서적, 동기적, 신체적 증상 영역을 포함하는 21문항으로 이루어져 있음. BDI를 한국판으로 개발하기 위해 한홍무 등(1986)이 번안하여 성인을 대상으로 표준화하였고, 우울정도의 채점 기준은 비우울 0~9점, 경한 우울증 10~15점, 중등도 우울증 16~23점, 중증 우울증 24~63점으로 고위험군은 중등도 및 중증 우울증으로 봄.

NO	내용	점수
8	⓪ 나는 내가 다른 사람보다 못하다고 생각하지 않는다. ① 나는 나의 약점이나 실수에 대해 내 자신을 비관하는 편이다. ② 나는 나의 잘못에 대해 항상 내 자신을 비난한다. ③ 나는 주위에서 일어나는 모든 잘못된 일에 대해 내 자신을 비난한다.	
9	⓪ 나는 자살할 생각 같은 것은 하지 않는다. ① 나는 자살할 생각은 하고 있으나 실제 실행하지는 않을 것이다. ② 나는 자살하고 싶다. ③ 나는 기회만 있으면 자살하겠다.	
10	⓪ 나는 전보다 더 울지는 않는다. ① 나는 전보다 더 많이 운다. ② 나는 요즈음 항상 운다. ③ 나는 전에는 자주 울었지만 요즈음은 울래야 울 기력조차 없다.	
11	⓪ 나는 전보다 화를 더 내지는 않는다. ① 나는 전보다 쉽게 화가 나고 짜증이 난다. ② 나는 항상 화가 치민다. ③ 전에는 화를 내게 했던 일인데도 요즈음은 화조차 나지 않는다.	
12	⓪ 나는 다른 사람에 대한 흥미를 잃지 않고 있다. ① 나는 다른 사람들에게 흥미를 덜 느낀다. ② 나는 다른 사람들에 대하여 거의 흥미를 잃었다. ③ 나는 다른 사람들에 대하여 완전히 흥미를 잃었다.	
13	⓪ 나는 전과 같이 결정하는 일을 잘 해낸다. ① 나는 어떤 일에 대해 결정을 못 내리고 머뭇거린다. ② 나는 어떤 결정을 할 때 전보다 더 큰 어려움을 느낀다. ③ 나는 이제 아무 결정도 내릴 수가 없다.	
14	⓪ 나는 전보다 내 모습이 나빠졌다고 느끼지 않는다. ① 나는 내 용모에 대해 걱정한다. ② 나는 남들에게 매력을 느끼게 할 용모를 지니고 있지 않다. ③ 나는 내가 추하고 불쾌하게 보인다고 생각한다.	
15	⓪ 나는 전과 다름없이 일을 잘 할 수 있다. ① 어떤 일을 시작하려면 전보다 더 힘이 든다. ② 어떤 일을 시작하려면 굉장히 힘을 들이지 않으면 안 된다. ③ 나는 너무 지쳐서 아무런 일도 할 수가 없다.	
16	⓪ 나는 전과 다름없이 잠을 잘 잔다. ① 나는 전처럼 잠을 자지 못한다. ② 나는 전보다 한두 시간 빨리 잠이 깨며, 다시 잠들기가 어렵다. ③ 나는 전보다 훨씬 빨리 잠이 깨며, 다시 잠들 수가 없다.	

NO	내용	점수
17	⓪ 나는 전보다 더 피곤하지 않다. ① 나는 전보다 더 쉽게 피곤해진다. ② 나는 무슨 일을 하든지 곧 피곤해진다. ③ 나는 너무나 피곤해서 아무 일도 할 수가 없다.	
18	⓪ 내 식욕은 전보다 나빠지지 않았다. ① 내 식욕이 전처럼 좋지 않다. ② 내 식욕은 요즈음 매우 나빠졌다. ③ 요즈음에는 전혀 식욕이 없다.	
19	⓪ 요즈음 나는 몸무게가 줄지 않았다. ① 나는 전보다 몸무게가 줄은 편이다. ② 나는 전보다 몸무게가 많이 줄었다. ③ 나는 전보다 몸무게가 너무 많이 줄어서, 건강에 위협을 느낄 정도이다.	
19-2	나는 현재 음식조절로 체중을 줄이고 있는 중이다. 예 ○ 아니오 ○	
20	⓪ 나는 전보다 건강에 대해 더 염려하지는 않는다. ① 나는 두통, 소화불량 또는 변비 등의 현상이 잦다. ② 나는 내 건강에 대하여 매우 염려하기 때문에 제대로 일을 하기가 어렵다. ③ 나는 내 건강에 대하여 너무 염려하기 때문에 다른 일을 거의 생각할 수가 없다.	
21	⓪ 나는 요즈음도 이성에 대한 관심에 변화가 없다고 생각한다. ① 나는 이전보다 이성에 대한 흥미가 적다. ② 나는 요즈음 이성에 대한 흥미를 상당히 잃었다. ③ 나는 이성에 대한 흥미를 완전히 잃었다.	

3) 한국형 청소년 인터넷중독 자가 진단척도(K-척도)[11]

번호		내 용	전혀 그렇지 않다	때때로 그렇다	자주 그렇다	항상 그렇다
1	1	인터넷 사용으로 건강이 이전보다 나빠진 것 같다.	1	2	3	4
	2	인터넷을 너무 사용해서 머리가 아프다.	1	2	3	4
	3	인터넷을 하다가 계획한 일들을 제대로 못한 적이 있다.	1	2	3	4
	4	인터넷을 하느라고 피곤해서 수업시간에 잠을 자기도 한다.	1	2	3	4
	5	인터넷을 너무 사용해서 시력 등에 문제가 생겼다.	1	2	3	4
	6	다른 할 일이 많을 때에도 인터넷을 사용하게 된다.	1	2	3	4

11) 이 척도는 2002년 한국정보문화진흥원과 서울대학교가 공동 개발 하였으며, 인터넷중독에 관한 고위험 사용자군, 잠재적위험 사용자군, 일반 사용자군을 분류할 수 있는 문항을 중심으로 일상생활장애, 긍정적기대, 금단, 가상적 대인관계지향성, 일탈행동, 내성에 대한 6개의 하위척도로 구성됨. 이 척도의 채점과 해석은 다음과 같음.

채점방법	1점 ☞ 전혀 그렇지 않다 2점 ☞ 때때로 그렇다 3점 ☞ 자주 그렇다 4점 ☞ 항상 그렇다	채점하기	총 점 ▶ ① 1~20번 합계 요인별합계 ▶ ② 1요인(1~6번) 합계 ③ 3요인(8~11번) 합계 ④ 6요인(17~20번) 합계

구분	대상	기준
고위험 사용자군	중·고교생	총 점 ▶ ① 53점 이상 요인별 ▶ ② 1요인 17점 이상 ③ 3요인 11점 이상 ④ 6요인 13점 이상
	초등학생	총 점 ▶ ① 46점 이상 요인별 ▶ ② 1요인 14점 이상 ③ 3요인 10점 이상 ④ 6요인 12점 이상
	판정 : ①에 해당하거나, ②~④ 모두 해당되는 경우	
잠재적 위험 사용자군	중·고교생	총 점 ▶ ① 48~52점 요인별 ▶ ② 1요인 15점 이상 ③ 3요인 10점 이상 ④ 6요인 12점 이상
	초등학생	총 점 ▶ ① 41~45점 요인별 ▶ ② 1요인 13점 이상 ③ 3요인 9점 이상 ④ 6요인 10점 이상
	판정 : ①~④ 중 한 가지라도 해당되는 경우	
일반 사용자군	중·고교생	총 점 ▶ ① 47점 이하 요인별 ▶ ② 1요인 14점 이하 ③ 3요인 9점 이하 ④ 6요인 11점 이하
	초등학생	총 점 ▶ ① 40점 이하 요인별 ▶ ② 1요인 12점 이하 ③ 3요인 8점 이하 ④ 6요인 9점 이하
	판정 : ①~④ 모두 해당되는 경우	

번호		내 용	전혀 그렇지 않다	때때로 그렇다	자주 그렇다	항상 그렇다
2	7	인터넷을 하는 동안 나는 더욱 자신감이 생긴다.	1	2	3	4
3	8	인터넷을 하지 못하면 생활이 지루하고 재미가 없다.	1	2	3	4
	9	인터넷을 하지 못하면 안절부절못하고 초조해진다.	1	2	3	4
	10	인터넷을 하고 있지 않을 때에도 인터넷에 대한 생각이 자꾸 떠오른다.	1	2	3	4
	11	인터넷을 할 때 누군가 방해를 하면 짜증스럽고 화가 난다.	1	2	3	4
4	12	인터넷에서 알게 된 사람들이 현실에서 아는 사람들보다 나에게 더 잘해준다.	1	2	3	4
	13	오프라인에서보다 온라인에서 나를 인정해 주는 사람이 더 많다.	1	2	3	4
	14	실제에서 보다 인터넷에서 만난 사람들을 더 잘 이해하게 된다.	1	2	3	4
5	15	인터넷 사용시간을 속이려고 한 적이 있다.	1	2	3	4
	16	인터넷 때문에 돈을 더 많이 쓰게 된다.	1	2	3	4
6	17	인터넷을 하다가 그만두면 또 하고 싶다.	1	2	3	4
	18	인터넷 사용시간을 줄이려고 해보았지만 실패한다.	1	2	3	4
	19	인터넷 사용을 줄여야 한다는 생각이 끊임없이 들곤 한다.	1	2	3	4
	20	주위 사람들이 내가 인터넷을 너무 많이 한다고 지적한다.	1	2	3	4

4) 스트레스 측정 질문지[12)]

성 명		성 별	M / F	생년월일		연 령	
학 력		직 업		검사자		검사일	
전체점수							

번호	문항	항상 느낌	자주 느낌	가끔 느낌	전혀 없음
1	매우 긴장하거나 불안한 상태가 되었다.	3	2	1	0
2	기분이 매우 동요되었다.	3	2	1	0
3	사소한 일에 매우 신경질적이 되었다.	3	2	1	0
4	소모감, 무기력감을 느꼈다.	3	2	1	0
5	침착하지 못하다.	3	2	1	0
6	아침까지 피로가 남고, 일에 기력이 솟지 않았다.	3	2	1	0
7	화가 나서 자신의 감정을 억제할 수 없었다.	3	2	1	0
8	생각지도 못한 일 때문에 곤욕을 치렀다.	3	2	1	0
9	심각한 고민이 머리에서 떠나지 않았다.	3	2	1	0
10	모든 일이 생각대로 되지 않아 욕구불만에 빠졌다.	3	2	1	0
11	모든 일에 집중할 수가 없다.	3	2	1	0
12	남 앞에 얼굴을 내미는 것이 두려웠다.	3	2	1	0
13	남의 시선을 똑바로 볼 수 없다.	3	2	1	0
14	똑같은 실수를 반복했다.	3	2	1	0
15	가족이나 친한 사람과 함께 있는 시간도 편안하지 않았다.	3	2	1	0
16	불면	3	2	1	0
17	심장이 두근거림	3	2	1	0
18	얼굴이나 신체 일부의 경련	3	2	1	0
19	현기증	3	2	1	0
20	땀이 많이 남	3	2	1	0
21	감각이 예민(몸이 근질거리거나 따끔따끔한 통증을 느낀다)	3	2	1	0

12) 스트레스 척도의 점수의 해석은 0~12점은 평균, 13~19점 주의요함, 20점 이상은 경고 수준으로 위험수위가 높다는 것을 의미함

번호	문항	항상 느낌	자주 느낌	가끔 느낌	전혀 없음
22	요통	3	2	1	0
23	눈의 피로	3	2	1	0
24	목이나 어깨 결림	3	2	1	0
25	두통	3	2	1	0
26	감염증(감지, 후두염 등)	3	2	1	0
27	변비	3	2	1	0
28	발열	3	2	1	0
29	소화불량	3	2	1	0
30	설사	3	2	1	0

5) 인터넷중독 자가진단[13)]

성 명		성 별	M / F	생년월일		연 령	
학 력		직 업		검사자		검사일	
전체점수							

번호	문 항	전혀 아니다 (0)	가끔 그렇다 (1)	보통 그렇다 (2)	자주 그렇다 (3)	대부분 그렇다 (4)	항상 그렇다 (5)
1	당신의 자녀는 인터넷 사용에 대해서 정해 놓은 시간을 자주 어깁니까?	0	1	2	3	4	5
2	당신의 자녀는 인터넷 사용으로 집안일(혹은 학업)을 소홀히 한 적이 있습니까?	0	1	2	3	4	5
3	당신의 자녀는 가족과 함께 즐기기보다 컴퓨터하는 것을 더 좋아합니까?	0	1	2	3	4	5
4	당신의 자녀는 사이버 공간에서 새로운 친구를 사귑니까?	0	1	2	3	4	5
5	당신은 자녀의 인터넷 사용시간에 대해서 불평을 자주 토로합니까?	0	1	2	3	4	5
6	자녀의 인터넷 사용 때문에 성적이나 학교생활에 문제가 있습니까?	0	1	2	3	4	5
7	당신의 자녀는 친구와 밖에 나가 노는 것보다 인터넷 사용을 더 좋아합니까?	0	1	2	3	4	5
8	당신의 자녀는 해야 할 일을 미루고 먼저 인터넷에 접속부터 합니까?	0	1	2	3	4	5
9	당신의 자녀는 인터넷을 시작한 이후로 다른 사람과의 관계가 감소했습니까?	0	1	2	3	4	5
10	자녀에게 인터넷에서 무엇을 했냐고 물어보면 숨기거나 얼버무립니까?	0	1	2	3	4	5
11	당신의 자녀는 당신의 의사를 무시하고 몰래 컴퓨터 접속을 합니까?	0	1	2	3	4	5
12	당신의 자녀는 자기 방에서 자주 혼자 컴퓨터를 합니까?	0	1	2	3	4	5

13) 인터넷 중독 자가진단의 점수의 해석은 nomal(20~39점), mild(40~69점), moderatesevere(70~100점) 임.

번호	문 항	전혀 아니다 (0)	가끔 그렇다 (1)	보통 그렇다 (2)	자주 그렇다 (3)	대부분 그렇다 (4)	항상 그렇다 (5)
13	당신의 자녀는 인터넷에서 알게 된 새로운 친구들과 전화를 한 적이 있습니까?	0	1	2	3	4	5
14	당신의 자녀는 컴퓨터를 사용하는 동안 방해를 받으면 소리를 지르고 화를 낸 적이 있습니까?	0	1	2	3	4	5
15	당신의 자녀는 밤늦게까지 접속해 있느라 잠을 자지 못해 그 전보다 피곤해하거나 지쳐 보입니까?	0	1	2	3	4	5
16	당신의 자녀는 인터넷을 하지 않을 때에도 접속할 생각에 몰두해 있거나 인터넷을 사용하려고 자주 시도하나요?	0	1	2	3	4	5
17	당신이 자녀의 인터넷 사용시간에 대해 간섭했을 때 자녀는 자주 짜증을 내나요?	0	1	2	3	4	5
18	자녀는 다른 취미활동이나 밖에 나가 노는 것보다 컴퓨터하는 것을 더 좋아하나요?	0	1	2	3	4	5
19	당신이 자녀의 컴퓨터 사용시간을 제한했을 때 자녀는 자주 화를 내나요?	0	1	2	3	4	5
20	자녀가 컴퓨터 접속을 하지 않을 때에는 우울하고 침울하며 신경질적이 되었다가 다시 온라인 상태로 오면 이런 감정들이 사라진 것처럼 보인 적이 있습니까?	0	1	2	3	4	5

6) 알코올문제 자가진단법(AUDIT)[14)]

성 명		성 별	M / F	생년월일	. .	연 령	
학 력		직 업		검사자		검사일	
전체점수							

번호	문 항	0점	1점	2점	3점	4점
1	얼마나 술을 자주 마십니까?	전 혀 안마심 ( )	월1회 미만 ( )	월 2~4회 ( )	주 2~3회 ( )	주4회 ( )
2	술을 마시면 한 번에 몇 잔 정도 마십니까?	전 혀 안마심 ( )	소주 1~2잔 ( )	소주 3~4잔 ( )	소주 5~6잔 ( )	소주 7~9잔 ( )
3	한 번에 소주 한 병 또는 맥주 4병 이상 마시는 경우는 얼마나 자주 있습니까?	없음 ( )	월1회 미만 ( )	월 1회 ( )	주 1회 ( )	거의 매일 ( )
4	지난 일 년간 한 번 술을 마시기 시작하면 멈출 수 없었던 때가 얼마나 자주 있었습니까?	없음 ( )	월1회 미만 ( )	월 1회 ( )	주 1회 ( )	거의 매일 ( )
5	지난 일 년간 평소 같으면 할 수 있던 일을 음주 때문에 실패한 적이 얼마나 자주 있었습니까?	없음 ( )	월1회 미만 ( )	월 1회 ( )	주 1회 ( )	거의 매일 ( )
6	지난 일 년간 술을 마신 다음날 일어나기 위해 해장술이 필요했던 적은 얼마나 자주 있었습니까?	없음 ( )	월1회 미만 ( )	월 1회 ( )	주 1회 ( )	거의 매일 ( )
7	지난 일 년간 음주 후에 죄책감 든 적이 얼마나 자주 있었습니까?	없음 ( )	월1회 미만 ( )	월 1회 ( )	주 1회 ( )	거의 매일 ( )
8	지난 일 년간 음주 때문에 전날 밤에 있었던 일이 기억나지 않았던 적이 얼마나 자주 있었습니까?	없음 ( )	월1회 미만 ( )	월 1회 ( )	주 1회 ( )	거의 매일 ( )

14) 알코올문제 자가진단법의 해석은 nomal (0~11점), mild (12~14점), moderate (15~25점), severe (26점 이상)임.

번호	문 항	0점	1점	2점	3점	4점
9	음주로 인해 자신이나 다른 사람이 다친 적이 있었습니까?	없음 ( )	-	있지만 지난 일 년간에는 없었다 ( )	-	지난 일 년간 있었다 ( )
10	친척이나 친구, 의사가 당신이 술마시는 것을 걱정하거나 당신에게 술 끊기를 권유한 적이 있었습니까?	없음 ( )	-	있지만 지난 일 년간에는 없었다 ( )	-	지난 일 년간 있었다 ( )

Chapter 13

생활지도와 상담

배울 내용

1. 생활지도
2. 상담자의 태도
3. 상담이론

학습 목표

1. 생활지도의 필요성, 목적 및 영역을 이해한다.
2. 상담자의 태도를 갖출 수 있는 방법을 모색해 본다.
3. 상담이론의 기본적인 가정들을 이해하고 실생활에 적용해 본다.

개요

현대교육에 있어서 생활지도와 상담은 매우 중요한 교육활동으로 인정되고 있다. 그 이유는 사회의 급격한 발달, 대중사회와 대중교육화, 직업의 전문화 및 세분화, 개성중심의 인간교육 실천의 당위성 등이 생활지도와 상담의 중요성이 더욱 필요해졌기 때문이다. 생활지도와 상담의 궁극적인 목적은 일차적으로 학생들의 성장과 발달을 돕는 데 그 목적이 있으며, 또한 학생들을 조력하는 목적 이외에도 교사와 학교당국의 학생 이해와 지도역량 강화 및 가정을 포함한 지역사회와의 협력 강화 등의 목적을 가진다. 생활지도와 상담은 학생들의 전인적인 인간 형성에 관심을 갖기 때문에 그 영역은 학생들의 모든 생활과 관련되어야 한다. 따라서 이 장에서는 생활지도, 상담자의 태도 및 상담이론들에 대해서 살펴보고자 한다.

1. 생활지도

1) 생활지도의 정의

학교에서 행해지는 교육활동은 크게 "교과지도"와 "생활지도"로 구분할 수 있다. 전자의 활동이 주로 학생의 인지적이고 기능적인 측면의 성장·발달을 도모하는 것이라면, 후자의 활동은 학생의 인격 완성을 조력하는 것이라고 볼 수 있다. 따라서 생활지도는 교과지도와 마찬가지로 중요한 교육활동의 하나이며, 진정한 교육(전인교육)이 행해지기 위해서는 교과지도와 생활지도가 상호 보완적인 관계로 실천되어야 한다(오만록, 2012).

생활지도의 용어는 영어의 가이던스(guidance)라는 말을 우리말로 옮겨놓은 것으로 "이끈다"는 의미가 포함된다. 생활지도란 학생들이 일상생활에서 당면하는 문제, 즉 가정·교육·직업·신체·정서·인성적인 제반 문제를 스스로 해결할 수 있도록 도와주는 조직적인 활동으로 정의할 수 있다. 다시 말해, 생활지도란 결국 학생으로 하여금 모든 생활에 잘 적응하도록 도와주는 활동, 즉 자기지도와 자아실현을 할 수 있도록 조력하는 활동으로 볼 수 있다. 따라서 생활지도는 다양한 성격을 갖게 마련인데, 기본적으로 학생들의 잠재력 계발을 돕는 발달 촉진, 사회생활에 필요한 훈육 지도, 문제예방 및 상담활동 등의 성격을 갖는다. 생활지도의 대상은 개인적 문제를 가진 학생이든 아니든, 적응상의 어려움을 가진 학생이건 아니건, 학교에 재적하고 있는 모든 학생이 대상이 되어야 하고, 동시에 학교의 생활지도는 그 학교의 구성원 모두가 여기에 적극적으로 참여함으로써 소기의 성과를 거둘 수 있다.

2) 생활지도의 필요성

현대교육에 있어서 생활지도는 매우 중요한 교육활동으로 인정되고 있다. 사회의 급격한 발달, 대중사회와 대중교육화, 직업의 전문화 및 세분화, 개성중심의 인간교육 실천의 당위성 등에 비추어 보면 생활지도는 더욱 필요하게 된다. 생활지도의 필요성은 다음과 같다(공석영 외, 2005; 오만록, 김필식, 2002).

첫째, 현대에 들어 교육에 대한 인구가 증가함에 따라 교육경쟁 및 생존경쟁이 치열해졌다. 이와 같은 결과로 정서불안, 개인차의 심화 등의 교육문제가 대두됨으로써 생활지도가 절실해졌다.

둘째, 직업의 전문화와 세분화는 생활지도의 필요성을 더욱 부각시키고 있다. 복잡하고 다양한 직업의 전문화와 세분화로 인하여 청소년들은 자기에게 적절한 직업이 무엇인지, 어느 분야가 자신의 능력이나 적성에 알맞은지를 잘 알 수 없기 때문에 생활지도가 필요하게 되고, 적절한 직업안내와 진로지도 등 전문적이고 객관적인 직업지도가 요구되고 있다.

셋째, 사회양상의 변화 또한 생활지도의 필요성을 증대시키고 있다. 오늘날 물질문화가 급속도로 발달함에 따라 정신문화가 이에 상응하게 발달하지 못해 문화지체 현상이 나타남으로써 특히 청소년들의 가치관이 흔들리고 있다. 또한 현대의 정보·국제화 사회에 있어서는 생활지도가 더욱 필요하게 되었다. 이러한 급격한 변화에 학생들이 슬기롭게 대처할 수 있도록 하기 위해서는 생활지도가 더욱 필요하다.

넷째, 개성중심의 인간교육 실천에 대한 요구는 생활지도의 필요성을 높인다. 심리검사의 발달과 인본주의 교육사상의 영향으로 흥미·적성·능력 등의 개성을 중시하게 되었으며, 이에 따라 교육활동에서도 개인차를 존중하고 인정하는 방향에 초점을 두게 되었다. 이러한 변화는 생활지도의 필요성을 더욱 부각시키고 있다.

다섯째, 가정을 포함한 지역사회와 학교 간의 유기적인 협력 또한 생활지도의 필요성을 강조하고 있다. 현대사회의 특징 중 하나는 학교와 가정·지역사회 간의 상호 협조가 제대로 이루어지지 않는다는 것이다. 이러한 맥락에서 가정·지역사회와 학교 간의 협력이 강조되는데, 이를 위해서는 생활지도가 강화되고 있다.

3) 생활지도의 목적

생활지도의 궁극적인 목적은 일차적으로 학생들의 성장과 발달을 돕는 데 직접적인 목적이 있으며, 또한 학생들을 조력하는 목적 이외에도 교사와 학교당국의 학생 이해와 지도역량 강화 및 가정을 포함한 지역사회와의 협력 강화 등의 간접적인 목적을 가진다. 생활지도의 직접적인 목적은 학생으로 하여금 자신의 문제를 현명하게 해결하여 건전한 적응을 도움으로써 사기지도 능력을 함양하도록 하는 데 있다(오만록, 2012; Humohreys & Traxler, 1954). 직접적인 목적은 다음과 같다 표 13-1 .

표 13-1 생활지도의 직접적인 목적

- 학생 개개인으로 하여금 그들 자신을 정확하게 이해하도록 돕는다(자신의 올바른 이해 조력).
- 학생으로 하여금 그가 가진 잠재력을 발견하고, 그것을 충분히 계발하도록 돕는다(잠재력 발견과 계발).
- 학생 자신의 문제를 정확히 파악하여 그것을 스스로 해결할 수 있도록 돕는다(자율적인 문제 해결능력 배양).
- 학생으로 하여금 복잡다양한 생활환경 속에서 신체적 · 인지적 · 정의적 · 사회적인 모든 면에서 안정되고 조화로운 성장 · 발달을 하도록 돕는다(전인적인 성장 · 발달 도모).
- 학생으로 하여금 모든 환경상황에 건전하고 성숙한 적응을 할 수 있도록 돕는다(환경에의 적응 조력).
- 학생들이 그들이 속한 사회를 위해서 민주시민으로서의 공헌을 하도록 돕는다(민주시민으로서의 자질 함양).

생활지도의 간접적인 목적은 생활지도를 통해 교사와 학교행정가의 역량을 강화하는 데 있다(오만록, 2012; Froehlich, 1950). 간접적인 목적은 다음 표 13-2 와 같다.

이를 종합해 보면 생활지도의 목적은 일차적으로 학생들의 성장 · 발달을 도모하도록 계획 · 실천되는 활동이기 때문에, 건전한 인간발달 형성, 민주시민으로서의 자질 육성, 현명한 선택과 적응 및 문제해결 능력을 향상시키는 데 있으며, 나아가 교사와 학교행정가로 하여금 학생을 이해하고 효과적으로 지도할 수 있도록 하는 데 도움을 주는 것도 생활지도의 부차적인 목적이다.

표 13-2 생활지도의 간접적인 목적

- 생활지도를 통해 교사는 학생을 보다 정확하게 이해하고 지도할 수 있다(학생에 대한 이해 및 지도 촉진).
- 교사로 하여금 생활지도를 통해 학생의 행동을 분석하고 이해하는 기술, 즉 생활지도의 기술과 태도를 갖추게 한다(학생지도역량의 제고).
- 생활지도 프로그램은 연구활동에도 도움을 준다(연구활동 촉진).
- 생활지도 프로그램의 실천을 통하여 가정을 포함한 지역사회와의 협력 및 유대체제를 강화한다(지역사회와의 협력 강화).

4) 생활지도의 영역

생활지도는 학생들의 전인적인 인간 형성에 관심을 갖기 때문에 그 영역은 학생들의 모든 생활과 관련되어야 한다. 개인생활에서 일어나는 제반 문제는 서로 얽혀서 유기적인 관련을 가지고 있기 때문에, 생활지도 영역의 각 부분을 분리해서 생각하기 어렵다. 그러나 현대사회에서 학생들이 당면하고 있는 문제들을 중심으로 그 주요 영역과 내용을 살펴보면 다음과 같다.

(1) 학업지도(educational guidance)

학업지도는 학생들로 하여금 자신들의 개성, 흥미, 능력 등에 부합되는 학습활동을 전개하는 데 필요한 정보나 자료를 제공함으로써 학생 개개인의 가능성을 최대한으로 계발하도록 돕는 활동이다. 이 영역에는 학과 또는 과정의 선택, 클럽활동의 선택지도, 학교생활의 적응, 학문연구, 특별활동의 선택, 학업부진, 우수아 지도, 태도의 지도 및 학습방법에 대한 지도가 포함된다.

(2) 진로지도(career guidance)

진로지도는 각 학생들이 자신의 진로에 대한 의식을 고취하고 자신의 적성에 맞는 진로의 결정과 그에 필요한 활동들을 실행할 수 있도록 돕는 생활지도의 한 영역이다. 진로지도는 개인으로 하여금 중요한 미래의 방향을 선택·준비하도록 돕는 의사결정의 과정이므로, 여기에는 크게 진학지도와 직업지도가 포함된다.

(3) 인성지도(personality guidance)

인성지도는 성격지도 또는 인격지도라고도 하는데, 개인의 건전한 인성의 발달을 도모하기 위한 지도활동을 말한다. 이 영역에는 건전한 인성 형성에 대한 지도뿐만 아니라 심리적으로 문제가 있는 인성특성, 즉 지나친 내·외향성이나 우월감·열등감, 정서적 불안, 욕구불만, 신경과민, 정신적 이상, 불건전한 습관과 태도 등 모든 개인·심리적 부적응 문제가 포함된다. 인성지도는 개개인을 대상으로 하지 않으면 안 되기 때문에 개별적인 생활지도가 이루어지게 된다.

(4) 사회성 지도(sociality guidance)

사회성 지도란 대인관계를 통하여 자기를 성장·성숙시킬 수 있는 방법 지도, 학생의 교양, 이성교제, 의사전달의 합리적인 방법, 부모와 자녀 간의 관계, 교우관계, 집단활동 등을 말하는데, 지식의 전달과 여러 가지 훈련을 통하여 사회인으로 원만한 적응과 창의적인 활동을 전개하여 사회생활을 영위할 수 있는 사회적 생활태도와 기술 또는 자질 배양을 위한 조력이 포함된다. 이 영역에서는 시민으로서 준법정신과 책임과 의무를 수행하는 정신의 함양, 대인관계의 유지 및 증진, 예의범절 준수, 친구 선택과 교제, 사회적·도덕적 협동정신 함양, 타인 존중, 봉사정신 발휘 등에 관심을 갖는다.

(5) 건강지도(health guidance)

건강지도는 개인의 신체적 발달유지와 증진을 위한 적절한 조언과 조력으로 신체적 건강, 정서적 건강, 공중위생의 이해, 안전교육, 정신위생 등이 포함된다. 이를 위해, 식사문제, 수면·청결문제, 의복 등에 대한 좋은 습관과 위생관념에 대한 지도와 조언에 초점을 맞춘다.

(6) 여가선용 지도(leisure-time guidance)

여가선용 지도란 개개인이 여가를 효율적으로 이용하도록 하는 것을 말하며, 여가시간을 선용하게 함으로써 개인의 인간성을 높이고, 교양을 풍부하게 할 뿐만 아니라 신체적으로나 정신적으로 새로운 활력을 얻도록 지도한다. 여가활동을 통해 취미, 오락활동, 감상활동, 창작활동 등으로 개인의 교양을 향상시킬 뿐만 아니라 보다 나은 인생을 즐기고 남을 돕는 생활을 할 수 있도록 지도하는 것이다.

(7) 가정생활 지도(family-living guidance)

가정생활 지도란 학생들이 가족 구성원으로서 원만한 가정생활을 영위해 나갈 수 있도록 지도하는 것을 말한다. 이 영역에서는 가정의 중요성과 특히 부모와의 관계에 있어서의 원만성을 유지하는 데 초점을 맞춘다.

(8) 성교육(gender education)

성교육이란 남자와 여자의 신체 · 심리적 특징과 역할에 대한 이해를 바탕으로 남녀 간의 대인관계를 건전하게 유지 · 발전시켜 나가도록 지도하는 활동을 말한다. 이는 학생들이 건전하게 자랄 수 있도록 돕는 교육활동의 하나로서, 성에 대한 올바른 이해를 바탕으로 건전한 이성관계를 형성 · 유지 · 증진하도록 하는 데 초점을 둔다.

5) 생활지도의 원리

생활지도의 일반적 원리는 크게 개인의 존엄과 수용의 원리, 자율성의 원리, 적응의 원리, 인간관계의 원리 및 자아실현의 원리로 구분이 되는데(이현림, 2007; Shertzer & Stone, 1981), 구체적인 내용은 표 13-3 과 같다.

표 13-3 생활지도의 일반적 원리

- **개인의 존엄과 수용의 원리**
  생활지도는 기본적으로 인간의 존엄성을 인정하고 모든 개인이 한 인간으로서 존중받아야 한다는 민주적 이념에서 출발한다. 그러므로 생활지도는 모든 개인의 가치를 수용하고 그들의 가능성과 현실을 인정하고 그들 나름의 발달을 할 수 있는 기회를 조성하여야 한다.
- **자율성의 원리**
  어떤 문제를 해결하는 것은 본인 스스로 문제의 핵심을 파악하고 가능한 방안을 탐색하여 본인이 최종적인 결정을 내리는 것이다. 이런 점에서 자율적 능력과 태도를 강조하는 것이다.
- **적응의 원리**
  생활지도는 개인의 생활 적응을 도와준다. 적응은 개인의 능력과 인성 형성에 있어서 능동적, 적극적인 면을 강조한다. 부적응은 자신에 대한 현실적인 이해와 통찰의 부족에서 오는 것이므로 자신에 대한 이해에 의해 건전한 자아개념을 가지도록 지도해야 한다.
- **인간관계의 원리**
  생활지도는 태도와 가치관의 변화나 인성적 감화와 같은 정의적인 학습과 관련이 깊다. 정의적인 학습은 교사와 학생 사이의 참다운 인간관계, 즉 감정이 교류하는 관계가 성립될 때 가능해지며 학습도 촉진된다. 상담에 있어서 허용적인 분위기 조성이 필요한 것도 이러한 원리에 의한 것이다.
- **자아실현의 원리**
  생활지도는 개인적인 문제해결, 새로운 장래의 설계 등에 대한 나름의 완성을 기하도록 조력해야 한다. 다시 말해, 생활지도의 궁극적인 목적은 개인의 자아실현을 할 수 있도록 돕는 것이다.

생활지도의 실천원리로는 계속성의 원리, 전인적인 원리, 균등의 원리, 과학성의 원리, 적극성의 원리, 협동의 원리 및 조직의 원리로 구분되는데(이현림, 2007; Shertzer & Stone, 1981), 구체적인 내용은 표 13-4 와 같다.

표 13-4 생활지도의 실천원리

- **계속성의 원리**
  생활지도는 한 번의 지도로 끝나는 것이 아니라 종합적 계획 아래 계속적으로 관심을 가져야 할 과정이다. 진학, 취직 및 이에 대한 정치활동, 추수지도 새로운 학교나 직장에 잘 적응할 수 있도록 사전지도 등이 필요하다.
- **전인적인 원리(통합성의 원리)**
  생활지도는 개인의 특수한 생활영역이나 기능 등의 일부분만을 다루는 것이 아니라 개인의 전체적인 면을 다루며 지도하는 것이다. 즉, 생활지도는 전인적 입장에서 다루어져야 한다.
- **균등의 원리**
  생활지도는 학생 개개인의 가능성을 최대한 발달하도록 도와주는 것이기 때문에 문제학생이나 부적응아뿐만 아니라 전체 학생을 대상으로 이들의 잠재적 가능성을 최대로 발달시킨다.
- **과학성의 원리**
  생활지도는 학생들에 대한 올바른 이해를 위해 구체적이고 객관적인 자료를 수집하고 활용하여야 한다.
- **적극성의 원리**
  생활지도는 사후지도가 아닌 적극적 예방지도에 중점을 둔다.
- **협동의 원리**
  생활지도는 담임교사나 상담자만의 임무가 아닌 학교 전교직원과 가정, 지역사회와의 긴밀한 상호작용, 협동이 필요하다.
- **조직의 원리**
  생활지도는 교사를 중심으로 구체적인 조직 기구를 가지고 이루어져야 한다. 생활지도의 조직체제와 조직활동은 목표달성의 효율적인 수단이 되기 때문이다.

6) 생활지도의 과정

생활지도란 학생이 합리적인 자기이해와 자기발달을 도모할 수 있도록 돕고, 아울러 학생이 직면하게 되는 생활상의 문제를 자율적으로 해결할 수 있도록 조력하는 활동인데, 이를 위해 다음과 같은 과정을 통해 이루어지게 된다 그림 13-1 . 즉, 학생들에게 체계적이고 효율적인 생활지도가 이루어지기 위해서는 학생조사

활동(inventory service), 정보활동(information service), 상담활동(counseling service), 정치활동(placement servece), 추후활동(follow-up service) 등의 다섯 가지 활동이 상호 유기적으로 실천되어야 한다(Gibson & Mitchell, 1981).

그림 13-1 생활지도의 과정

먼저 생활지도를 효율적으로 실천하기 위해 학생에 대한 정확하고 충분한 조사활동을 통해 그의 특성과 문제행동을 이해해야만 한다. 즉, 생활지도 중 가장 기초적인 활동으로 학생들을 개별적으로 이해하는 데 필요한 정보자료를 조사·수집·해석·기록하는 활동이다. 조사 영역은 가정환경과 건강 상태, 지적 능력과 여러 교과 영역에서의 성취도와 성장, 학교 밖의 생활환경 및 교육·직업적 흥미, 인성 및 적성, 장래 희망과 계획 등이며, 조사는 표준화된 검사(예로 지능검사, 적성검사, 흥미검사, 학력검사, 성격검사 등)와 임상적 방법(예 관찰법, 질문지법, 사회성측정법, 투사법, 사례 연구법, 면접법 등)에 의해 이루어진다.

이어서, 확인된 학생의 문제를 스스로 해결하는 데 필요한 유용한 정보를 제공해 주는 활동, 즉 정보제공 활동이 필요하다. 개인의 생활환경과 문제에 관련된 학업·직업·건강·여가선용 등 교내외의 광범위한 정보를 성숙도·필요·흥미를 고려하여 교육적으로 제공하는 활동이다. 다시 말해, 학생들의 개인·사회적 문제해결과 적응에 도움을 줄 수 있는 각종 자료와 정보를 제공해 주는 조직적인 활동이다. 정보영역으로는 교육정보(교육의 과정에 관계되는 모든 정보), 직업정보(모든 직업에 관한 정보와 직업세계의 분석 및 각각 직업에 필요한 자질 및 장래성 등을 포함하는 직업에 관한 일체의 정보), 개인·사회적 정보(개인과 인간관계에 작용하는 인간적·물리적 환경에 영향을 미치는 타당하고 유용한 자료로 학생 개개인이 자신을 보다 잘 이해하고 발전시키는 데 필요한 정보)로 구성된다.

그리고, 그 문제를 실제적으로 해결하기 위한 상담활동이 체계적으로 전개되어야 한다. 상담활동은 생활지도의 핵심적인 활동으로, 지도조언을 담당하는 상담자와 지도조언을 받는 내담자와의 문제해결을 위한 역동적 활동이다. 상담활동의 궁극적 목표는 내담자로 하여금 학생 자신과 자신의 문제를 이해하고 그것을 해결할 수 있는 능력을 배양하며 최대한의 자율적 성장을 할 수 있도록 돕는 데 있는 것으로, 결국 생활지도의 목표와 일치하는 것이다.

상담활동에 의해 문제가 해결되면, 그 학생을 적재적소에 배치시키는 정치활동이 뒤따라야 한다. 정치활동은 학생의 능력, 적성, 흥미에 맞는 환경에 일치시키는 활동이며, 학생에 관한 충분한 자료와 정보를 토대로 학생이 스스로 희망하는 분야를 선택할 수 있도록 조력하는 데 주안점이 있다.

또한 그 이후 학생이 특별한 문제 없이 잘 생활하고 있는지, 다른 문제를 가지고 있지는 않은지 등을 계속적으로 확인하여 필요한 조치를 취하는 추후활동이 뒤따라야 한다. 추수지도란 지도를 받은 학생이 그 지도를 통하여 어느 정도로 건전하게 적응을 하는가를 알아보고 계속적인 지도를 하는 활동을 말한다. 추수지도의 내용으로는 학생의 적응 여부의 확인, 졸업생과 퇴학생에 대한 교육적 영향력의 발휘, 문제학생에 대한 문제해결을 위한 계속적인 정보 제공, 학교와 학생과 지역사회 간의 유대를 긴밀하게 하는 활동들이 포함된다.

7) 상담과 심리치료의 관계

생활지도의 의미를 분명하게 하기 위해 '상담'과 '심리치료'의 관계에 대하여 알 필요성이 있는데, 그 관계를 살펴보면 그림 13-2, 표 13-5 와 같다.

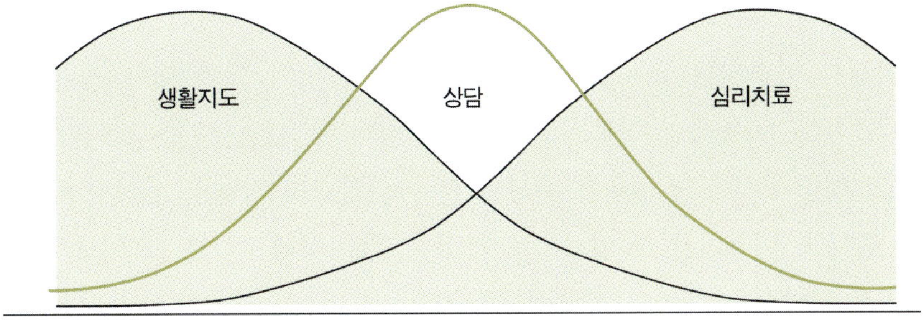

그림 13-2 생활지도 · 상담 · 심리치료의 관계

출처: 이장호(1986). 상담심리학 입문. p.8.

표 13-5 상담과 심리치료의 차이점

상담	심리치료
정상인을 대상으로 한다.	환자(비정상인)를 대상으로 한다.
현실적 불안에 근거한 의식의 세계를 다룬다.	신경증적 불안에 근거한 무의식의 갈등을 다룬다.
교육 · 직업 · 결혼 등의 선택과 결정의 문제를 다룬다.	지속적이고 반복적인 감정의 갈등을 다룬다.
성장과 발달을 촉진한다.	장애를 제거하거나 완화시킨다.
목적이 예방에 있다.	목적은 치료와 교정에 있다.
학교 · 상담소 같은 곳에서 교육학 · 심리학 · 사회사업학 등의 분야에서 훈련받은 상담자가 수행하는 심리적인 조력과정이다.	의학이나 임상심리학 분야에서 훈련 받은 상담자가 병원을 중심으로 수행하는 심리적 조력과정이다.
내담자의 문제를 질병의 문제로 보지 않는다.	심리적 문제를 일종의 질병으로 간주하는 경향이 있다.
상담은 단기간을 소요한다.	심리치료는 장시간을 소요한다.
상담과 심리치료는 다 같이 내담자의 문제를 해결하고 나아가 개인의 성장과 발전을 촉진하려는 것이다.	

그림 13-2 와 표 13-5 에서 보는 것과 같이, 생활지도와 상담 및 심리치료는 어디에 중점을 두느냐에 따라서 그 의미가 구분된다. 먼저 생활지도는 주로 학생들에게 필요한 정보와 조언을 제공하고 그들의 의사결정을 도와주는 활동이라

고 할 수 있다. 즉, 학생들이 학교 내·외에서 당면하는 적응·발달상의 문제를 돕기 위해서 마련되는 교육·사회·도덕·직업적 영역 등에 대한 계획적 지도 활동을 말한다. 이를테면 정보, 조언, 의사결정의 문제를 다루는 것이다. 상담은 학생들의 행동과 태도의 변화를 유도할 뿐 아니라 사고장애와 심리적 갈등을 해결하는 활동으로 정의할 수 있다. 즉, 자격을 갖춘 상담교사가 학생 개개인의 문제나 특정 집단을 상담하고 학교에서의 생활지도 계획에 전문적인 자문을 하는 생활지도의 한 부분이다. 예를 들어, 학생들의 행동, 태도의 변화, 사고, 심리적 갈등의 문제를 다루는 것이다. 그리고 심리치료는 학생의 정신장애를 치료하는 보다 전문적인 활동으로 정의된다. 즉, 환자의 증상을 제거·수정·완화하고 장애행동을 조정하며 긍정적 성격발달을 증진시킬 목적으로 훈련된 사람이 환자와 전문적인 관계를 의도적으로 형성하여 정서적 문제를 심리적 방법으로 치료하는 것이다. 예컨대, 성격장애, 정신장애의 문제를 다루는 것이다.

하지만 이 세 영역은 완전히 구분될 수 있는 것이 아니고 상호 유기적인 관련성을 가지고 있다. 넓은 의미에서 볼 때, 생활지도에는 상담과 심리치료의 개념이 포함된다.

2. 상담자의 태도

상담을 하는 사람은 다른 사람을 도와주려는 동기가 강한 편이다. 그렇다고 높은 동기만으로 효과적인 상담을 할 수는 없다. 어떤 이는 남의 이야기를 잘 듣고, 남의 마음을 잘 이해하는 사람이 상담도 잘할 것으로 생각하는 경우도 있다. 그리고 상담자가 되려는 이들은 대체로 인간의 행동이나 생활에 많은 관심을 가지고 있는 경우도 있다. 그러나 이런 자세만으로도 효과적인 상담이 되는 것은 아니다.

그렇다고 남을 도와주려는 동기, 남의 이야기를 잘 듣고, 잘 이해하는 것, 인간에 대해 많은 관심을 가지고 있는 것이 상담에 도움이 되지 않는다는 뜻은 아니다. 효과적인 상담이 되기 위해서는 이런 태도를 바탕으로, 상담자에게 필요한 태도들을 갖추어야 한다. 상담자로서 갖추어야 할 태도들에 대해 구체적으로 살펴보면 다음과 같다.

1) 수용, 이해, 진실성

상담자의 태도에 있어 중요한 것은 수용(acceptance)과 이해(understanding), 진실성(sincerity)이다. 수용이라는 특성은 인간 개인, 특히 상담실에 앉아 있는 내담자의 가치에 대한 기본적 존중과 관련되어 있다. 내담자를 수용하는 상담자는 내담자를 냉소와 경멸을 가지고 대하지 않는다. 만약 초기 면접이 끝나갈 무렵 내담자에 관한 좋은 점을 발견하지 못했다면, 그 상담은 관계를 형성하는 데 있어 성공적이지 못했다고 할 수 있다.

감정적으로 이해하는 능력(또는 공감)은 내담자가 전달하고자 하는 바의 의미를 명확하고 철저하게 파악하고자 하는 노력을 요구한다. 내담자에 대한 이해를 하고자 하는 시도는 상담자가 내담자의 입장이라고 가정하고 내담자가 느끼는 그대로의 상황을 보려고 노력하는 것이다.

진실성이라는 특성은 상담자가 말하고 있는 것과 실제로 느끼는 있는 것 사이에 존재해야만 하는 조화를 일컫는다. 당신이 누군가를 수용하거나 이해할 수 있다고 해서, 진실로 그 사람이 될 수는 없다. 상담자는 단지 자신이 진실할 수 있을 뿐이다. 이것은 상담자가 자신의 내면과 부합하는 타당하고 신뢰로운 심상을 어느 정도 전달할 수 있는가 하는 정도를 말한다(이영호, 2001).

2) 효과적인 경청

효과적인 경청은 상담자가 숙달하고 지속적으로 실습해야 하는 가장 어려운 기술 중 하나이다. 일반적으로 내담자들은 자신들의 문제를 그들 자신의 말로 충분히 진술할 기회를 갖지 못한다. 상담자들은 그 다음 질문을 하기에 앞서 내담자의 말을 끝까지 들어야 한다.

내담자의 말을 경청할 때 피해야 할 것은 주로 머리로 듣고, 감정을 부인하며, 내담자가 말한 것에 관한 이성적 평가에 주로 관심을 두는 태도이다(머리로 듣는 상담자). 이런 상담자는 자신의 말이 타인에게 미치는 영향에 대해 관심이 없으며, 내담자의 말이 자신에게 미치는 영향 역시 파악할 수가 없다. 또한 자신의 머리를 지나치게 적게 쓰고, 거의 전적으로 느낌만을 가지고 듣는 것도 옳지 않은 태도이다(감정으로 듣는 상담자). 이런 상담자는 타인이 말하고 있는 바를 자신이 듣거나 평가할 수 없다는 점에 불안감을 느낄 수 있다.

효과적인 경청이 되려면 자신의 믿음 중의 일부는 틀릴 수 있다는 사실에 직면하면서 다른 사람들의 생각 · 가치 · 행동에 마음을 여는 것을 말한다. 효과적인 경청을 하는 상담가의 특성은 다음과 같다 표 13-6 .

표 13-6 경청을 잘하는 상담자의 특성

1. 반응하기에 앞서 내담자가 자신에 관해 말할 충분한 시간을 준다.
2. 비록 대수롭지 않다고 생각될지라도 내담자가 심각하게 말하고 있는 것을 그렇게 받아들인다.
3. 내담자에게 충분한 주의를 기울인다. 즉, 내담자가 이야기하고 있는 동안 간단한 사무처리를 한다든지 책상위의 물건들을 재정리하지 않는다.
4. 때로는 고개를 끄덕이고, 미소짓고, '음~'이라고 하면서 주의를 기울이고 있다는 것을 보여준다.
5. 필요하고 관련된 질문을 한다.
6. 내담자를 쳐다보고 자주 눈을 맞추면서, 시계를 보는 것을 삼간다.
7. 내담자가 문제점을 피력할 때 가로막지 않고, 문제점에 관한 논쟁을 피하지 않는다.
8. 주제를 바꿈으로서 내담자의 문제나 호소를 기피하지 않는다.
9. 내담자가 할 말을 찾고, 고르고 있을 때 바로 받아 잇지 않을 만큼 충분히 인내한다.
10. 말하기 전에 생각하고, '즉각적' 충고를 피한다.

출처: 이영호(2001). 2001년 공동교육 자료집. 임상심리학회. p.84.

3) 비밀보장

상담자를 찾아와 상담을 하는 내담자로서는 자신의 이야기가 비밀보장이

되는지에 관심을 가지고 있다. 그러므로 상담자는 내담자가 묻지 않더라도 상담 중에 이야기하는 내용은 철저하게 비밀보장이 된다는 사실을 알려줄 필요가 있다. 내담자로서는 자신의 인격이 손상되는 내용, 혹은 선생님과 부모님, 친구에 관한 이야기 등은 비밀보장에 대한 확신이 없으면 드러내는 데 주저하게 된다. 따라서 상담자는 어떤 종류의 상담을 하든 상담 중에 나온 모든 이야기에 대해 비밀을 지켜야 한다. 일상생활에서의 상담이든 전문상담이든 상담자의 비밀보장은 상담관계를 유지하는 데 생명선과 같은 것이다.

물론 상담을 하다 보면 비밀을 유지하기 어려운 상황이 발생할 수도 있다. 예로 내담자가 자살에 대한 생각을 가지고 있다든지, 아니면 내담자로 인해 많은 사람들이 피해를 입을 가능성이 있을 경우이다. 이런 경우, 상담자는 어떤 조치를 취할 필요가 있는데, 내담자가 처한 상황을 주위 사람들에게 알리고 예상되는 문제에 대책을 세우도록 해야 한다. 그러나 이런 경우에도 내담자에게 상담자가 취할 조치에 대해 미리 예고를 해주는 것이 필요하다. 적어도 내담자로 하여금 자기 모르게 상담자가 비밀을 누설했다는 오해가 생기게 해서는 안 되기 때문이다. 다시 말해, 비밀보장을 하기 어려운 상황에 처하면 내담자에게 먼저 알리고 대책을 세우는 것이 바람직하다고 할 수 있다.

3. 상담이론

상담 및 심리치료는 개인에게서 나타나는 인지 · 정서 · 행동적 장애나 무능력을 치료하기 위해 이루어지는 것을 의미한다. 상담은 개인을 대상으로 행하는 경우와 집단 혹은 가족을 대상으로 실시되는 경우가 있다. 어떤 심리상담을 사용할 것인가는 대상자의 상태와 상담자의 이론적 배경 등에 의해 결정된다. 정신분석 상담, 행동주의 상담, 인본주의 상담, 인지적 행동 상담, 합리적 정서 상담 및 현실치료 상담에 대해 살펴보면 다음과 같다.

1) 정신분석 상담

정신분석 상담은 Freud에 의해 발전되었다. 이 상담기법은 성장 초기의 정신성욕의 발달단계에서 발생되는 갈등이나 억압에 수반되는 환자의 무의식과 동기, 갈등을 의식화함으로써 문제를 해결하려고 하는 것이다. 따라서 정신분석으로는 환자의 무의식적 갈등 내용을 의식화하는 것이 중요한데, 무의식의 내용을 알아볼 수 있는 방법은 자유연상(free association), 꿈의 분석(analysis of dream), 저항의 분석(analysis of resistance), 전이의 분석(analysis of transference) 등이 있다.

(1) 인간관

Freud는 인간 유기체를 세 체제(id, ego, superego) 사이에 심리적 에너지가 분포된 복합적인 에너지 체계로 보고 인간의 행동은 이러한 무의식적인 힘을 통해 나타난다고 주장한다. 개인은 그들의 생리적 충동과 본능에 의해 지배된다. 인간은 생물학적이고 반사회적이며 비합리적인 존재이기 때문에, 그의 인간 본성에 대한 관점은 결정론적이다. 즉, 인간의 행동이 무의식적 동기와 생물학적 욕구 및 충동 그리고 생후 5년간의 생활 경험에 의해 결정되는 것으로 본다.

(2) 상담의 목표

무의식적 갈등을 의식화시켜서, 개인의 성격구조를 재구성하는 데 있다. 즉, 정신분석은 무의식적 내면세계에의 의식화 작업이며, 상담적 목표는 적응적이고 문제 해결적인 자아의 기능을 강화하는 데 있다.

(3) 상담과정

① 개시단계

내담자의 갈등, 부정적 감정(불안, 죄의식) 등 도움을 필요로 하는 심리적 불편을 말하기 시작한다. 상담 장면의 행동에서 내담자가 신경증적 증세를 보이기도 한다. 상담자는 자유연상, 꿈의 분석, 최면 등을 통해 내담자의 신경증적 갈등을 탐색한다.

② 전이 · 발달단계

내담자가 과거의 중요한 인물에 대해 느꼈던 감정을 상담자에게 느끼게 되는 것을 전이라고 한다. 전이단계는 정신분석에서 가장 중요한 고비로서, 내담자에 대해 중립적이고 객관적이며 비교적 수동적인 자세를 취함으로써 내담자의 전이를 유도한다. 이때 상담자는 내담자의 언어내용에서 갈등의 핵심, 주제내용과 관련된 행동 측면을 추리한다. 상담자는 전이현상에서 내담자의 갈등이 표면화되도록 한다.

③ 훈습단계

전이분석을 통한 통찰을 반복 · 정교화 · 증폭시키는 과정으로, 전이분석과 동시에 이루어지기도 한다.

④ 전이 · 해결단계

상담의 종결단계이다. 이 단계에서는 신경증의 감소 및 제거가 시작되고 내담자의 부정적 감정이 해소되며 정신에너지가 해방된다. 내담자에게 보다 적절한 언어 반응은 물론이고 자아통정력과 통찰이 생긴다.

(4) 상담기법

① 자유연상(free association)

자유연상은 억압된 것을 알기 위해 마음속에 떠오르는 느낌 · 생각 · 기억 · 감정들을 자유롭게 이야기하도록 하는 것이다. 이런 과정에서 유아기 때 억압되었던 경험들이 나타난다고 볼 수 있다. 이런 자유연상을 통해 나온 무의식적 자료나 충동들을 의식화하여 자기통제 아래서 수정과 승화를 해 나가도록 하는 과정이다.

② 꿈의 분석(analysis of dream)

정신분석에서는 꿈이 본능적 충동과 억압된 감정들을 표현한다고 본다. 그러므로 상담자는 내담자의 꿈을 분석하려고 한다. 자아(ego)의 경계가 약화되어 있을 때, 원초아(id)에 의해 표현될 수 없었던 무의식적 동기나 갈등이 나타날 수 있는데, 그것은 위장되어 있거나 상징적인 형태로 나타난다. 따라서 상담자들은 꿈의 내용 속에 상징적으로 나타나는 것을 분석하여 억압된 동기나 잠재된 무의식적 본능을 이해할 수 있다.

③ **저항의 분석**(analysis of resistance)

저항의 분석은 오랜 시간이 걸리고 어렵지만, 절대적으로 필요하고 기본이 되는 과정이다. 자유연상 과정에서 내담자들은 저항을 나타내는데, 이런 저항들은 회상하기 괴롭거나 개인의 생활이나 적개심과 관련된 것, 또는 화나게 하는 감정들이 억압된 것을 의식으로 표현하기를 방해하기 때문에 나타난다. 따라서 정신분석에서는 이 저항을 깨뜨리고 내담자 스스로 고통스러운 생각이나 소망, 경험에 직면하도록 한다.

④ **전이의 분석**(analysis of transference)

전이란 과거에 경험했던 감정 · 갈등 · 태도 · 욕망 · 기대 등을 현재 상황의 상담자에게 동일시함으로써 나타내려는 것이다. 전이에는 2가지 종류가 있는데, 첫째 긍정적 전이(positive transference)로서 전이가 사랑이나 존경심과 같은 것으로 나타나는 것이다. 둘째는 부정적 전이(negative transference)로서 적개심이나 시기와 같은 부정적인 감정이 전이되는 것이다. 그러나 대부분 전이된 감정이 이중적이고 양가감정을 나타내게 된다. 이런 감정의 전이를 내담자들은 정서적 취약성 때문에 매우 어렵고 위험하다고 보기 때문에, 상담자들은 전이된 감정을 해석해 주고, 성장 초기의 경험과 태도를 이해시켜 주려고 한다.

2) 행동주의 상담

행동주의 상담은 학습원리에 기초를 두고 시행되는 심리상담이다. 다시 말해 행동주의 상담에서는 고전적 조건형성과 조작적 조건형성의 원리 및 절차를 적용하여 심리적 장애를 평가하고 상담을 하는 것을 말한다. 행동주의 상담의 범주 속에는 고전적 조건형성 원리를 이용하는 자극-반응 기법, 조작적 조건형성의 원리에 기반한 행동수정, 그리고 사회학습 원리에 기반을 둔 인지-행동상담 등이 포함된다.

(1) 인간관

행동주의에서는 인간 행동이 복잡하기는 하나 원칙적으로 예측이 가능하고 현재의 행동은 어떤 선행조건에 의해 결정된다고 본다. 또한 인간의 의식은 믿을 수 없기 때문에 비과학적이라 보고, 중요한 것은 관찰 가능한 행동뿐이며 그것만이 과학적 자료가 될 수 있다고 전제한다. 그러므로 이 이론에 입각한 상담자들은 주로 관찰이 가능한 인간의 행동에 관심을 갖게 되고, 상담의 효과적인 면에서도 표출된 행동만이 평가의 기준을 이루게 된다고 본다.

(2) 행동주의 상담의 특징

① 관찰이 가능한 행동에 관심을 가진다.
② 인간의 이상행동은 학습된 것이며 이상행동은 다른 행동과 마찬가지로 재학습시킬 수 있다고 본다.
③ 인간의 모든 행동은 다 같은 학습원리에 의해서 습득된 것으로 여긴다.
④ 바람직하지 않은 부적응행동 내지 이상심리는 행동수정, 즉 재조건화 내지 재학습에 의해서 교정될 수 있다고 본다.

(3) 상호제지이론

Pavlov의 고전적 조건화 이론을 근거로 하여 Wolpe가 주장하였다. 고양이에게 전기 충격을 가하여 그 고양이가 전기 충격에 대하여 심한 불안반응을 하도록 조건화한 다음, 고양이가 배가 고플 때 음식을 주면서 전기 충격을 가하였더니 불안해하지 않았다. 이것은 고양이가 학습한 불안이 음식을 먹는 행동에 의하여 제지된 것을 나타낸다. 이처럼 배고픈 고양이의 음식 먹는 행동이 불안반응을 억제하는 것을 상호제지라고 한다.

① **기본 관점**

모든 신경증적인 반응이란 그것과 대립되거나 양립할 수 없는 다른 강력한 반응에 의해서 제지될 수 있다.

② **상담과정과 기법**

주장훈련은 내담자로 하여금 불안 이외의 감정을 표현하여 불안을 제지하기 위한 것으로 대인관계의 불안과 공포를 치료하는 데 효과적이다. 체계적 둔감법은 심층적인 근육긴장 이완훈련 → 불안위계 작성 → 불안위계에 따른 체계적인 자극 제시의 과정을 통해서 불안과 공포를 치료하는 기법이다.

(4) 행동수정이론(행동주의적 상담)

Skinner의 조작적 조건화 이론을 출발점으로 하여 Krumboltz, Thoresen, Hosford, Bandura 등에 의하여 발전되었다.

① **기본 관점**

관찰 가능한 행동을 다루며, 현재의 모든 행동이 오랜 학습을 거쳐 이루어진 것을 부인하지 않으나 그 행동을 지속시키는 환경적 자극이 있음을 강조한다.

② **상담과정**

행동적 상담은 부적응행동을 소거하고 적응행동을 증가시키기 위해서 여러 가지 학습원리를 적용하는 것으로서, 모든 상담과정을 학습의 과정으로 본다.

③ **행동수정의 원리**

새로운 행동의 강화와 유지가 중요하며, 새로운 학습은 점진접근의 원리(목표행동으로 점진적으로 접근), 모방의 원리(영향력 있는 타인의 행동을 모방할 기회를 제공), 단서의 원리(적절한 행동을 수행하기 직전에 바람직한 행동을 하도록 단서를 제공), 식별의 원리(적절한 반응을 적절한 상황에서 수행하도록 식별훈련의 기회 제공), 부적절한 행동의 약화 및 제거를 위한 포화의 원리(부적절한 행동을 싫증이 날 때까지 수행하도록 허용 또는 강요), 소거의 원리(부적절한 행동에 대한 강화의 중단), 반사행동의 원리(적절한 행동을 했을 때만 강화를 제공)를 이용한다.

④ 행동수정기법

행동수정기법으로는 행동계약(상담자와 내담자가 어떤 행동을 어떻게 얼마나 할 것이며, 성공적으로 수행한 행동에 대하여 어떠한 보상을 주기로 계약을 맺고 상담자와 내담자가 그대로 시행하는 방법), 토큰 이코노미 제도(어떤 바람직한 행동에 대해서도 상표를 주고 일정한 숫자의 상표가 모이면 이를 먹는 것, 마시는 것, 노는 것, 어디에 가는 것 같은 다른 강화 자극으로 바꿀 수 있도록 하는 제도), 타임아웃(부적절한 행동을 했을 때 긍정적 강화를 받을 수 있는 기회를 일시적으로 박탈하는 것), 혐오기술(일시적으로 만족을 주지만 장기적으로 바람직하지 못한 행동에 대하여 혐오자극을 사용하여 바람직하지 않은 행동을 감소시키는 것), 심적 포화(정적 자극이라도 계속적으로 주면 포화 상태가 되어 오히려 반대의 효과를 가져 오는 것), 부적 연습(내담자가 없애고 싶어 하는 습관적인 행동을 내담자가 적극적으로 의식하면서 연습을 하게 함으로써 그 행동을 없애는 것), 모방학습(내담자가 본받아야 할 어떤 행동을 한 가지 또는 여러 가지의 모형을 제시하여 본을 받게 하는 방법) 등이 이용된다.

3) 인본주의적 상담

인본주의는 심리학의 제 3세력으로 불린다. 그 이유는 정신분석이나 행동주의가 가지고 있는 결정론(determinsim)에 반대하여 인간의 자유의지를 강조하기 때문이다. 인본주의자들은 개인의 자유의지 외에도 자기실현을 향한 욕구를 강조한다.

(1) 인간관

인본주의는 Freud와 달리 한 인간을 결정론적 입장이 아니라 자유로운 존재로 본다. 즉, 인간은 사회적이고 미래지향적인 존재이며, 자아실현의 의지와 더불어 선한 마음을 갖고 태어난다고 본다. 또한 인간은 본래 부적응 상태를 극복하고 건강한 정신 상태를 되찾을 수 있는 능력을 가지고 있다고 믿기 때문에, 상담 진행의 책임을 내담자에게 맡긴다. 따라서 내담자 역시 상담자의 지시에 단순히 따르기만 하는 수동적인 존재라는 생각을 갖지 않고, 상담과정에서 일차적 책임을 지는 능동적인 존재로 본다.

(2) 인본주의 상담 방법

인간은 자신이 가진 잠재력을 최대로 발휘하려는 기본적 욕구를 가지고 있으며, 심리치료자는 이들 개인이 가진 잠재력을 실현하는 과정에서, 안내자 역할을 하게 된다는 것이 인본주의자들이 취하는 기본적 자세이다. 인본주의 상담은 인간중심 상담과 게슈탈트 상담, 실존적 상담으로 구분된다.

① 인간중심 상담(Person centered psychotherapy)

인간중심 상담은 1940년대 Rogers에 의해 개발된 상담기법이다. 그는 그 시대에 성행하던 정신분석이나 지시적 상담과는 다른 입장을 가지게 되었다. 그는 상담자의 온화함과 반응성, 내담자의 감정을 자유롭게 표현할 수 있도록 허용하는 분위기, 아무런 강압을 받지 않는 관계를 특징으로 하는 비지시적 상담을 강조하였다. 인간중심 상담자들은 내담자에게 효과적인 변화를 일으키기 위해 필요한 상담자의 태도로 공감적 이해와 긍정적 존중, 진솔성 혹은 일치성을 강조한다.

② 게슈탈트 상담(Gestalt psychotherapy)

게슈탈트 상담은 1940년대 Perls에 의해 개발된 상담기법이다. 이 상담기법은 "전체는 부분의 합 그 이상이다"라고 주장한 독일의 형태주의 심리학에 영향을 받았다(Perls, 1973). 이 상담기법에서는 자각의 확장과 책임감의 수용, 개인의 통일을 강조한다. 따라서 이 접근법은 개인의 자기 안에 존재하는 양극성 혹은 이분법의 통합에 초점을 둔다. 즉, 상담자는 내담자로 하여금 지금-여기(now & here)에 존재함을 경험하도록 도와준다. 이 상담기법에서는 해석을 하지 않고, 내담자 스스로 자기 행동의 의미를 파악하도록 격려한다. 지금-여기에서의 직접적 경험을 강하게 하고, 양극적인 감정을 통합하도록 하기 위해 '대화게임', '책임 받아들이기', '실연하기', '감정 속에 머무르기' 등의 다양한 게임 혹은 기법들을 사용한다.

③ **실존적 상담**(Existential psychotherapy)

실존적 상담은 어느 한 개인이나 집단에 의해 만들어진 것이 아니라 2차 세계대전을 전후로 유럽의 실존주의 철학자들의 사상에 근거로 몇 명의 심리학자와 정신의학자들에 의해 개발된 일종의 정신운동이다. 실존적 상담은 성격구조의 역동적 모델을 가정하는 역동적 심리상담의 한 형태이다. 실존상담자들은 내담자가 적어도 부분적으로는 무의식적인 갈등에서 야기된 불안을 경험한다고 가정한다. Yalom(1980)은 인간 존재가 가지고 있는 네 가지 궁극적인 관심사로 죽음, 자유, 고립, 무의미성을 강조한다. 개인이 이런 관심사에 직면하게 될 때 실존적 갈등이 생겨나게 되는데, 실존적 상담은 이러한 갈등에서 야기되는 불안을 다루게 된다.

4) 인지적 행동 상담

인지적 행동 상담은 Beck이 개발한 상담기법으로 초기에는 우울증 환자의 치료에 많이 적용되었지만 최근에는 다른 정신장애에까지 확산되고 있는 추세이다(Beck & Freeman, 1990).

(1) 인간관

인지적 행동 상담은 부정적이며 비현실적인 사고방식에 대한 내담자의 주의에 초점을 두며, 생활 상황들을 좀 더 논리적이며 현실적으로 생각하도록 내담자를 격려함으로써 악순환을 깨뜨리려고 노력한다. 상담자가 사용할 수 있는 기법을 하나 소개하면, 우울한 사람의 기분을 하루 온종일 일정한 간격으로 기록하는 것이다. 보통 개인은 시간이 지나감에 따라 그러한 기분이 변화한다는 것을 알게 된다. 상담자는 내담자가 언제나 우울해져 있을 필요가 없다는 것, 즉 개인은 행복하거나 열정적 혹은 낙천적인 사람일 수 있다는 것을 깨닫도록 도움을 주는 데 이러한 통찰을 사용한다. 상담자는 그 다음에 성공적인 경험의 가능성을 증가시키기 위해서 내담자가 자신의 행동을 변화시키도록 도와준다. 그러고 나서 개인의 부정적인 사고방식에 도전하고 그들을 변화시키는 데 이러한 성공적 경험들이 사용된다.

(2) 주요 개념

Beck이론의 주요 개념으로는 자동적 사고(automatic thinking), 도식(schema), 잘못된 정보처리 등이 있다.

① 자동적 사고

한 개인이 어떤 상황에 대해 내리는 즉각적이고 자발적인 평가를 의미한다. 이 사고는 심사숙고하거나 합리적으로 판단하여 내리는 것이 아니라 자동적으로 그 상황에 튀어나오는 사고이다. 대개 자동적 사고에 따라 그 순간 느껴지는 감정이 달라질 수 있다. 예를 들어, 길거리에서 누군가 나를 쳐다보면 그 순간 "나를 무시한다"는 자동적 사고는 불쾌한 감정을 유발하게 된다.

② 도식

모든 상황은 다양한 자극들로 구성되어 있지만, 개인은 자신의 인지구조에 따라 특정 자극에만 선택적으로 주의를 기울여 반응하게 된다. 이러한 인지구조를 도식이라 하는데, 이것은 비교적 안정적인 인지 패턴으로 유사한 상황을 일정하게 해석하는 경향이다. 이러한 도식(예: 개는 무섭다)은 특정 대상에 대한 이전 경험(예: 개에게 물린 경험), 타인이 겪는 경험의 관찰(예: 타인이 개에게 물리는 것을 관찰), 그리고 그 대상에 대한 타인과의 대화(예: 개를 가까이 하면 물린다는 부모의 이야기) 등으로 인해 형성된다. 여기에는 핵심믿음과 중간믿음이 있다. 핵심믿음은 아주 근원적이고 깊은 수준의 믿음으로 흔히 그들조차도 인식하지 못한다. 사람들은 이러한 믿음을 당연한 것으로 여기고 절대적인 진리로 받아들인다. 핵심믿음은 가장 근원적인 수준의 믿음으로, 모든 영역에 영향을 미치고 경직되어 있으며, 지나치게 일반화되어 있다. 핵심믿음과 자동적 사고 사이에 중간믿음이 존재한다. 이는 태도나 규칙, 가정들로 구성되어 있어 핵심믿음에 의해 영향을 받고 자동적 사고에 영향을 미친다.

다시 정리하면, 어떤 특정 상황에서 한 사람의 내재된 믿음(핵심믿음)은 그 사람의 지각(중간믿음)에 영향을 주고 이것은 상황 특정적인 자동적 사고를 통하여 표현된다. 그리고 이러한 자동적 사고들은 그 사람의 감정에 영향을 주고 더 나아가 행동에 영향을 주며, 생리적 반응에도 영향을 준다. 다음은 대부분의 사람들이 한 번 읽어서는 이해하기 어려운 책을 처음 읽었을 때 이해되지 않는다고 하여 자신의 무능력하다고 판단하는 사람의 인지 모델의 예이다(그림 13-3).

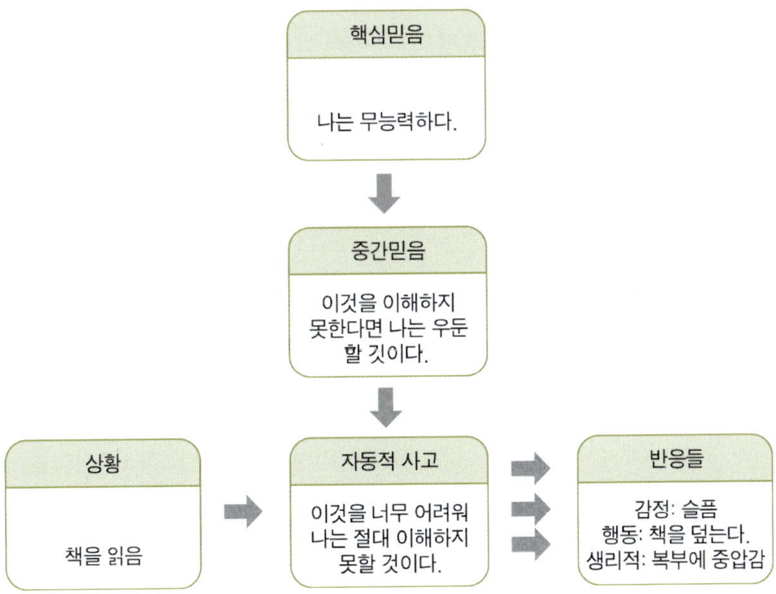

그림 13-3 인지 모델의 예

③ 잘못된 정보처리

심리적 문제를 가지고 있는 개인들에게는 다음과 같은 정보처리에 오류가 있기 때문에, 자신의 생각이 잘못된 것이라는 증거가 있음에도 불구하고 자신의 생각이 옳다고 믿는다. 임의적 추론은 결론을 지지할 만한 증거도 없고 오히려 반대 증거가 있음에도 불구하고 특정 결론을 내려버리는 것이다. 선택적 추상화는 사소한 한두 가지 특성만으로 전체를 일반화하는 것이며, 과잉일반화는 사소한 사건에 기초하여 그것과 관련되지 않은 상황에까지 광범위하게 적용하는 것을 말한다. 과장과 축소는 어떤 사건의 중요성이나 정도를 심하게 왜곡하여 평가하는 오류이다. 개인화는 전혀 상관없는 사건을 근거 없이 자신과 관련짓는 것이다. 흑백논리 또는 이분법적 사고는 모든 경험을 양극단 중 한쪽으로만 평가하는 것이다.

(3) 상담방법

Beck의 인지상담의 목표는 환자가 보다 건설적이고 목표 지향적인 활동에 참여하면서, 자신의 능력에 대한 부정적이고 파괴적인 추론을 변화시키는 것이다. 이를 위해서는 상담 초기에는 비교적 인식되기 쉬운 자동적 사고에 초점을 두어 스스로 자동적 사고를 식별하고 평가하며 수정할 수 있도록 돕는다. 그런 후 역기능적 사고의 기저에 잠재되어 있는 중간믿음과 핵심믿음에 상담의 초점이 옮겨진다.

따라서 인지상담자는 환자에게 인지상담에 대한 이론적 근거를 설명 · 이해시키고 자동적 사고를 탐색하여 유용한 사고와 유용하지 못한 사고를 식별하게 한다. 유용하지 못한 사고에 초점을 두어 사고에 따른 감정과 행동을 개념화하여 인지 왜곡을 식별하게 한다. 그런 후 합리적인 대안을 생각하도록 돕는데, 이런 과정을 반복하면서 점차 중간믿음과 핵심믿음에 접근하게 된다.

5) 합리적 정서 상담

Albert Ellis(1973)에 의하면, 대부분의 사람들은 다른 사람과 비교한 다음에 자신을 평가한다. 이것은 자신의 결점을 수용하지 못하게 하며, 흔히 자기경멸이나 방어적인 우월감을 갖도록 한다. 합리적 정서 상담자들은 각 개인이 과거에 어떤 일이 일어났는가와는 관계없이 자신과 자신의 행복에 대해서 어떻게 느끼는가에 대한 책임은 현재의 자신들에게만 있다고 주장한다. 합리적 정서 상담의 목표는 내담자에게 사상(event)에 대한 자기 자신의 그릇된 해석이 문제의 원인임을 보여주며 내담자가 좀 더 합리적으로 자신을 볼 수 있도록 가르치는 것이다.

(1) 인간관

합리적 정서 상담자들은 내담자들을 비합리적이고 자멸적인 신념들로 올가미를 쓰게 된 사람들로 보고 있다. 합리적 정서 상담자들은 사람들이 자멸적인 방식으로 행동하고 있는 자신을 발견할 때 도움을 구한다고 믿는다. 예를 들어, 어떤 사람들은 자신이 만나는 모든 사람이 곧바로 그들을 사랑하지 않거나 칭찬하지 않는다면, 그들에게 무언가 잘못된 것이 있다고 느낀다. 어떤 사람들은 자기 힘에 부치는 문제를 풀려고 하면서 머리를 짜낸다. 또 어떤 사람들은 분명한 증거를 조사하기를 단순히 거부하고, 자기는 나약하거나, 죄가 있거나 혹은 어리석다는 생각을 계속한다. 이러한 비논리적이고 자멸적인 신념을 교정하기 위하여, 합리적 정서 상담자들은 설득, 직면, 도전, 명령, 이론적인 논박까지도 포함하는 다양한 기법을 사용한다. 합리적 정서 상담자들은 내담자를 어린아이로 취급하지 않기 때문에, 어떤 사람들은 상담자의 완강함을 받아들이기가 힘들다는 것을 발견한다. 상담자는 숙제를 줄 수도 있고, 내담자가 상관에게 자기 주장을 하도록 고무하기도 하며, 소녀에게 데이트를 청하러 홀에 내려가라는 지시도 하고, 또한 그들을 놀라게 한 개를 때려 주라는 지시도 한다. 간단히 말해 합리적 정서 상담자들은 매우 지시적이다.

(2) 주요 개념

① 자기언어

합리적 정서 상담은 모든 정서적 문제의 주요 원인이 그 상황에 대해 스스로 말하는 자기언어(self-talk)에 달려 있다고 전제한다. 자기언어에 따라 감정과 행동이 달라지므로 자기언어가 변화되면 감정과 행동도 변화될 것이라고 본다.

② **합리적 신념**

합리적 신념은 우리가 행동을 합리적이고 효과적으로 통제하는 것으로 객관적 현실에 근거하여 다른 사람과의 불필요한 갈등을 피하고, 편안한 감정을 느낄 수 있도록 하는 사고이다.

③ **비합리적인 신념**

비합리적 신념은 우리의 안정된 삶을 방해하고 많은 정서 · 사회적 문제를 야기한다. 이러한 신념들은 주로 어린 시절부터 부모나 문화로부터 영향을 받아 형성된 것이다. 여기에는 항상 남으로부터 사랑과 인정을 받아야 하고 자신은 언제나 성공적이어야 하며, 어떤 위험과 위협도 있어서는 안 된다는 식의 신념들이 자리한다. 이러한 신념들은 대부분 깨지기 쉽고 그에 따라 여러 가지 정서 · 행동적 문제를 야기한다.

④ **성격형성**

합리적 정서 상담에는 성격을 형성하는 기본적인 요소가 일상적인 일련의 자기언어라고 생각한다. 사람들은 어떤 사건이 일어나면 자동적으로 익숙한 자기언어를 보이게 되고 이것이 반복되면서 태도, 가치, 신념을 형성하게 된다. 이것이 결국 자신에게 대한 개념(자아개념)에 영향을 주어 그 개인의 전반적인 감정과 행동을 결정하게 된다. 이것이 성격이라 할 수 있다.

(3) 상담방법

합리적 정서 상담에서는 행동을 하기 전 혹은 하는 동안 스스로에게 무엇을 말하였는가에 따라 문제행동이 결정된다고 본다. 따라서 상담은 환자가 비합리적이고 부적절한 자기언어를 인식하고 보다 합리적이고 긍정적인 자기언어로 대체하도록 돕는 것이다.

합리적 정서 상담의 과정은 A-B-C-D-E로 설명될 수 있다 그림 13-4 . A는 선행사건(activating event)으로 개인에게 혼란을 야기하는 어떤 사건을 말한다. B는 신념체계(belief system)로 어떤 사건이나 행위 등과 같은 자극에 대해 개인이 갖는 태도 혹은 사고방식이다. 여기에는 합리적 신념(rational belief)과 비합리적 신념(irrational belief)이 있다. C는 결과(consequence)로 그 사건을 신념에 의거하여 해석해서 느끼게 되는 정서적 결과이다. 비합리적 사고방식인 경우 불안, 원망, 비판, 죄책감 등의 감정을 느끼게 된다. D는 논박(dispute)으로 환자가 가지고 있는 비합리적인 신념이나 사고에 도전하고 그것이 사리에 맞는지를 검토하는 것이다. E는 효과(effect)로 환자의 비합리적인 신념에 대해 논박하여 합리적인 신념으로 대체한 뒤 느끼게 되는 수용적이고 긍정적인 감정이다.

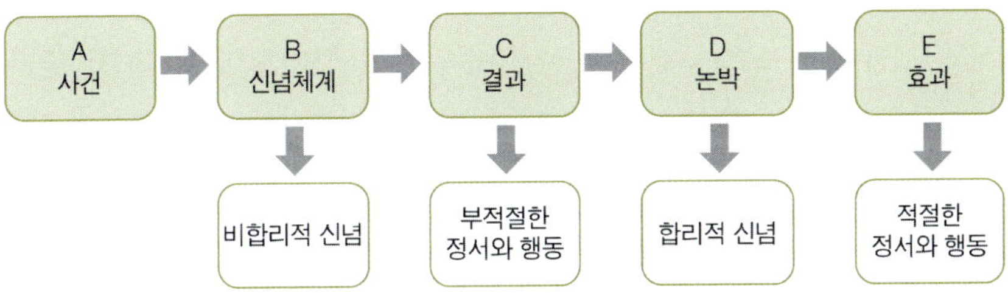

그림 13-4 합리적 정서 상담과정

6) 현실치료 상담

현실치료 상담은 Glasser의 통제이론을 바탕으로 성립된 상담기법이다. 그는 인간의 유전적인 속성 안에 내재해 있는 다섯 가지 기본적인 욕구들을 제시하였는데, 이들은 다음과 같다. 첫째, 생존의 욕구이다. 이 욕구는 신체를 보존하고 살아 있고자 하는 속성을 말한다. 이것은 생물학적인 욕구로서 우리의 생존을 위해 추구하는 행동들에서 나타난다. 예를 들어, 음식을 먹고, 추울 때 옷을 껴입고, 갈증이 나면 물을 마시고 싶어 하는 것이다. 둘째, 소속의 욕구이다. 사랑하고, 나누고, 협력하고자 하는 인간의 속성을 말한다. 우리는 사랑하고 사랑 받고 싶으며, 어떤 집단에 소속되어 소외되지 않고 싶어 한다. 따라서 결혼하거나 친구를 사귀는 것, 또래집단에 가담하는 것, 가정주부들이 계모임에 가는 것, 학교 동창회나 단체에 가입하고 상징적인 배지를 달고 다니는 것 등은 모두 소속

욕구를 충족시키는 행동의 예들이다. 셋째, 힘(성취)의 욕구이다. 경쟁하고, 무엇을 성취하고, 중요한 존재이고 싶어 하는 속성을 의미한다. 예로서 남보다 공부를 잘하고, 멋진 옷을 입으며, 부자가 되고, 남보다 좋은 것을 가지며, 권력과 능력을 소유하려 하는 것이다. 넷째, 자유에 대한 욕구이다. 이동하고 선택하는 것을 마음대로 하고 싶어 하는 속성이다. 각자가 원하는 곳에서 살고, 대인관계와 종교활동 등을 포함한 삶의 모든 영역에서 어떠한 방법으로 삶을 영위해 나갈지를 선택하고, 자신의 의사를 마음대로 표현하고 싶어 하는 욕구를 말한다. 마지막으로 즐거움에 대한 욕구이다. 새로운 것을 배우고 놀이를 통해 즐기고자 하는 속성을 말한다. 우리는 재미있는 삶을 원한다. 그래서 오락을 하고, 노래를 부르고, TV를 보거나 스포츠를 관람하고, 직접 운동을 하기도 한다. 또한 즐거움은 새로운 것을 배우고 깨닫는 순간에도 충족된다. 우리가 웃는 주된 이유는 웃는 순간에 즐거움에 대한 욕구가 강하게 충족되기 때문이다.

(1) 인간관

현실치료적 상담에서는 인간 본성에 대한 결정론적 신념에 의존하지 않고 인간은 궁극적으로 자기결정을 하고 자기 삶에 책임을 갖고 있다고 가정하며, 인간은 자유롭고 자신의 목표를 스스로 선택하고자 하는 욕구를 지닌다고 가정하고 있다. 궁극적으로 반결정론적이고 긍정적인 인간관을 가지고 있다고 할 수 있다.

(2) 현실치료적 상담의 특징

① 내담자가 정신질환을 앓고 있다는 인식을 용납하지 않는다.
② 내담자의 과거나 미래보다는 현재에 초점을 둔다.
③ 상담자는 초연한 전이적 대상 인물이 아니라 따뜻한 인간적인 위치에서 내담자와 친밀한 관계를 맺는다.
④ 무의식적인 행동의 원인을 배제하며 행동의 진단보다는 욕구 및 바람과 비교하여 그 행동 선택을 평가함에 초점을 맞춘다.
⑤ 행동의 도덕성과 책임성을 강조한다.

⑥ 통찰과 허용성을 통하여 내담자의 행동이 변화하기를 기대하기보다는 적극적으로 효과적인 욕구충족을 위한 새로운 방법을 교육시켜 주는 것을 강조한다.

(3) 상담과정과 기법

① W(Want) : 욕구 · 바람 · 지각의 탐색

내담자들에게 그들의 바람에 관련된 질문들을 던지는 단계로, 그들이 자신에게 어떤 일이 일어나게 되기를 바라는지를 명확하게 생각해 보게 하는 것이 중요하다.

② D(Doing) : 전행동(全行動)의 탐색

인간의 행위 중에서 행하고 있는 것(당신은 지금 무엇을 하고 있는가?)에 대해서 탐색해 보는 단계이다. 내담자가 어떤 종류의 활동을 선택하고 있는지를 함께 논의해 보는 것은 매우 중요하다. 현실치료에서는 행동을 바꿈으로써 느낌을 바꿀 수 있다고 보기 때문에 통제 가능한 행동을 탐색하는 데 특히 강조점을 두고 있다.

③ E(Evaluation) : 행동과 계획에 대한 자기평가

현실치료에서 이론과 실천의 핵심은 평가에 있다. 내담자들에게 행동의 변화가 오도록 돕는 데 있어서 가장 중요한 부분은 그늘 자신의 행동에 관해 스스로 내면적인 자기평가를 하게 하는 것이다.

④ P(Planning) : 계획하기

인간의 욕구를 충족시키려는 계획은 현실치료에서 핵심이다. 내담자들은 실패한 경험이 많으며 변화를 위한 새로운 계획을 세우는 데 대한 두려움을 갖고 있다. 따라서 상담자는 내담자가 자신의 내부에 효율적인 행동을 취할 능력이 있고 스스로 문제를 해결할 수 있으며, 자신의 욕구를 충족시키고 통제를 더 잘 할 수 있다는 확고한 믿음을 가지고 있어야 한다.

참고문헌

강갑원 외(2004). 교육심리학. 시그마프레스.

강인애(1997). 왜 구성주의인가?: 정보화시대와 학습자중심의 교육환경. 문음사.

강태훈 외(2013). 최신 교육심리학. 학이당.

공석영, 이규명, 이은화, 방인옥, 김명숙(2005). 유아생활지도. 양서원.

곽금주(2002). 아동 심리평가와 검사. 학지사.

구광현, 가영희, 이규형(2006). 교육심리학. 동문사.

권대훈(2009). 교육심리학의 이론과 실제(2판). 학지사.

권은영, 이현진(2009). 한국 아동의 일상생활 대화에서 나타난 바람과 믿음: 산출자료를 중심으로. 아동학회지, 30(6), 1-15.

권준수 외(2015). 정신질환의 진단 및 통계편람(5판). 학지사.

김광웅, 김숙경(2012). 유아 교육 심리학. 창지사.

김동배, 권중돈(1999). 인간행동이론과 사회복지실천. 학지사.

김명훈, 정영윤(1985). 심리학개론. 박영사.

김미리혜, 김진영 외 역(2000). 심리치료-절충 · 통합적 접근. 정민사.

김승국, 김옥기(1991). 사회성숙도검사. 중앙적성출판사.

김아영 외 공역(2000). 교육심리학. 학문사.

김영호, 양은심, 이순영, 주수길(2010). 인간행동과 사회환경. 양서원.

김영환 편저(1997). 행동치료의 원리. 하나의학사.

김영환, 최광선, 조현춘, 진영선, 곽호완, 이동화(2002). 교양심리학. 시그마프레스.

김이영, 배헌석, 이우언(2014). 인간이해를 위한 심리학. 양서원.

김정민(역)(2009). 피아제의 인지발달이론(H. P. Ginsburg, & S. Opper. *Piaget's theory of intellectual Development*. 3rd ed.). 학지사.

김정섭 외(역)(2010). 스탠버그의 교육심리학 제2판(R. J. Sternberg, & W. M. Williams. *Educational Psychology*). 시그마프레스.

김정희, 남기덕, 박영호, 송명자, 송인섭, 심응철, 윤가현, 윤영화, 이철원, 이현진(2002). 심리학의 이해. 학지사.

김제한, 권순달, 이현주(2011). 교육심리학. 양서원.

김종문 외(1998). 구성주의 교육학. 교육과학사.

김종순(1995). 학습전략과 상위인지와의 관계 분석 연구. 교육학연구, 33(3), 85-106.

김진선(2004). 자기조절학습전략 훈련이 자기주도적 학습능력과 학업성취도 및 학습태도에 미치는 영향. 한국교원대학교 교육대학원 석사학위논문.

김태련 외(2004). 발달심리학. 학지사.

김현택, 박동건, 성한기, 유태용, 이순묵, 이영호, 진영선, 한광희, 황상민(2000). 심리학. 학지사.

김희수(2000). 메타인지전략을 활용한 협동학습이 초등학생의 학업성취와 학습태도에 미치는 영향. 인천교육대학교 석사학위논문.

나동진(2005). 교육심리학: 인지적 접근. 학지사.

문선모(2010). 교육심리학의 이해. 양서원.

문용린(1988). 도덕과교육론. 갑을출판사.

문용린(1992). 청소년의 사회성 발달. 청소년심리학, 한국청소년연구원, pp. 132～159.

문은식, 박선환, 정미경(2010). 교육심리학. 공동체.

민영순(1992). 교육심리학 신강. 문음사.

박경숙, 윤점용, 박효정(1989). 기초학습기능검사. 특수교육.

박경애(1997). 인지, 정서, 행동치료. 학지사.

박권생, 김문수, 박태진, 성현란, 이종한, 최해림, 홍기역 공역(2004). 심리학과 삶. 시그마프레스.

박성익(1986). 독자학습전략-자기지향평가방법의 교육적 의미. 교육연구사.

박승호(2012). 자기조절학습 중심 대학교수법 과정. 한국대학교육협의회 교수법 과정 연수자료.

박영신 외(역)(2007). 아동 사고의 발달(R. S. Siegler, & M. W. Alibali. *Children's Thinking*. 4th ed.). 아카데미프레스.

백경숙(2012). 예비유아교사의 포트폴리오를 활용한 자기주도학습 프로그램 개발 및 효과. 경북대학교 대학원 박사학위논문.

성균관 대학교 응용심리연구소(2002). 인간의 마음과 행동. 박영사.

소유경, 노주선, 김영신, 고선규, 고윤주(2002) 한국어판 부모, 교사 ADHD 평가 척도의 신뢰도와 타당도 연구. 신경정신의학, 41(2), 283-289.

송인섭, 김누리(2005). 영재판별프로그램의 실제. 숙명여자대학교.

송인섭, 최명구, 김누리, 남궁정, 박소연, 이희연, 한윤영, 안혜진, 김희정, 김효원(2008). 교육심리학. 학지사.

신명희, 강소연, 김은경, 김정민, 노원경, 박성은, 서은희, 원영실, 황은영(2010). 교육심리학. 학지사.

신명희, 박명순, 권영심, 강소연(2009). 교육심리학의 이해. 학지사.

신종호 외(역)(2011). 교육심리학: 교육 실제를 바라보는 창 제8판(P. Eggen, & D. Kauchak. *Educational Psychology: Windows on Classrooms*). 학지사.

신종호, 김동민, 김정섭, 김종백, 도승이, 김지현, 서영석 공역(2006). 교육심리학: 교육실제를 보는 창(6판). 학지사.

신화식, 우남희, 김명희(2006). 영유아를 위한 창의성 프로그램. 양서원.

안창일 외 15명(2012). 심리학의 현대적 이해. 학지사.

양명희(2000). 자기조절학습의 모형 탐색과 타당화 연구. 서울대학교 대학원 박사학위논문.

오만록(2012). 생활지도 및 상담. 정민사.

오만록, 김필식(2002). 현대 교육학 개론. 형설출판사.
온기찬(2005). 교육심리학. 교육과학사.
유승구(2011). 교사를 위한 교육심리학. 공동체.
유윤영(2006). 학습공동체를 한 대집단 활동. 다음세대.
유윤영(2010). Piaget의 개념 연구가 유아교육에 미친 영향에 관한 논의. 미래유아교육학회, 17(3), 349-372.
윤가현 외(2012). 심리학의 이해 4판. 학지사.
윤초희 역(2011). 사고와 언어(L. S. Vygotsky. *Thought and language*). 교육과학사.
이명숙, 강영하, 박상범, 송재홍, 임진영, 최병연 공역(2011). 교육심리학(7판). 아카데미프레스.
이성진(1996). 교육심리학: 그 학문적 성격과 과제. 교육심리연구, 19(1), 25-48.
이성진, 박성수(2007). 교육심리학. 한국 방송통신대학교 출판부.
이소현, 박은혜(1998). 특수아동교육. 학지사.
이순주(2002). 영재성 발달에 대한 선천성 이론과 후천성 이론의 비교. 비교교육연구, 12(1).
이영호(2001). 2001년 공동교육 자료집. 임상심리학회.
이은주, 최지은, 박숙희(2011). 특수아동의 이해. 공동체.
이인정, 최해경(2007). 인간행동과 사회환경(개정2판). 나남출판.
이장호(1986). 상담심리학 입문. 박영사.
이정원(2004). 교육심리학. 학이당.
이종숙 외(2008). 아동발달(L. E. Berk. *Child development*. 7th ed.). 시그마프레스.
이종화(1993). 상황특성에 따른 아동의 감정조망수용능력 발달에 관한 연구. 동아대학교 교육대학원 석사학위논문.
이지연, 김태준(2011). 유아교사를 위한 교육심리학. 양서원.
이해경, 이양, 용홍출(2006). 교육심리학. 양서원.
이현림(2007). 생활지도. 교육과학사.
임규혁, 임웅(2007). 학교학습 효과를 위한 교육심리학. 학지사.
임규혁, 임웅(2010). 학교학습 효과를 위한 교육심리학(2판). 학지사.
임정훈 외(2009). 교육심리학. 양서원.
임정훈, 한기순, 이지연(2011). 교육심리학. 양서원.
장동환, 김영채, 손정락 역(1997). 심리학입문. 박영사.
장상호(1983). 한국 교육학의 성장과 과제: 교육과학의 좌표. 한국정신문화연구원.
장휘숙(2001). 아동발달. 박영사.
전경원(2006). 창의성 교육의 이론과 실제. 창지사.
전윤식, 이영석(1984). 삐아제와 유아교육. 형설출판사.
전헌선, 윤치연, 공나영 외(2012). 특수교육학개론. 양서원.
정미경(1999). 자기조절학습과 학업성취의 관계에 관한 구조모형 검증. 숙명여자대학교 대학원 박사학위논문.

정미경(2008). 학업성취와의 관계를 규명하는 자기조절학습탐구. 한국학술정보.

정옥분(2002). 아동발달의 이해. 학지사.

조성례(2001). 초등학교 아동의 우정개념과 사회적 조망수용능력과의 관계. 한국교원대학교 교육대학원 석사학위논문.

조수환(2009). 유아지도를 위한 교육심리학. 정민사.

조아라 역(2005). 리틀몬스터: 대학교수가 된 ADHD소년. 학지사.

조연순, 성진숙, 이혜주(2008). 창의성교육: 창의적 문제해결력 계발과 교육방법. 이화여자대학교 출판부.

조윤경, 김수진(2008). 유아교사를 위한 특수아동지도. 공동체.

조화태 외(2005). 인간과 교육. 한국방송통신대학교 출판부.

추병완, 최근순 역(1999). 구성주의 교수・학습론(J. G. Brooks, & M. G. Brooks. *In Search of Understanding: The Case for Constructivist Classroom*). 백의.

한국정보문화진흥원(2002). 2002 국민정보생활 현황조사.

한덕웅 외(2002). 인간의 마음과 행동. 박영사.

한홍무, 염태호, 신영우, 김교현, 윤도준, 정근재(1986). Beck Depression Inventory 의 한국판 표준화 연구: 정상집단을 중심으로. 신경정신의학, 25(3), 487-500.

홍기원, 최영안, 이종택(2009). 알기 쉬운 심리학. 양서원.

홍성훈(2000). 의료윤리 교육프로그램의 개발연구. 서울대학교 대학원 박사학위논문.

홍순정(1999). 지능과 창의성. 양서원.

Achenbach, T. M.(1991). *Manual for the child behavior checklist/ 4-18 and 1991 profile.* Burlington, Vt: Unversity of Vermont.

Achenbach, T. M., & Edelbrock, C.(1983). *Manual for the child behavior checklist and revised child behavior profiles.* Burlington: University of Vermont.

Allport, G. W.(1937). *Personality: A Psychological Interpretation.* New York: Holt.

Amabile, T. M.(1983). *The social psychology of creativity.* New York: Springer-Verlag.

Ames, C., & Archer, J.(1988). Achievement goals in the classroom: Students' learning strategies and motivation processes. *Journal of Educational Psychology, 80,* 260-270.

Bandura, A.(1977). *Social Learning Theory.* Englewood Cliffs, NJ: Prentice Hall.

Bandura, A.(1986). *Social Foundations of Thought and Action. A social cognitive theory.* Englewood Cliffs, NJ: Prentice Hall.

Barkely, R. A.(2006). *Attention-deficit hyperactivity disorder: A handbook for diagnosis and treatment(3rd ed.).* New York: Guilford Press.

Barrow, S.(1992). *The tutorial process.* Springfield, IL: Southern Illinois University School of Medicine.

Bebeau, M. J., Rest, J. R., & Yamoor, C. M.(1985). Measuring Dental Students' Ethics Sensitivity.

Journal of Dental Education, 49(4), 225-235.

Beck, A. T., & Freeman, A.(1990). *Cognitive therapy of personality disorder*. New York: The Guilford Press.

Beirne-Smith, M., Patton, J. R., & Kim, S. H.(2006). *Mental retardation: An introduction to intellectual disabilities(7th ed.)*. Upper Saddle River, NJ: Merrill/Prentice Hall.

Borkowski, J. G.(1996). Differences and consistency between same-sex and other-sex peer relationship during early adolescence. *Developmental Psychology, 29,* 253-263.

Bowers, T. G. R.(1976). Repetitive processes in child development. *Scientific American, 235,* 38-47.

Bransford, J., Brown, A., & Cocking, R.(Eds.).(2000). *How people learn: Brain, mind, experience, and school.* Washington, DC: National Academy Press.

Bridges, E., & Halling, P.(1995). *Implementing problem based learning in leadership development.* OR: ERIC.

Buck, J.(1948). The H-T-P technique, a qualitative and quantivative method. *Journal of Clinical Psychology, 4*, 317-396.

Burns, R., & Kaufman, S.(1970). *Kinetic Family Drawings(K-F-D): An introduction to understanding children through kinetic drawings.* New York: Brunner/Mazel.

Carroll. J. B.(1993). *Human Cognitive Abilities: A survey of factor analytic studies.* New York: Cambridge University Press.

Cattell, R. B.(1971). *Abilities: Their stucture, growth and action.* Boston: Houghton Mifflin.

Cohen, I. L.(2007). A neural network model of autism: Implication for theory and treatment. In D. Mareschal, S, Sirois, G. Westermann, & M. H. Johnson(Eds.), *Neuroconstructivism: vol, 2. Perspectives and prospects*(pp. 231-264). Oxford, England: Oxford University Press.

Collins, A., Brown, J. S., & Newman, S. E.(1989). Cognitive apprenticeship: Teaching the crafts of reading, writing, and mathematics. In L. B. Resnik(Ed.), *Knowing, learning, and instruction*(pp. 283-305). Hillsdale, NJ: Erlbaum.

Corno, L.(1989). *Self regulated learning: A volitional analysis.* NY: Springer.

Corno, L., & Mandinach, E. B.(1983). The role of cognitive engagement in classroom learning and motivation. *Educational Psychologist, 18*, 88-108.

De Bono, E.(1985). *Edward de Bono's Masterthinker's Handbook: A Guide to Innovative Thinking.* Intl.. Center for Creative Thinking.

Denckla, M. B.(2007). Executive function: Binding together the definitions of attention-deficit/hyperactivity disorder and learning disabilities. In L. Meltzer(Ed.), *Executive function in education: From theory to practice* (pp. 5-18). New York: Guilford Press.

Deshler, D. D., Lowery, N., & Alley, G. R.(1979). Programming alternatives for learning disabled adolescent: A nationwide survey. *Academic Therapy, 14,* 54-63.

Dewey, J.(1938). *Experience and education.* New York: Macmillan.

Donovan, M. S., & Bransford, J. D.(2005). Introdution. In M. S. Donovan & J. D. Bransford(Eds.), *How students learn: History, mathematics, and science in the classroom*(pp. 1-26). Washington, DC: National Academy Press.

Doyle, W.(1985). Recent research on classroom management: Implication for teacher preparation. *Journal of Teacher Education, 36,* 31-35.

Driscoll, M. P.(2000). *Psychology of learning for instruction*(2nd ed.). Boston: Allyn and Bacon.

DuPual, G. J.(1991). Parent and teacher rations of ADHD symptoms: Psychometric properties in a community based sample. *Journal Clin Child Psychology, 20,* 245-253.

Eggan, P. D., & Kauchak, D.(2001). *Educational psychology: Windows on classrooms*. New York: Prentice-Hall.

Ellis, A.(1973). *Humanistic Psychotherapy: The rational-emotive approach.* New York: McGraw Hill.

Erikson, E. H.(1963). *Childhood and Society(2nd ed.).* New York : W. W. Norton.

Flavell, J., H. & Miller, P., H.(1998). Social Cognition. In W. Damon & D. Kuhn & R. Siegler (Vol. Eds.), *Handbook of child psychology: Vol. 2. Cognition, perception and language(5th ed.).* NY: Wiley.

Flavell, J., H.(1971). Metacognitive and cognitive monitoring: A Cognitive development inquiry. *American Psychology, 34,* 906-911.

Freud, S.(1900/1953). *The Interpretation of Dreams.* London: Hogarth Press.

Gall, M., Gall, J., & Brog, W.(2003). *Educational research: An introduction(7th ed.).* Boston: Allyn & Bacon.

Gardner, H.(1983). *Frames of Mind: The Theory Of Multiple Intelligences.* New York: Basic Books.

Gardner, H.(1993). *Multiple intelligences: Theory in practice.* New York: Basic Books.

Gardner, H.(1999). *Intelligence reframed: Multiple intelligence for the 21st century.* New York: Basic Books.

Gearheart, B. R.(1976). *Teaching the learning disabled: A combined task-process approach.* Saint Louis, MO: The C. V. Mosby Co.

Gelman, R.(1972). Logical capacity of very young children: Number invariance rules. *Child Development, 43*, 75-90.

Gelman, R., & Shatz, M.(1978). Appropriate speech adjustments: The operation of conversational constraints on talk to two-year-olds. In M. Lewis & L. A. Rosenblum(Eds.), *Interaction, conversation, and the development of language*(pp. 27-61). New York: Wiley.

Gibson, R. L., & Mitchell, M. H.(1981). *Introduction to Guidance*. New York: Mccillan Publishing Co.

Glass, D. C.(1977). Stress, behavior patterns, and coronary disease. *Am Sci, 65,* 177-187. PubMed.

Goetz, E. T., Alexander, P. A., & Ash, M. J.(1992). *Educational psychology: A classroom perspective.* New York: Macmillan.

Goetz, E. T., Alexandor, P. A., & Ash, M. J.(1992). *Educational psychology: A classroom perspective.* New York: Merrill.

Goleman, D.(1995). *Emotional intelligence.* NY: Bantam Books.

Good, T., & Brophy, J.(2000). School effects. In M. Wittrock(Ed.), *Handbook of research on teaching*(pp. 570-604). New York: Longman.

Guilford, J. P.(1950). *Creativity. American Psychologist, 5,* 444-454.

Guilford, J. P.(1956). Three faces of intellect. *American Psychologist, 14,* 469-479.

Guilford, J. P.(1971). Some misconceptions regarding measurement of creative talents. *Journal of Creative Behavior, 5*(2), 77-87.

Guilford, J. P.(1982). Cognitive psychology's ambiguities: Some suggested remedies. *Psychological Review, 89*, 48-59

Guilford, J. P.(1982). Some changes in the structure of the intellect model. *Educational and Psychological Measurement, 48,* 1-4.

Hocevar & Bachelor(1989). A taxotomy and citique of measurements used in the study creativity. In J. A. Glover, R. R. Ronning & Reynolds(Eds.), *Handbook of Creativity*(pp. 3-32).

Horn, J. L.(1976). Human abilities: A review of research and theory in the early 1970s. *Annual Review of Psychology, 27,* 437-485.

Humohreys, J. A., & Traxler, A. E.(1954). *Guidance Service.* Chicago: Science Research Associates.

Ingram, C. P.(1953). *Education of the slow learning child.* New York: The Onmald Press Co.

Jones, M. C.(1924). A laboratory study of fear: The case of Peter. *Pedagogical Seminary, 31,* 308-315.

Kagan, J.(1988). Biology and the child. In W. Damon (Series Ed.) & N. Eisenberg (Vol.Ed.), *Handbook of child psychology. Vol. 3: Social, emotional, and personality development*(5th ed., pp. 177-235). New York: Wiley.

Kirk, S. A.(1972). *Educating exceptional children.* Boston: Hougton Mifflim Co.

Klatsky, R. L.(1975). *Human memory: Structures and processes*. San Francisco: W. H. Freeman.

Kohlberg, L.(1958). T*he Development of Modes of Thinking and Choices in Years 10 to 16.* Ph. D. Dissertation, University of Chicago.

Kohlberg, L.(1981). *The philosophy of Moral Development.* San Fransisco: Harper & Row.

Lederer, J. M.(2000). Reciprocal teaching of social studies in inclusive elementary classrooms. *Journal of Learning Disabilities, 33*(1), 91-106.

Lemer, J. W.(1976). *Children with learning disabilities: Theories, diagnosis, and teaching strategies.* Boston: Houghton Mifflim Co.

Lewin, K.(1935). *Dynamic theory of personality.* New York: McGraw-Hill.

Lubart, T. I.(1994). Creativity. In R. J. Sternberg(Ed.), *Thinking and problem solving*(pp. 289-332). San Diego: Academic Press.

Luckason, R., Borthwick-Duffy, S., Buntinx, W. H. E., Coulter, D. L., Craig, E. M., Reeve, A., Schalock, R. L., Snell, M. E., Spitalnik, D. M., Spreat, S., & Tasse, M. J.(Eds).(2002). *Mental retardation: Definition, classification, and systems of supports*(10th ed.). Washington DC: American Association on Mental Retardation.

Massey, C. M., & Gelman, R.(1988). Preschooler's ability to decide whether a photographed unfamilar object can move itself. *Development Psychology, 24,* 307-317.

Mayer, J. D., & Salovey, P.(1990). Emotional intelligence, Imagination. *Cognition and Personality, 9,* 185-211.

Mayer, J. D., & Salovey, P.(1997). *Emotional intelligence.* NY: Basic Books

McCombs. B. L.(1989). Models of self regulated learning and academic achievement In B. J. Zimmerman & D. H. Schunk(Eds.), *Self regulated learning and academic achievement: Theory, research, and practice*(pp. 51-82*).* NY: Springer-Verlag.

Miller, G. A.(1956). The magical number seven, plus or minus two : Some limits on our capacity for processing information. *Psychological Review, 63,* 81-97.

Mischel, W.(1986). *Introduction to personality(4th ed.).* New York: Holt Rinehart & Winston.

Multon, K. D., Brown, S., D., & Lent, R. W.(1991). Relation of self efficacy beliefs to academic outcomes: A meta-analytic investigation. *Journal of Counseling Psychology, 38,* 30-38.

Myers, D. I., & Hammill, D. D.(1976). *Methods for learning disorders.* NY: John Wiley & Soons, Inc.

Newcombe, N., & Huttenlocher, J.(1992). Children's early ability to solver perspective-taking problems. *Development Psychology, 28,* 635-643.

Ormrod, J. E.(2000). *Educational psychology: Developing learners(3rd ed.).* Upper Saddle Rivers, New Jersey: Merrill/ Prentice Hall.

Osborn, A. F.(1954). *Applied imaginational psychology: Principle and procedures of creative problem-solving.* NY: Charles Scribner.

Pajares, F.(1996). Self efficacy beliefs in academic settings. *Review of Educational Research, 66*(4), 543-573.

Paris, S. G., Lipson, M. Y., & Wixson, K. K.(1983). Becoming a strategic reader. *Contemporary Educational Psychology, 8,* 293-316.

Perls, F.(1973). The Gestalt approach and eye witness to therapy. New York: Bantam.

Piaget, J.(1932/1965). *Moral judgment of the children*(M. Gabain. Trans.). NY: Free Press.

Piaget, J.(1954). *The construction of reality in the child.* New York: Basic Books.

Piaget, J., & Inhelder, B.(1956). *The child's conception of space.* London: Routledge & Kegan Paul.

Pintrich, P. R.(2000). The role of goal orientation in self regulated learning, In M, Boekaerts, P. R. Pintrich & M. Zeidner(Eds.), *The Hand book of self regulation.* San Diego, CA: Academic Press.

Pintrich., P. R., & De Groot, E. V.(1990). Motivational and self-regulated learning component of classroom academic performance. *Journal of Educational Psychology, 82,* 33-40.

Plucker, J. A., & Beghetto, R. A.(2004). Why creativity is domain general, why it looks domain specific, and why the distinction doesn't matter. In R. J. Stemberg, E. L. Grigorenko, & J. L. Singer(Eds.), *Creativity: From potential to realization*(pp. 153-167). Washington, D.C: American Psychological Association.

Pokay, P., & Blumenfeld, P. C.(1990). Prediction achievement early and late in the semester: The role of motivation and use of learning strategies. *Journal of Educational Psychology, 82,* 329-339.

Poulin-Dubois, D., & Heroux, G.(1994). Movement and children's attributions of life properties. *International Journal of Behavioral Development, 17,* 329-347.

Renzulli, J. S.(1978). What Makes Giftedness? Re-examining a Definition. *Phi Delta Kappan, 60,* 180-181.

Rest, J. R.(1983). Morality. In J. H. Flavell & E. M. Markman. *Handbook of Child Psychology: cognitive development, vol. 3.* NY: John Wiley & Sons.

Reynolds, C. D.(1986). Toward objective diagnosis of learning disabilities. *Special Services in the School, 2,* 161-176.

Rhodes, M.(1961). An analysis of creativity. *Phi Delta Kappan, 42,* 305-310.

Richards, M. H., & Siegler, R. S.(1986). Children's understandings of the attributes of life. *Journal of Experimental Child Psychology, 42,* 1-22.

Rogoff, B.(1998). Cognition as a collaborative process. In D. Kuhn & R. S. Siegler(Eds.), *Handbook of child psychology: Vol. 2. Cognition, perception, & lauguage(5th ed.).* New York: Wiley.

Rosenshine, B., & Meister, C.(1992). The use of scaffolds for teaching less structured academic tasks. Paper presented at the annual meeting of the American Educational Research Association, San Francisco.

Savery, J., & Duffy, T.(1994). Problem-based learning: An instructional model and its constructivist framework. *Educational Technology, 34*(7), 1-16.

Shertzer, B., & Stone, S. C.(1981). *Fundamentals of Counseling.* Boston: Houphton Mifflin.

Sink, C. A.(1991). *Self-regulated learning and academic performance in middle school children.* (ERIC Document Reproduction Service No. ED 3324270).

Skinner, B. F.(1938). *The behavior of organisms.* New York: Appleton- Century.

Skinner, B. F.(1974). *About Behaviorism.* New York : Alfred A. Knopf.

Slavin, R. E.(1994). *A practical guide to cooperative learning.* Boston: Allyn and Bacon.

Slavin, R. E.(1995a). *Cooperative learning(2nd ed.).* Boston: Allyn and Bacon.

Slavin, R. E.(1995b). Enhancing intergroup relaions in schools: Cooperative learning and other strategies. In W.D. Hawley, A. W. Jackson, et al.(Eds.), *Toward a common destiny:*

Improving race and ethnic relations in America. San Francisco, CA: Jossey-Bass.

Smith, G. H., & Engel, R.(1968). Influence of a female model on pereived characteristics of an automobile. *Proceedings of the 76th annual Convention of the American Psychological Association, 3,* 681-682.

Spearman, C.(1927). *The abilities of man.* New York: MacMillan.

Sprinthall, R. C., & Sprinthall, N. A.(1990). *Educational psychology: A developmental approach(5th ed.).* New York: McGraw-Hill.

Sternberg, R. J.(1982). A componential approach to intellectual development. In R. J. Sternberg(Ed.), *Advances in the psychology of human intelligence*(vol. 1, pp. 413-463). Hillsdale, NJ: Erlbaum.

Sternberg, R. J.(1985). *Beyond IQ: A Triarchic Theory of Human Intelligence.* Cambridge University Press.

Sternberg, R. J.(1988). *The Triarchic Mind: A New Theory of Human Intelligence.* New York: Viking.

Sternberg, R. J.(1990). *Metaphors of Mind: Conceptions of the Nature of Intelligence.* Cambridge: Cambridge University Press.

Sternberg, R. J.(1996). Myths, countermyths and truths about human intelligence. *Educational Researcher, 25*(2), 11-16.

Sternberg, R. J.(1997). *Successful intelligence.* New York: Simon & Schuster.

Sternberg, R. J.(Ed.)(2000). *Handbook of intelligence.* Cambridge: Cambridge University Press.

Taylor, H. G., & Fletcher, J. M.(1990). Neuropsychological assessment of children. In G. Goldstein & M. Hersen(Eds.), *Handbook of psychological assessment(2nd ed.)*(pp. 228-255). New York: Pergamon Press.

Terry, W. S.(2000). *Learning and memory : basic principles, process. and procedures.* MA: Allyn Cliffs. & Bacon.

Tharp, R., & Gallimore, R.(1988). *Rousing minds to life: Teaching, learning and schooling in social context.* Cambridge, England: Cambridge University Press.

Thurstone, L. L.(1938). *Primary mental abilities.* Chicago: Univertsity of Chicago Press. U.S. National Commission on Excellence in Education(NCEE).(1988). A Nation at Risk : The Imperative for Educational for Educational Reform

Thurstone, L. L., & Thurstone, T. G.(1941). *Factorial Studies Of Intelligence.* Chicago: University of Chicago Press.

Torrance, E. P.(1962). *Guiding creative talent.* Englewood Cliffs, NJ: Prentice-Hall.

Torrance, E. P.(1990). *The Torrance Test of Creatice Thinking:* Norms-technical manual.

Treffert, D. A. & Wallace, G. L.(2002). Island od genius. *Scientific American, 286*(6), 76-85.

Urban, K. K.(1995). *Creativity: A componential approach.* Post conference China meeting of the

11th world conference on gifted and talented children. Beijing, China. August 5-8.

Vernon, P. E.(1971). *The structure of human abilities*. London: Methuen.

Vygotsky, L. S.(1962). *Thought and language*(E. Hanfuman & G. Vakar, Eds.). Cambridge, MA: MIT Press.

Webb, N., Farivar, S., & Mastergeorge, A.(2002). Productive helping in cooperative groups. *Theory Intro Practive, 4*1(1).

Winograd, P.(1984). Strategic difficulties in summarizing text. *Reading Research Quarterly, 19,* 404-425.

Winsler, A., & Naglieri, J.(2003). Overt and covert verbal problem-solving strategies: Developmental trends in use, awareness and relations with task performance in children aged 5 to 17. *Child Development, 74,* 657-678.

Woolfolk, A. E.(2007). *Educational psychology(10th ed.)*. Boston: Allen & Bacon.

Woolfolk, A.(2001). *Educational psychology(8th ed.)*. Boston: Allyn & Bacon.

Yalom, I. D.(1980). *Existential psychotherapy*. New York: Basic Books.

Zimmerman, B. J.(1986). A social cognitive view of self regulated academic learning. *Journal of Educational Psychology, 81*(3), 329-339.

Zimmerman, B. J.(1989). Models of self regulated learning and academic achievement In B. J. Zimmerman & D. H. Schunk (Eds.), *Self regulated learnig and academic achievement: Theory, research and practice.* NY: Springer-Verlag.

Zimmerman, B. J.(2000). Self-Efficacy: An Essential Motive to Learn. *Contemporay Educational Psychology, 75,* 82-91.

Zimmerman, B. J., & Martinez-Pons(1986). Development of a structured interview for assessing students' use of self regulated learning strategies. *American Educational Journal, 23,* 614-628.

Zimmerman, B. J., & Martinez-Pons(1990). Student differences in self-regulated learning: Relating grade sex and giftedness to self efficacy and strategy use. *Journal of Educational Psychology, 82,* 51-59.

찾아보기

〈인　명〉

저자 소개

김이영

계명대학교 대학원 심리학박사
현, 수성대학교 유아교육과 교수
〈저서〉 정신건강론, 인간이해를 위한 심리학 등

백경숙

경북대학교 대학원 교육학박사
현, 대구과학대학교 유아교육과 교수
〈논문〉 예비유아교사의 포트폴리오를 활용한 자기주도학습 프로그램 개발 및 효과

전재선

성균관대학교 대학원 철학박사
현, 동주대학교 유아교육과 교수
〈논문〉 유아교사 인성 자기평가 도구 개발 및 타당화 연구, 예비유아교사 인성교육 프로그램모형 개발 등

최윤희

영남대학교 대학원 교육학과 박사수료
현, 수성대학교 유아교육과 교수
〈저서〉 아동권리와 복지, 학교폭력 예방의 이론과 실제 등

한용기

우석대학교 대학원 교육학박사
현, 서해대학교 유아교육과 교수
〈논문〉 학교재정 배분제도 분석, 영아 돌연사 예방용품 수누자의 안전성 등

홍성훈

서울대학교 대학원 교육학박사
현, 여주대학교 보육과 교수
〈저서〉 다중지능 혁명, 백범 김구의 지적 계발 과정 탐구 등

교육심리학

1판 1쇄 발행 — 2016년 8월 5일
1판 2쇄 발행 — 2018년 7월 31일

저 자 - 김이영 백경숙 전재선 최윤희 한용기 홍성훈
발 행 인 - 강 철 원
발 행 처 - 양 성 원
주 소 - 경기도 파주시 검산로 173번길 29-20
전 화 - 031-946-3861(代)
팩 스 - 031-946-3864
이 메 일 - tnwpub@naver.com
홈페이지 - tnwpub.co.kr
출판등록 - 2015년 8월 31일 제 2015-000211 호

ISBN 979-11-87118-56-5

정가 18,000원